Paul Leyhausen Katzen, eine Verhaltenskunde

Falbkater, vermutlich aus Ostafrika *(Felis libyca taitae)*

Katzen
eine Verhaltenskunde

Von **Professor Dr. Paul Leyhausen**
ehem. Max-Planck-Institut für Verhaltensphysiologie (Arbeitsgruppe Wuppertal)

Sechste Auflage, 1982
Mit 261 Photographien und 53 Zeichnungen in 119 Abbildungen
und mit 6 Tabellen

Verlag Paul Parey · Berlin und Hamburg

Otto Koehler
(1889–1974)
dem strengen Lehrmeister,
unnachsichtigen Kritiker
und väterlichen Freunde
in herzlicher Verehrung
gewidmet

Die Abb. auf der Einbandvorderseite zeigt eine junge männliche Afrikanische Goldkatze *(Profelis aurata)* im Alter von vier Wochen. Die Eltern stammen aus Togo. Die Abb. auf der Einbandrückseite zeigt einen weiblichen Serval *(Leptailurus serval)* im Alter von etwa vier Jahren.

CIP-Kurztitelaufnahme der Deutschen Bibliothek

Leyhausen, Paul:
Katzen, eine Verhaltenskunde/von Paul Leyhausen. – – 6. Aufl. – Berlin ; Hamburg : Parey, 1982.
ISBN 3-489-62036-4

Einband: Uwe Pechtold, Berlin

Anschriften: D-1000 Berlin 61, Lindenstraße 44–47, D-2000 Hamburg 1, Spitalerstraße 12

Gesetzt aus der Korpus Garamond Antiqua
Satz: Felgentreff & Goebel KG, D-1000 Berlin 61
Druck: Saladruck, Steinkopf & Sohn, D-1000 Berlin 36
Bindung: Lüderitz & Bauer Buchgewerbe GmbH, D-1000 Berlin 61

ISBN 3-489-62036-4 · Printed in Germany

Das Buch erschien bis zur 4. Auflage unter dem Titel: *Leyhausen*, Verhaltensstudien an Katzen, innerhalb der Schriftenreihe „Fortschritte der Verhaltensforschung – Advances in Ethology" als Heft 2.

1. Auflage 1956 · 2. Auflage 1960
3. Auflage 1973 ISBN 3-489-71836-4
4. Auflage 1975 ISBN 3-489-71936-0
5. Auflage 1979 ISBN 3-489-60536-5

Vorwort zur sechsten Auflage

Die sechste Auflage erscheint als unveränderter Neudruck der fünften. Zwar wäre inzwischen, obwohl seit Erscheinen der fünften Auflage nur zweieinhalb Jahre vergangen sind, manches nachzutragen und zu ergänzen. Mit einer Ausnahme aber würde dies nur der weiteren Bestätigung der dargestellten Verhältnisse und gezogenen Schlußfolgerungen dienen. Die Ausnahme betrifft das hier entworfene Bild vom Sozialsystem freilaufender Hauskatzen: Schwedische und englische Untersuchungen haben inzwischen gezeigt, daß die hier beschriebene Form desselben nur eine Möglichkeit unter mehreren ist. Populationsdichte und besondere ökologische Bedingungen bestimmen, welche Form sich ausprägt – eine Berichtigung des Gesamtbildes, die als Schlußfolgerung längst nahe gelegen hätte, wenn man die von gleichen Umständen abhängigen Varianten in der sozialen Organisation des Löwen betrachtet, die ich ja ausführlich darstelle. So mag hier der Hinweis genügen. Die betreffenden Untersuchungen sind auch noch nicht abgeschlossen, weitere sollen erst beginnen. So wird es erst zu einem späteren Zeitpunkt möglich sein, eine ausgewogene Darstellung der Vielfalt sozialer Organisationsformen zu geben, die bei Hauskatzen und ihrer wilden Stammform vorkommen, und von welchen Bedingungen sie im einzelnen bestimmt sind.

Allen, die mich seither mit Rat und Tat, vor allem auch Kritik, unterstützt haben, möchte ich herzlich danken. Dem Hause Paul Parey, seinen Inhabern und Mitarbeitern, muß ich wie eh und je für das anhaltende Interesse und die großartige, auch menschlich so angenehme Zusammenarbeit danken.

Die von mir geschaffene Arbeitsgruppe Wuppertal des Max-Planck-Instituts für Verhaltensphysiologie besteht nicht mehr. Alle Bemühungen, sie über mein altersbedingtes Ausscheiden hinaus zu erhalten, schlugen fehl. Möge dieses Buch die Erinnerung an die Forschungsstätte wachhalten. Daß es darüber hinaus eindringlich aufzeige, welch reiche, auf keinem anderen Wege erlangbare Früchte die weitere, intensive Erforschung des Verhaltens einer überschaubaren Verwandtschaftsgruppe höherer Säugetiere erbringen kann, ist mein Wunsch und meine Hoffnung für die Zukunft.

Windeck-Halscheid, im Mai 1982 PAUL LEYHAUSEN

Vorwort zur fünften Auflage

Fast 24 Jahre sind nach Abschluß des Manuskripts zur ersten Auflage vergangen. Schien es noch 1960 möglich, ja ratsam, die zweite Auflage als unveränderten Neudruck herauszubringen, so haben seither die Ergebnisse zahlreicher anderer Forscher wie auch die eigene Weiterarbeit unsere Kenntnisse derart erweitert, ergänzt und auch korrigiert, daß eine Neubearbeitung unumgänglich war. Die hierzu nötige Zeit aber fehlte dem Autor so sehr, daß sein Verleger schon schier verzweifeln wollte. Diesem für seine immer wieder bewiesene Geduld und für seine Nachsicht mit heiligsten und doch immer wieder gebrochenen Schwüren zu danken, ist mir daher erstes und aufrichtiges Bedürfnis.

Der Max-Planck-Gesellschaft danke ich für die Errichtung einer eigenen Forschungsstelle, die als Arbeitsgruppe des Max-Planck-Instituts für Verhaltensphysiologie 1960 ganz nach eigenen Plänen auf Reservegelände des Zoologischen Gartens Wuppertal errichtet wurde. Hier konnte ich zahlreiche weitere Katzen- und Schleichkatzenarten unter wesentlich verbesserten Bedingungen halten und untersuchen.

Dr. TH. REED und DR. J. EISENBERG ermöglichten und unterstützten in großzügiger Weise vergleichende Untersuchungen an der kostbaren Schleichkatzensammlung des National Zoological Park, Washington D. C. Die Smithsonian Institution, Washington D. C., die Max-Planck-Gesellschaft und der World Wildlife Fund förderten Reisen in die Naturschutzgebiete von Afrika, Bangladesh, Indien, Malaysia, Thailand und Sri Lanka, die mir einen Eindruck vom Freilandverhalten der großen Katzen und auch einiger Kleinraubtiere vermittelten.

Fünfmal (1962–1977) konnte ich die Leopard-Löwe-Kreuzungen im Hanshin-Park-Zoo in Japan in verschiedenen Entwicklungsstadien ausführlich beobachten, beim zweiten Besuch auch die inzwischen neuentdeckte Katzenart *Prionailurus* (*Mayailurus*) *iriomotensis* Imaizumi 1967 kennenlernen. Viermal besuchte ich die Insel Iriomote, regte zu Felduntersuchungen über Freilandverhalten und Ökologie der Katze an und beriet Dr. IMAIZUMI und seine Mitarbeiter.

Für großzügige Unterstützung habe ich Dr. H. DOI, T. INOUÉ, S. TANAKA und Dr. K. AKAKI †, alle Hanshin-Park-Zoo, Dr. Y. IMAIZUMI, National Science Museum Tokio, und der National Geographic Society, Washington D. C., zu danken.

So ist das Buch auf mehr als den doppelten Umfang angeschwollen. Obwohl nach wie vor das Verhalten der Hauskatze Hauptthema geblieben ist, nehmen vergleichende Darstellungen einen breiteren Raum ein und ermöglichen besser als zuvor, die wahrscheinliche phylogenetische Entwicklung einzelner Verhaltenssysteme zu verfolgen.

Außer den bereits oben und im Vorwort zur ersten Auflage genannten Personen und Institutionen habe ich für verschiedenste Arten der Unterstützung besonders zu danken:

Dem Bayer-Pharma-Forschungszentrum Wuppertal, den Behring-Werken Marburg/Lahn, der Deutschen Forschungsgemeinschaft, dem Rat und der Verwaltung der Stadt Wuppertal; ferner Dr. K. BENIRSCHKE und Dr. D. WURSTER, Hanover (New Hampshire), Dr. L. CURTIS, Fort Worth Zoo, Chief Conservators of Forests M. K. DALVI und R. D. JOSHI, Gujarat State, Prof. J. FLYNN, Yale University, New Haven, Dr. CL. GRAY, National Zoological Park, Washington D. C., Prof. A. GROPP, Pathologisches Institut der Universität Bonn, Dr. C. A. W. GUGGISBERG, Nairobi, Dr. H. HECK jr. und Herrn R. LINDEMANN, Catskill Game Farm N. Y., Dr. H. HENDRICHS, Bad Münstereifel, Dr. P. JOSLIN, Vancouver, Herrn M. LOCKHART, Wilpattu National Park, Ceylon, Dr. N. MUCKENHIRN, National Zoological Park, Washington D. C., Prof. W. ROBERTS, University of Minnesota, J. VISSER, Kapstadt, Superintendent P. B. VYAS, Gir Sanctuary Gujarat, und Fräulein J. WAIT, Yale University, New Haven.

Besonders danken aber möchte ich Dr. R. F. EWER † und Dr. G. SCHALLER, weil sie mehr als sonst jemand dazu beitrugen, meine geliebtesten Irrtümer zu zerstören (wovon diese Auflage, wie ich hoffe, Zeugnis ablegt), und meiner wissenschaftlichen Mitarbeiterin B. A. TONKIN, der – wie ich mir nur allzu bewußt bin – die eigentliche Urheberschaft aller sonstigen Verbesserungen an diesem Buche zuzuschreiben ist.

Wuppertal, im Februar 1979 PAUL LEYHAUSEN

Vorwort zur ersten Auflage

Je mehr die von der Vergleichenden Verhaltensforschung erarbeiteten Ergebnisse und das auf ihnen fußende Begriffssystem Einfluß auf das Denken der Psychologen, Pädagogen, Soziologen und Philosophen gewinnen, um so schmerzlicher macht sich bemerkbar, wie wenig wir noch vom Verhalten höherer Säuger wissen, wie weit meist der Bogen des Vergleichs menschlichen und tierischen Verhaltens gespannt werden muß, weil die entsprechenden Daten vom Verhalten der uns nächstverwandten Tiergruppe noch nicht zur Verfügung stehen. Diese empfindliche Lücke schließen zu helfen, ist das wesentlichste Anliegen dieser Arbeit. Sie entstand in jahrzehntelangem täglichen Umgang mit Katzen und mehr als fünfjähriger intensiver Beobachtungs- und Versuchsarbeit. Dennoch kann sie nicht beanspruchen, ein auch nur einigermaßen vollständiges „Verhaltensinventar" der Hauskatze oder gar der Feliden zu geben. Sie bietet nur eine erste Übersicht über einige Funktionskreise und einige wenige Ansätze zur Analyse. Vieles wird zu ergänzen, manches auch zu korrigieren sein, und Vollständigkeit ist ohnehin kaum zu erreichen. Theoretische Folgerungen aus den Ergebnissen wurden hier stets nur kurz angedeutet; sie sollen an anderer Stelle in weiterem Rahmen erörtert werden.

Herzlich danken möchte ich an dieser Stelle allen, die durch Hilfen verschiedenster Art meine Arbeiten unterstützt haben: dem Kultusministerium von Nordrhein-Westfalen und der Deutschen Forschungsgemeinschaft; Herrn Prof. Dr. von Jordans †, Direktor des Zoologischen Forschungsinstituts und Museums A. Koenig in Bonn, und Herrn Prof. Dr. Henke †, Direktor des Zoologischen Instituts der Universität Göttingen, welche meinen Tieren und mir in großzügigster Weise in ihren Instituten Hausrecht gewährten; Herrn Direktor Dr. B. Grzimek und Dr. R. Faust (Zoo Frankfurt), Herrn Direktor Dr. R. Müller (Zoo Wuppertal), Frau Direktor Dr. K. Heinroth (Zoo Berlin), Herrn Direktor H. Heck (Tierpark München-Hellabrunn), Herrn Direktor Dr. A. Seitz (Tiergarten Nürnberg), Herrn Direktor Dr. M. Schlott † (Zoo Wuppertal und Breslau), Herrn Direktor Dr. E. Thienemann † (Tierpark Duisburg und Tiergarten Königsberg, Pr.) und Herrn Direktor Dr. W. Windecker † (Zoo Köln), sowie ihren zahlreichen Angestellten, welche alle mich beim Beobachten, Filmen, Fotografieren und Experimentieren in ihren Gärten bereitwillig unterstützten und geduldig ertrugen; Herrn Dr.-Ing. G. Wolf, Direktor des Instituts für den Wissenschaftlichen Film, Göttingen, für die freundliche Erlaubnis, Einrichtungen und unveröffentlichtes Material seines Instituts für die Arbeit zu benutzen; Herrn H. Stockmann, Bonn, und Herrn H. Röttgen †, Göttingen, die mir bei Wartung und Pflege meiner Versuchstiere halfen; allen, die mich durch Hilfe, Rat, Überlassung von Sonderdrucken oder sonstwie unterstützten und deren Namen ich wegen ihrer großen Zahl nicht alle aufführen kann; dem Herausgeber, Herrn Prof. Dr. O. Koehler †, Freiburg, und dem Verlag Paul Parey für ihr großzügiges Entgegenkommen hinsichtlich Druck und Ausstattung. Mein ganz besonderer Dank aber gilt Herrn Dr. H. Wolf, Säugetierkustos des Zoologischen Forschungsinstituts und Museums A. Koenig in Bonn, ohne dessen Initiative und unermüdlichen, selbstlosen Einsatz die ganze Arbeit niemals hätte begonnen und durchgeführt werden können.

Göttingen, im Februar 1955 — Der Verfasser

Inhalt

Alle Abbildungen, soweit nicht ausdrücklich anders vermerkt, stammen vom Verfasser.

Aufgabenstellung

„Auch wenn sich in den letzten Jahren die Veröffentlichungen über das Verhalten von Säugetieren mehrten, hat die Vergleichende Verhaltensforschung hier noch besonders viel nachzuholen. Die Schwierigkeiten bei der Haltung und Züchtung von Säugern und bei der Beobachtung ihres Freilebens ebenso wie die größere Variabilität ihres Verhaltens haben bisher noch in keinem Falle auch nur annähernd so eingehende Analysen erlaubt, wie sie uns SEITZ (1940, 1943, 1949) bei Cichliden, TINBERGEN und Mitarbeiter (1947, VAN IERSEL 1953) beim Stichling, LORENZ (1941) bei Schwimmenten oder gar BAERENDS (1941) und ADRIAANSE (1947) bei *Ammophila*, FABER (1929, 1932, 1936) und JACOBS (1950, 1953) bei Orthopteren geschenkt haben. Die Verhaltensforschung an Säugern bewegt sich noch fast völlig im Deskriptiven. Auch die im folgenden mitgeteilten Beobachtungen und Versuche gehen darüber nicht wesentlich hinaus."

Mit diesen Worten führte ich die 1. Auflage dieser Arbeit ein. Inzwischen sind derartig viele Arbeiten erschienen über das Verhalten von Säugern, besonders auch Primaten, in Gefangenschaft und im Freileben, daß sie hier nicht alle aufgeführt werden können; soweit sie für vorliegende Untersuchung unmittelbar von Bedeutung sind, tauchen sie an geeigneter Stelle im Text auf. Weitgehend geblieben ist jedoch die Tatsache, daß diese Arbeiten immer noch ganz überwiegend deskriptiv sind und daher ihr Beitrag zur allgemeinen Verhaltenstheorie im Verhältnis zu dem der Untersuchungen an anderen Tiergruppen immer noch recht gering ist. So bleibt die Aufgabenstellung dieser Arbeit unverändert:

1. Durch Beobachtung, Vergleich und vorsichtige Versuche der Evolution komplexer Verhaltenssysteme eines hochentwickelten Säugetieres nachzuspüren, das Ineinanderwirken der verschiedenen Faktoren und ihren jeweiligen Anteil am Ergebnis in der Ontogenie dieser Systeme weiter aufzuklären und die Kausalbeziehungen des aktuellen Verhaltensablaufs näher zu analysieren.

2. Dem Forscher, der – etwa im physiologischen oder pharmakologischen Laboratorium – mit anderen Mitteln und Fragestellungen an der Katze forscht, das Wesen und die Ausdrucksmöglichkeiten seines Versuchstieres besser verständlich zu machen und ihn dadurch in die Lage zu versetzen, seine Resultate sicherer und in den Einzelheiten reicher auszuwerten und damit hoffentlich auch die Zahl der nötigen Versuche zu verringern.

3. Aus den gewonnenen Ergebnissen das spezifisch Katzentypische zu eliminieren und das allgemein Säugetiertypische so herauszuarbeiten, daß es zur Aufklärung unseres eigenen menschlichen, so verwirrenden Verhaltens beizutragen vermag. Warum hier gerade Raubtierstudien neben Primatenstudien von hohem Nutzen sind, haben SCHALLER und LOWTHER (1969) aufgrund ihrer vergleichenden Freilandstudien an solitären und sozial lebenden Raubtieren überzeugend dargelegt: Als die Jagd, besonders die Großtierjagd, begann, mehr und mehr zum Lebensunterhalt der Vor- und Urmenschen beizutragen, führte die so veränderte ökologische Situation bei ihnen zu Verhaltenskonvergenzen mit Raubtieren, für die es im Verhalten ihrer nächsten Primatenverwandten keine Parallelen gab und gibt, so daß Primatenstudien zu ihrer Aufhellung auch nicht ausreichen. Die zweite, einschneidende Änderung in der ökologischen Situation des Menschen

war dann der Übergang zu Ackerbau und Seßhaftigkeit, und auch diese blieb nicht ohne Einfluß auf seine Verhaltensentwicklung; gerade zum Verständnis dieser Seite menschlichen Verhaltens haben Katzenstudien einiges Neue beigetragen (Leyhausen 1965a, 1971), sehr zu meiner eigenen Überraschung!

Tiermaterial und Arbeitsweise

Vom Winter 1949 bis Anfang 1955 hielt ich zu Beobachtungen und Versuchen insgesamt 30 Katzen; jede erhielt eine Nummer, der je nach Geschlecht ein M(ännchen) oder W(eibchen) vorangestellt ist. Für Vergleichszwecke hielt ich außerdem eine Brasilianische Tigerkatze, *Leopardus tigrinus* Schreb., über die bereits an anderer Stelle berichtet wurde (Leyhausen 1953), und einen Serval, *Leptailurus serval* Schreb. Von November 1949 bis Juni 1952 durfte ich hierzu im Museum Koenig in Bonn ein Arbeitszimmer, ein Tierhäuschen mit fünf Gelassen und einem Versuchsraum, sowie bis zu sechs Außenkäfige benutzen, von Juni 1952 bis 1960 zwei bis drei Innenräume und einen Außenkäfig im Zoologischen Institut der Universität Göttingen. Beobachtungen an freilaufenden Hauskatzen und in zahlreichen Zoologischen Gärten ergänzten die Arbeiten. Seit Gründung der Arbeitsgruppe Wuppertal des Max-Planck-Instituts für Verhaltensphysiologie konnten zahlreiche weitere Katzenarten unter sehr verbesserten Haltungsbedingungen (Leyhausen 1962b) in die Untersuchungen einbezogen werden. Zur Protokollierung dienen Diktiergeräte, Film- und Fotokameras. Tonbandaufnahmen aller Lautäußerungen werden laufend gemacht. Es liegt jetzt ein umfangreiches Archivmaterial vor von allen Katzenarten, die im Laufe der Jahre im Institut lebten, und auch von vielen anderen aus Zoologischen Gärten und Privat-Tierhaltungen. Eine vergleichende Untersuchung der Lautgebung von Puma, Irbis, Nebelparder, Tiger, Löwe, Leopard, Jaguar und der Hybriden Tiger/Löwe, Leopard/Löwe und Leopard/Jaguar liegt vor (Peters 1978). Eine ähnliche Untersuchung über andere Arten (Peters und Tonkin, im Druck) und eine vergleichende Untersuchung über das Schnurren sind in Vorbereitung (Peters). Alle diese Ergebnisse sind jedoch nicht in die vorliegende Arbeit aufgenommen, da sie deren Umfang sprengen würden.

Zur Methodik des Protokollierens sei noch folgendes vermerkt: Soweit es sich nicht um gezielt angesetzte Versuche mit eng umgrenzter Fragestellung handelt, ist der Protokollierende strengstens gehalten, nur den Ablauf des tatsächlich Gesehenen ohne Abkürzung, Kategorisierung, Vergleich und dergleichen so zu beschreiben, als sähe er den Vorgang zum ersten Male. Fragestellung und alles Weitere ergeben sich ausschließlich aus der späteren Auswertung der Protokolle. Nur so läßt sich einigermaßen vermeiden, daß die Fragestellung und die bereits vorhandenen Kenntnisse zu weitgehend bestimmen, was wie protokolliert wird. Während die Beobachtung und erst recht das Experiment, welche auf *quantitative* Analyse abzielen, in den meisten Fällen von vornherein so angelegt sein können, ja müssen, daß die Eigenart der anzuwendenden quantitativen, insbesondere statistischen Methoden dabei schon berücksichtigt ist, kann die *qualitative* Analyse, welche der quantitativen unweigerlich voraufzugehen hat, nur auf die geschilderte Weise wirklich erfolgreich sein.

I. Das Verhalten zur Beute

Vorbemerkung

Die Frage nach dem *Normalverhalten* einer Tierart in einer bestimmten, ihr ,,natürlichen" Situation läßt sich, soweit ich sehe, in *dreifachem* Sinne stellen (LEYHAUSEN 1965b):

a) Was an verschiedenen Verhaltensweisen kommt darin überhaupt vor? Alles das muß als normal angesehen werden, soweit die betreffende Situation in der Umwelt der Art genügend oft vorkommt, um auf die Entwicklung der Angepaßtheit und Anpassungsfähigkeit (GAUSE 1942) der Art Selektionsdruck auszuüben (,,Verhaltensbreite").

b) Was kann ich mit (welchem Grade von) Wahrscheinlichkeit erwarten? Die Kenntnis des statistisch häufigsten oder durchschnittlichen Verhaltens gibt eine ,,Norm" für die Beurteilung des Verhaltens von Populationen. Sie läßt das Verhalten eines Individuums in einer Situation, deren Variable nur teilweise bekannt oder kontrollierbar sind, mit x% Wahrscheinlichkeit voraussagen, was für viele praktische Zwecke wichtig ist und auch ausreicht. Man muß aber stets dabei bedenken, daß für verschiedene Populationen eine andere Verteilung der statistischen Wahrscheinlichkeit gelten kann. Das gilt sinngemäß auch für die besondere ,,ökologische Situation" des gefangengehaltenen Tieres. Die *,,Statistische Norm" gilt daher streng immer nur für die Umstände, unter denen sie ermittelt wurde* (,,Verhaltenswahrscheinlichkeit").

c) Wie verhält sich das Tier, wenn alles ,,ganz glatt" geht?

Meistens ist die Frage im Konditionalis zu stellen: Wie wäre dieser Vorgang abgelaufen, wenn – die Katze nicht auf dem Kieselstein ausgerutscht wäre, die Ratte sich nicht doch rechtzeitig auf den Rücken geworfen hätte, die Katze nicht zu ängstlich gewesen wäre usw.? Diese ,,Ideale Norm" des störungsfreien Ablaufs so, ,,wie er eigentlich gemeint ist", hat große Bedeutung für die qualitative Analyse des Verhaltens und damit für das Verständnis seines inneren, qualitativ-strukturellen Wirkungsgefüges. Sie ist nämlich keineswegs ,,ideal" etwa in dem Sinne, daß sie nur eine Abstraktion oder ein spekulatives Phantasiegebilde darstellte, auch wenn sie in manchen Fällen so gut wie nie oder doch sehr selten ,,rein" vorkommt, sondern nur durch Extrapolation erschlossen oder als Gestalt wahrgenommen werden kann (LEYHAUSEN 1961, LORENZ 1959, 1963). Sie ist im Gegenteil die *höchst reale Invariante* im Tier, welche in allen vorkommenden Varianten des äußeren Verhaltensablaufs gegenwärtig ist. Man muß sie unbedingt klar herausarbeiten, *ehe* man quantitativ-statistische Methoden einsetzt. Erst wenn das getan ist, kann man daran gehen, die Faktoren zu ermitteln, welche die verschiedenen Varianten und ihre Häufigkeitsverteilung hervorrufen. *Für den Untersucher, der den qualitativ-strukturellen Aufbau eines Verhaltenssystems erkunden will, ist daher jener Ablauf, der in nur ganz wenigen der beobachteten Fälle eintrat, sehr oft wichtiger als alle übrigen* („Typusverhalten"). Wer also „Normalverhalten" diskutieren will, möge allererst genau angeben, von *welcher der drei Normen* er spricht.

Bei alldem ist stets daran zu denken, daß alles und jedes an einem Lebewesen eine mindestens zweifache Entstehungsgeschichte hat: Die Stammesgeschichte (Phylogenese) der Art, der es angehört, und die Entwicklungsgeschichte des betreffenden Individuums (Ontogenese). Die erstere bestimmt, was aus der soeben befruchteten Eizelle werden kann: Aus einem Hühnerei kriecht niemals ein Krokodil; die zweite bestimmt, was im einzelnen wirklich daraus wird – zum großen Teil wenigstens, im Zusammenwirken mit der genetischen Verschiedenheit der Individuen. Betrachten wir am Lebewesen aber nicht nur Strukturen, sondern Funktionen, und unter diesen besonders solche, die nicht ständig gleichmäßig oder in regelmäßigem Rhythmus ablaufen, so muß der betreffende Vorgang ja jedesmal neu hervorgebracht werden, er hat also jedesmal noch eine eigene, besondere, aktuelle Entstehungsgeschichte; bei Verhaltensweisen bezeichne ich diese unter Anlehnung an den der Gestaltpsychologie entstammenden Begriff der Aktualgenese als Aktogenese. An jeder kleinsten Verhaltensregung haben diese drei Entstehungsgeschichten mitgewirkt, und wenn man sie nicht alle drei aufklärt, bleibt die Analyse Stückwerk.

Bis heute ist der Streit um das, was in den Verhaltenswissenschaften unter den Begriffen „Angeboren" und „Erworben" diskutiert wird, nicht beendet. Da ich beide Begriffe im weiteren Text verschiedentlich benutze, möchte ich ausdrücklich klarstellen: Diese Begriffe sind nichts anderes als etwas hausbackene, bequeme Ausdrücke für das, was in der klassischen Genetik als umweltstabile bzw. umweltlabile Merkmale bekannt ist, und nie hat ein europäischer Ethologe etwas anderes darunter verstanden. Die Idee, wir könnten in einer „angeborenen" Verhaltensweise etwas sehen, das nicht epigenetisch, d. h. durch Zusammenwirken von Erbe und Umwelt während der Entwicklung des Individuums entsteht, wie es uns z. B. noch Kuo (1967) unterschiebt, ist absurd. Wir glauben deshalb auch nicht, daß Aggression oder sonst irgendein Verhalten „in den Genen" sei. Die Fenster eines neuen Hauses sind auch nicht in der Blaupause; und doch bestimmt die Blaupause, wie viele Fenster an welchen Stellen und in welcher Ausführung das Haus erhalten wird. Gäbe es keine umweltstabilen Merkmale, wäre Gregor Mendel niemals zu seinen ersten Überlegungen und Versuchen angeregt worden, gäbe es heute keine Vererbungswissenschaften. Gäbe es keine umweltstabilen Verhaltensweisen, so könnte man sie nicht zur Klärung der Verwandtschaftsbeziehungen zwischen verschiedenen Arten benutzen, wie dies in vielen Fällen mit gutem Erfolg geschehen ist und weiter geschieht. Daß umweltstabile Verhaltensweisen nicht ein Hemmnis, sondern ganz im Gegenteil erst eine unerläßliche Voraussetzung für die Entwicklung und die Funktion umweltlabiler, anpassungsfähiger Verhaltensweisen sind, davon wird in diesem Buch noch zu reden sein.

Im folgenden ist zunächst das Typusverhalten der Katze beim Beutefang beschrieben.

Die Annäherung an die Beute

Die Katze beschleicht ihre Beute ähnlich wie Seitz (1950) es vom Fuchs beschreibt. Sobald sie in einiger Entfernung ein Beutetier erblickt, läuft sie geduckt außerordentlich rasch darauf zu („Schleichlaufen"; Leyhausen 1955; Abb. 1). Erst wenn sie, je nach der Deckung, welche das Gelände bietet, auf 2–5 m herangekommen ist, hält sie an und geht in Lauerstellung (Abb. 2): Der ganze Körper liegt flach am Boden, die Vorderbeine sind stark angewinkelt, die Ellenbogen ragen über die Schulterblätter hinaus und die Pfoten stützen den Körper unmittelbar unter dem Schultergelenk. Der Körper ist leicht zusammengezogen, die Hinterbeine liegen mit der ganzen Fußsohle auf, der Schwanz ist weit nach hinten gestreckt oder im Bogen an den Körper gelegt, die Schwanzspitze zuckt leise; der Kopf wird flach vorgereckt, die Schnurrhaare sind weit gespreizt, die Ohren aufgestellt und nach vorn gerichtet. In dieser Stellung kann das Tier die Beute mehrere Minuten lang unablässig beobachten, wobei der Kopf jeder ihrer Bewegungen genauestens folgt. Erscheint die Entfernung noch zu groß, so folgt ein zweiter Schleichlauf, oder ein sehr langsames und vor-

a

b

Abb. 1. „Schleichlaufen" a) W 10 folgt einer Maus, b) Tigerkatze folgt einem am Bindfaden pendelnden, toten Spatzen

Abb. 2. Lauerstellung; M 3 vor „Kreismaus"

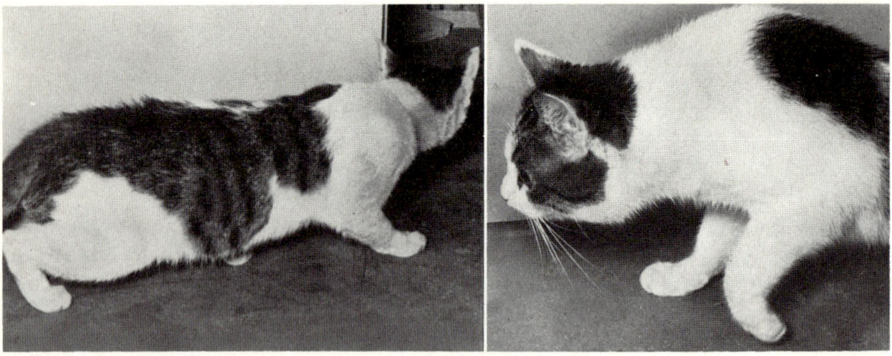

Abb. 3. Schleichen; M 3

sichtiges Schleichen (Abb. 3) führt bis zur nächsten, zum Absprung geeigneten Deckung. Hierauf bezieht das Tier erneut Lauerstellung und bereitet sich nach kürzerer oder längerer Pause auf den Absprung vor: Die Hinterbeine schieben sich allmählich weiter zurück, die Fersen heben sich vom Boden ab, die Hinterpfoten beginnen, in rhythmischem Wechsel auf- und abzuzucken, bis schließlich das ganze Hinterteil in diesem Rhythmus hin- und herschwankt. Allerdings sieht man diese letzte, von KLEIN (1930/31, 1931/32) als „Wackeln" beschriebene Intensitätsstufe fast nur als spielerische Übertreibung beim Beutespiel der Jungkatze. Erwachsene Katzen wackeln vor echter Beute höchstens andeutungsweise. Der Schwanz streckt sich nach hinten, seine Spitze zuckt immer heftiger (Abb. 4). Erst nach all diesen Vorbereitungen schnellt die Katze auf das Opfer los, aber nicht mit einem einzigen, gewaltigen Satz von oben her, wie es im „Brehm" und anderswo beschrieben ist; vielmehr schießt sie laufend oder in mehreren Sätzen ganz flach über den Boden hin (Abb. 5). Auch im letzten Sprung

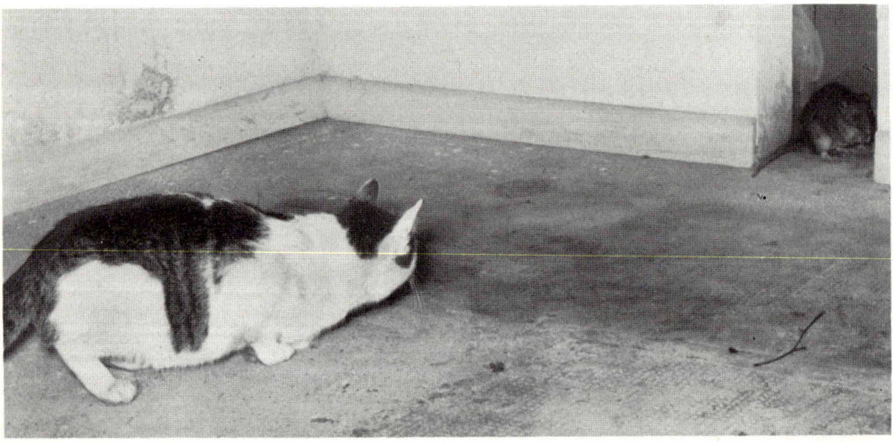

Abb. 4. Absprungvorbereitung aus der Lauerstellung; M 3 mit Wanderratte

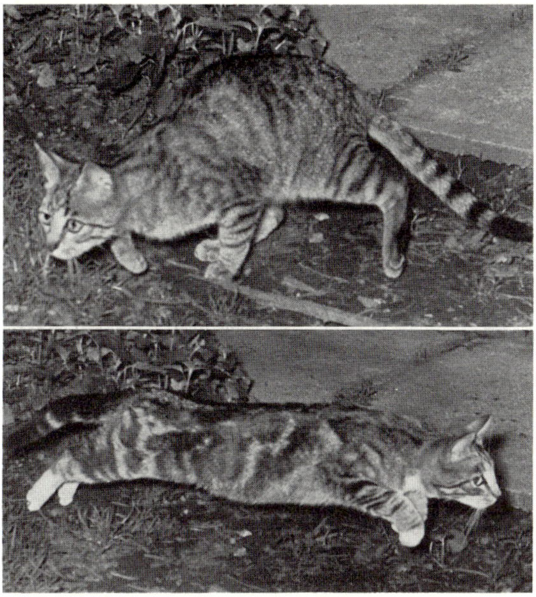

Abb. 5. Absprung aus der Lauerstellung; oben: M 12, unten: W 8

Abb. 6. Fassen der Beute; oben: Tigerkatze greift eine weiße Ratte, unten: M 9 greift eine Maus

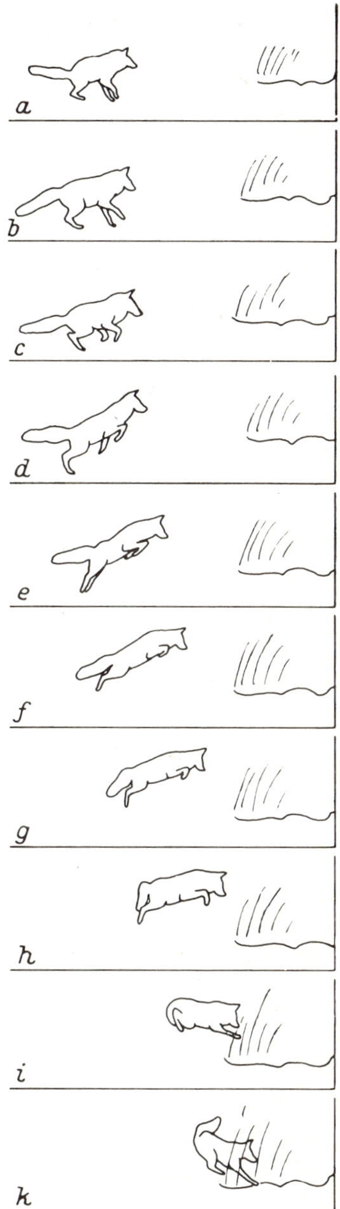

Abb. 7. Fuchs springt in hohem Bogen auf eine Maus; Bildabstand $^1/_{24}$ Sek. Nach Aufnahmen von H. Siewert; Film C 352 des Instituts für den Wissenschaftlichen Film, Göttingen

erreicht sie die Beute immer genau so flach von unten her (Abb. 6). Eine Ausnahme bildet der Mäuse- und Insektenfang im hohen Gras, das die beschriebene Annäherung behindert; hier machen Katzen oft den gleichen, hohen Bogensprung wie ein mausender Fuchs (SEITZ 1950, SIEWERT 1936; Abb. 7), der das allerdings auch im kurzen Grase tut.

Der letzte Sprung zur Beute wird so kurz bemessen, daß die Hinterfüße den Vorderkörper mit den vorgereckten Tatzen auf die Beute schnellen können, ohne selbst den Boden zu verlassen. Dies erhöht die Sicherheit des Ablaufs: Die Hinterfüße stemmen sich sofort nach Erreichen der Beute ein, bremsen so den Schwung ab und geben, breit gespreizt, der Katze die nötige Standfestigkeit für den etwa folgenden Kampf, aber auch die Möglichkeit, sofort zurückzufahren und zu fliehen. Außerdem kann die Katze so noch während des Ansprungs selbst unvorhergesehenen Ausweichbewegungen der Beute folgen und den Sprung verlängern. Dies ist besonders beim Fang emporflatternder Vögel wichtig. Dann schnellen sich natürlich die Hinterfüße oft ganz vom Boden ab (Abb. 8). Den Verlust an Erfolgssicherheit sah ich bei M 3: Er schoß mit einem gewaltigen Satz hinter einem davonflatternden Spatzen her, erwischte ihn auch, überschlug sich aber regelrecht, da er mit beiden Tatzen festhielt und also nicht den Aufsprung abfangen konnte. So verlor er die Beute und hätte sicher das Nachsehen gehabt, wenn der Spatz nicht durch den Zusammenprall zu benommen gewesen wäre, um schnell genug zu fliehen. In Abb. 9a–l läuft die Tigerkatze auf eine Maus zu und wird, je näher sie ihr kommt, um so „flacher"; Bild m liegt unmittelbar vor dem Zufassen, in n und o drückt sie die Maus mit der Vordertatze zu Boden und beißt zu. Abb. 10 a und b zeigen ein Serval-♀ beim Schleichlaufen. In c setzt es die Hinterbeine zum letzten Vorstoß nieder, in d haben sie den Boden erreicht und bleiben stehen, während die Vordertatzen die Beute, ein Hühnchen, ergreifen

Abb. 8. a) (links) M 12 im Ansprung auf einen entflatternden Spatzen; b) (rechts) die lange „Bodenhaftung" der Hinterpfoten ermöglicht der Tigerkatze noch im Sprung der Pendelbewegung des am Bindfaden baumelnden, toten Spatzen zu folgen

und niederdrücken (e–i). Die Hinterbeine werden erst nachgezogen, wenn die Tatzen ganz sicher zugegriffen haben und die Zähne schon zufassen (k–o). Besonders deutlich werden die Einzelheiten des Ablaufs, wenn einmal der Angriff sein Ziel nicht erreicht. Eine beutespielende Löwin verfolgt einen Löwen (Abb. 11): In a setzt sie zum Angriff an; in b und c sieht man an der Durchbiegung des Mittelfußes, wie sie, als Vorbereitung zum gezielten Zufahren, ihr Gewicht erst noch einmal fest in die Hinterhand setzt. Dann erst schnellt sie den Körper vor (d–f). Spätestens zwischen f und g sollte sie mit der vorfahrenden rechten Tatze die „Beute" erreichen; aber der „Beutelöwe" weicht in halbkreisförmiger Wendung aus (c–m). So verfehlt ihn die Löwin, obwohl sie den Sprung verlängert, der Vorstoß geht ins Leere (g–i). Erst bei k streift sie – schon zurückfallend – mit der linken Tatze den Löwen an der Schulter. Nun fangen die schnell vorgezogenen Hinterbeine das Gewicht ihres Körpers allein auf (k–m), wobei sie scharf abbremsend ein Stück über den Boden schlittern (n–s) [vgl. das von EIBL-EIBESFELDT (1950 a) beschriebene „Imponierbremsen" des Dachses]. Erst bei t geht die Löwin wieder zu normalem Galopp über. Ganz anders sieht ein normaler Galopp- (Abb. 12) oder Hindernissprung (Abb. 13) aus: In beiden Fällen wird das Gewicht vor dem Absprung nicht auf die Hacken verlagert, und im Aufsprung fangen es zunächst die Vorderpfoten ab.

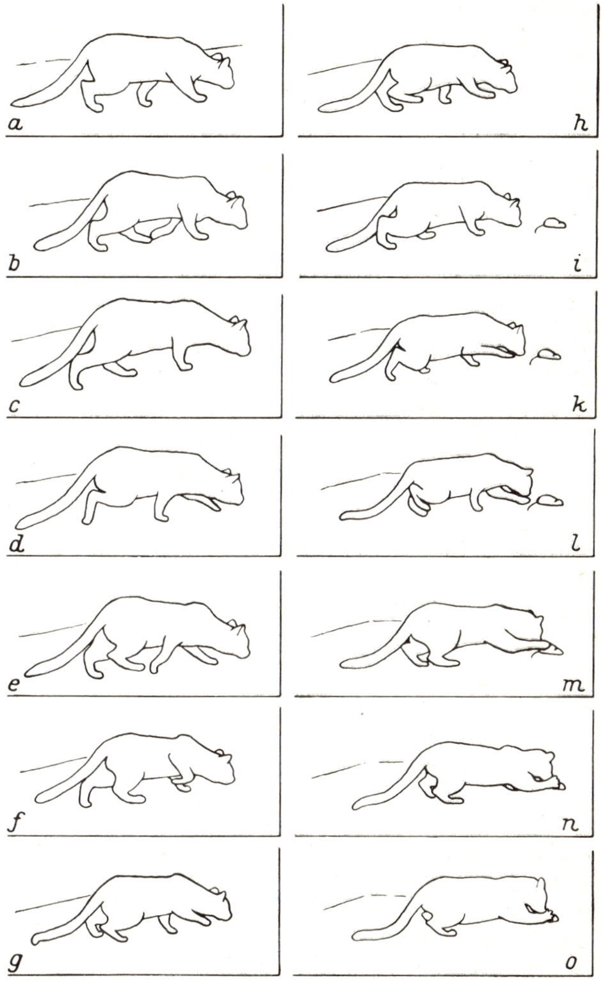

Abb. 9. Tigerkatze überfällt die „Samtmaus"; weitere Erklärung s. Text; Bildabstand $^1/_{16}$ Sek.

Abb. 10. Serval-♀ überfällt ein Hühnchen; weitere Erklärung s. Text; Bildabstand 1/32 Sek.

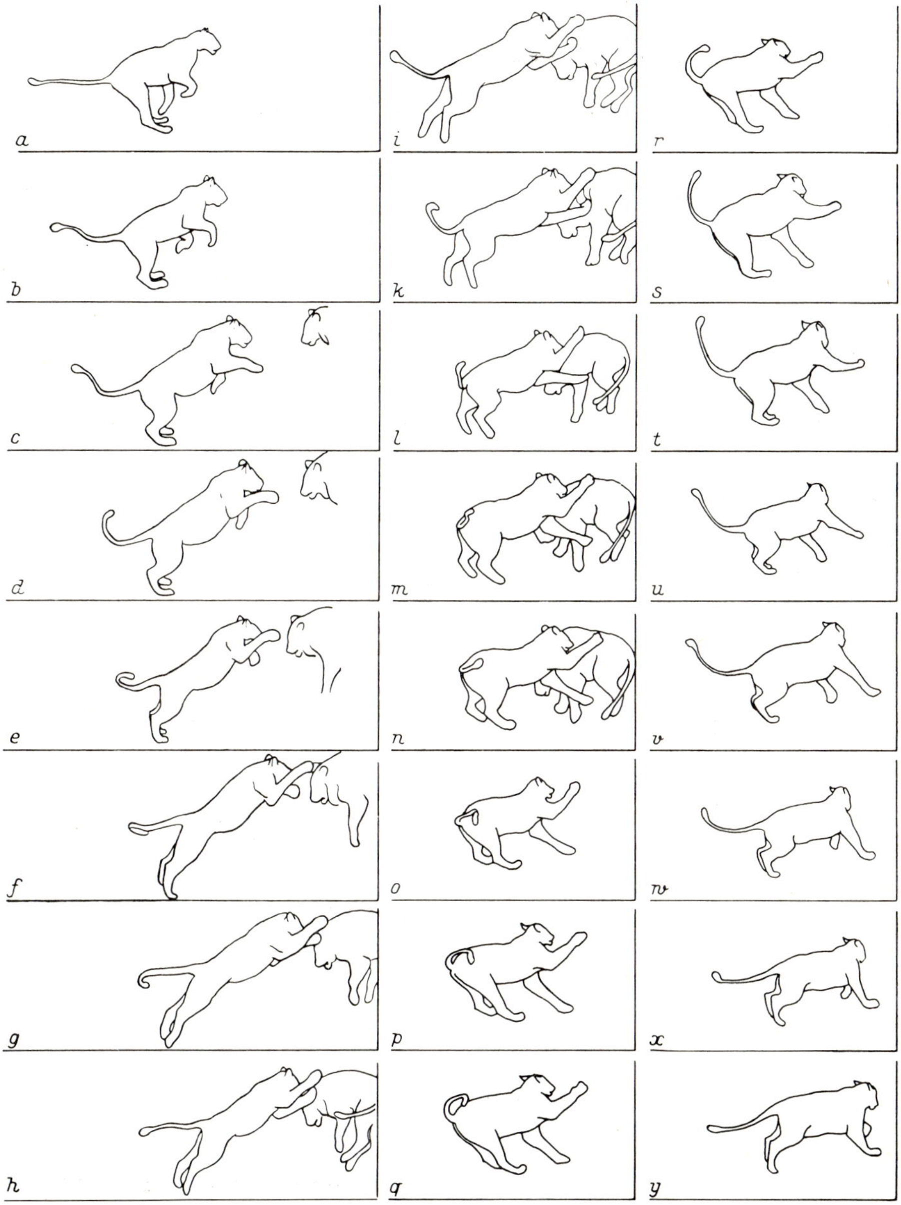

Abb. 11. Beutespiel zweier Löwen; weitere Erklärung s. Text; Bildabstand $^1/_{36}$ Sek. Der zweite Löwe ist nur gezeichnet, soweit es zum Veständnis des Vorgangs nötig ist. Nach Aufnahmen von K. PHILIPP aus unveröffentlichtem Material des Instituts für den Wissenschaftlichen Film, Göttingen, ebenso Abb. 12, 13, u. 19

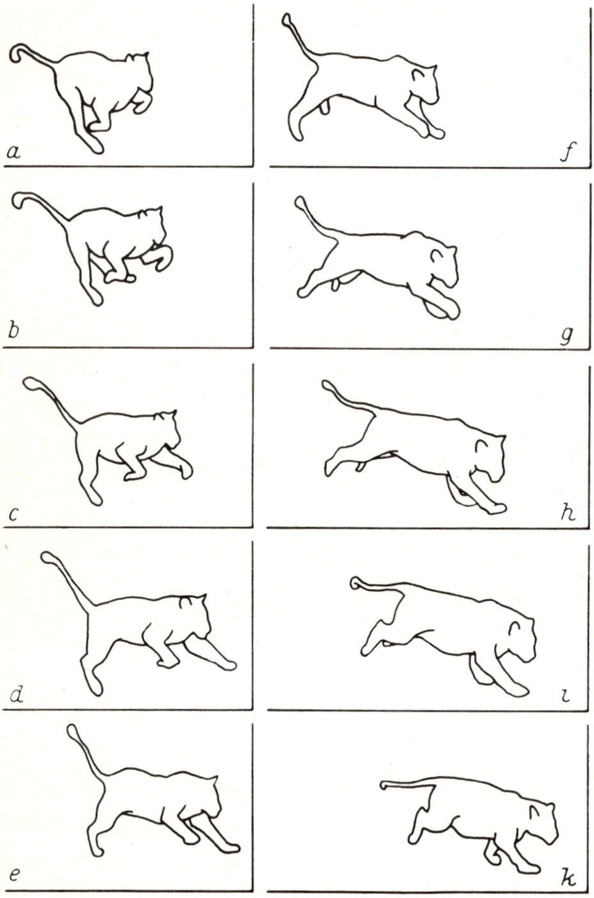

Abb. 12. Normaler Galoppsprung einer Löwin; Bildabstand $^{1}/_{36}$ Sek.

Ganz entsprechend verlagert auch der Gepard sein Körpergewicht, wenn er die Beute erreicht (Eaton 1972 a), sogar bei Geschwindigkeiten von über 100 km/h.

Auch wenn die Katze ihre Beute von einem erhöhten Punkt – einem Baum, Felsblock und dergl. – herab angreift, springt sie niemals von oben direkt auf das Beutetier, dessen weicher, beweglicher und unberechenbar nachgiebiger Körper ja sowieso ein schlechter Landeplatz wäre, sondern immer kurz vor diesem auf den Boden und erst von dort aus auf die Beute. Auch beim Beutespiel junger Katzen kann man dies fast ausnahmslos beobachten. Ebenso verhielt sich ein Pumaweibchen in Hagenbecks Tierpark, wenn es vom Dach der Schlafhütte herab das Männchen als ,,Scheinbeute" spielerisch angriff.

Hemmer (1968) beschreibt, wie junge Nebelparder im Spiel häufig direkt auf dem Spielpartner – Mutter oder Geschwister – landen, und meint, daher auch gleiches Verhalten beim ernstgemeinten Beutefang dieser Art voraussetzen zu können. Ein solcher Schluß ist jedoch unsicher, da im Spiel der Jungtiere oft Abwandlungen des Verhaltens zu beobachten sind, die im ,,Ernstvollzug" nicht – oder jedenfalls nur äußerst selten – vorkommen.

S. 151 ff. werden wir noch sehen, welch große Bedeutung die Angriffsweise über die bereits erwähnten Vorteile der Standfestigkeit, sofortigen Abwehrmöglichkeit und Sprungverlängerung und -steuerung hinaus noch hat. Jedenfalls bedingt sie, daß Katzen nie mit einer so hemmungslosen Gier auf die Beute stürzen, wie manche anderen Raubtiere. Ein auf der Stuhllehne sitzender Steinmarder springt blindlings – ohne ,,Landungssorgen" – einen in einigem Abstand vor ihm

Abb. 13. Löwin beim Sprung über ein Hindernis (Baumstamm); Bildabstand $^1/_{24}$ Sek.

an einem Bindfaden hin- und hergeschwenkten Spatzen an. Eine Katze tut das nie; sie macht wohl mehr oder weniger deutliche Intentionsbewegungen auf das lockende Ziel zu und verliert dabei unter Umständen das Gleichgewicht, dann aber springt sie stets zu Boden und sucht von dort aus den Vogel zu erreichen. Nur bei einer Art, dem stärker als andere Katzen ans Baumleben angepaßten Baumozelot *(Leopardus wiedi;* LEYHAUSEN 1963), habe ich bisher ein Verhalten beobachtet, das dem der Marder zu vergleichen wäre – allerdings auch nur im Spiel (s. a. S. 20).

Wohl nutzt die Katze bei ihrer Annäherung an die Beute jeden Geländevorteil und jede Deckung: Sie schleicht in einem Graben lang und geht hinter einem Grasbüschel in Lauerstellung. Aber auf dem blanken Zementboden des leeren Versuchsraumes schlichen und lauerten sie alle genau so flach an die Erde gedrückt wie bei Ausnutzung einer Deckung. Häufig belauert eine Katze einen auf dem Boden nach Nahrung suchenden Singvogel lange Zeit, ohne loszuspringen, obwohl sie ihn mit großer Wahrscheinlichkeit erreichen würde. Der Vogel fliegt meistens schon wieder ein Stück weg, ehe die Katze startet; Singvögel harren ja selten lange an einer Stelle aus. Die Katze nähert sich nun erneut auf Absprungdistanz und verfällt dann wiederum in Lauerstellung. Das kann sich mehrmals wiederholen, und meistens fliegt der Vogel endgültig davon, ohne von der Gefahr überhaupt etwas gemerkt zu haben; die Katze schaut ihm nach mit dem „dummerstaunten" Gesichtsausdruck enttäuschter Erwartung. Sie ist eben weitgehend auf den Fang kleiner, Erdbauten bewohnender Nagetiere eingerichtet. Diesen gegenüber ist es zweckmäßig, so lange lauernd zu

Abb. 14. (links) Tigerkatze; zwei Phasen des flachen Verfolgungsgalopps hinter „fliehender Beute", einem schnell am Faden gezogenen toten Spatzen

Abb. 15. (rechts) M 3 fängt einen Spatzen

verharren, bis sie sich weit genug von ihrem Einschlupf entfernt haben. Würde die Katze lospreschen, sobald Maus oder Ratte im Loch erscheint, so wäre mit Sicherheit die Beute jedesmal im Loch wieder verschwunden, ehe die Katze sie greifen könnte. Meine Tigerkatze schien dagegen ein ausgesprochener Kleinvogelspezialist zu sein; ich sah bei ihr niemals eine Andeutung jener für die Hauskatze so typischen Lauerstellung, auch nicht beim Erbeuten von Säugetieren. Immer griff sie ohne Zögern an, sobald sie der Beute ansichtig wurde. Mein Serval-♀ hingegen lauert ebenfalls deutlich, wenn auch nicht so ausgeprägt wie die Hauskatze.

Der Ansprung auf die Beute kann in offenen Galopp übergehen, wenn das Beutetier die Gefahr rechtzeitig bemerkt und zu fliehen versucht (Abb. 14). Eine Katze verfolgt auch die fliehende Beute oft, wenn der erste Sprung sie verfehlte. Auch dann ist der letzte Sprung auf die Beute stets flach und von einem normalen Galoppsprung deutlich unterschieden, wie bereits anhand der Abb. 11–13 beschrieben.

Das Ergreifen und Töten der Beute

Mäuse und sonstige kleine Beutetiere packt die Katze manchmal unmittelbar mit dem Gebiß; gewöhnlich setzt sie aber während des Zubeißens wenigstens flüchtig eine Pfote darauf (vgl. Abb. 9). Seltener schlägt sie beide Tatzen gleichzeitig in eine Maus. Dagegen erbeutet sie Insekten und kleine Vögel regelmäßig durch gleichzeitiges Zufahren beider, eng zusammengehaltener Vorderpfoten (Abb. 15). In Kanada jagten unsere Lagerkatzen die dort überaus häufigen Heuschrecken immer auf diese Weise. Wenn das Insekt doch noch entkam, sah ihm die Katze mit dem bereits erwähnten Ausdruck enttäuschter Erwartung nach; dann aber brachte sie die Nase dicht an die noch geschlossenen Pfoten und lüftete diese unendlich vorsichtig, ähnlich wie ein Mensch nach dem offensichtlich vergeblichen Versuch, eine Fliege zu fangen, oft doch noch einmal in der Hand nachschaut. Eben dieses Nachschauen beweist, daß die Deutung des Ausdrucks als „enttäuschte Erwartung“ nicht vermenschlicht, sondern zu Recht besteht. Auf größere Beutetiere schlägt die Katze regelmäßig erst eine Pfote und faßt nur dann sofort mit den Zähnen nach, wenn sie sich nicht wehren. Dabei nähert sich entweder die Schnauze der die Beute haltenden Pfote, oder die Tatze (bzw. Tatzen) zieht das Beutetier heran, hebt es auch wohl vom Boden ab und führt es zum Maul (vgl. Abb. 24 c). Beide Bewegungen können miteinander kombiniert werden und sind es in der Regel bei kleinen Beutetieren auch. Die zweite Form ist die allein mögliche, wenn das Beutetier in einem Loch oder sonst einem engen Schlupfwinkel Zuflucht sucht, in den die Katze ihren Kopf nicht hineinzwängen kann; dann „angeln“ nur die Tatzen mit weitgespreizten Krallen und haben dabei eine erstaunliche Reichweite (Abb. 16). Über das Niederkämpfen wehrhafter Beute vgl. S. 31 ff., 69 f.

Der Zubiß ist zweifach gesteuert (vgl. S. 62 ff.): im ersten, raschen Zufahren auf eine schnell sich bewegende oder gefährlich erscheinende Beute offenbar zentral: die Katze schlägt möglichst schräg von hinten die dem Opfer nähere Tatze in dessen Rücken und Schulter und beißt unmittelbar davor. Bei kurzhalsigen Beutetieren trifft der Biß daher die Nackengegend (Abb. 17). Die Eckzähne dringen kleineren Beutetieren in die Brust-Schulter-Region, größeren ins Halsmark und töten sie so fast augenblicklich. Langhalsige Beutetiere dagegen trifft der erste rasche Biß in Halsansatz oder Schulter (Abb. 18 b), auch z. B. Tauben, die in einem verzweifelten Versuch zu entkommen den Hals weit vorstrecken, sobald sie gepackt werden.

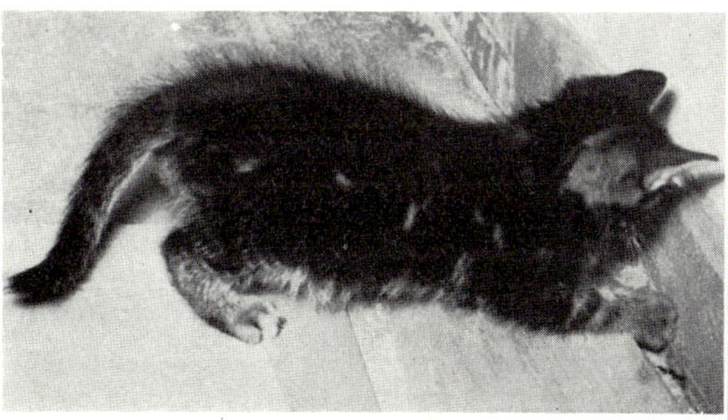

Abb. 16. a) (links) Jungkatze „angelt“ nach einer Maus im Spalt zwischen Wand und Brett; b) (rechts) Serval-♀ „angelt“ nach einem Futterbrocken

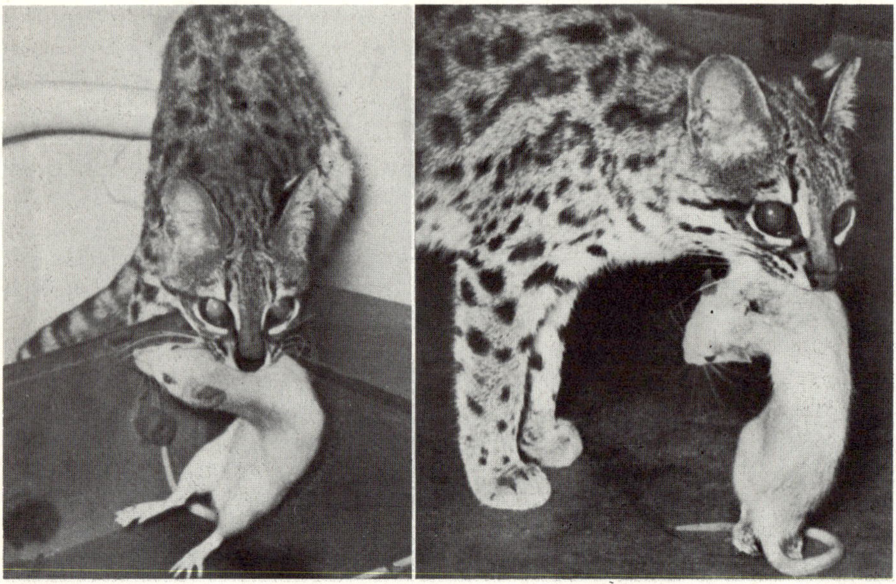

Abb. 17. a) (links) Tigerkatze hält weiße Ratte mit Tötungsbiß gefaßt; b) (rechts) nach Ablegen und Wiederaufnehmen ist die tödliche Wunde sichtbar, welche ein Eckzahn im Nacken des Beutetiers hinterließ

Greift die Katze weniger stürmisch zu, so läßt sie die Beute fast regelmäßig nochmals los und packt sie erneut; dann ist der Biß rein optisch gesteuert, die Zähne fassen immer unmittelbar hinter dem Kopf zu (Abb. 18 c). Diese genaue optische Orientierung zum Nacken (nicht einfach nach dem Halse) ist allerdings erfahrungsabhängig (s. S. 93 ff.).

Fischkatze, Tigerkatze, Luchs, Karakal, Serval, Puma und Gepard bissen Hühner, Enten und Tauben zunächst in die Schultergegend; dann faßten sie mit beiden Tatzen nach und zogen die Beute so weit heran, daß sie den Hals des Tieres unmittelbar hinter dem Kopf erreichen konnten. In allen Fällen war stets erst der Biß in den Nacken tödlich. Auch der Iltis packt oft die Beute zu weit hinten und faßt dann nach (GOETHE 1940). Nach RÄBER (1944) tötet der Steinmarder Ratten, Meerschweinchen, Spatzen und Eidechsen durch Kopfbiß, Tauben dagegen durch Rückenbiß. Wahrscheinlich liegt hier ein ähnlicher Zusammenhang zwischen Zupacken der Branten und Bißorientierung vor. Wird der Vogel dagegen sofort an günstiger Stelle ergriffen, so unterbleibt der Biß in die Schulter. Eine Taube, die ich der zeitweilig frei im Haus und Garten gehaltenen Katze W 2 abnahm, wies nur die scharfen, nicht blutenden Einstichwunden der Caninen im Nacken auf.

Alle Katzenarten scheinen in der gleichen Weise zu fangen und zu töten. Meine Hauskatzen töteten so Mäuse, Ratten, Spatzen und Tauben, meine Tigerkatze Mäuse, Ratten, ein Kaninchen, das fast so groß und schwer war wie sie selbst, Hauskatzenjunge, Spatzen, Tauben und Hühner, meine Servale Mäuse,

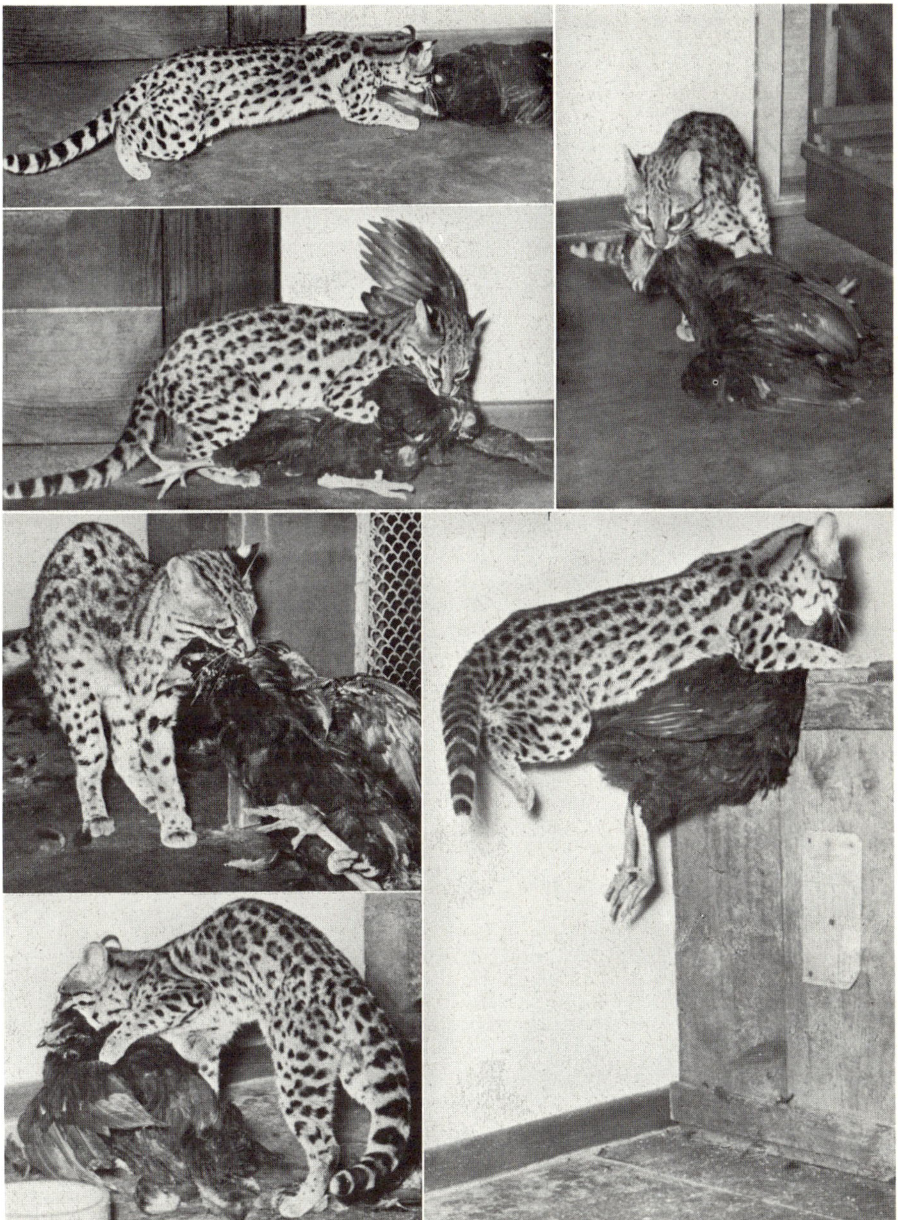

Abb. 18. Tigerkatze fängt ein Huhn; a) Ansprung, b) Packen und Biß unterhalb des Schultergelenks in den Halsansatz, c) Tötungsbiß in den Nacken, d) Transport rückwärts, e) Transport vorwärts, f) Sprung mit der Beute auf die Schlafkiste

g h i k

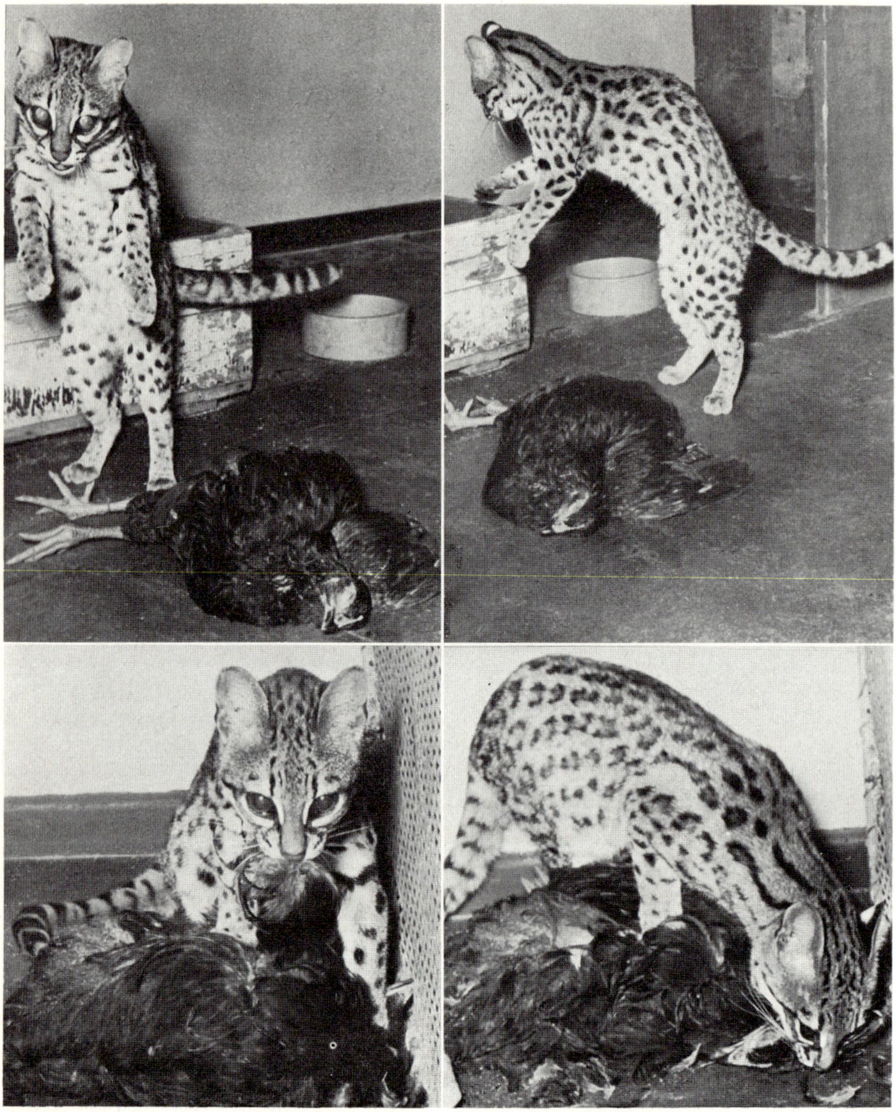

Abb. 18. g) und h) Erleichterungsspiel, i) Rupfen, k) Anfressen am Kopf

Ratten, Meerschweinchen, Tauben und Hühner. Genauso machten es 5 Hybriden von Bengalkatze und Hauskatze, 5 Bengalkatzen, 3 Fischkatzen, 2 Afrikanische und 4 Asiatische Goldkatzen, 9 Schwarzfußkatzen, 2 Baumozelots, 2 Ozelots, 3 Karakals, 1 Luchs, 2 Geparden (nur Hühner), 1 Puma (Ente), 2 Leoparden (Zicklein), und 4 Löwen (kleine bis halbwüchsige Hausbüffelkälber); auch ein von einem Tiger kurz vor meinem Hinzukommen geschlagenes, älteres Büffel-

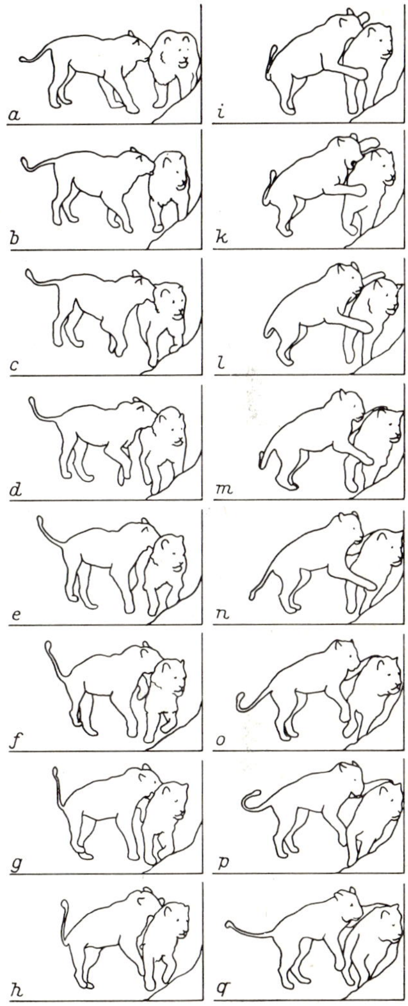

Abb. 19. Spielerischer Überfall eines Löwen auf einen anderen; Bildabstand $^1/_{72}$ Sek.

kalb wies die typischen Nackenwunden auf. Lindemann (1950) und Lindemann und Rieck (1953) beschreiben es ebenso für Europäische Wildkatze und Luchs. Burton (1929/30) beobachtete in zwei Fällen einen Tiger beim Töten eines jungen Büffels; beidemal stand der Tiger seitlich neben seinem Opfer und hielt es im Nacken mit den Zähnen gefaßt. In einem Film aus dem Moskauer Zoo konnte ich sehen, wie ein Löwe auf einer großen Freianlage eine kleine Antilope von etwa Ziegengröße schlug. Er sprang das flüchtende Tier von der Seite her an, faßte es mit dem Gebiß im Kreuz, zog es mit einer Seitwärtsbewegung rückwärts nieder und schlug ihm dann sogleich die Zähne ins Genick. Bereits bei der Besprechung von Abb. 11 zeigte sich die grundsätzliche Übereinstimmung des Angriffs auf die Beute bei den genannten kleineren Katzenarten und beim Löwen. Ein weiteres Beispiel für einen derartigen Spielangriff, der diesmal sein Ziel nicht verfehlt, gibt Abb. 19. Etwa in d oder e beißt der „Angreifer“ in den Nacken des „Opfers“, über dessen Schulter gleichzeitig die linke Tatze greift, während die rechte die Brust umfaßt. Da es sich um Spiel handelt, wird der Griff sofort wieder gelockert, und der Angreifer gleitet von dem davontrabenden Partner ab. Auch hier ist wieder zu beachten, wie während des Zupackens die Hinterfüße des Angreifers ihren festen Stand behalten. Auf der großen Freianlage des Nürnberger Tiergartens wurde (1953) ein Rudel zweieinhalb- bis dreijähriger Löwen gehalten, die miteinander sehr lebhaft spielten. Wie junge Katzen führten sie da-

Abb. 20. Die beiden Löwen nach dem Sturz, rechts der Angreifer

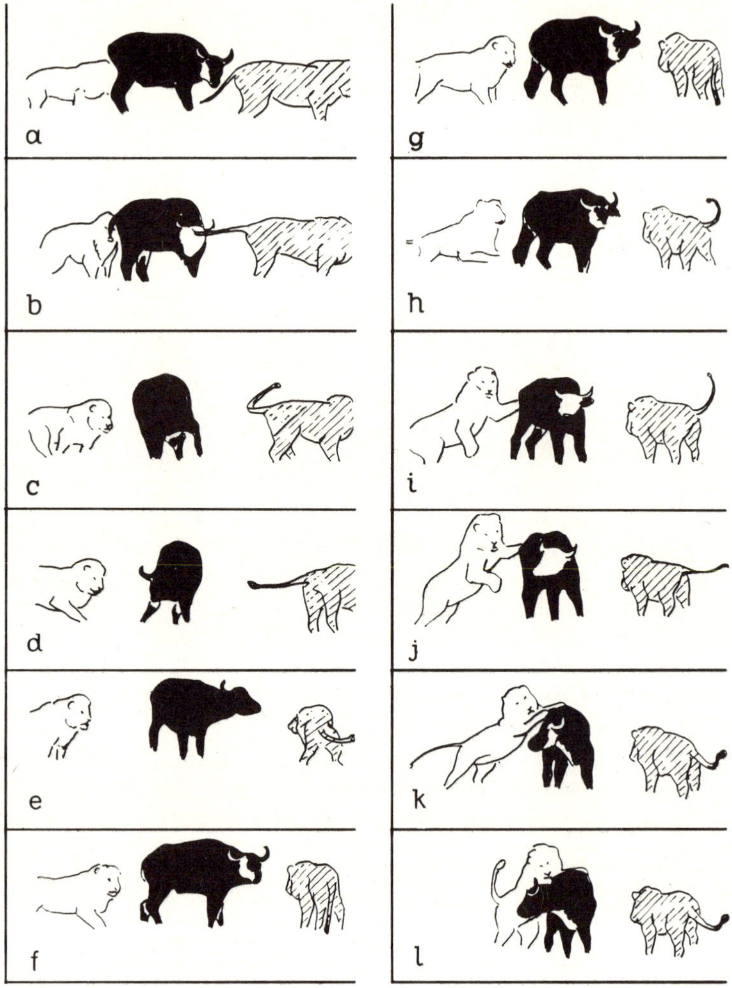

Abb. 21. Löwen töten Büffel. 1. Löwe ○, 2. Löwe ⊘, Büffel ●

bei häufig das gesamte Bewegungsinventar des Beutemachens vor, natürlich ohne zu töten. Oft belauerte einer den anderen, raste plötzlich in flachem Galopp schräg von hinten darauf zu, warf eine Tatze über dessen Rücken und faßte ihn mit den Zähnen im Nacken. In einem Falle kam dieser Vorgang offenbar dem „Ernstfall" sehr nahe. Der angreifende Löwe faßte sein „Opfer" in der beschriebenen Weise und warf durch einen eigenartigen Schwung mit den Hinterbeinen sich selbst und den Angegriffenen mit dumpfem Aufschlag zu Boden. Der Angreifer lag dann im Rücken des Überfallenen und hielt ihn am Genick nieder, etwa so wie es Abb. 20 schematisch darstellt, lockerte aber sofort den Griff wieder, und beide Tiere lösten sich voneinander. Auch beim Fang großer Beutetiere läuft

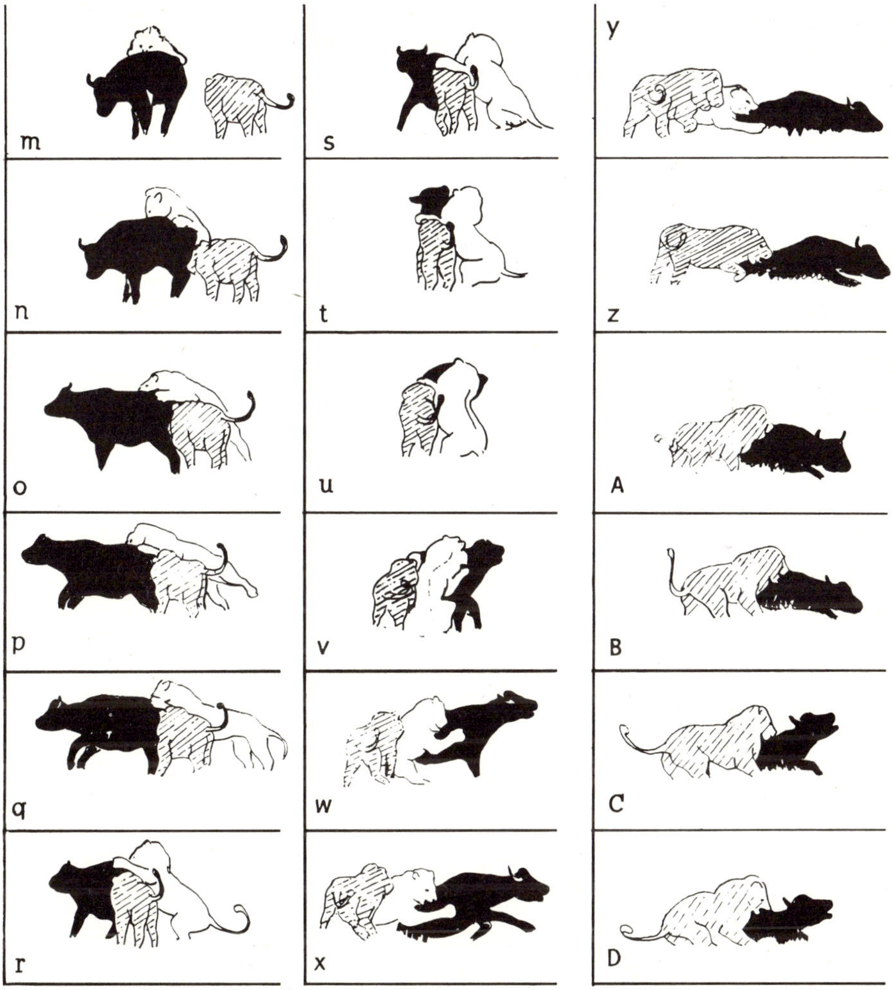

Nach Filmaufnahmen von F. EDMOND-BLANC, Erläuterungen s. Text

der Angriff des Löwen meist nicht mit vollem Schwung ab wie eben beschrieben. Es geht dabei oft erstaunlich „ruhig" zu; der Löwe packt das Großtier mit den Zähnen über der Kruppe oder Schulter und zieht es dann nach hinten und zur Seite nieder. Der Güte von Herrn F. EDMOND-BLANC verdanke ich einen Film, der zeigt, wie zwei Löwen einen Büffel töten. Sie haben den Büffel zwischen sich gebracht und machen abwechselnd Vorstöße auf den Büffel zu, die diesen zwingen, dauernd kehrtzumachen, um dem jeweils nächsten seiner Bedränger die Hörner zu weisen. Das letzte dieser Manöver zeigt Abb. 21 a bis g. In h–j springt der erste Löwe ihn von hinten an und schlägt ihm beide Tatzen über die Kruppe (k). Der Büffel will sich ihm zuwenden, aber der Löwe hält fest und springt mit den Hinterbeinen ebenfalls herum (l–o) bzw. wird vom Büffel passiv herumgeschwenkt, wobei er einen Augenblick mit den Hinterfüßen den Boden verliert (p). Wieder gelandet verbeißt er sich zusätzlich in das Kreuz des Büffels, zieht ihn rückwärts (q) und zugleich im alten Drehsinn weiter im Kreise herum, wobei er ihn niederdrückt (r–v) und schließlich -zieht (w–x). Der zweite Löwe ging in engem Kreisbogen mit herum, ohne bis jetzt einzugreifen. Erst als der erste den Büffel hinten niedergebracht hat, kommt er heran (y–z), faßt den wieder hochstrebenden Büffel mit den Zähnen an der Schulter (A) und zieht ihn, sich rückwärts stemmend, auf die Seite nieder (B–D). Der zweite Löwe läßt die Büffelschulter los und verbeißt sich irgendwo hinter dem Kopf, wobei er zweimal nachfaßt. Die Einzelheiten sind aber nicht zu erkennen, teils wegen des hohen Grases, teils, weil im entscheidenden Augenblick eine Hyäne zwischen Büffelkopf und Kamera vorbeiläuft (während der ganzen Zeit laufen 5 oder 6 Hyänen um die drei Tiere herum, teilweise so nahe, daß sie die Löwen fast zu berühren scheinen; diese kümmern sich nur um den Büffel und beachten die Hyänen überhaupt nicht) (Leyhausen 1965 b).

Nach Schädelbau und Gebiß glaubt Haltenorth (1937), für Nebelparder und Gepard stark abweichende Tötungsweisen annehmen zu sollen. Die besonders langen und scharfen Eckzähne erleichterten dem Nebelparder das Ergreifen von Vögeln auf Bäumen, da er im Geäst nicht gut beide Vordertatzen zum Beutefang benutzen könne. Noch 1960 (2. Auflage) glaubte ich aufgrund meiner Befunde an 2 Geparden (s. o.) Haltenorths Annahme ablehnen zu müssen und verneinte auch, daß der Nebelparder oder sonst eine Katze geschickt genug klettere, um auf Bäumen jagen zu können. Letzteres widerlegten meine Baumozelots (Leyhausen 1963), und Hemmer (1968) ist überzeugt, daß Nebelparder gleich gut klettern. Für beide Arten steht allerdings der Beweis noch aus, daß sie tatsächlich auf den Bäumen etwas fangen; aber möglich erscheint es. Marmorkatzen klettern mindestens ebenso gut wie Baumozelots und sind im Gebrauch ihrer Vorderpfoten noch geschickter. Geparden und wohl alle anderen größeren Katzen verfügen zwar über die hier als „Typusverhalten“ beschriebene Tötungsweise und wenden sie unter bestimmten Bedingungen auch an; jedoch ist die „Verhaltenswahrscheinlichkeit“ anderer Tötungsweisen je nach der im Wohngebiet einer Population bevorzugten Beuteart oft größer. Die „Verhaltensbreite“ auch der anderen Katzenarten geht über den hier zunächst beschriebenen „Typus“ weit hinaus (s. S. 96 ff., 126 ff.).

Beginnt sich die einmal fest im Nacken gepackte Beute zu wehren, so lassen Haus- und Tigerkatze sie häufig nicht wieder fahren, sondern halten sie mit den Zähnen fest und bearbeiten sie mit kurzen Tatzenhieben. Windet und wehrt sich ein größeres Tier sehr heftig, so wirft sich die Katze mitsamt der Beute auf die Seite und versetzt ihr kräftige Stöße mit den Hinterpfoten, während die Tatzen sie heranziehen und festhalten. Diese Bewegungskoordination läßt sich bekanntlich jederzeit bei Jungkatzen auslösen, wenn man sie im Spiel mit der Hand auf den Rücken wirft. Die entsprechenden Beutetiere der kleineren Katzenarten sind aber in ihrer Wirbelsäule weitaus beweglicher als die großen Huftiere; sie können daher dem Angreifer ebenfalls die Bauchseite zuwenden und versuchen, sich durch Kratzen und Stoßen zu befreien. Von diesem Unterschied abgesehen liegen aber dann beide Tiere genau so, wie die beiden oben erwähnten Löwen.

Protokoll (1.3.1952): Der Kampf meiner Tigerkatze „Muschi" mit einer sehr großen Wanderratte sollte gefilmt werden. Die Ratte entkam jedoch aus dem hierzu abgeteilten Bereich des Zimmers, die anschließende Jagd ging über Tische und Schränke. . . „Schließlich sprang die Ratte wieder auf den Tisch und verkroch sich unter einen Aktendeckel. Muschi lief sofort unter den Tisch, sprang aber nicht hinauf, obwohl sie sonst doch oft darauf sitzt. Die von mir aufgestöberte Ratte wollte nun zwischen Tisch, Schrank und Wand herabspringen, aber Muschi faßte sie schon in der Luft, ‚versehentlich' an Kehle und Brust. Die Ratte wehrte sich heftig, aber vergeblich. Auf der Seite liegend hielt Muschi sie mit beiden Vorderpfoten fest, während sie mit den Hinterbeinen heftig strampelte. Es hatte den Anschein, als habe die Ratte sich in Muschis linke Backe verbissen. Jedoch war später keine Verletzung festzustellen. So lagen beide lange, bis die Bewegungen der Ratte schwächer wurden. Ihre Kiefer bewegten sich langsam, konnten sich aber nicht mehr schließen. Die Pfoten zuckten noch leise. Muschi ließ los und ging umher."

Diese Angriffsweise erklärt auch, warum zuweilen starke Wildrinderbullen dem Angriff von Löwe und Tiger entkommen. Der Grund scheint mir weniger in der Stärke dieser Tiere zu liegen – auch ausgewachsene Kühe dieser Rinderarten wären stark genug – als vielmehr in der enormen Dicke ihrer Nackenmuskulatur, welche selbst die langen Eckzähne der Großkatze nicht bis zum Halsmark durchdringen läßt. Es entstehen nur verhältnismäßig ungefährliche Fleischwunden; erst das ermöglicht dem überfallenen Tier, den Räuber abzustreifen oder durch Wälzen zur Aufgabe seines Griffs zu zwingen. Berg (1934) veröffentlicht das Bild eines alten, von ihm geschossenen Gaurbullen, der die deutlichen Spuren eines erfolgreich abgewehrten Tigerangriffs auf dem Nacken und an der Brust trug.

Oft halten aber auch die Katzen das Opfer nicht fest, wenn es sich noch heftig wehrt, sondern lassen es wieder los, ziehen sich ein Stück zurück und wiederholen den Überfall. Ewer und Wemmer (1974) beschreiben dies als „Run-away bite" bei Afrikanischen Zibethkatzen *(Civettictis civetta).* Das kann daran liegen, daß die Katze sich vor dem Beutetier fürchtet (S. 75 f., 106 f., 109) oder sonstwie verschüchtert ist. Ein solcher Kampf Muschis mit einer Wanderratte dauerte über eine halbe Stunde.

Protokoll (31.3.52): „Eine große Wanderratte war bereits mehreren Hauskatzen vorgesetzt worden und hatte sie alle in die Flucht getrieben. Unmittelbar darauf brachte ich sie in einer Maschendrahtfalle in den abgesperrten Teil meines Arbeitsraumes und ließ sie dort frei. Muschi ist durch die Anwesenheit des ihr fremden Gehilfen und vielleicht auch durch das Hin- und Herspringen und Quieken der immer noch sehr erregten Ratte eingeschüchtert und kommt zunächst nicht aus ihrem Käfig. Erst als die Ratte einen Augenblick Ruhe gibt, schleicht sie langsam heran, doch springt ihr die Ratte sofort schrill quiekend entgegen; sie flieht und die Ratte verfolgt sie bis in ihren Käfig hinein. Ich schließe den Käfig. Die Ratte bleibt weiterhin aggressiv, die Katze dagegen ist ängstlich, geradezu desorientiert und sucht einen Ausweg. Offenbar ist die Situation ‚angriffslustiges Beutetier im eigenen Heim' ganz ‚unbiologisch'. Die Katze hat kein entsprechendes Antwortverhalten bereit. Sie setzt sich schließlich furchtsam auf ihre Schlafkiste, während die Ratte den Fußboden beherrscht. Nach einer Weile kommt auch sie im Spalt zwischen Schlafkiste und Wand zur Ruhe. Ich schicke den Ge-

Abb. 22. Zwei Phasen des Erleichterungsspiels nach dem großen Kampf mit der Wanderratte, s. Text

hilfen hinaus und öffne die Käfigtür wieder. Muschi verläßt sofort den Käfig und läuft unruhig umher. Ich scheuche nun die Ratte aus ihrem Schlupfwinkel; sie kriecht darauf in den Zwischenraum zwischen Käfiggitter und Abortkiste. Hier kann die Katze sie von außen sehen und versucht wiederholt, natürlich vergebens, durch das Gitter hindurch anzugreifen. Auch als ich die Kiste etwas vom Gitter abrücke, dauert es lange, bis Muschi durch die offene Käfigtür schleicht und den Angriff wagt. Sie faßt die Ratte auch, kämpft aber ihre Gegenwehr nicht in der erwarteten Weise nieder, sondern läßt sie nach einigen Tatzenhieben fahren. Die Ratte schießt in die nächste Ecke, aus dem Käfig heraus und dann an der Wand entlang zurück in die Drahtfalle. Muschi folgt zögernd und versucht immer wieder, durch das Gitter hindurch die Ratte mit den Pfoten zu schlagen. Sie umschleicht die Falle mehrfach, ohne aber den offenen Eingang zu bemerken; erst als ich der Falle eine andere Stellung gebe, geht sie hinein. Aber kaum halb darin, weicht sie schon wieder dem heftigen Angriff der Ratte. In der Verfolgung verläßt aber die Ratte die Falle und gerät in die Ecke zwischen Falle und Raumabsperrung. Hier wird sie erneut von Muschi angegriffen, wehrt sich aber erfolgreich. Dies wiederholt sich über ein Dutzendmal. Muschi springt nach jedem Überfall zurück und sammelt sich in einiger Entfernung zu neuem Vorstoß. Die einzelnen Angriffe laufen so schnell ab, daß sich nicht genau erkennen läßt, was dabei eigentlich geschieht. Jedoch wird die Abwehr der Ratte schließlich zusehends schwächer, sie schleppt sich nur noch mühsam nach jedem Angriff in ihre Ecke, dann reicht es auch dazu nicht mehr. Aber noch gelingt es ihr bei jedem Zubiß der Katze, sich schnell auf den Rücken zu werfen und vielleicht auch zu beißen; jedenfalls läßt die Katze immer sogleich wieder los. Muschis Angriffe wirken unsicher und sind viel schwächer als bei früheren Rattenkämpfen. Lärm, Türenschlagen und Schritte auf dem Gang vor dem Arbeitszimmer stören sie während der ganzen Zeit erheblich. Endlich aber ist die Ratte so matt, daß sie keine Gegenwehr mehr aufbringt. Muschi faßt sie nun und tötet sie mit einigen kräftigen Bissen. 32 Min. hat der Kampf gedauert. Nun führt sie einen ‚Freudentanz' um die Beute auf, wie ich ihn noch nie sah. 15 Min. lang macht sie die tollsten Kapriolen (Abb. 22)."

TURNER (1959) beschreibt eine ganz entsprechende Taktik von einem Tiger, der einen großen Wildeber angriff.

Hauskatzen sind nur sehr selten so hartnäckig, wie hier die Tigerkatze. Allerdings weiß ich, daß eine Katze einen in einen Hühnerstall eingedrungenen Steinmarder in mehr als halbstündigem Kampf schließlich tötete, ohne selbst nennenswerte Wunden davonzutragen. Oft sah ich Katzen nach einem oder mehreren Angriffen das Interesse an einer Beute verlieren, die sie bereits gepackt hatten. Hierfür zwei Beispiele:

4.3.52: „W 4 und M 10 sehen die Maus schon, wie ich sie noch in der Hand halte. W 4 springt an mir hoch. Beide sind sofort hinterher, als ich die Maus mitten zwischen die Katzen werfe. W 4 ist schneller und erwischt sie, läuft mit der Maus in den Außenkäfig und beißt knurrend auf ihr herum. M 3 kommt hinzu, setzt sich in etwa 50 cm Abstand hin und beobachtet. 2 m weiter drückt sich W 7 herum. Die Maus ist bereits tot. W 4 spielt längere Zeit mit ihr, kaut mehrmals auf ihrem Kopf herum, frißt sie aber nicht an. Einigemal läßt sie die Maus für Augenblicke liegen und spaziert umher. Bei einer solchen Gelegenheit stiehlt W 7 die Maus, verschwindet damit nach oben und verzehrt sie."

4.3.52: „W 1 erhält eine Maus, die sie auch sofort greift, ohne sie jedoch zu töten. Sie spielt noch eine Weile mit ihr, verliert dann aber das Interesse und beachtet die Maus nicht weiter."

BAGSHAWE (1909/10) berichtet von zwei Fällen, in denen Tiger einen geschlagenen Büffel verließen: die Büffel waren nicht sofort tot, starben aber bald. Die Tiger kehrten nicht mehr zur Beute zurück. Über das Verlassen der getöteten Beute s. a. S. 34, 40 f.

Die Schnurrhaare werden beim Sprung auf die Beute, wie bereits an anderer Stelle (LEYHAUSEN 1953) eingehend beschrieben, maximal vorgespreizt (Abb. 23)

Abb. 23. M 3 mit weit vorgespreizten Schnurrhaaren im Sprung auf einen Spatzen

a b c

Abb. 24. M 9; die Schnurrhaare umhüllen beim Tragen die Maus (a) und folgen ihren Bewegungen (b und c)

und helfen offenbar, die Bewegungen der ergriffenen Beute zu kontrollieren. Kleine Beutestücke, wie z. B. Mäuse, werden von den Schnurrhaaren förmlich eingehüllt (Abb. 24).

Sobald sich die Beute nicht mehr bewegt, wird sie zunächst abgelegt. Nur selten beginnt die Katze sofort am Fangort zu fressen. Einigemal allerdings sah ich, wie eine Maus nur mit den Tatzen gepackt und sogleich ohne Nackenbiß beim Kopf angefressen wurde, und zwar dreimal bei gerade sehr hungrigen Hauskatzen und einmal bei einem Männchen von *Leopardus wiedi* Schinz, das sozial gehemmt war (vgl. S. 75 f.).

Gewöhnlich läßt eine Katze ihren Fang zunächst liegen, richtet sich auf, schaut umher, geht häufig ein Stück davon, untersucht den Raum, als kenne sie ihn noch nicht, und ergreift dann erst die Beute von neuem. Das kann sich mehrfach wiederholen. In diesem „Spaziergang", der selten unterbleibt, reagiert die Katze die beim Beutefang nicht ganz verbrauchte Erregung vollends ab („afterdischarge" S. 109, 239), um so länger, je größer und ungewohnter die Beute, je scheuer und weniger mit der Örtlichkeit vertraut die Katze ist. Als Folge dieser Gewohnheit entkommt das Beutetier zuweilen doch noch: Da der Tötungsbiß dem Griff gleicht, mit dem Katzen, andere Raubtiere und Nager ihre Jungen tragen (S. 249 ff.), löst er beim Beutetier oft die sog. *Tragstarre* aus. Gerade nicht lebensgefährlich getroffene Tiere halten daher oft ganz still, während tödlich verletzte sich in konvulsivischen Zuckungen winden. Ein bewegungsloses Opfer legt die Katze häufig „für tot" ab; es kann sich dann irgendwo verkriechen, während sie „spazierengeht". Die Tragstarre dient also auch beim erwachsenen Kleinsäuger noch der Selbst- und Arterhaltung, bietet einen nicht zu unterschätzenden Selektionsvorteil und schwindet daher nicht wie andere juvenile Verhaltensweisen gegen Ende der Jugendentwicklung. Meistens allerdings bemerkt die Katze den Fluchtversuch rechtzeitig und vereitelt ihn (vgl. S. 123). Auf die Bedeutung des „Ablegens" für die Katze komme ich noch zurück (S. 40 ff.).

Auch die großen Katzenarten schalten oft eine solche Pause zwischen Töten und Anschneiden ein. Nach SCHALLER (1968) ist ein Gepard nach erfolgreicher Jagd so erschöpft, daß er 20–30 Min. Erholung braucht, ehe er fressen kann. Fünfmal sah ich zwei oder mehr Löwen gemeinsam einen angebundenen Hausbüffel töten. Der Löwe, der schließlich den tödlichen Biß ausführte und bis zur letzten Zuckung des Opfers festhielt, begann in allen Fällen als letzter zu fressen. Drei von ihnen entfernten sich zwischen 5 und 20 m von der Beute und legten sich dort nieder, um erst nach 15–40 min. zurückzukehren und ihren Anteil zu nehmen (s. a. Protokoll S. 133 f.).

Beim normalen Tötungsbiß schlagen die Kiefer sehr kräftig zusammen. Die Eckzähne hinterlassen dann glatte Stichwunden, die nur wenig oder gar nicht bluten, es sei denn, daß infolge einer Ausweichbewegung des Beutetiers der Biß nicht richtig sitzt und eine Halsschlagader trifft. Nur beim ersten Verbeißen in die Brust-Schulter-Region größerer Vögel entstehen oft stark blutende Wunden. Die Nackenhaut zieht sich oft über den Einstichen der Eckzähne wieder zusammen; bei vielen von mir untersuchten, frisch geschlagenen Beutetieren hatte ich Mühe, die Verletzungen zu finden. Im Idealfall werden, wie schon gesagt, Halsmark und Nachhirn der Beute durchschlagen oder doch so stark gepreßt, daß der Tod augenblicklich eintritt. Dazu muß jedoch der Biß gut treffen, und die Kiefer der Katze müssen zur Größe des Opfers „passen“. Der erwachsenen Hauskatze entsprechen am besten mittelgroße Ratten, wie sie im Laboratorium gehalten werden; sie werden daher in der Regel am schnellsten getötet. Mäuse dagegen können u. U. viele „Tötungsbisse“ überleben, weil die Katze oft den Hals zu weit umfaßt und die Eckzähne nur in seine Unterseite oder gar nicht eindringen. Wenn die Katze lange genug festhält, erfolgt der Tod dann durch Erwürgen oder, wenn der Biß weiter hinten gefaßt hat, durch Druck auf Lunge und/oder Herz (s. aber S. 99 ff.). Dagegen paßt das Mäulchen junger, sechs bis acht Wochen alter Katzen genau zur Maus; so töten sie – kaum daß sie begonnen haben, lebende Beute zu schlagen – Mäuse oft schneller als später, wenn sie erwachsen sind.

Das Töten von Beutetieren durch Nackenbiß ist stammesgeschichtlich sicher sehr alt. Beißen zur Abwehr und Angriff im intra- wie interspezifischen Kampf kommt bei allen Wirbeltiergruppen vor. Die Säuger dürften es bereits von ihren Reptilvorfahren übernommen haben. Wo es fehlt, ist das sicher ein Sekundärverlust; entweder schwand auch die anatomische Möglichkeit (z. B. „Zahnarme“, Elefanten) oder andere und wirksamere Waffen traten an die Stelle der zur Aufbereitung pflanzlicher Nahrung spezialisierten Zähne (z. B. viele – durchaus nicht alle! – Horntiere und Hirschartige). Der intraspezifische Kampf ebenso wie die Abwehr artfremder Feinde sollen hier nicht besprochen werden, sondern nur der Beißangriff auf artfremde Tiere (Säuger und Vögel) zum „Zweck“, sie zu töten und zu verzehren.

Das Gebiß der Raubsäuger dient beim Angriff auf die Beute zum *Festhalten* und *Töten*. Die Vorderextremitäten haben erst sekundär die Funktion erhalten, die Beute zu greifen, heranzuziehen und festzuhalten. So kenne ich z. B. keinen Insektenfresser, der zuerst mit den Pfoten und dann mit der Schnauze zufährt; unter den Carnivoren tun es nur hochentwickelte Formen, und auch die längst nicht alle, selbst wenn sie dazu die anatomischen Voraussetzungen haben. Die Funktionen „Festhalten“ und „Töten“ scheinen ursprünglich nicht scharf getrennt: Mit wiederholten Zubissen werden die Beutetiere immer wieder an der Flucht gehindert, bis sie schließlich an der Summe der Verletzungen und/oder dem Blutverlust sterben bzw. ein Biß zufällig tödlich trifft.

So scheinen die Verhältnisse bei *Nandinia* und vielleicht auch *Paradoxurus* (s. unten) zu liegen. Gleiches wird man auch bei anderen, in dieser Hinsicht primitiven Raubsäugern finden, vermutlich vor allem bei Raubbeutlern. Die beiden Funktionen trennen sich, wenn nach dem Festhalten und Heranzerren die Bisse bevorzugt auf solche Körperteile der Beute zielen, deren Verletzung schnell tötet. Bei *Nandinia* schon gewinnt man den Eindruck, die Bisse richteten sich auf die jeweils am *stärksten bewegten* Teile des Beutetieres; und wenn ein Tier sich wehrt und windet, bewegt es gewöhnlich das Vorderende am heftigsten. Dieser Faktor könnte auch die Zibethkatzen (Leyhausen 1965 b) (mit-)bestimmen, immer in Richtung auf das Vorderende der Beute nachzuschnappen und ruhig sitzende Tiere meistens in den Kopf zu beißen. Von diesem Ansatzpunkt her konnte wohl die Selektion eine besondere Orientierungsreaktion herauszüchten, die den Angriffsbiß genauer auf die *tödlichste Stelle* richtet und ihn damit erst zum „Tötungsbiß" macht; als „Nackenbiß" hat er dann bei den Feliden und manchen Musteliden seine höchste Ausbildung erfahren (zur Frage der erlernten Orientierung des Tötungsbisses s. S. 61, 93 ff.). Nun ist der Nackenbiß nur dann so tödlich, wenn er Halsmark oder Nachhirn des Beutetieres genügend verletzt. Das ist auch in der ganz überwiegenden Mehrzahl der untersuchten Fälle so, wie ich schon (1956 a) feststellte, und wie es sich seither in vielen weiteren Untersuchungen immer wieder bestätigte. Offenbar gelingt dies aber z. B. Ginsterkatzen (Leyhausen 1965 b) oder auch Marderartigen (Iltis, Eibl-Eibesfeldt 1955; Mauswiesel, Goethe 1950) bei etwas größeren Beutetieren nicht leicht mit nur einem Biß; daher haben diese Formen das geschilderte, vielmals wiederholte Nachbeißen. Die Feliden treffen dagegen in einem *sehr* hohen Prozentsatz der Fälle das Halsmark mit nur einem Zubiß, obwohl die Zähne selbst bei „guten" Nackenbissen doch aus sehr verschiedenen Richtungen in den Beutehals eindringen können. Dies ist aus der Orientierung des Tötungsbisses allein nicht zu erklären. Meiner Vermutung nach sind die Eckzähne der Feliden, und zwar sowohl ihre Form wie ihre Stellung in den Kiefern, so an den Verlauf der Muskeln, Sehnen und Bänder wie die Richtung der Halswirbelflächen angepaßt, daß diese von den vier eindringenden Eckzähnen mit hoher Wahrscheinlichkeit wenigstens einen nahezu automatisch an einen Zwischenwirbelraum heranleiten. Der Zahn zwängt sich dann wie ein Keil zwischen die Wirbel, sprengt diese aus ihrer Verbindung und zerreißt damit das Halsmark ganz oder teilweise. Diese Hypothese allein scheint mir zu erklären, weshalb man kaum je Schäden an den Wirbelkörpern findet. Die Eckzähne sind auch ausgezeichnet dazu geeignet, etwas auseinanderzukeilen, aber sicher nicht, um mit der Spitze fest auf etwas sehr Hartes zu beißen: Wie man an Museumsschädeln wie an schlecht behandelten Zoo- und Zirkustieren feststellen kann, splittern die Eckzähne verhältnismäßig leicht in der Längsrichtung. Sie mögen wohl die relativ dünnen Hirnschalen vieler Beutetiere durchbohren, aber sie zermalmen keinen massiven Knochen wie einen Wirbelkörper (s. aber S. 135 f., Jaguar).

Die letzte „Feineinstellung" dürfte propriozeptorisch gelenkt sein: Wenn eine Zahnspitze auf Hartes, also Knochen stößt, könnte die Katze etwas herumtasten, bis die Zahnspitze in einen Spalt gleitet, und dann erst fester zubeißen. Die oben vermutete „Automatik" brauchte dann nur bis auf den Wirbelknochen und nicht so unwahrscheinlich genau zwischen zwei Wirbelkörper zu leiten. Tatsächlich kann man zuweilen sehen, wie eine Katze die Kiefer in zwei Phasen schließt, wenn sie ein völlig apathisches Beutetier relativ langsam totbeißt. Erst eine solche Beteiligung der Propriozeptorik könnte auch die auffallende Tatsache erklären, wieso der Verlust eines oder mehrerer Eckzähne die Wirksamkeit des Tötungsbisses nicht zu beeinträchtigen braucht. Mein altes Serval-♀ „S" besitzt nur noch einen Eckzahn im Oberkiefer; dennoch kann sie selbst große Meerschweinchen immer noch genau so schnell wie früher töten (LEYHAUSEN 1965 b). Wie EWER (1973) ausführt, finden sich Mechanorezeptoren gehäuft an den Wurzeln der Eckzähne, und die Leitungsgeschwindigkeit der afferenten und efferenten Nerven ist sehr hoch, ebenso wie auch die Kontraktionsgeschwindigkeit der Kiefermuskeln. Die Katze hat also alles an physiologischer Ausstattung, was zu der zunächst unwahrscheinlich anmutenden Leistung erforderlich ist, schlagartig mit großer Kraft zuzubeißen und dennoch die genaue Richtung noch propriozeptorisch zu steuern, welche die Eckzähne im Gewebe des Opfers nehmen.

Nach EIBL-EIBESFELDT töten auch Wanderratten (1952) und Hamster (1953) Beutetiere durch Nackenbiß, obwohl sie diesen – im Gegensatz zur Katze (s. a. S. 146 ff.) – bei Kämpfen unter Artgenossen nicht anwenden. Die Homologie erscheint mir jedoch fraglich, da nach eigenen Beobachtungen und Filmanalysen der Ablauf sehr häufig deutlich verschieden von dem bei Carnivoren ist: Die Ratte ergreift ihr Opfer quer, wie ein zu benagendes kleines Holz- oder Futterstück; meist legt sie eine Vorderpfote über den Kopf und die andere aufs Kreuz des Beutetiers. Dann *durchnagt* sie dessen Rückgrat, beginnt gewöhnlich in Rückenmitte und schreitet seitwärts gegen Nacken und Hinterkopf fort. Wahrscheinlich sind auch direkte Nackenbisse von diesem Verfahren abzuleiten, erfahrungsbedingt, und damit dem Nackenbiß der Carnivoren nicht homolog. Steinmarder (RÄBER 1944) und Mauswiesel (GOETHE 1950) töten mit Nackenbiß. Nach meinen Beobachtungen beißen die Wieselarten dabei ganz überwiegend in den Hinterkopf, verhalten sich also spezialisierter (ebenso GOSSOW 1970, MÜLLER 1970). Der Iltis tötet kleinere Wirbeltiere ebenfalls durch Nacken- oder Rückenbiß, größere Säugetiere (Meerschweinchen, Kaninchen) beißt er dagegen in die Nase, wozu er – im Gegensatz zur Angriffsrichtung aller anderen, mir in dieser Hinsicht bekannten Raubsäuger – von vorn angreift (GOETHE 1940, RÄBER 1944). In auffälligem Gegensatz hierzu tötete ein Palmenroller *(Paradoxurus hermaphroditus* Pall.) ein Huhn durch regellose Bisse in Brust, Hals, Kopf und beliebige andere Stellen und fraß die noch lebende Beute an verschiedenen Stellen an. Doch wäre es voreilig, aus dieser Einzelbeobachtung unter ungünstigen Verhältnissen auf das Normalverhalten dieser Tierart schließen zu wollen. Nordafrikanische Streifenhyänen töten Esel durch Nackenbiß (HIGGS, zitiert nach EWER 1968, S. 44). KRUUK (1972) berichtet, die Fleckenhyäne wende keinen speziellen Tötungsbiß an, sondern reiße einfach an beliebiger Stelle Stücke aus dem Beutetier, bis dieses nach kürzerer oder längerer Zeit – bis 13 Minuten je nach Anzahl der beteiligten Hyänen – sterbe. Doch gibt er selbst (S. 162, 195) mehrere Beispiele auch für Nackenbisse bei kleineren Beutetieren. Die Fähigkeit ist also noch gegeben, aber wie auch bei anderen Meutejägern (Wolf, Hyänenhund) nicht mehr so bedeutsam für Jagderfolg und Selbstschutz und die Bereitschaft ist daher rückgebildet. Ein Fuchs tötete ein Huhn durch verschiedene Bisse in Schulter, Brust und Hals. Einen Wolf sah ich (in einem russischen Film) einen Biber durch Nackenbiß töten. Im Gegensatz dazu sagt SEITZ (1950), seine Füchse töteten nicht durch Biß, sondern durch Abschütteln. Das „Totschütteln" gilt ja auch allgemein als die Tötungsweise der Caniden, obwohl hierzu m. W. genauere Beobachtungen und Versuche noch fehlen. Feneks töten nach PILTERS (1962) mit Nackenbiß, ebenso Wölfe kleinere Beutetiere (ZIMEN 1971). Über die Tötungstechnik der Ursiden konnte ich bisher keinerlei Angaben erlangen. Auf die Verbreitung des Schüttelns als Mittel zum Bewältigen und Töten von Beutetieren und seine vermutlich mehrfach-parallele Phylogenese bei Raubbeutlern und verschiedenen plazentalen Raubtiergruppen bin ich an anderer Stelle ausführlich eingegangen (LEYHAUSEN 1965 b; s. auch S. 48 ff.).

Leerlauf und Reaktion am Ersatzobjekt

Die spezifische Erregung der Fanghandlungen ist anscheinend leicht staubar; es kommt sehr häufig zu Reaktionen am Ersatzobjekt und zuweilen zu echten Leerläufen. So ist das Fliegenfangen zweifellos hierher zu rechnen, obwohl die gefangenen Fliegen meist gefressen werden. Auch auf der Heuschreckenjagd (S. 23) verzehrten einige Katzen – besonders ein großer Kater – diese Beute gierig; die meisten ließen sie jedoch nach dem Fang sogleich wieder fahren. Offensichtlich „galten" die Heuschrecken nur um des Ablaufs der Fanghandlungen willen als Beute. Gekäfigte Katzen kann man häufig Steine und Erdklumpen „erbeuten" sehen, und zwar in vollem Ernst, nicht etwa spielerisch. Der Leerlauf sei kurz belegt:

Protokoll (12.11.51): „. . . Nach einer Weile springt Muschi herab und beginnt zu ‚spielen'. Alle Handlungen des Beutefangs kommen in absolutem Leerlauf. Sie zielt dabei auf keinerlei Objekt, nimmt aber sofort meine Fußspitze als Ersatzobjekt an, als ich sie etwas bewege."

Man hat gegen den Begriff des „Instinktleerlaufs" immer wieder eingewendet, es lasse sich nie mit völliger Sicherheit entscheiden, ob das Tier nicht doch auf winzigste, dem Auge des Betrachters verborgene Außenreize reagiere (z. B. ARMSTRONG 1950; BASTOCK, MORRIS und MOYNIHAN 1953; LEHRMAN 1953; LISSMAN 1950), und wollte daher den Begriff ablehnen. Hierzu wäre grundsätzlich folgendes zu sagen: Niemand wird behaupten wollen, ein solcher hypothetischer Minimalreiz sei für die jeweils in Rede stehende „Reaktion" adäquat. Man muß also auf jeden Fall zugeben, daß die Aufstauung spezifischer Erregung die Auslöseschwelle bis fast auf Null senken kann, weil nur dann der eigens zur Rettung des Reiz-Reaktions-Prinzips hypostasierte Minimalreiz zur Auslösung der „Re"-aktion genügt; dann ist aber in gar keiner Weise mehr einzusehen, weshalb die Auslöseschwelle bis fast auf Null sinken kann, keinesfalls aber bis ganz auf Null. Die Diskussion, ob „echter Leerlauf" oder „Beinahe-Leerlauf", ist dann nur noch ein Streit um Worte. Zum speziellen, hier im Protokoll angeführten Fall aber kann ich versichern: Auf dem glattgebohnerten Fußboden meines Bonner Arbeitszimmers hätten als mir nicht erkennbare Objekte der Fanghandlungen Muschis allenfalls winzige Staubpartikel dienen können; die aber haben einen relativ sehr hohen Luftwiderstand und können sich daher nicht so schnell über den Fußboden hin bewegt haben, wie die Katze sie meterweit verfolgte; dabei trieb sie das ,,imaginäre" Objekt mit kreuzweisen Pfotenschlägen vor sich her, wie es junge Katzen mit Tischtennisbällen und Katzen, die lange nichts mehr gefangen haben, mit lebenden Mäusen tun (,,Stauungsspiel", S. 107 f.). Eine Staubflocke kann durch einen Pfotenhieb nicht so schnell weitergefegt werden. Für jeden der raschest aufeinanderfolgenden Hiebe aber eine neue, mir nicht erkennbare Flocke zu fordern, geht doch wohl etwas zu weit. Es bleibt also für diesen Fall bei wirklichem, unbestreitbarem Leerlauf, und bei einer Reihe weiterer, von mir beobachteter Fälle ebenso. Wie weit man hier und bei Reaktionen am Ersatzobjekt, wie Steinen, Erdklumpen u. dergl., zwischen ,,ernstgemeinter" Abreaktion gestauter Fangerregung und Spiel unterscheiden kann, wird S. 105 ff. erörtert.

Etwas anders liegen die Verhältnisse in folgendem Fall:

9.11.51: ,,. . . In einen Drahtkäfig von 4 x 2 x 2 m mit 7 Spatzen setze ich M 3. Er duckt sich sofort und schleicht dann auf die Spatzen zu. Diese flattern in die oberen Käfigecken. M 3 blickt nach oben, ‚schnattert', geht minutenlang in völlig nutzlose Lauerstellung, schleicht umher, schielt nach oben und ‚schnattert' wieder. Plötzlich geht ein Sturm von Fangbewegungen ins Leere los, zum Teil richten sie sich auch gegen einen Erdklumpen als Ersatzobjekt. Lauern, Losfahren, Prankenhiebe, Zufassen – alles in wilder Folge und vielmals wiederholt."

Der Kater sieht sich in unmittelbarer Nähe sehr reizvoller Beute, ohne sie erreichen zu können. In dieser Situation tritt häufig das ,,Schnattern" (Schwangart 1933) als Übersprungbewegung auf: Bei weit zurückgezogenen Mundwinkeln schlagen die Kiefer in krampfartigem Rhythmus aufeinander, wobei ein schmatzendes Geräusch entsteht. Nach Schwangart bedeutet die Bewegungsweise, daß die Tiere sich belästigt fühlen. Der eine von ihm ausführlich beschriebene Fall belegt das aber nicht: Sein Kater saß auf der Brüstung einer Veranda, und dicht vor ihm auf einem dünnen Zweig zeterten Spatzen; sie waren also für ihn unerreichbar, da er eben nicht wie ein Marder (vgl. S. 20 f.) nach einem so gut wie frei im Raum schwebenden Beuteobjekt springen konnte. Die bei M 3 anschließend explosiv hervorbrechenden Fanghandlungen sind ein typisches Beispiel für ,,redirection activity" (Bastock, Morris und Moynihan 1953): Die adäquaten Reizobjekte der Fanghandlungen sind zwar sehr nah, aber dennoch unerreichbar; sie lösen schließlich die entsprechenden Instinkthandlungen aus, aber diese müssen sich dann anderen, erreichbaren, wenn auch inadäquaten Objekten zuwenden. Die genannten Autoren sehen hier mit Recht einen deutlichen Unterschied zur Reaktion am Ersatzobjekt und sprechen von einer ,,redirection activity", also von einer auf ein anderes Objekt übertragenen Handlung. Als Übersetzung möchte ich ,,Reaktion am Ausweichobjekt" vorschlagen und den Unterschied von Ersatz- und Ausweichobjekt wie folgt definieren: Ein Ersatzobjekt löst sowohl die Instinktbewegung wie die diese richtenden Taxien aus; ein Ausweichobjekt dagegen zieht nur die Taxien auf sich, während die Kette der Instinktbewegungen vom zwar vorhandenen, aber unerreichbaren adäquaten Objekt ausgelöst wird.

Die Behandlung der frisch getöteten Beute

Wie bereits erwähnt, wird die tote Beute meistens abgelegt, und nur selten beginnt hierauf die Katze sogleich zu fressen. Sonst läßt sie die Beute – besonders größere Stücke – zunächst liegen, geht ein Stück davon weg, schnuppert an verschiedenen Stellen auf dem Boden umher, macht wohl auch einige kurze Putzbewegungen („Spaziergang“) (Abb. 25 d), kehrt erst dann zur Beute zurück, nimmt sie wieder auf (Abb. 25 e) und trägt sie umher (Abb. 25 f), offenbar aus dem Bedürfnis, sie in Deckung zu verzehren. Findet sie Sichtschutz, so benutzt sie ihn schließlich auch. Doch ist das Verhalten stark ritualisiert und tritt auch in völlig deckungslosem Raum auf, bei gut eingewöhnten Tieren keineswegs etwa als „Auswegsuchen“; es führt auch, wenn ein gedeckter Freßplatz vorhanden ist, durchaus nicht immer auf dem schnellsten Wege dorthin. Vielmehr kann sich Ablegen, „Spazierengehen“, Wiederaufnehmen und Umhertragen der Beute mehrfach wiederholen. Oft schließt sich das Spiel (Abb. 25 g) mit der toten Beute an (S. 108 ff.). Zum Tragen wird die Beute hinter dem Kopf im Nacken gefaßt, nur kleine Beutetiere wie Mäuse oder Spatzen gelegentlich auch anderswo; je größer die Beute, um

a

b

c

d

Abb. 25. Tigerkatze tötet ein Kaninchen; a) Verfolgung, b) kurz vor dem Zubiß, c) Töten, d) „Spaziergang“

e

h

Abb. 25. e) Aufnehmen zum Transport, f) Transport, g) Erleichterungsspiel, h) und i) Rupfen

f

g

i

so entschiedener hält die Katze am Nackengriff fest und bemüht sich, die herabhängende Last mit hocherhobenem Kopf frei zu tragen. Das Hochheben des Kopfes wird dabei übrigens weniger vom Pendeln und Dahinschleifen der Beute als von ihrem Gewicht ausgelöst. Auch einen großen, kompakten Fleischklumpen, der bei gesenktem Kopf nicht pendeln oder schleifen würde, trägt die Katze hoch (Abb. 26 a), einen als Scheinbeute behandelten, leichten Staublappen dagegen tief (Abb. 26 b), auch wenn er dabei über den Boden schleift. Große Beute trüge die Katze viel bequemer, wenn sie mehr in der Nähe des Schwerpunktes etwa kurz hinter den Schultern zufaßte. Aber alle von mir beobachteten Arten packten beim Nacken zu. Große Stücke schleifen dabei neben oder zwischen den Vorderbeinen am Boden entlang, oder die Katze zerrt sie rückwärtsgehend hinter sich her (Abb. 18 d, e). So sah ich auch mehrfach im Film Löwen ein Zebra transportieren.

Das Rupfen und Schütteln der Beute

Schließlich beginnt die Katze ihre Mahlzeit, sofern sie nicht satt ist und die Beute irgendwo unbeachtet liegenläßt. Vögel von Amselgröße und darüber rupft sie jedoch zuvor: Sie faßt mit den Zähnen in das Kleingefieder, setzt die Vorderpfoten auf die Beute und reißt, Kopf und Schulter nach oben stemmend, die Federn aus (Abb. 18 i, 25 h, i). Die im Maul hängenbleibenden Federn spuckt sie aus und schleudert sie nach mehrmaligem Federnausreißen mit einer schlenkernden Seitwärtsbewegung ab (Abb. 25 k). Großgefieder geht höchstens „aus Versehen" mit. Normalerweise werden seine Kiele während des Fressens durchbissen oder aus dem Fleisch herausgelutscht. Beim Ausspucken stößt die nach unten einge-

k 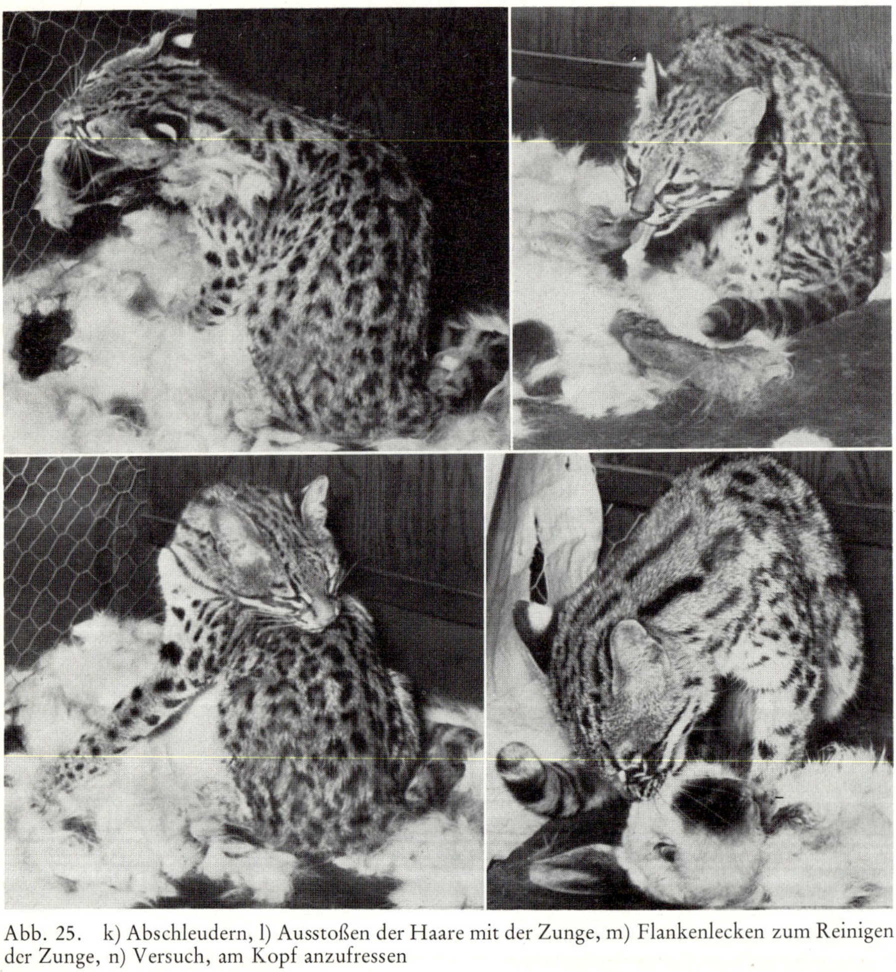 l

m n

Abb. 25. k) Abschleudern, l) Ausstoßen der Haare mit der Zunge, m) Flankenlecken zum Reinigen der Zunge, n) Versuch, am Kopf anzufressen

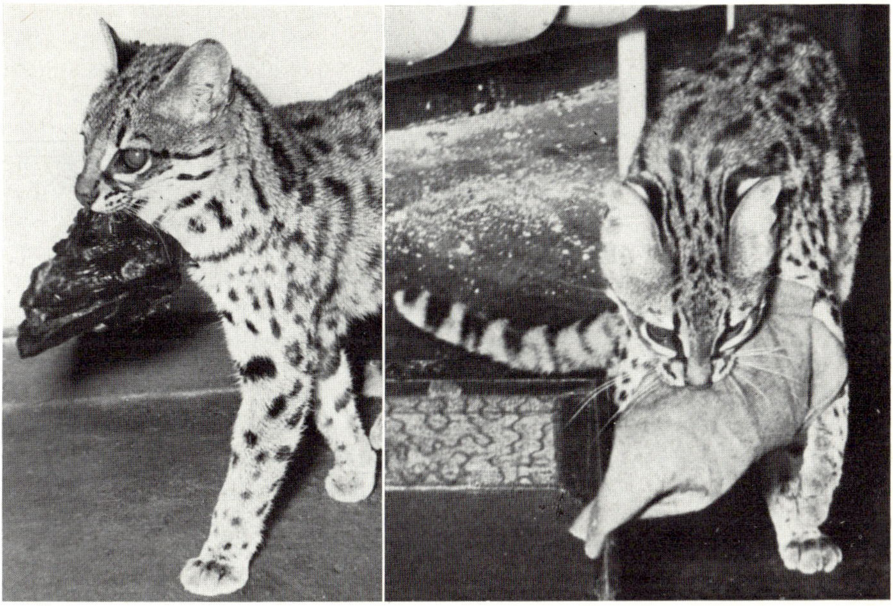

Abb. 26. a) (links) Tragen eines schweren Fleischbrockens mit hocherhobenem Kopf, b) (rechts) beim Tragen eines gleichgroßen, aber leichten Lappens wird der Kopf nicht über die Waagerechte erhoben

rollte Zungenspitze mit eigenartig leckenden Bewegungen die Federn vor sich her aus dem weit geöffneten Maul (Abb. 25 l). Anschließend wird die Zunge zwischen den geschlossenen Schneidezähnen zurückgezogen und so von den noch anhaftenden Federn befreit. Schon beim Hochreißen des Kopfes spuckt die Katze ein- oder mehrmals aus, jedoch so schnell, daß man es erst bei Bild-für-Bild-Analysen der Filmaufnahmen erkennt. Nach dem Hochreißen wiederholt sie es meist noch mehrmals langsamer, wobei sie den Kopf etwas zur Seite neigt.

Das Abschleudern besteht in ein- bis mehrmaligem Hin- und Herschütteln des Kopfes. An den Umkehrpunkten fliegen dann die von der Zunge ausgestoßenen Federn ab. Auch während des Abschleuderns spuckt die Katze sehr schnell aus.

Die Tiere unterbrechen das Rupfen häufig, um sich die Flanke zu lecken (Abb. 25 m). Anfangs deutete ich dies als Übersprungbewegung, jetzt aber eher als Umkehrung der normalen Funktion des Fellbeleckens: Während sonst die Zunge das Fell reinigt und kämmt, streift hier das Fell von der rauhen Zunge Flaumteilchen, die hartnäckig an ihr haften.

Alle von mir darauf untersuchten Feliden rupfen. Aber schon bei unmittelbarer Beobachtung fallen typische Unterschiede auf, die in vier Fällen an Hand von Filmaufnahmen bestätigt und noch genauer erkannt werden konnten.

Amseln rupft die Hauskatze nur wenig und versucht sie zwischendurch immer wieder anzufressen. Man meint, die Katze wolle „eigentlich" gleich losessen und spucke nur die Federn aus, die sie dabei ins Maul bekommt. Vögel unter Amselgröße rupft die Hauskatze fast nie – ich sah es in 58 Fällen nur einmal –, sondern frißt sie ohne jede Rupfintention sofort; Schwung- und Stoßfedern werden an den Kielen abgebissen und ausgespuckt. Größere Intensität erreicht das Rupfen erst bei Vögeln von Taubengröße und darüber.

Genau wie die Hauskatze verhalten sich nach Angaben von LINDEMANN (brieflich) europäische Wildkatzen *(Felis s. silvestris* L.) und Karpatenluchse: Auch diese Tiere rupfen erst ab Amselgröße. In einer größeren Versuchsreihe im Frankfurter Zoologischen Garten und in meinem Institut konnte ich völlig übereinstimmendes Verhalten feststellen bei einem Falbkatzenweibchen *(Felis silvestris libyca* Forster), 4 Servalen (*Leptailurus serval* Schreb.), 3 Fischkatzen *(Prionailurus viverrinus* Bennett), einem Karakalpaar *(Caracal caracal* Güld.), einem Paar kanadischer Rotluchse *(Lynx rufus* Güld.) und 2 Geparden-♂♂ *(Acinonyx jubatus* Schreb.). Ebenso verhielten sich später die im Wuppertaler Max-Planck-Institut gehaltenen Bengalkatzen und deren Hauskatzenhybriden (10) und Asiatische Goldkatzen (4). Besonders wenig rupfen die Schwarzfußkatzen (7). Abweichend verhielt sich lediglich in einem Falle das Karakal-♂, als es einen Spatzen rupfte. Inzwischen beobachtete ich auch bei mehreren anderen Karakals eine größere Rupfbereitschaft, als bei den zuvor genannten Arten. Übereinstimmend fraßen auch alle diese Tiere bei Tauben und kleinen Hühnern fast immer zunächst den Kopf, ehe sie zu rupfen begannen.

Bei der Tigerkatze „Muschi" war die Bewegungsweise sehr viel ausgeprägter und stellte einen obligatorischen Anteil der Gesamthandlungsfolge dar. Auch kleinste Vögel rupfte sie sozusagen „zielbewußt", ganz und gar nicht, als wolle sie fressen und bekäme nur versehentlich das Maul voll Federn. Meistens begann sie an Kopf und Brust und rupfte so lange, bis kahle Stellen entstanden. Spatzenrupfungen von Haus- und Tigerkatze zeigen den Unterschied sehr deutlich (Abb. 27). Erst nach langem Rupfen begann die Tigerkatze zu fressen. Eine bereits angefressene Beute, die ich ihr fortnahm und nach längerer Pause erneut anbot, rupfte sie stets noch einmal, wenn auch meist weniger lange, ehe sie weiterfraß. Auch das zeigt, wie sehr bei ihr das Rupfen einen festen Bestandteil des Gesamtablaufs bildete. Auch Säugetiere rupfte sie, wenn die Haare länger als etwa 1–1,5 cm waren, größeren Wanderratten z. B. die langen Rückenhaare; ein kleines Russenkaninchen machte sie fast ganz kahl. Anfangs erwog ich, das schlechtere Rupfen der Hauskatze als domestikationsbedingten Ausfall und die höher entwickelte Rupfbewegung der Tigerkatze als eine Spezialanpassung an Kleinvögel zu deuten. Wie erwähnt, fehlte der Tigerkatze ja auch die Lauerstellung weitgehend, und ein Vogel erregte sie stets weit mehr als kleine Säugetiere. Inzwischen konnte ich bei den oben genannten Wildformen dasselbe Verhalten wie bei der Hauskatze feststellen; andererseits rupften 3 Pumas, 2 Baumozelots, mehrere Kleinfleck- und Tigerkatzen und 2 große Ozelots genau wie die Tigerkatze. Ein Ozelot des Londoner Zoo (Film von D. MORRIS, unveröffentlicht) rupfte auf dem Rasen seines Außenkäfigs eine Taube und geriet darüber in eine derartige Rupf-„Ekstase", daß er minutenlang von der Taube abkam und das Gras ausrupfte.

Filme vom Rupfen zeigen die Unterschiede sehr deutlich. Genauer auswerten lassen sich jedoch nur solche Filmteile, in denen das rupfende Tier gerade von

Abb. 27. Spatzenrupfung; a) (oben) einer Hauskatze (W 5), b) (unten) der Tigerkatze

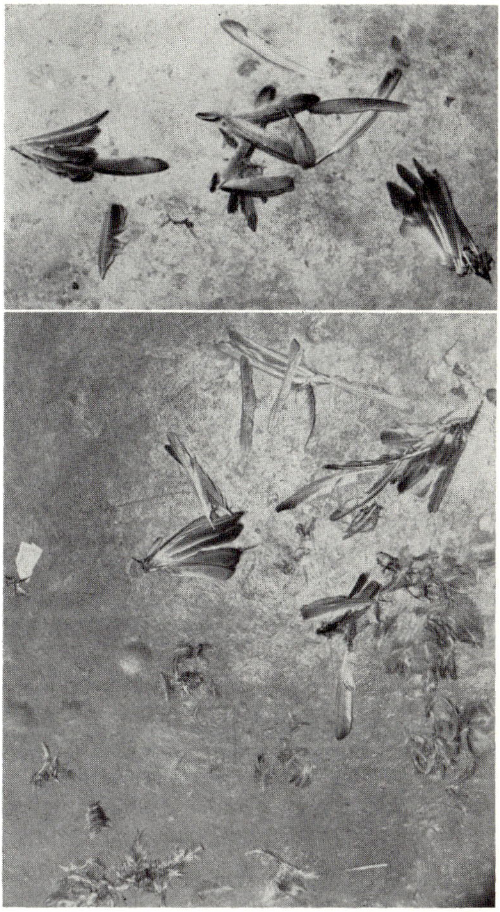

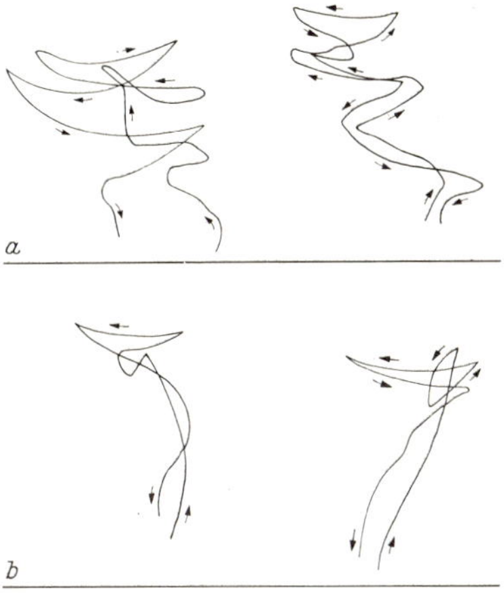

Abb. 28. Rupfkurven; a) Serval-♀, b) Tigerkatze; s. Text

vorn aufgenommen ist, was nur selten gelingt. Abb. 28 zeigt je zwei „Rupfer" von Serval und Tigerkatze. Die Kurven entstehen, indem man der Bewegung des Nasenspiegels von Filmbild zu Filmbild folgt. Die Nase des Servals macht gleich unten schon geringe seitliche Ausschläge, die sich während des Hochreißens bis zum eigentlichen Abschleudern steigern und ebenso allmählich wieder ausklingen, wenn der Kopf sich erneut zur Beute senkt. Die Kurve der Tigerkatze führt dagegen ohne eine Andeutung von Kopfschütteln steil, fast senkrecht nach oben. Im Höhepunkt angekommen, ruckt sie ein Stück zurück, wenn sich die Federn plötzlich lösen, dann folgt scharf abgesetzt das Abschleudern und, ebenfalls wieder deutlich abgesetzt, eine geradlinige Bewegung zur Beute hinab.

Ebenso verschieden ist der Rupfrhythmus. Hierfür standen vier auswertbare Filmstreifen von je einem Serval, Rotluchs, einer Tigerkatze und einem Puma zur Verfügung. Die Tigerkatze rupfte darin 2 Beutetiere, die anderen drei nur je eines. Serval, Rotluchs usw. schleudern praktisch nach jedem Federausziehen ab, weil die Bewegung schon während des Hochreißens einsetzt; rupfen sie ausnahmsweise einmal Kleinvögel, deren Federn leicht ausgehen, so schaukelt sich die Abschleuderbewegung nicht weit genug auf und bleibt während des ganzen Rupfvorganges aus, so z. B. beim Spatzenrupfen von W 5 und dem Karakal. Puma und Tigerkatze können oftmals Federn ausziehen, ehe sie einmal abschleudern. Im Durchschnitt beträgt das Verhältnis von Auszieh- und Abschleuderbewegungen bei beiden 2 : 1 gegen 1 : 1 bei Serval und Rotluchs (Tab. 1); allerdings sind die Zahlen zu klein, um statistisch ganz sichere Werte zu ergeben. Hierzu müßten noch viele weitere Filmaufnahmen gemacht werden. Im Sinne der Tabelle spricht aber noch der Rhythmusunterschied in der Bewegungsweise, welcher für den Betrachter um so schärfer hervortritt, je öfter er sich die Filme vorführt.

Verschieden ist auch die Anzahl der Hin- und Herbewegungen bei jedem Abschleudern. Wie Abb. 28 erwarten läßt und Tabelle 1, Spalte 3, lehrt, bewegt sich beim allmählichen Aufschaukeln und Ausklingen des Abschleuderns der Kopf öfter hin und her. Auch diese Differenz ist statistisch nicht voll gesichert, aber schon bei einfachem Zusehen erkennt man, wieviel kürzer, aber „energischer" Puma und Tigerkatze abschleudern. Im übrigen steigt die Zahl der Hin- und Herbewegungen mit der Rupfintensität. Diese Tatsache unterstreicht die Bedeutung des zwischen den beiden Gruppen festgestellten Unterschiedes, da Luchs und Serval gleich große Beutetiere viel schwächer rupfen als Tigerkatze und Puma. Die durchschnittliche Federmenge je Rupfung ist daher bei Serval, Luchs und zugehörigen Arten drei- bis viermal kleiner als bei Tigerkatze, Ozelot und Puma. LINDEMANNS Angabe (1955), Wildkatzen rupften größere Säugetiere nicht, sondern rissen ihnen das Fell mit den Klauen ab, konnte ich zwar an dieser Art nicht nachprüfen, jedoch tun nächstverwandte Arten, wie Hauskatze, Luchs, Serval und Karakal, sicher nichts dergleichen; es wäre auch ein ganz „unkätzisches" Verhalten; Katzenkrallen sind für eine solche Arbeit auch recht ungeeignet (s. jedoch S. 56 ff. „Zerreißhandlung").

Ein Teil der hier angeführten Unterschiede im Rupfen beider Katzengruppen beruht auf unterschiedlicher Reizschwelle. Sie ist bei der „Hauskatzengruppe" höher, daher zeigt diese Rupfintentionen erst bei Vögeln von etwa Amselgröße an. Die „Tigerkatzengruppe" rupft dagegen auch kleinste Vögel und hat so gewissermaßen einen „Intensitätsvorsprung", der auch beim Rupfen größerer Vögel und langhaariger Säugetiere stets gewahrt wird. Merkwürdigerweise besteht bei beiden Gruppen keine Beziehung zwischen „Reizschwelle" und Körpergröße der betreffenden Katzenart: Amselgröße stellt gleichermaßen den unteren Schwellenwert für Hauskatze, Luchs und Gepard dar, und große Ozelots rupfen

Tabelle 1. Filmauszählung des Rupfrhythmus. Die Zahlen der beiden ersten Spalten geben die Häufigkeit der einzelnen Bewegungsweisen für die ganze zur Verfügung stehende Filmlänge

	Federausziehen	Abschleudern	Durchschnitt der Hin- und Herbewegungen je Abschleuderbewegung
Serval	14	14	3,2
Rotluchs	14	12	3,7
Tigerkatze	68	34	2,4
Puma	20	12	1,8

Spatzen ebenso intensiv wie die kleine Tigerkatze. – Selbst große Pumas rupfen kleine Singvögel oder versuchen es wenigstens; sie können die kurzen Federchen mit ihren Zähnen nur schwer oder gar nicht fassen, und so zerknautschen und bespeicheln sie den Singvogel meist zu einer unkenntlichen Masse. – Natürlich schwankt auch die Rupfintensität bei verschiedenen Individuen einer Art und sogar beim gleichen Tier; doch können diese Schwankungen nach den bisherigen Erfahrungen die zwischenartlichen Unterschiede nicht verwischen.

Äußerst erwünscht wäre eine statistisch einwandfreie Sicherung der hier mitgeteilten Befunde schon deshalb, weil alle Arten der einen Gruppe – nämlich Haus-, Wild-, Falb-, Schwarzfuß-, Bengal-, Gold- und Fischkatze, Europäischer und Rotluchs, Karakal, Serval und Gepard – *altweltlich,* die der anderen Gruppe – nämlich Tigerkatze, Kleinfleckkatze, Baumozelot, Ozelot und Puma – *neuweltlich* sind. Den Rotluchs dürfen wir hier insofern der alten Welt zurechnen, als die nordamerikanischen Luchse sicher viel später über die asiatisch-amerikanische Landbrücke gewandert sind, als die Vorfahren der Südamerikakatzen. Die auffallende Übereinstimmung zwischen so verschiedenen Arten wie Hauskatze und Gepard auf der einen, Tigerkatze und Puma auf der anderen Seite *kann kaum zufällig sein.*

Ferner deutet sich hier erstmals – abgesehen von der anerkannten Sonderstellung des Genus *Panthera* – eine Möglichkeit an, in der Katzensystematik einen neuen Ordnungsgesichtspunkt einzuführen: Außer im Rupfen scheinen noch einige weitere Verhaltenseigentümlichkeiten alt- und neuweltliche Katzen zu trennen, z. B. das Kotverscharren und die Ruhestellung mit unter der Brust eingeschlagenen Vorderpfoten bei *Felis, Lynx* und Nächstverwandten, was beides den Neuweltkatzen und den Großkatzen fehlt.

Nimmt man das alles zusammen und bezieht in die notwendigen weiteren Untersuchungen möglichst alle Arten ein, so könnte sich zwischen neu- und altweltlichen Katzen eine ähnliche Beziehung wie zwischen Neu- und Altweltaffen herausstellen, wobei allerdings die Großkatzen in nähere Beziehung zu den Neuweltkatzen zu setzen wären, also keine Parallele zu den Anthropoiden bildeten. Allerdings darf man nicht erwarten, daß die Scheidung so tiefgehend und fein säuberlich ist, wie bei den platyrhinen und katarhinen Affen: Die Katzen sind ja doch näher verwandt als die platyrhinen Affen mit den katarhinen; Übergänge, wie sie sich beim Karakal andeuten, sind zu erwarten. Tatsächlich beobachteten wir neuerdings bei 8 Afrikanischen Goldkatzen *(Profelis aurata)* ein Rupfverhalten, das sie hinsichtlich Intensität und Reizschwelle ziemlich genau in die Mitte zwischen den beiden aufgestellten Gruppen plaziert. Die Gattung *Profelis* (s. S. 274) stellt so eine Verbindung zwischen den beiden Gruppen hinsichtlich *dieses einen* Verhaltensmerkmals her, wie es sie ähnlich bei den Alt- und Neuweltaffen nicht gibt: Geringe *(temmincki)* → mittlere *(caracal, aurata)* → starke Rupfneigung *(concolor).*

Die Großkatzen scheinen nach verschiedenen mündlichen Angaben ähnlich wie Neuweltkatzen zu rupfen. Ein Leoparden-♀ rupfte ein kleines Huhn ebenso, wie ich es wiederholt beim Puma gesehen habe, sehr heftig, unter senkrechtem Hochreißen und deutlich abgesetztem Abschleudern. Anders als ein Puma rupfte der Leopard aber teilweise im Liegen und hielt dabei das Hühnchen zwischen den Tatzen. Ein Tiger rupfte ein Huhn recht energisch (Film von D. MORRIS, unveröffentlicht). Einen indischen Löwen im Gir-Reservat sah ich einige Rupfbewegungen am Rückenhaar einer soeben geschlagenen, großen Ziege ausführen (11.11.1969). Leoparden sah ich dagegen geschlagene Ziegen nicht rupfen.

Abgeschleudert werden, außer Haaren und Federn beim Rupfen, auch tote Beute, Lappen und ähnliche Gegenstände, die sich leicht in den Zähnen verhaken; meist fliegen sie dann weit davon, wenn sie nicht, wie z. B. manchmal ein Wattebausch, in den Zähnen hängen bleiben. Gelegentlich wird auch ein noch lebendes, doch bewegungsloses (S. 34) Beutetier so behandelt. Ebenso packt eine furchtsame Katze kleinere Beute an beliebiger Körperstelle nur lose im Fell und schleudert sie sofort wieder weg. Nie bedeutet diese Bewegung Totschütteln, sondern sie dient immer nur dazu, einen fellartigen oder federigen Gegenstand aus den Zähnen zu lösen. Auf die Beutetiere wirkt die Behandlung auch gar nicht tödlich. Ein richtig mit Tötungsbiß erfaßtes Beutetier wird auch niemals abgeschleudert, sondern abgelegt. Das Ab- und Wegschleudern der Beute bzw. des Spielobjektes sieht man am häufigsten und ausgeprägtesten bei Jungkatzen, bei erwachsenen unter bestimmten Bedingungen (S. 108, 110 f.). Schon bei diesem rein spielerischen Wegschleudern kann ein Vogel ziemlich viel Federn verlieren, ohne daß er gerupft würde. Rupfen und spielerisches Wegschleudern gehen auch oft fließend ineinander über, wenn die Beute die untere Reizschwelle des Rupfens gerade erreicht. Dies war deutlich der Fall beim Spatzenrupfen von W 5 und dem Karakal (S. 44); ebenso verhielten sich die beiden Rotluchse und W 1, W 4, W 5, M 3, M 5, M 8 und M 9 beim Rupfen von Amseln.

Großkatzen schütteln häufig ein großes Fleischstück mit anhängenden Knochen mehrmals hin und her, meist ohne es dabei wegzuschleudern, und versuchen hinterher regelmäßig, es an der beim Schleudern erfaßten Stelle anzuschneiden. Wenn dies nicht recht gelingt, schütteln sie nochmals. Anscheinend soll hierdurch der Sitz des Muskelfleisches am Knochen gelockert und eine günstige Anschnittstelle geschaffen werden. Hin und wieder verfahren Hauskatzen ähnlich mit Ratten, die ihnen zuweilen beim Anfressen Mühe machen. Hierin scheint auch der einzige Vergleichspunkt zwischen dem Abschleudern der Feliden und dem Totschütteln der Caniden zu liegen: Nach SEITZ (1950) zerteilt der Fuchs größere Beutestücke durch Schütteln, von toter Beute schüttelt er anhaftenden Sand und ähnliches ab. Diesen Zweck könnte die Bewegung wohl auch bei Feliden haben, obwohl diese sich durch solche Verunreinigungen nur wenig stören lassen.

Dieser Vergleichspunkt allein genügt natürlich nicht, um die Abschleuderbewegung der Feliden als dem Totschütteln der Caniden homolog anzusehen. Wahrscheinlich ist sie es aber doch, und den Gang der stammesgeschichtlichen Entwicklung kann man sich etwa folgendermaßen vorstellen:

Früher (1. Aufl. 1956) meinte ich, das Wegschleudern von an den Zähnen verhakten Gegenständen, z. B. Federn und Haare beim Rupfen, und Beutetieren sei – ebenso wie das am besten von Wildcaniden bekannte Totschütteln – von der gleichen Bewegungskoordination abzuleiten, mit der sich z. B. viele Säuger Wasser aus dem Fell schütteln. Das scheint mir jetzt unwahrscheinlich. Beim Sich-Schütteln strecken wohl alle Säuger Hals und Kopf ungefähr in Richtung der Körperlängsachse, der aufrecht im Wasser stehende Eisbär z. B. senkrecht nach oben. Beim Schütteln befindet sich die Nase also in der Rotationsachse und macht keine oder nur unbedeutende Ausschläge. Beim Abschleudern dagegen ziehen die

Tiere den Kopf an, die Längsachsen von Hals und Kopf bilden fast einen rechten Winkel miteinander, die Rotationsachse verläuft in der Längsachse der Halswirbelsäule, da ja die Drehung um den *Dens epistrophei* erfolgt. Die Nasenspitze beschreibt daher den größten Bogen. Beide Bewegungen sind also recht verschieden, und die Ableitung der einen aus der anderen ist wenig wahrscheinlich. Schleuder- und Schüttelbewegungen dürften unabhängig voneinander entstanden sein.

Eine dem Abschleudern sehr ähnliche Kopfschüttelbewegung kommt bei fast allen Säugern als Antwort auf den kitzelnden oder sonstwie lästigen Berührungsreiz kleinerer, am Kopf haftender Fremdkörper vor. Alle Raubtiere und viele Nager versuchen, solche Fremdkörper, wie lose Haare, Federn, Erdpartikel und dergleichen, mit diesem Kopfschütteln loszuwerden, ehe sie sie mit den Pfoten wegwischen. Typisch ist daher auch die fast regelmäßige Verbindung von Niesen und Kopfschütteln.

Alle mir bekannten Carnivoren greifen kleine Krabbeltiere und auch größere, ungewohnte Beutetiere an beliebiger Stelle rasch und oft nur lose mit den Zähnen und schleudern sie sofort wieder mit seitwärts schwingender Kopfbewegung ein Stück weit weg (LEYHAUSEN 1965 b; ,,Bite-and-throw", EWER und WEMMER 1974). Das dürfte die Ursprungsbewegung des Abschüttelns sein. Sie ist arhythmisch und asymmetrisch: Stets nur einmal im Achtel- bis Viertelbogen seitwärtsschwingen, Schleuderobjekt loslassen, zur Ausgangsstelle zurückschwingen. Mit zunehmender Intensität überlagert sich dem seitlichen Kopfschlenkern eine zweite, medial verlaufende Komponente: Die Tiere ziehen Kinn und Hals scharf an und strecken sie mit einem Ruck wieder aufwärts; oft schnellen sie dazu noch mit dem ganzen Vorderkörper hoch. So entstehen die extremen Schleuder- und Fangballspiele (S. 108).

Aus dem nur seitlichen Wegschleudern wird Abschütteln, wenn die Zähne nicht loslassen und das gefaßte Objekt beim Rückschwingen wieder mitnehmen. Aus dieser Entstehungsweise erklärt sich die zunächst merkwürdig erscheinende Eigenart der Ginsterkatze (Abb. 29), auch bei wiederholtem Abschütteln stets nur nach einer Seite aus- und nicht über die Mediane zur anderen Seite hin zurückzuschwingen. Symmetrisches Hin- und Herschütteln entwickelt sich erst bei Arten, die wie die Zibethkatzen und teilweise schon die Rasse mit weit größerer Vehemenz und Frequenz abschütteln und dann den eigenen Schwung in der Mitte nicht abbremsen können. Soweit meine Beobachtungen reichen, bricht Abschleudern oder einseitiges Abschütteln den Beutetieren nie das Genick, sondern verwirrt nur für Augenblicke die normalen Labyrinthfunktionen. Die solcherart ihrer Lage- und Raumorientierung beraubten Tiere sind zu Abwehr- wie Fluchtbewegungen gleichermaßen unfähig, das Raubtier kann ungehindert an günstigerer Stelle wieder zubeißen. Katzen schütteln lebende Beutetiere niemals so kräftig wie Zibethkatzen (LEYHAUSEN 1965 b; EWER und WEMMER 1974: ,,Bite-and-shake") ab; doch manche, verhältnismäßig oft z. B. Gold- und Fischkatzen, schütteln ein eben gefaßtes, heftig strampelndes Beutetier zuweilen ganz kurz mit geringer Amplitude ab, wenn sie es zum Freßplatz tragen und dort töten wollen. Die Beutetiere hängen danach gewöhnlich ruhiger, wenn auch nicht immer völlig bewegungslos.

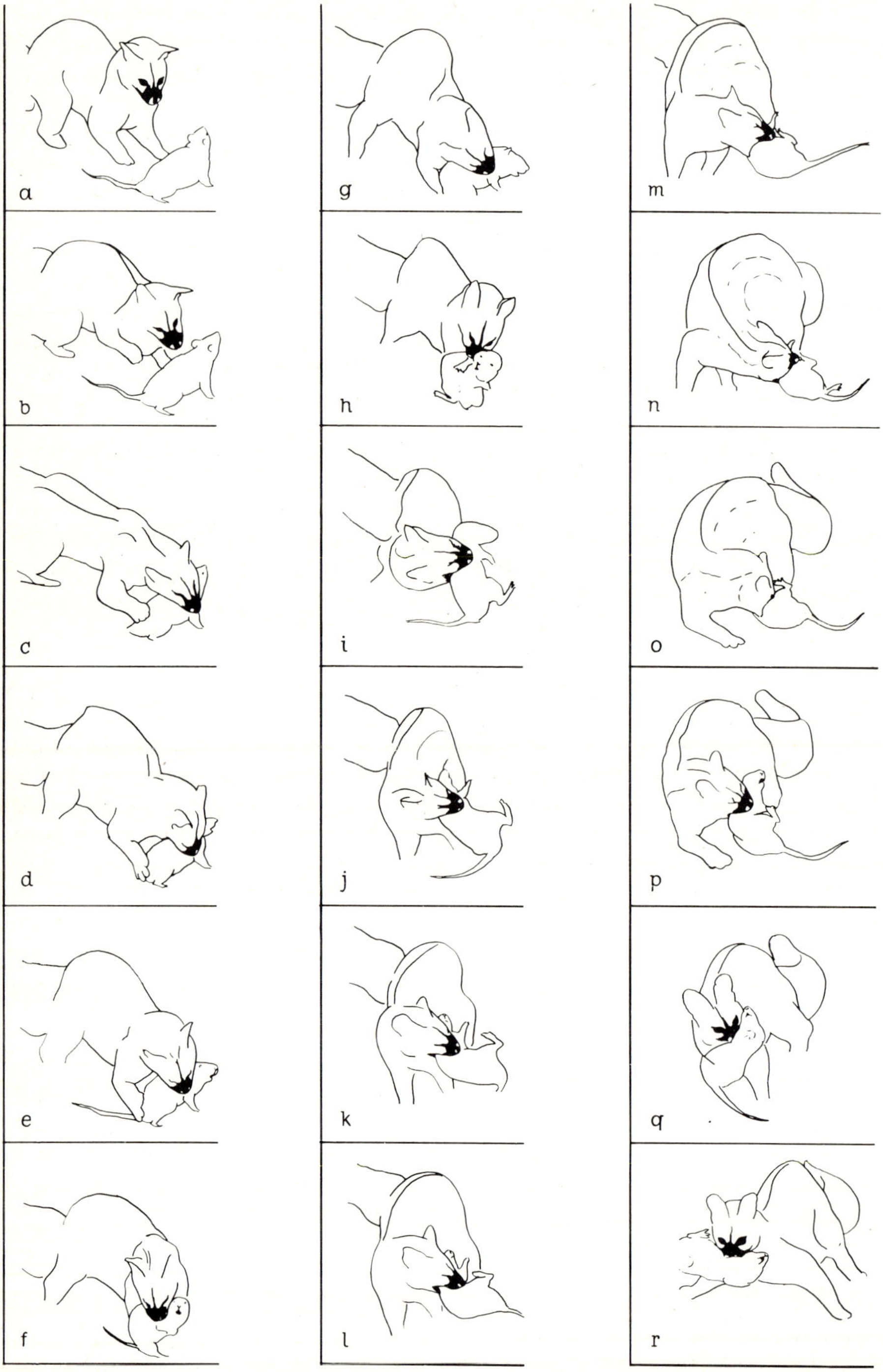
a
b
c
d
e
f
g
h
i
j
k
l
m
n
o
p
q
r

Sehr kräftiges, mehrmaliges Abschütteln kann beim Beutetier zeitweilige Atemlähmung verursachen (LEYHAUSEN 1965 b); KRIEG (1964) beobachtete dies häufiger und nimmt wohl zu Recht an, der *Dens epistrophei* quetsche die Medulla. Noch stärkeres Abschütteln führt schließlich den Tod durch „Genickbruch" herbei.

So entwickelte sich bei vielen Viverriden, Hyaeniden (KRUUK 1966), Musteliden und Caniden das Totschütteln. Den Procyoniden dagegen scheint es zu fehlen (KAUFMANN 1962, POGLAYEN-NEUWALL 1962, 1965). Ursiden schütteln zwar Beutestücke, aber ob nur zum Zerteilen und Reinigen wie die Feliden, oder auch zum Bewältigen und Töten lebender Beute, ist mir unbekannt. Doch scheint das Abschütteln lebender Beute stammesgeschichtlich sehr alt zu sein; nicht nur bei vielen Insektenfressern, schon unter den Raubbeutlern findet sich regelrechtes Totschütteln zumindest bei *Didelphis virginiana* (ROBERTS et al. 1967) und *Dasycercus* (EWER 1969). Eine ausführliche Beschreibung der Verbreitung und stammesgeschichtlichen Entwicklung der verschiedenen Beutefanghandlungen bei Raubbeutlern, Insektenfressern, Raubtieren sowie einigen Nagern und Primaten geben EISENBERG und LEYHAUSEN (1972).

Das Rupfen dagegen scheint eine Sonderentwicklung nur der Feliden zu sein. Schon 1956 (1. Aufl.) konnte ich bei den wenigen von mir beobachteten Viverriden (Ichneumon, *Herpestes ichneumon;* Ginsterkatze, *Genetta genetta* und *G. abyssinica;* Palmenroller, *Paradoxurus hermaphroditus)* keinerlei Andeutung dieser Verhaltensweise feststellen. DÜCKER (1957) zufolge sollen Ginsterkatzen *(Genetta genetta),* Rasse *(Viverricula),* Mungo *(Herpestes edwardsi)* und Zebramanguste *(Mungos mungo)* größere Vögel (etwa ab Eichelhähergröße) rupfen. Ausführliche Versuche mit diesen und 21 weiteren Arten von 19 Gattungen in jeweils mehreren Individuen ergaben aber wiederum nicht eine einzige Rupfbeobachtung (LEYHAUSEN 1965 b, EISENBERG und LEYHAUSEN 1972). ZANNIERS (1965) Beschreibung der „rupfenden" *Helogale* stimmt weit eher zu dem S. 43 f. von der Hauskatze Gesagten, als zu Rupfen im hier definierten Sinne; genau so verhalten sich auch Surikaten (EWER 1963).

Beim Rupfen der Feliden treten zum Abschütteln weitere Bewegungselemente hinzu: Gezieltes Erfassen der Federn, Hochreißen unter gleichzeitigem Festhalten der Beute mit den Vorderpfoten und Ausstoßen und -spucken der ausgerupften Haare oder Federn. Von diesen Elementen sind bei den Viverriden nur zwei häufig zu sehen: das Festhalten der Beute mit den Vorderpfoten und das Ausspucken von Federn, die sich beim Anschneiden lösen.

Man kann diese ganze Genese des Rupfens an den Filmaufnahmen vom Rotluchs förmlich ablesen, ebenso tritt sie im Spiel junger Hauskatzen zutage; alle Übergänge vom isolierten Einsatz der vier Bewegungsweisen in ihrer ursprünglichen Form bis zum sehr spezialisierten Zusammenwirken finden sich.

Abb. 29: Ginsterkatze fängt Ratte: a) Vor dem Zustoß, b–d) Biß in die Schulter, Vorderpfote drückt Hinterende der Ratte nieder, e–f) Hochreißen, wobei Vorderpfote abgleitet, g) Genette schüttelt 1x seitwärts, h) zurück bis zur Mitte, i) schüttelt nochmals zur gleichen Seite hin, j–k) schwenkt nur halbwegs zurück, l–n) wirft Kopf mit der Ratte wieder zur Seite, öffnet Kiefer (m), schnappt nach (n), o–r) reißt die Ratte zurück und trägt sie im gleichen Schwung davon (nach Filmaufnahmen)

Das Anschneiden der Beute

Alle kleineren Feliden schneiden ihre Beute am Kopf an, Vögel zuweilen auch am Flügelbug (S. 64 f.). Unter mehreren zehntausend beobachteten Fällen habe ich nur selten Ausnahmen erlebt: So fraß W 10 im Alter von 9 Wochen die erste Maus ihres Lebens von hinten her auf, mein Serval-♀ begann bei einer von etwa 20 weißen Ratten an den Hoden, und ein ausgewachsenes Puma-♀ schnitt eine Ente an der Brust an. Viele Individuen, besonders der größeren Arten, wie Servale, Goldkatzen und Fischkatzen, beginnen bei größeren Beutetieren wie Ratten und Meerschweinchen allerdings nicht am, sondern unmittelbar hinter dem Kopf zu fressen, beißen den Hals schließlich durch und der Kopf fällt ab; manchmal nehmen sie ihn noch nachträglich auf, meist jedoch lassen sie ihn unbeachtet liegen. Großkatzen scheinen nur selten an Kopf oder Hals zu beginnen, sondern an den Weichen oder zwischen den Hinterbeinen. In vier Fällen sah ich je verschiedene Löwen hartnäckig am Knie eines Büffels anschneiden, obwohl es ihnen bei einem großen Büffel kaum gelang, mehr als das Fell und die Gelenkkapsel abzubeißen. Nach Angaben von Lindemann und Rieck (1953) sollen Wildkatzen größere Tiere wie Krähen oder Meerschweinchen an der Bauchhöhle anschneiden. Dies ist vielleicht ebenso zu erklären wie das abweichende Verhalten meiner Tigerkatze beim Anschneiden eines ihr an Größe gleichkommenden Kaninchens: Sie versuchte immer wieder, in den Kopf hineinzubeißen (Abb. 25 n), doch widerstanden die Schädelknochen offenbar ihrem Gebiß, und nach einer Reihe von Versuchen an anderen Stellen, von denen sie immer wieder zum Kopf zurückkehrte, begann sie schließlich am Halse zu fressen. Nach Cooper (1942) verstanden es unter den mehr als hundert Insassen einer Löwenfarm nur wenige „Spezialisten", Pferdeköpfe aufzubrechen. Wie Lindemann brieflich mitteilt, schnitten Luchse kleine Vögel wahllos, Hühner und größere Vögel an Brust oder Bauch an, während ich Rotluchs und Karakal stets am Kopf beginnen sah. Auch die von mir beobachteten Viverriden fraßen jede Beute vom Kopf her auf, ebenso Iltis (Goethe 1940) und Steinmarder (Räber 1944). Die Wieselarten sind hier ebenso wie beim Tötungsbiß (S. 37) spezialisierter: Sie beißen zuerst stets von oben her den Hirnschädel auf und fressen das Gehirn, bei reichlicher Beute sogar nur dieses. Ein Nasenbär *(Nasua rufa* Desm.) fraß Mäuse ebenfalls vom Kopf her an, bei einer Taube zerkaute er zwar auch zuerst den Kopf, kratzte dann aber mit den Branten an Bauch und Brust die Federn weg und die Haut auf und riß mit den Krallen Fleischfetzen los, die er dann ableckte.

Das Verzehren der Beute

Die bevorzugte Stellung beim Fressen ist das Hocken (Abb. 30). Kleinere Brokken fressen Katzen oft auch stehend mit geducktem Vorderkörper; in dieser Haltung trinken sie auch, hocken sich aber meist ebenfalls hin. Großkatzen fressen außerdem gern im Liegen, wobei sie das Fleisch zwischen den Tatzen halten (Abb. 31). Auch Aufnahmen aus freier Wildbahn zeigen sie oft in dieser Stellung an der geschlagenen Beute. Hierin wie auch sonst erweisen sich Puma und Gepard als *Felinae* im Sinne Pococks (1917); sie fressen immer nur hockend (Abb. 30 c).

a   b

c  

Abb. 30. Hockstellung der kleineren Katzenarten beim Fressen; a) Hauskatze (W 5), b) Serval-♀, c) Gepard „Ali“ (Zoo Frankfurt)

Abb. 31. Tiger beim Fressen (Zoo Wuppertal)

Nicht zu große Futterbrocken fressen auch Caniden und Bären gern im Liegen. Sie fassen dabei aber den Brocken nicht, wie die Katzen, zwischen die Innenflächen der Tatzen, sondern entweder zwischen die Radius gegen Radius zusammengedrückten Handgelenke, oder sie kreuzen die pronierten Pfoten etwas, so daß eine den Brocken von unten seitlich am Fortgleiten hindert, die andere ihn von oben her in den Winkel zwischen Boden und unterer Pfote drückt. Die letztere Methode verwenden Großkatzen ebenfalls gelegentlich bei kleineren Brocken (Abb. 32). Hauskatzen können sehr kleine Bröckchen, die in einer Flüssigkeit schwimmen (z. B. eingeweichte Semmel), mit den Krallen herausangeln und dann von der Pfote abessen, auch die zweite Pfote zu Hilfe nehmen und dabei aufgerichtet auf den Hinterbeinen sitzen; in dieser Haltung verzehren sie z. B. oft Insekten. Bei anderen Feliden beobachtete ich das nicht, sah sie aber auch nie in solch einer Situation. Sicherlich verfügen die meisten von ihnen über die Bewegungsweise, da sie im Spiel mit kleinen Beuteobjekten auch bei ihnen vorkommt.

Katzen kauen im allgemeinen nicht, sondern zerschneiden mit den als „Brechschere" wirkenden Reißzähnen die Beute in kleine Stücke oder längere Streifen, die sie dann im ganzen herunterschlucken. Regelmäßig zerkaut werden nur die Köpfe größerer Beutetiere. Längere Fleischstreifen und auch zerkaute Köpfe gleiten offenbar bereits während des Abschneidens in den Schlund; Hauskatzen und Tigerkatzen würgten Rattenköpfe häufig wieder vor und zerschnitten sie dann erst in kleinere Stücke, die sie endgültig verschluckten.

Die Stellung der Reißzähne bedingt, daß die Nahrung zum Zerbeißen weit nach hinten in den Mundwinkel genommen werden muß. Da die Beute normalerweise am Boden liegt, neigt sich der Kopf mit der gerade kauenden Seite bodenwärts; diese Kopfhaltung ist bereits durch die zentrale Koppelung zwischen festem Zubeißen der Reißzähne und Kopfneigung bestimmt. So zerbeißt die Katze auch kleine Nahrungsbrocken mit um so tiefer zur kauenden Seite geneigtem Kopf, je zäher der Brocken ist, d. h. je kräftiger sie beißen muß. Zwischen den Kaumuskeln und bestimmten, die Ohrmuscheln bewegenden Muskeln besteht offenbar ebenfalls eine Abhängigkeit: Bei festem Zubeißen, beim einseitigen Kauen ebenso wie beim Zupacken mit den Eckzähnen werden die Ohrmuscheln stets mehr oder weniger nach außen gedreht und flach nach hinten gelegt, bis sie ungefähr eine gerade Linie mit dem Schädeldach bilden (Abb. 33 a). Bei einseitigem Kauen wird oft nur das Ohr der Kauseite flachgelegt, das der Gegenseite dagegen hochgestellt (Abb. 33 b u. c). „Halbseitenmimik" ist bei Katzen ja auch sonst häufig.

Kopfneigung und Zubeißen sind nur beim Kauen und Zerschneiden der Nahrung gekoppelt, nicht dagegen beim Zupacken (Tötungsbiß oder Tragen). Beiden Verhaltensweisen liegen verschiedene Innervierungsmuster der Kaumuskulatur zugrunde. Nach Untersuchungen von BECHT (1953) sitzt der Unterkiefer der Feliden keineswegs so fest im Gelenk, daß hierdurch allein schon die Reißzähne zu einem glatten Schnitt befähigt würden. Eine solche Konstruktion würde

Abb. 32. Leopard hält Reste eines Huhnes a) (links) nach „Caniden-Manier", b) (rechts) nach „Feliden-Manier"

a
b
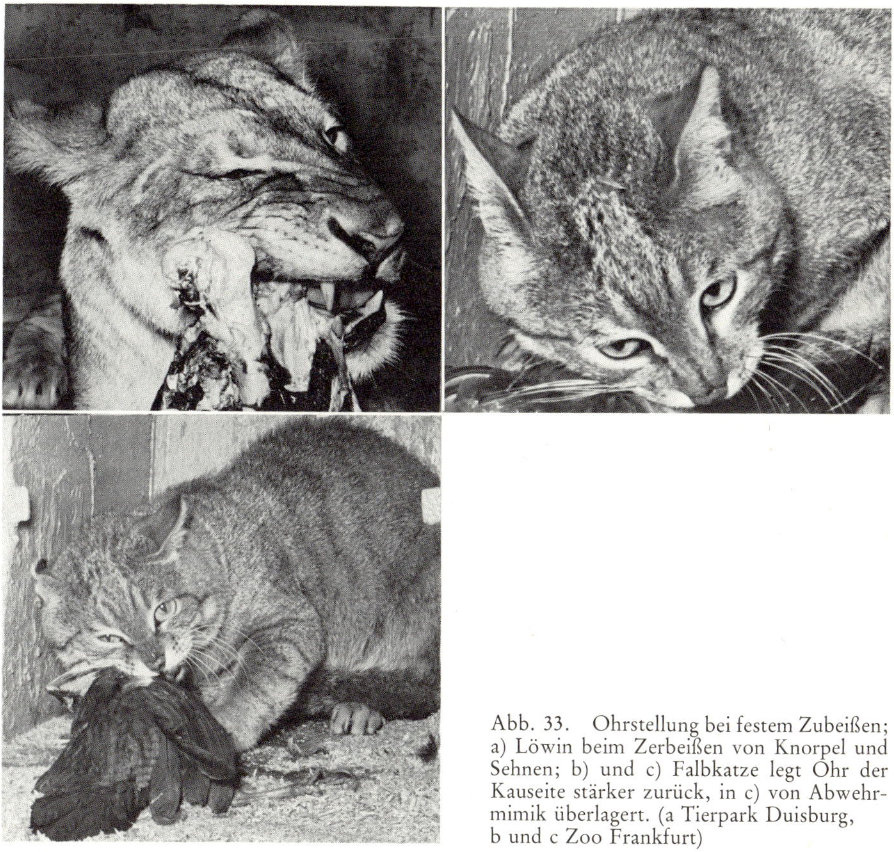
c

Abb. 33. Ohrstellung bei festem Zubeißen; a) Löwin beim Zerbeißen von Knorpel und Sehnen; b) und c) Falbkatze legt Ohr der Kauseite stärker zurück, in c) von Abwehrmimik überlagert. (a Tierpark Duisburg, b und c Zoo Frankfurt)

beim Zerschneiden eines dünnen, aber zähen Sehnenstücks leicht festklemmen, was naturgemäß katastrophale Folgen für das betreffende Raubtier haben müßte! Das Kiefergelenk läßt dementsprechend genügend Spiel, beim Tiger etwa 5 mm. So kann der untere am oberen Reißzahn jeweils nur auf einer Seite scharf schneidend vorbeigleiten; den festen Halt der Schere gewährleisten zwei Kaumuskeln, der *M. masseter* und *M. pterygoideus*, welche dank ihrer speziellen Ausbildung und Insertion bei den Carnivoren und besonders den Feliden den Unterkieferast fest an den Oberkiefer heranzuziehen vermögen. Verklemmt sich nun ein Stückchen Sehne, so kann die feste Verbindung der beiden Scherenschenkel sofort gelöst werden. Da beide Muskeln verhältnismäßig schwach sind und daher nur beschränkte Zeit kräftig genug ziehen können, wechselt die Kauseite während des Fressens oft. Die Zunge und schnappende Kieferbewegungen befördern dabei den erst teilweise abgeschnittenen Bissen von einem Mundwinkel in den anderen; gleichzeitig neigt sich der Kopf zur neuen Kauseite hin. Es bedarf oft mehrfachen Seitenwechsels, ehe ein Bissen abgeschnitten ist und, meist unter einer nickenden Bewegung des Kopfes, geschluckt werden kann. Bevor die Katze erneut anschneidet, beleckt sie ein- oder mehrmals Lippen, Nase (Abb. 32 a) und wohl auch die Beute, faßt mit den Schneidezähnen einen schon halbgelösten Fetzen und schüttelt ein wenig, bis sie eine für das Abschneiden des nächsten Bissens günstige Stelle gefunden hat. An größeren Knochen anhaftende Fleischfetzen werden oft mit der rauhen Zunge abgeraspelt oder mit den Schneidezähnen abgenagt. M 1 schälte so die langbehaarte Rückenhaut einer Wanderratte aus und ließ sie mit dem noch anhängenden Schwanz übrig.

Alle mir bekannten Landraubtiere kauen einseitig. Viverriden, besonders Ginsterkatzen, wechseln die Seite öfters als Katzen, während Caniden und Bären viel länger auf einer Seite kauen können, da sie eben wirklich kauen und ein seitliches Ausweichen des Unterkiefers dabei weniger stört, bei den Ursiden wegen abweichenden Baus des Kiefergelenks auch nicht möglich ist. Ursiden (Leyhausen 1948), Procyoniden, Caniden, zumindest manche Musteliden, wie Dachs (Eibl-Eibesfeldt 1950 a), Vielfraß und Stinktier, Hyänen und unter den Viverriden wenigstens Palmenroller (Martin 1929/30) und Genetten zerkleinern die Beute auch, indem sie beide Vorderpranken darauf setzen, einen Zipfel mit den Eck- und Schneidezähnen packen und den Kopf hochreißen („Zerreißhandlung“; Abb. 34 a). Obwohl die kleineren Katzenarten die gleiche Bewegungskoordination beim Rupfen (S. 42 ff., 51) ausgiebig verwenden, gebrauchen sie dieselbe normalerweise nicht zum Zerreißen der Beute; nur die großen Katzen reißen so im Liegen hin und wieder kleinere Fleischstücke ab, wobei sie das Fleisch aber nicht mit den Tatzen zu Boden drücken, sondern, wie schon beschrieben, zwischen ihnen festhalten (Abb. 34 b). Selbst ein beim Anschnittversuch fortgleitendes Beutetier halten viele Katzenarten nur selten mit der Pfote fest, und auch dann nur unter geringem Kraftaufwand. Manche Individuen sind dazu anscheinend überhaupt unfähig. Der halbwüchsige M 1 bemühte sich halbstundenlang, den zähen, immer wieder fortgleitenden Kopf einer Wanderratte anzuschneiden, bis es ihm schließlich gelang; die Pfoten nahm er die ganze Zeit nicht ein einziges Mal zur Hilfe. Ebenso berichten Herter und Herter (1953) von einem Kaspar-Hauser-Iltis, er habe die Beute beim Fressen nie mit den Pfoten festgehalten. Genetten benutzen die „Zerreißhandlung“ zwar, aber verhältnismäßig selten; sie bevorzugen die „Katzenmanier“. Auch sie halten beim Fressen am Boden ein abrutschendes Fleischstück kaum jemals mit der Pfote fest, tun dies aber sofort, wenn sie auf einem Ast sitzen und das Stück herunterzufallen droht: Ein Beispiel mehr, wie *streng situationsgebunden* manche Instinktbewegungen selbst bei Säugern sein können. Es ist eben etwas völlig anderes, ob ein Fleischstück vor den zugreifenden Zähnen ausweicht oder durch Einwirkung anderer Kräfte – in diesem Fall der Schwerkraft – zu entgleiten droht. Katzen verhalten sich in entsprechenden Fällen ebenso, wie mir überhaupt von den Viverriden, die ich bisher zu Gesicht bekam, die Ginsterkatzen den echten Katzen am nächsten zu stehen scheinen.

Dennoch verfügen auch die kleinen Katzenarten über die Bewegungskoordination, nur liegt die Auslöseschwelle recht hoch; aber sehr alte Tiere, deren Reißzähne zu stumpf zum Zerschneiden der Nahrung geworden sind, greifen oft auf sie zurück (Abb. 34 c) („Generisches Verhalten“ im Sinne von A. Haas, 1962, 1965, Leyhausen 1965 b). Halten sie dabei, wie oben für die Gattung *Panthera* beschrieben, ein Beutetier zwischen den Pfoten, so kann es vorkommen, daß sie nach Abtrennen des Kopfes das Fell regelrecht zurückstreifen, während sie mit

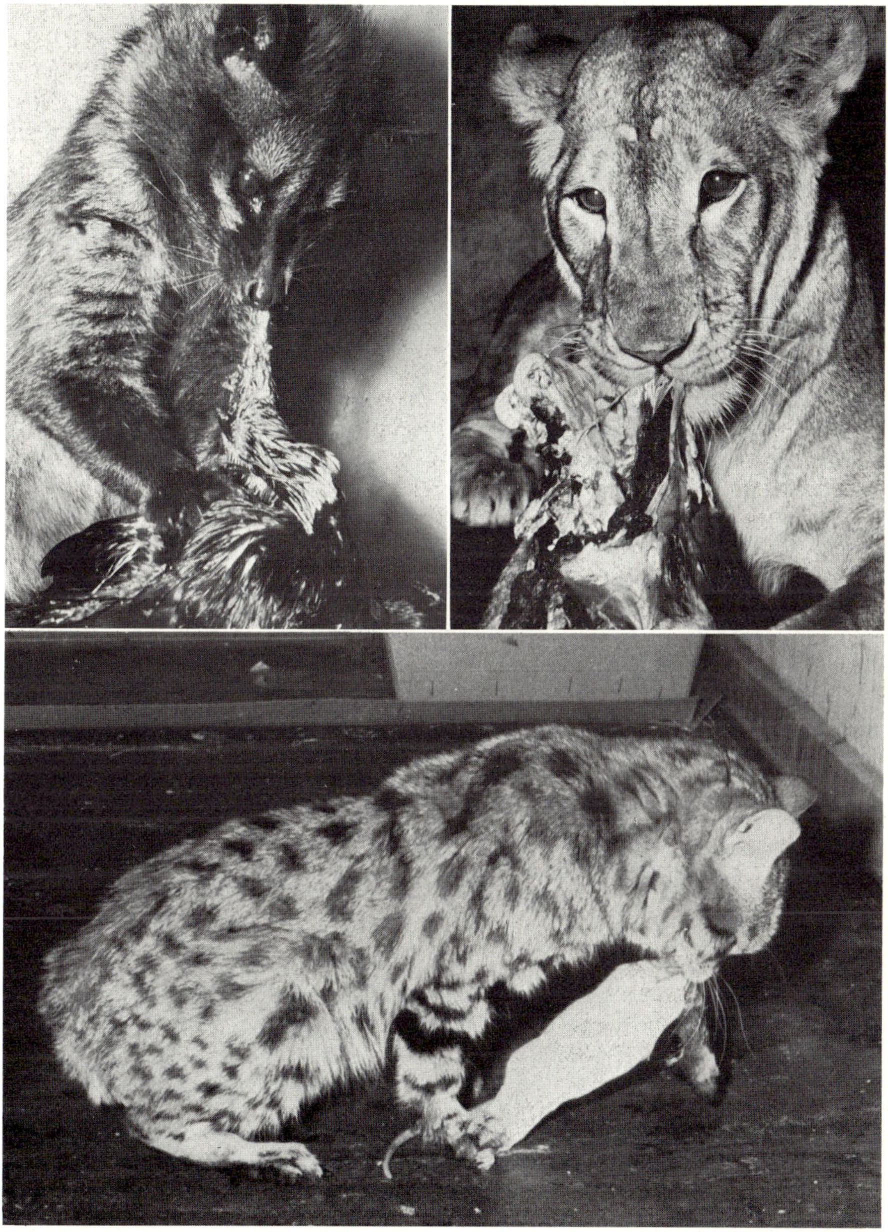

a b

c

Abb. 34. „Zerreißhandlung" – a) Palmenroller (Zoo Frankfurt), b) Löwin (Tierpark Duisburg), c) Schwarzfußkatze; weitere Erklärung s. Text den Zähnen den Inhalt herauszerren; es ist dies ein zufälliges Ergebnis, das jedoch eine Zeitlang meinem vergreisenden Servalweibchen so häufig gelang, daß ich fast schon an „Methode" glaubte. Gleiches beschreibt W. SCHEFFEL (mdl. Mitt.) von einem Flachkopfkater *(Prionailurus planiceps)*, während meine vier Tiere dieser Art (2 ♀♀, 2 ♂♂) trotz schon hohen Alters nichts dergleichen tun. LINDEMANNS S. 46 referierte Meinung, Wildkatzen rissen ihren Opfern das Fell mit den Klauen vom Leib, mag in entsprechenden Beobachtungen ihren Ursprung haben. Das Servalweibchen, mindestens neunzehnjährig, wendete später die Zerreißhandlung nicht mehr an, die Futtertiere mußten ihm vorgeschnitten werden; vielleicht waren die verbliebenen Schneide- und Eckzahnstummel nicht mehr fest genug dazu. Ebenso erging es später dem in Abb. 34 c gezeigten Schwarzfußkater *(Felis nigripes)*. Ein Goldkater *(Profelis temmincki)* dagegen erwies sich als ganz unfähig zur Regression auf die Zerreißhandlung; als ihm die Reißzähne abstumpften bzw. ausfielen, mußten ihm alle Futtertiere vorgeschnitten werden. Die einzigen Kleinkatzen, bei denen ich bisher die Zerreißhandlung häufig als normales, nicht altersbedingtes Verhalten beobachten konnte, sind unsere Flachkopfkatzen *(Prionailurus planiceps)*. Diese Art weist aber auch sonst noch eine Reihe morphologischer und verhaltensmäßiger Besonderheiten auf, die wohl teils als Primitivismen, teils als Anpassungen an für Katzen ungewöhnliche, ökologische Bedingungen zu werten sind und deren eingehendere Untersuchung noch aussteht.

Die Katzen zeigen beim Verzehren nicht zu kleiner Säugetiere oft eine Bewegungsweise, die ich bisher bei anderen Carnivoren nicht sah: Haben sie das Vorderteil des Beutetieres bis zur Bauchhöhle hin gefressen, ziehen sie regelmäßig den Magen-Darm-Traktus heraus und fressen ihn; häufig, aber durchaus nicht immer, drücken sie nun aus Magen und Dünndarm, öfter noch aus dem Enddarm den Inhalt heraus: Die leicht nach unten eingerollte Zunge preßt einen Darmabschnitt gegen den Gaumen und streicht ihn zu den Schneidezähnen hin aus, dann wird der Darm ein Stück eingeschnappt und der nächste Abschnitt ausgedrückt. Am freien Darmende quillt der Inhalt heraus und fällt oder tropft zu Boden. Gesehen habe ich das Verhalten bei fast allen von mir beobachteten Arten, auch bei Löwen und Leoparden in freier Wildbahn. Der Magen und Blinddarm kleiner Nager bleiben oft auch liegen und werden trotz mehrfachen Beschnupperns nicht gefressen. Vielleicht liegt es am unterschiedlichen Verdauungszustand des Inhalts.

Kleinere Beutetiere werden im allgemeinen, von ausgerupften Federn und Haaren und kleineren Knochenstücken abgesehen, restlos aufgefressen. Meine Tigerkatze ließ von zwei ziemlich großen Hühnern (vgl. Abb. 18) außer Federn vom ersten nur den Schnabel und zwei kleine Schenkelknochensplitter, vom anderen rein gar nichts übrig. Wildkatzen ließen nach LINDEMANN und RIECK (1953) von Rebhuhnern nur die Beine, Teile des Rückens und das Großgefieder zurück, von Wanderratten wie M 1 (S. 56) die langbehaarte Rückenhaut. Luchse (LINDEMANN, brieflich) verschmähen die ganz befiederten Beine der Tetraonen und mein Serval-♀ außer von so kleinen Tieren wie Mäusen und Eintagsküken die Köpfe. In zahlreichen Versuchen vertilgten meine Hauskatzen tote Amseln bestenfalls zur Hälfte und würgten meistens das bereits Gefressene bald wieder aus, ebenso die Tigerkatze. Einen Grund hierfür kann ich nicht angeben. Ozelots und Rotluchse fraßen dagegen ihre Amseln restlos. Meine Hauskatzen verzehrten die abgebalgten Kerne von Eulen, Habichten, Eichelhähern, Kleibern und einem

Reiher bis auf die gröbsten Knochen. Einen abgehäuteten Iltis nahmen sie dagegen nicht an; die Tigerkatze fraß auch diesen. Einen abgehäuteten Fuchs rührten M 5 und W 1 sicher nicht, W 5 wahrscheinlich nicht an, während M 3, M 4, M 8 und W 4 sich daran geradezu mästeten. Über die Gepflogenheiten anderer Katzenarten in dieser Hinsicht ist noch zu wenig bekannt.

Werden die Katzen nicht bei ihrem Mahl gestört und sind sie nicht allzu hungrig, so verraten sie weder Hast noch Gier, machen zwischendurch manche Pause und putzen sich abschließend ausgiebig Gesicht und Pfoten.

Die das Verhalten zur Beute auslösenden und richtenden Faktoren

Bei der Untersuchung der Auslösemechanismen, welche das Verhalten der Katzen zur Beute auslösen und leiten, muß man wenigstens vier Gruppen von Schlüsselreizen unterscheiden, die von den Beutetieren ausgehen und die

1. die einleitenden Beutefanghandlungen auslösen und richten,
2. das Zupacken und Totbeißen auslösen und richten,
3. die Nahrungsaufnahme anregen und
4. bestimmen, an welchem Körperteil die Beute angeschnitten wird.

Ein „Beuteschema" in dem Sinne, daß nur ein einzelner Auslösemechanismus auf alle von der Beute ausgehenden Reize reagiere, gibt es nicht. Die Frage, welche Einzelreize die Katzen ohne vorherige relevante Erfahrung beantworten und welche erst, nachdem sie solche machen konnten, ob es sich also im Sinne W. Schleidts (1962) im einzelnen jeweils um einen angeborenen (AAM), teilerworbenen (EAAM) oder erworbenen (EAM) Auslösemechanismus handelt, läßt sich erst teilweise beantworten.

Einen AAM, welcher der Katze irgendeine bestimmte Tierart angeborenermaßen als Beute bezeichnete, gibt es nicht. Es ist aber allgemein bekannt, wie sehr junge und alte Hauskatzen durch knisternde und kratzende Geräusche und mäuselnde Töne angelockt werden. Sehr wahrscheinlich sprechen sie einen akustischen „Beute-AAM" an. Ausgelöst wird jedoch hierdurch nicht die Beutefanghandlung selbst, sondern nur die Appetenz nach einer entsprechenden Situation: Die Katze läuft mehr oder weniger gerichtet auf die Geräuschquelle zu und schaut sich dabei suchend um. Ducken, Anschleichen, Lauern setzen erst ein, wenn die Katze eine Bewegung oder – falls sie schon beuteerfahren ist – das stillsitzende Beutetier sieht. Allerdings, erreicht sie die Schallquelle, etwa in tiefer Streu, ohne daß sich etwas zeigt, so tastet sie oft mit „angelnden" (S. 23) Bewegungen herum und ergreift entweder das Beutetier mit den Krallen und zieht es hervor oder scheucht es aus der Deckung und jagt es dann „optisch". Im Gegensatz zu mit der Nase stöbernd jagenden Raubtieren, wie Iltis, Dachs (Eibl-Eibesfeldt 1950 a, 1955), Nasenbär (Kaufmann 1962, Leyhausen 1954 a) oder Bänderpalmenroller *(Hemigalus derbianus,* Eisenberg und Leyhausen 1972), fährt eine Katze normalerweise nicht mit der Schnauze zu, solange sie nicht sieht, wohin sie beißt (s. jedoch S. 65 f.).

Junge Hauskatzen, welche ohne jeden Kontakt mit artfremden Kleintieren aufwachsen, betrachten zunächst jedes andere Tier als „Mitkatze" (S. 139 ff.). Setzt man etwa eine Maus hinzu, so wird sie überhaupt nicht beachtet, solange sie sich nicht bewegt, beschnuppert, wenn sie sich langsam bewegt, und verfolgt und gefangen wird sie erst, wenn sie über eine längere Strecke schnell davonläuft. Verfolgung und Fangbewegungen löst aber jeder schnell über den Boden dahinbewegte, nicht zu große Körper aus, und zwar am stärksten, wenn er quer zur Katze oder von ihr weg läuft. Bewegung auf die Katze zu dagegen läßt unerfahrene Tiere stutzen und, bei zunehmender Objektgröße und -geschwindigkeit, ängstlich zurückweichen und sogar fliehen. Es ist bei allen diesen Versuchen völlig gleichgültig, ob eine Maus vorüberläuft, ob man eine Kaninchenpfote an einer Schnur entlangzieht oder ob ein Papierbällchen dahinrollt. Bewegung und Bewegungsrichtung eines nicht zu großen Objektes sind also die einzigen Faktoren, welche *angeborenermaßen* die Fanghandlungen einer Katze auslösen. LINDEMANNS (1953) Wildkater verfolgten dementsprechend im Alter von 55 Tagen einen Spatzen nur, solange er umherflatterte, schienen ihn aber nicht mehr zu sehen, wenn er stillsaß. ,,Gelbohr" geht am sitzenden Spatzen nur 7 cm vorbei, erbeutet ihn aber sofort, als er sich bewegt. Ebenso jagen nach BAEGE (1933) erfahrungslose Hunde nur hinter schnell von ihnen wegbewegten Dingen her. Das gleiche gilt offenbar für alle bisher untersuchten Viverriden (DÜCKER 1957, 1962, 1965; EWER 1963; LEYHAUSEN 1965 b). Die Angabe von SCHMITT (1949), seine ganz beuteunerfahrenen Jungkatzen hätten sich primär kaum für Vögel, sehr dagegen für Mäuse interessiert, ist nicht zu verwerten, da er nicht sagt, wie sich diese Tiere bewegten, als die Kätzchen sie zum ersten Male sahen.

Weiter benutzte ich drei Spielzeugmäuse, Blechkörper von Mausgröße, -form und -farbe mit einem Uhrwerk darin. Die ,,Geradeausmaus" läuft sehr schnell geradeaus, die ,,Kreismaus" langsamer in Kreisen von etwa 1,5 m Durchmesser; die mit Sammet überzogene ,,Samtmaus" läuft ein kurzes Stück geradeaus, überschlägt sich dann, rennt in neuer, unvorhersehbarer Richtung weiter, überschlägt sich wieder usw. Obwohl das Schnarren des Uhrwerks sie erheblich störte, verfolgten verschiedene Hauskatzen und die Tigerkatze die Geradeausmaus sofort. Der Kreismaus dagegen folgten sie nur ängstlich mit den Augen und stießen sie bestenfalls ganz vorsichtig mit der Pfote an, wenn sie ausgelaufen war (Abb. 35). Die ,,Samtmaus" wurde zwar wegen ihres unregelmäßigen Laufes, der oft ganz plötzlich auf die Katze zu führte, und wegen ihres besonders lauten Geräusches nicht durchweg verfolgt, aber mehrfach regelrecht geschlagen, sobald sie stehenblieb, und von der Tigerkatze sogar einmal ,,totgebissen" (s. Abb. 9). Sonst lösen nur Hasenpfoten, seltener aus weichem Papier lose zu-

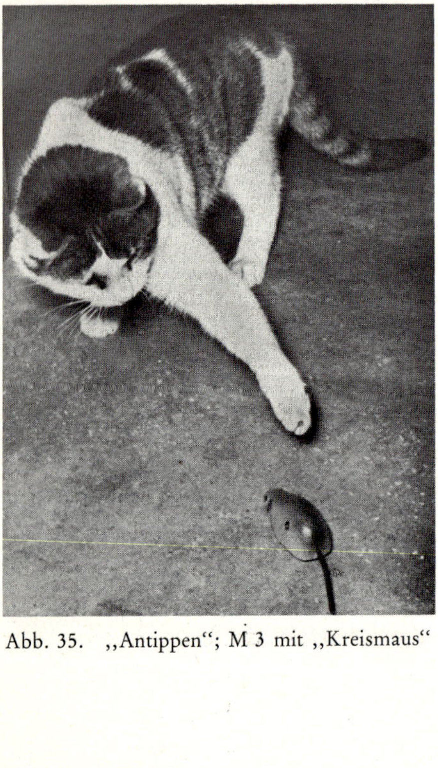

Abb. 35. ,,Antippen"; M 3 mit ,,Kreismaus"

a 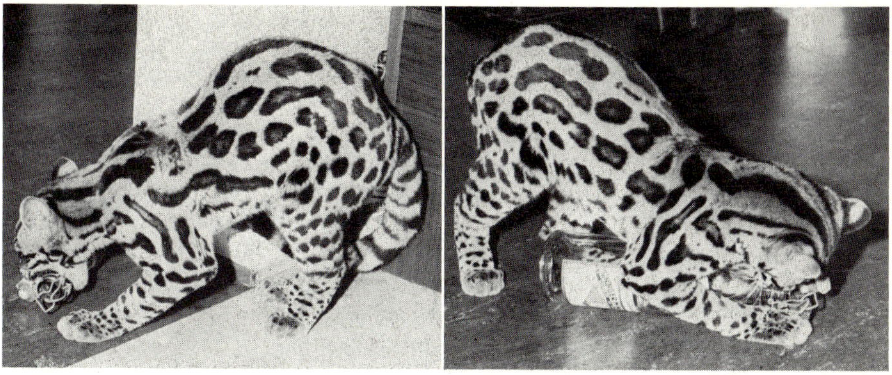 b

Abb. 36. Baumozelot „Bueno" mit Selterswasserflasche; Erklärung s. Text

sammengedrehte Bällchen, Lappen und ähnliche Attrappen den Totbiß aus. In meinem Beisein stürzten sich LINDEMANNS Wildkater wirklich „wie wild" auf die mit Fellstreifen verzierten Stiefelchen einer Besucherin, bissen hinein und zerrten daran. Offenbar muß ein Beuteobjekt fellartig überzogen sein, um den Tötungsbiß auszulösen. Die beiden Blechmäuse, auch die so eifrig verfolgte Geradeausmaus, wurden höchstens einmal ergriffen, nie aber gebissen.

Nur der Baumozelot *(Leopardus wiedi)* „Bueno" hat von allen von mir beobachteten Katzen einmal gegen diese Regel verstoßen (LEYHAUSEN 1965 b): Buenos erste „Beute" war eine leere Selterswasserflasche. Er ging neugierig auf das unbekannte Ding zu, beschnüffelte es erst unten und richtete sich daran auf, um auch das Oberteil zu untersuchen. Dabei fiel die Flasche um, im nächsten Augenblick hatte Bueno sie in den „Nacken", in den Flaschenhals dicht unterhalb des verdickten Mundstücks, gebissen (Abb. 36 a) und warf sich dann mit dem Körper darüber (Abb. 36 b), ganz genau wie seinerzeit die Ozelotkatze „Muschi" es mit dem Kaninchen gemacht hatte (Abb. 25 b und c zum Vergleich). Der zu der Zeit etwa 7–8 Monate alte Bueno hatte bis dahin noch keinerlei Erfahrungen mit lebenden Beutetieren gehabt, wohl aber mit einem etwa gleich alten Weibchen „Bonita" (LEYHAUSEN 1963) als Spielgefährtin. Beide Tiere waren, seit sie feste Nahrung aufnehmen konnten, regelmäßig und fast ausschließlich mit toten Mäusen, Ratten, Meerschweinchen und Küken gefüttert worden. Natürlich kann man aus einer solchen Einzelbeobachtung keine allzu weitgehenden Schlüsse ziehen etwa derart, daß erst Erfahrung mit lebenden Beutetieren den Totbiß auf Beuteobjekte mit fellartiger Oberfläche einschränke, oder daß sich Erfahrungen im Spiel, vor allem auch Beutespiel mit gleichaltrigen Artgenossen, nicht auswirkten, oder daß beuteerfahrene Katzen gleiches unter keinen Umständen jemals täten. Die Tatsache, daß sehr beuteerfahrene Katzen auf die samtüberzogene Spielzeugmaus „hereinfielen", spricht nicht für weitgehenden Erfahrungseinfluß.

Wie die Versuche mit den Spielzeugmäusen, LINDEMANNS Beobachtung, daß ein Wildkater dicht an einem ruhig dasitzenden Spatzen vorbeigeht, und viele eigene Beobachtungen an erfahrungslosen Hauskatzen, welche stillsitzende Mäuse berochen, ohne sie anzugreifen, beweisen, spielt primär der Beutegeruch bei der

Auslösung von Fangen und Töten keine Rolle. Katzen können flüchtigen Geruchsspuren von Beutetieren nicht wie Caniden und Musteliden folgen. Geruchswahrnehmungen sind bei Katzen außerhalb der Sexualsphäre und der Nahrungsaufnahme anscheinend überhaupt nur von untergeordneter Bedeutung (LEYHAUSEN 1953; s. S. 64). Beuteerfahrene Katzen allerdings scheinen sich an den mit Harn markierten, stark duftenden „Mäusestraßen" (EIBL-EIBESFELDT 1950 b) zu den Mäuselöchern „hinzuriechen". Dagegen muß nach eingehenden Versuchen RÄBERS (1944) der Steinmarder den Geruch der Beute wahrnehmen, ehe er sie anspringt und zubeißt. Attrappen, welche nicht nach lebender Beute riechen, beschleicht er zwar und bereitet sich zum Ansprung vor, doch springt er dann nicht. Nach MORRIS (1929/30) hilft der Geruchssinn auch Tiger und Leopard nicht beim Aufspüren und Verfolgen der Beute.

Im Gegensatz zu vielen anderen Raubtieren, wie Steinmarder und Iltis (RÄBER 1944), *Crossarchus* (NAUNDORF 1936), Fischotter (v. SANDEN 1939), vielleicht auch Bären (LEYHAUSEN 1948) [auch das Nüsse öffnende Sumpfichneumon (STEINBACHER 1938/39) dürfte wohl eine auf Eier gemünzte Instinkthandlung auf die Nüsse angewandt haben], besitzen Katzen keinerlei Reaktionen auf Eier und Schnecken, obwohl sie den Ei-Inhalt meist gern auflecken. Es ist mir auch aus der Literatur kein Fall bekannt, wo Katzen sich als Eierräuber betätigt hätten.

Während der Tötungsbiß beim schnellen Zufahren, wie bereits oben mitgeteilt, anscheinend allein durch zentrale Koppelung mit der zuschlagenden Tatze sein Ziel findet, sind eben dieses Zufassen der Tatze und bei ruhigem Verlauf auch der Tötungsbiß selbst und das Zufassen des Gebisses beim Aufnehmen der Beute vor dem Umhertragen optisch gesteuert. Entscheidend dafür ist eine Kopf-Rumpf-Gliederung des Beuteobjekts. Ungegliederte werden an beliebiger Stelle erfaßt. Die folgenden Versuche sollten diese Verhältnisse klären und gleichzeitig feststellen, ob dieselben Reize auch das Anschneiden am Kopf bedingen.

Halbwüchsigen, frischgetöteten Ratten schnitt ich das Fell um den Hals herum auf und streifte es ab. Die Schwänze blieben bei der Hälfte der Tiere am Körper, bei der anderen Hälfte am Fell. Ebenso schnitt ich die Köpfe teils ab, teils ließ ich sie an den Fleischkernen. Von den verbliebenen Köpfen zog ich die Hälfte ebenfalls ab. Die Felle wendete ich wieder mit der Fellseite nach außen, füllte sie mit Fleisch und nähte sie mit einigen Stichen am Vorderende zu. Bei einem Teil dieser „Fellwürste" blieben die Beine nach innen gezogen. Einigen schwanzlosen Fellwürsten nähte ich die Köpfe am Hinterende an. So entstanden je fünf Attrappen folgender Kombinationen:

Fleischkerne	Fellwürste	
ohne Kopf und Schwanz	ohne Kopf und Schwanz	
mit Kopf ohne Schwanz a) Kopf im Fell b) Kopf abgezogen	ohne Schwanz – Kopf am Hinterende	je 5 mit nach innen gezogenen und nach außen hängenden Beinen
ohne Kopf mit Schwanz	ohne Kopf mit Schwanz	
mit Kopf und Schwanz a) Kopf im Fell b) Kopf abgezogen		

insgesamt also 60 Attrappen. Diese wurden verschiedenen erwachsenen und erfahrenen Hauskatzen und der Tigerkatze (Abb. 37) mit folgenden Ergebnissen vorgelegt:

1. Alle Attrappen mit Kopf wurden zum Umhertragen ausnahmslos *hinter* dem Kopf gefaßt, auch wenn der Kopf am Hinterende angenäht war.
2. Alle Attrappen ohne Kopf wurden *beliebig* erfaßt, vorn, hinten oder in der Mitte.
3. Alle Fleischkerne mit Kopf im Fell wurden *vom Kopf her* angeschnitten. War der Kopf vertilgt, so wurde in sechs Fällen nach einer Freßpause am Hinterende weitergefressen.
4. Fleischkerne mit abgezogenem Kopf oder ohne Kopf wurden an *beliebiger* Stelle, oft an einer Extremität, angefressen.

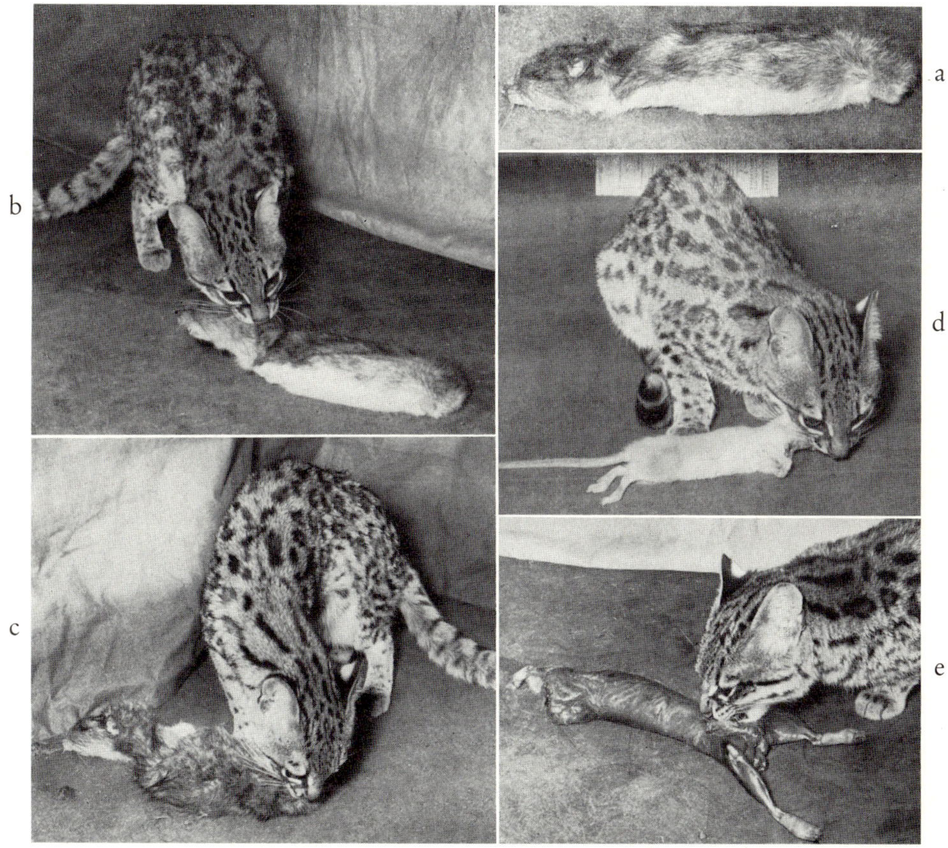

Abb. 37. a) Fellwurst mit am Hinterende angenähtem Kopf, b) Tigerkatze nimmt die Fellwurst zum Umhertragen am „Nacken" auf, c) die Fellwurst wird am „richtigen" Vorderende angefressen, d) das Anfressen einer soeben getöteten weißen Ratte zum Vergleich, e) ein kopfloser Fleischkern wird an den Hoden angefressen

5. Alle Fellwürste, gleich ob mit oder ohne Kopf, wurden ausnahmslos vom *Vorderende* her angeschnitten, auch wenn der Kopf am Hinterende angenäht war.

Vorhandensein oder Fehlen des Schwanzes blieb in allen Fällen ohne merkbaren Einfluß, ebenso bei den Fellwürsten das Vorhandensein oder Fehlen von Pfoten.
Hieraus folgt:

1. Das Zufassen beim Umhertragen und wahrscheinlich auch das Töten sind optisch gesteuert und allein abhängig von der Kopf-Rumpf-Gliederung des Beuteobjektes; andere Körperanhänge spielen – im Gegensatz zu RÄBERS Beobachtungen an Eulen (1949) – keine Rolle, ebenso richtet sich das Zufassen nicht nach – etwa von der Analgegend ausgehenden – Geruchsreizen, da sonst auch die kopflosen Fleischkerne vorn statt an beliebiger Stelle hätten gepackt werden müssen.
2. Beim Anschneiden und Fressen orientiert sich die Katze nicht optisch; denn sie schneidet Fellwürste mit Kopf am Hinterende stets vorn an, Kerne mit Kopf dagegen nur dann regelmäßig vorn, wenn der Kopf noch im Fell steckt; zur optischen Orientierung beim Aufnehmen genügt aber schon der abgezogene Kopf. Schließlich spricht auch noch der Verlust der Orientierung nach Abfressen des Fellkopfes dafür, daß hier keine Sehreize mitsprechen, sondern etwas anderes am Fell orientierend wirkt. Auch werden ja Fellwürste und normale Beutetiere weiter von vorn nach hinten aufgefressen, wenn der Kopf schon verzehrt ist.
3. Auch Geruchs- und Geschmacksreize können das Anschneiden nicht richten, da entsprechende, vom Kopffell ausgehende Reize auch wirksam sein müßten, wenn der Kopf am Hinterende einer Fellwurst angenäht ist.

Wenn also weder Gesichts-, noch Geruchs- oder Geschmacksreize bestimmen, wie die Katze ihre Beute anschneidet und verzehrt, möchte man per exclusionem Tastreize verantwortlich machen. Tatsächlich zeigt nun der Film, wie die Katze vor dem Anschneiden und nach jeder Freßpause mehrmals schnell mit der Nase über die Beute hin und her fährt, meist ohne sie dabei direkt zu berühren; vermutlich ertastet sie mit gespreizten Schnurrhaaren den Haarstrich. So werden auch die nicht ganz seltenen Fälle verständlich, in denen Vögel vom Flügelbug her angefressen werden (mehrere Beobachtungen bei Hauskatzen, je eine bei Karakal und Gepard). Nach EWERS (1968, 1969) Versuchen liegen bei einem Viverriden (Kusimanse, *Crossarchus obscurus*) und zwei Raubbeutlern (*Dasycercus cristicauda* und Beutelteufel, *Sarcophilus harrisi*) gleiche Verhältnisse vor. Man braucht daraus aber nicht unbedingt auf Homologie im Verhalten der Raubbeutler und der placentalen Räuber zu schließen. Offenbar bietet sich der Haar- bzw. Federstrich als Orientierungshilfe am Körper der Homöothermen so sehr an, daß die Evolution analoger Verhaltensweisen des Haarstrichertastens in verschiedenen Tierklassen erfolgt: Nach LORENZ (mündliche Mitteilung) tasten Riesenschlangen – allerdings mit der Zunge – ebenfalls die getötete Beute ab, ehe sie den Kopf derselben fassen, um sie zu verschlingen; und auch den Riesenschlangen kann dabei der gleiche „Irrtum" unterlaufen: sie beginnen dann z. B. beim Verschlingen von

Gänsen ebenfalls am Flügelbug. Der Flügelbug ist außer dem Kopf eben die einzige Körperstelle, zu der man von allen Seiten gegen den Strich fährt.

GREENE (1976) hat analoge Versuche wie die hier beschriebenen mit Korallennattern und Königskobras, Schlangen also, die andere Schlangen und Eidechsen erbeuten und verzehren, durchgeführt. Auch diese Tiere schlucken ihre Beute stets Kopf voran und es sind die dachziegelartig angeordneten Schuppen, welche die Orientierung ermöglichen.

Was hier über die Orientierung am Körper des Beutetiers gesagt ist, gilt natürlich nur für die Katze, die völlig im Besitz aller ihrer Sinnesfähigkeiten ist. Es soll keinesfalls heißen, die Katze könne den Tötungsbiß gar nicht anders als optisch und das Anfressen nur taktil lenken. Katzen fangen bekanntlich auch im Dunkeln und unter der Waldstreu verborgene Mäuse. Eine auf einem Auge blinde Bengalkatze mußte zwar auf einige Entfernung die Beute mit dem sehenden Auge erfassen, fing sie dann aber genau so geschickt, wenn sie bei Annäherung sich zur blinden Seite hinüber bewegte. GOTTSCHALDT demonstrierte mir mit Filmen, daß eine Katze mit verbundenen Augen auf einer Tischfläche eine Maus schnellstens lokalisiert und, sobald sie diese mit den Schnurrhaaren berührt, blitzschnell mit präzisem Nackenbiß ergreift, nach seinen Messungen innerhalb einer Zehntelsekunde. Entfernt man der Katze alle Sinushaare, so beeinträchtigt sie das nicht, solange sie sehen kann; verbindet man ihr jetzt die Augen, so kann sie die Beute nicht orten; wenn sie zufällig mit der Schnauze darauf stößt, beißt sie zwar zu, ist jedoch unfähig, den Nacken zu finden und beißt in den Körperteil, der sich gerade bietet. Obwohl man annehmen muß, daß im Dunkeln bzw. bei verbundenen Augen die Ortung des Beutetieres, ehe der Vibrissenkontakt hergestellt ist, akustisch erfolgt, ist die Katze hierzu merkwürdigerweise unter den gegebenen Versuchsbedingungen nicht mehr imstande, wenn man sie der Vibrissen beraubt.

GOTTSCHALDT und YOUNG (1977 a, b) und SCHULTZ, GALBRAITH, GOTTSCHALDT und CREUTZFELDT (1976) haben die Funktionen der in den Follikeln der Sinushaare vorhandenen Rezeptoren und der zum Trigeminuskern und weiter zur Hirnrinde führenden Leitungsbahnen und der von ihnen bedienten Nervenzellen untersucht. Sie fanden vier verschiedene Rezeptoren-Arten und eine sehr komplexe Auswertung der von diesen übermittelten Erregungsmuster in den sensorischen Kernen und Hirnrindengebieten. Die Katze ist dadurch fähig, Grad, Richtung, Geschwindigkeit, Dauer und etwaigen Rhythmus der Ablenkung eines Sinushaares aus der Normalstellung wahrzunehmen und auch die Stelle der Oberlippe zu lokalisieren, auf der das oder die betroffenen Sinushaare sitzen. Sie kann so nicht nur den Haarstrich auf dem Körper des Beutetiers finden, sondern auch sehr wohl in der S. 33 f. beschriebenen Weise die Bewegungen des dicht unter der Schnauze befindlichen oder bereits gefaßten Beutetieres kontrollieren. Wie schon auf S. 37 für das Zusammenspiel zwischen den Rezeptoren in der Eckzahnpulpa und der Motorik des Tötungsbisses beschrieben, sind auch in diesem Falle die Laufzeiten der sensorischen und motorischen Impulse extrem kurz, so daß der Kopf der Katze auch den schnellsten Bewegungen des Beutetiers zu folgen vermag.

Die genannten Untersucher stellten außerdem fest, daß die bei gleicher Reizung feststellbare zentrale Erregung recht unterschiedlich ausfällt. Sie vermuten, die Katze könne diesen Sinnesapparat willkürlich an- und abschalten. Wenn das zutrifft, so hängt es wahrscheinlich mit der Stellung der Sinushaare zusammen, welche die Katze ja auch willkürlich verändern kann, und zwar im Zusammenhang mit der Untersuchung von Objekten und der Aufmerksamkeitsspannung (LEYHAUSEN 1953; S. 33 f.). Dies stimmt gut zu den Befunden von FLYNN und Mitarbeitern (BANDLER und FLYNN 1972, FLYNN 1969, 1972, FLYNN, EDWARDS und BANDLER 1971), die auf den Lippen der Katze zwei verschiedene sensorische Gebiete fanden: Das Areal, auf dem die Sinushaare stehen, und den Rand der Ober- und Unterlippe. Berührung des ersteren löst eine Wendung des Kopfes zur gereizten Seite und Mundöffnen aus, Berührung des zweiten Zubeißen. Beide Reflexe funktionieren jedoch nur, wenn man gleichzeitig jenes Gebiet im Hypothalamus elektrisch reizt, von dem aus sich Beutefang auslösen läßt. Die kontralaterale Seite reagiert dabei erwartungsgemäß stärker. Das gleiche gilt für das seitliche Zufahren mit der Pfote, so wie es die Katze beim Haschespiel (S. 107 f.) ausführt. Bei elektrischer Reizung im Hypothalamus kann es sowohl visuell wie, bei verbundenen Augen, durch Berühren der Innenseite der Pfoten ausgelöst werden, wieder intensiver auf der kontralateralen Seite. Elektrische Reizung des Hypothalamus verändert auch spezifisch je nach Reizort die Antwort verschiedener Zellelemente der Sehrinde auf den gleichen Sehreiz (VANEGAS, FOOTE und FLYNN 1969/70). Alles zusammen bestätigt nur einmal mehr, wie weitgehend die zentrale Antriebslage die Funktionsbereitschaft und die Reaktionsweise der Sinnessysteme bis hinab zur einzelnen Sinneszelle bestimmt, und wie dicht der „Mantel der Reflexe" (von HOLST 1936) gewebt ist, der die zentral koordinierten Bewegungsabläufe umschließt und ihnen zur Angleichung und als Puffer gegenüber den Einzelheiten der je verschiedenen Situation dient. Wenn allerdings FLYNN (1972) meint, diese Befunde widersprächen den Begriffen „Instinktbewegung" und „Instinkthandlung" (fixed action pattern), weil die von ihm analysierten Teilreflexe und -handlungen auch außerhalb einer festen Abfolge einzeln auslösbar sind, dann befindet er sich in einem Irrtum hinsichtlich des Inhalts dieser Begriffe (vergl. S. 121 ff.).

Über die Auslösung der Instinktbewegungen der Nahrungsaufnahme (Anbeißen, Kauen und Schlucken) läßt sich erst wenig sagen. Beobachtungen an einer blinden Jungkatze, die anscheinend nicht riechen konnte (LEYHAUSEN 1953), lassen mich vermuten, daß die aktive Nahrungsaufnahme, d. h. die Entscheidung darüber, ob ein Objekt gefressen wird oder nicht, von olfaktorischen Reizen abhängt, Kauen und Schlucken aber von Geschmacks- und (?) Tastreizen ausgelöst werden.

Tab. 2 faßt zusammen, was bisher über die Schlüsselreize bekannt ist, welche die 7 besprochenen Anteile des Verhaltens zur Beute auslösen:

Zu diesen angeborenermaßen auslösenden und richtenden Reizen kommen eine Reihe weiterer, auf welche die Katze im Laufe ihrer individuellen Erfahrung zu reagieren lernt. Ob der Tötungsbiß bevorzugt auf den Nacken oder die Kehle gerichtet ist, ist zum Teil erfahrungsbedingt und oft je nach Beuteart beim gleichen Individuum verschieden (s. S. 93 ff.). Unbewegte Beute als solche zu erkennen muß die Katze lernen, ebenso, welche Tiere überhaupt als „Beute" in Frage kommen – wie auch, welche als Artgenossen zu behandeln sind und welche als überlegene Feinde (s. S. 139 ff.). Wahrscheinlich lernen Katzen auch die arteigene Lautgebung der im Biotop vorkommenden, häufigeren Beutetierarten zu unter-

Tabelle 2

Sinnesgebiet	Schlüsselreize	Ausgelöster Handlungsanteil
Gehör	knisternde und kratzende Geräusche, mäuselnde Locktöne	Appetenz zum Beutefang
Gesicht	nicht zu großes Objekt in Bewegung seitlich zur Katze oder von ihr weg	Annäherung an die Beute (Schleich-Laufen, Anschleichen, Lauern, Ansprung, Packen)
Getast	fellartige Oberfläche des gepackten Objekts	Tötungsbiß
Gesicht	Kopf-Rumpf-Gliederung des Beute-objekts	Taxien von Packen, Töten, Auf-nehmen zum Umhertragen
vermutlich Geruch	unbekannt	Anschneiden
vermutlich Geschmack und / oder Getast	unbekannt	Kauen und Schlucken
Getast	Reizung der Schnurrhaare durch Haarstrich der Beute	Taxien des Anschneidens und Fressens

scheiden und wenigstens teilweise zu deuten. Wie verzwickt hier Angeborenes und Erworbenes ineinandergreifen, ergibt sich auch aus Versuchen von Roberts und Bergquist (1968): 11 Katzen, die vom 5. Lebenstag an isoliert aufgezogen wurden, lernten in ihren engen Aufzuchtkäfigen nur Futterstücke, kleine Futterschüsseln, die zur Auspolsterung der Schlafkiste verwandten Stoffstücke und den eigenen Schwanz als bewegliche Gegenstände kennen. Sie wurden als Jungtiere gelegentlich, doch relativ selten, beim Spiel mit allen diesen beobachtet. Als die Tiere erwachsen waren, wurden sie über Reizelektroden zum Beutefang gereizt. Mit 10 normal in der Geschwisterschar aufgewachsenen, etwa gleichalten Katzen geschah dasselbe. Über etwaige frühere Beute-Erfahrungen dieser Kontrolltiere teilen die Autoren nichts mit; in der Versuchssituation griffen sie wie auch die Isoliertiere Ratten nicht spontan an, alle jedoch taten es bei elektrischer Reizung. Alle suchten zunächst die Ratten mit Nackenbiß zu fassen und kämpften etwaigen Widerstand der Ratten in der gleichen Weise nieder, wie es hier (S. 31, 69) vom „normalen" Beutefang beschrieben ist. Die Versuche wurden gefilmt, und die Filmauswertung ergab keine Unterschiede in der Form der Bewegungsweisen zwischen Isolier- und Kontrolltieren. Unterschiede zwischen beiden Gruppen gab es dennoch: a) Die Kontrolltiere griffen entschlossener und hartnäckiger an, besonders wenn die Ratte sich wehrte, b) zielten sie ihre Bisse genauer (vgl. S. 23 f., 80 ff., 249), c) griffen sie einen statt der Ratte eingesetzten Plastikschwamm erst nach längerem Zögern und weniger hartnäckig an, als eine Ratte; die Isoliertiere dagegen griffen den Schwamm eher heftiger an als die Ratte, was allerdings mit der angewandten Auswertungsmethode nicht statistisch gesichert werden konnte. Diese Ergebnisse lassen sich unschwer so deuten, daß die Isoliertiere gegenüber dem unbekannten Beutetier schüchterner waren als die Kontrolltiere, die immerhin wenigstens andere Katzen nicht nur vom Sehen, sondern auch durch direkten Kontakt kannten (vgl. S. 79). Dennoch griffen die Isoliertiere nicht etwa unter dem Elektroreiz die ihnen schon bekannten, oben aufgezählten

Gegenstände bevorzugt an, wie zu erwarten gewesen wäre, wenn die beutefangauslösenden Objekte allein auf Grund von „bedingter" Reizauswahl erlernt werden müßten: Nur ein Tier biß im Vorbeigehen einmal schnell nach dem Futternapf, und drei schnappten flüchtig nach einem Futterbrocken. Ratte und Schwamm allein lösten regelrechten Beutefang aus. Andererseits kann man auch nicht etwa annehmen, ein fremdes, nicht zu bedrohliches Objekt werde bevorzugt vor dem bekannten Objekt angegriffen – was an sich ja auch sein könnte; denn eine Katze mit reichlicher Beute-Erfahrung kann man im Reizversuch kaum noch dazu bringen, Schwämme und selbst einigermaßen „lebensecht" gestaltete Stofftiere anzugreifen, d. h. sie differenzieren noch schärfer als die Kontrolltiere in diesem Versuch. Der Unterschied in der Heftigkeit und Ausdauer des Angriffs zwischen Kontroll- und Isoliertieren könnte aber teilweise auch noch durch unterschiedliche Antriebsstärke hervorgerufen sein und nicht allein dadurch, daß die Beuteobjekte auf die Isoliertiere einschüchternder wirkten als auf die Kontrolltiere (s. S. 84 f.).

Die bedeutendste Rolle aber spielen Ortserinnerungen bei der Richtung von Beuteappetenzen. Wie schon an anderer Stelle mitgeteilt (LEYHAUSEN 1953), besitzen Katzen ein außerordentlich entwickeltes Ortsgedächtnis, und bereits nach einmaliger positiver Erfahrung suchen sie in einem Raum oder einem bestimmten Geländeteil die betreffende Stelle häufig und immer wieder mit erstaunlicher Genauigkeit auf, um „nach mehr" zu suchen, selbst wenn nach dem letzten Betreten des betreffenden Raumes viele Wochen verstrichen sind.

Die Beutetiere der Hauskatze

Hauskatzen können grundsätzlich jedes lebende Tier, das nicht größer ist als sie selbst, erbeuten. Im allgemeinen wagen sie sich aber nicht an Tiere über Rattenbzw. Taubengröße. Insekten bis hinab zur Stubenfliege haschen sie eifrig und verzehren sie auch meist gierig; manche jagen eifrig Heuschrecken und sättigen sich daran (S. 22 f.; HOCHSTRASSER 1970). Maikäfer allerdings werden nur von unerfahrenen Katzen gefangen; da sie im Fang und an den Pfoten festkleben, werden sie mit Mühe wieder abgeschüttelt und nach einigen weiteren Versuchen endgültig verschmäht. Frösche und Kröten werden spielerisch gefangen, Frösche wohl auch getötet und gelegentlich verzehrt, ebenso Eidechsen und Schlangen. Nach HORNUNG (1940) machen Hauskatzen Jagd auf Eichhörnchen, sobald diese auf den Boden kommen. Meine Katzen töteten einen Gartenschläfer, der sich nachts in ihren Käfig verirrte, und fraßen ihn zur Hälfte auf. Ein Nestjunges vom Gartenschläfer rührte W 5 dagegen nicht an, obwohl sie unmittelbar zuvor eine Maus gefangen und verzehrt hatte. Katzen auf dem Lande fangen gern junge Wildkaninchen. Mehrfach sah ich welche mit erbeuteten Iltissen und Großen Wieseln ankommen. In einem Falle tötete eine Hauskatze einen in einen Hühnerstall eingedrungenen Steinmarder nach langem Kampf. Spitzmäuse und Maulwürfe werden zwar gefangen, aber meist schon nach dem ersten Zubiß sofort wieder losgelassen und nur ausnahmsweise verzehrt (KIRK 1967, 1969). Genauso verhält sich auch die Europäische Wildkatze gegenüber den kleinen Insektenfressern (SLÁDEK 1970).

Abb. 38. Eine Ratte springt dem zurückweichenden M 3 ins Gesicht

Auch Vögel aller Art stehen auf der Beuteliste. Die bevorzugte Beute sind jedoch Mäuse und Ratten. Die Rattenschärfe hängt – im Gegensatz zu Loir (1930) – nach Schwangart (1932, 1933, 1937) weniger von Größe und Kraft der Katze ab – hierin ist auch jede schwächliche Katze der größten Ratte weit überlegen –, sondern von ihrem „Temperament" und „Kampfmut". Das trifft gewiß zu und beruht auf der Eigenart der beutefangauslösenden Schlüsselreize (S. 59 ff.) sowie auf der Reaktion der Ratte auf den Katzenangriff. Wird die Ratte nämlich von der Katze nicht völlig überrascht und nicht zu schnell im Genick gepackt, um noch ausweichen zu können, so wendet sie sich um und springt die Katze unter durchdringendem Drohquietschen (Eibl-Eibesfeldt 1952) an, meist gegen ihr Gesicht (Abb. 38). Das paßt nicht zum AAM der Katze, die daher zurückweicht und meistens sogar flieht. Auch „rattenscharfe" Katzen erbeuten größtenteils nur halbwüchsige oder noch kleinere Ratten, die noch nicht aus der Abwehr zum Angriff übergehen; denn das tun erst die fast erwachsenen. Weiter spricht mit, wie weit die Katze schon in ihrem Angriff ist, wenn die Ratte anspringt. Wenn sie noch lauert, heranschleicht oder sich gar vorsichtig schnuppernd nähert, weicht selbst eine wirklich rattenscharfe Katze oft zurück. Setzt die Katze dagegen bereits zu Packen und Töten an, dann hat der Gegenangriff der Ratte viel geringere Erfolgsaussichten.

Den Kampf mit einer angreifenden, erwachsenen Wanderratte nehmen nur wenige Katzen auf. Auch sie reagieren zunächst mit Abwehrhandlungen: Sie weichen etwas zurück, ziehen den Kopf ein, legen die Ohren an, setzen sich auf die weit gespreizten Hinterpfoten und schlagen mit beiden Tatzen abwechselnd auf die Ratte ein. Der Tatzenhieb ist bei allen Katzen eine Abwehrhandlung, auch wenn er infolge Stimmungsüberlagerung (S. 161 ff.) scheinbar im Angriff eingesetzt wird. Das Zufahren der Tatzen beim Beutefang, wie es oben beschrieben wurde, ist kein Schlagen, sondern ein schnelles Hinfassen in Richtung der eigenen Körperachse; der Hieb kommt dagegen immer, seitlich ausholend, schräg von oben. Heftigen, einander schnell folgenden Tatzenhieben kann eine Ratte nicht lange widerstehen: Sie bricht erschöpft zusammen oder versucht zu fliehen, und im gleichen Augenblick ist die Katze über ihr und faßt sie im Genick. Ist es erst einmal soweit, gibt es für die Ratte kein Entrinnen mehr. Nur ganz wenige Katzen, das sei nochmals betont, kämpfen nach meinen Erfahrungen ausgewachsene Wanderratten in dieser Weise nieder.

Einmal verhielt sich meine Tigerkatze ganz anders (S. 31 ff.): Sie wich jedesmal dem Gegenangriff der Ratte aus, zog sich zurück und versuchte nach einer Weile einen neuen Überraschungsangriff; sie biß dann hastig und – soweit ich sehen konnte – schlecht gezielt zu und sprang sogleich wieder zurück, bis die Ratte schließlich erschöpft war und sich widerstandslos totbeißen ließ. Die gleiche Technik wandte nach HORNUNG (1943) eine Hauskatze im Kampf mit einem Mauswiesel an. Sie kann natürlich nur zum Erfolg führen, wenn die Ratte in den Kampfpausen kein Schlupfloch erreicht. Nach allem bildet die oben erwähnte Überwältigung größerer Musteliden durch Katzen eine wohl sehr seltene Ausnahme.

Über die Frage, ob die Hauskatze „nützlich" oder „schädlich" sei, ob sie unseren Kleinvogelbestand gefährde, und ob man jede im Niederjagdrevier streunende Hauskatze unbedingt gleich abschießen müsse, wird leider meist mehr mit Leidenschaft und Vorurteilen gestritten als mit Sachkenntnis und Willen zur Objektivität. In Deutschland ist SCHWANGART (1937) jahrzehntelang unermüdlich für die Katze eingetreten, und ich kann ihm hierin nur beipflichten. In den Jahren 1947–1948 nahmen z. B. in den Trümmerfeldern der Freiburger Altstadt trotz reichlich vorhandener „Trümmerkatzen" die Gartenrotschwänze in ganz auffälliger Weise zu; diese Vogelart legt aber häufig ihre Nester so an, daß sie für Katzen besonders leicht zugänglich sind. Alle bisherigen Argumente zugunsten der Katze sind nun indirekter Natur. Ein sehr gewichtiges direktes Argument bietet die S. 21 f. mitgeteilte Jagdweise, welche dem Erfolg der Vogeljagd unmittelbar abträglich ist. Alle Katzen jagen primär mit gleichem Eifer Vögel wie Nager, und viele fressen Vögel sichtbar lieber. Aber sie bekommen sie nicht so leicht, und die meisten geben daher mit zunehmender Erfahrung die Jagd bald auf; unsere Stadtkatzen werden allerdings heute vielfach durch das fast völlige Fehlen der Nager in ihrem Revier geradezu gezwungen, sich an Vögel zu halten, um ihre aufgestaute Jagdstimmung abzureagieren. Aber auch unter diesen Umständen sind Katzen *nicht* in der Lage, den Singvogelbestand eines größeren Bezirks *ernsthaft zu gefährden*. Sie erwischen fast immer nur alte, kranke und junge Tiere. Drei Viertel der Jungvögel müssen aber nun einmal zugrunde gehen, weil die Population eines Bezirks im Durchschnitt der Jahre eine ziemlich feste Größe ist. Ob die fanatischen Vogelschützer es wirklich vorziehen, wenn ihre Lieblinge qualvoll durch Hunger, Kälte und Nässe sterben, statt schnell unter der Katze? Im Laufe der Jahre habe ich unzählige Male im Freien beobachtet, wie Katzen eine Maus oder Ratte fingen, ebensooft wie sie einen Vogel beschlichen. Aber nie sah ich, daß sie einen gesunden, flugfähigen Singvogel auch erwischten. Gewiß kommt das vor, aber eben nur selten. Eine durchschnittliche Hauskatze, die sich ausschließlich vom Vogelfang ernähren sollte, könnte mit leid tun. Wie häufig Katzen zu Unrecht als üble Vogelfänger verschrien werden, beweist folgendes Beispiel: Aus einem Bonner Park wurden zwei streunende Katzen in Fallen herausgefangen, weil sie angeblich die Vögel an den dort vorhandenen Vogelschutzhäuschen abfingen. Sie wurden mir für meine Untersuchungen übergeben und erhielten die Nummern W 6 und W 7. Beide nahmen weder tote noch lebende Vögel an. W 7 war eine ausgezeichnete Mausefängerin, W 6 interessierte sich zu gewöhnlichen Zeiten für keinerlei Beutetiere; nur wenn sie Junge im entsprechenden Alter hatte, trug sie Mäuse zum Nest (S. 73 ff.) und fraß sie dann auch selbst. Eintagsküken rührte sie auch dann nicht an. Das alles schließt nicht aus, daß gelegentlich einmal in einem Vorgarten eine Vogelbrut von Katzen vernichtet wird, an welcher der Besitzer des Gartens seine Freude hatte. Aber im ganzen betrachtet, spielt dies sicher keine Rolle, und der Nistort wird mit Sicherheit im nächsten Jahre wieder von der gleichen Vogelart angenommen, wenn nicht der Bestand aus anderen Gründen zurückgeht. Es gibt wohl auch einmal eine Katze, deren Jagdweise von der Norm individuell stark abweicht, und die daher bei der Vogeljagd ungewöhnlich erfolgreich ist.

Die Argumente der leidenschaftlichen Vogelschützer können also im – sehr seltenen – Einzelfall zutreffen, im ganzen gesehen aber sind sie unhaltbar. *Eine Behinderung oder Einschränkung der Katzenhaltung aus Gründen des Vogelschutzes ist daher rundheraus abzulehnen.*

Ähnlich liegen die Dinge auf jagdlichem Gebiet. Einzelne Katzen, welche einmal auf den Geschmack von Junghasen und -kaninchen kamen, ziehen allerdings diese Beute ausgesprochen vor. Auch können Katzen Rebhuhn- und Fasanenküken schlagen. Aber sicher werden auch diese Schäden übertrieben. LINDEMANN (1953) fand bei Untersuchungen des Mageninhalts geschossener Wildkatzen 65% Reste von Mäusen und gleich großen Nagern, 6% Kleinvogelreste (meist von Bodenbrütern), 8% Reste von Federwild und 6% von Haarwild; 12% verteilten sich auf Nager, die in der Größe zwischen Maus und Hase liegen; die restlichen 3% waren nicht identifizierbar. Die Angaben beziehen sich auf Gewichtsprozente, nicht etwa Individuenanzahlen! SLÁDEK (1970) fand bei 257 Magenanalysen von slowakischen Wildkatzen einen zahlenmäßigen (nicht gewichtsmäßigen) Anteil von 87% Kleinnagetieren an der Gesamtbeute. Die Wildkatze ist doch sicher ein stärkerer und gefährlicherer Räuber als unsere Hauskatze. Auch die der Europäischen Wildkatze nach Körpergröße und Biotop in etwa entsprechende Tsushima-Bengalkatze *(Prionailurus bengalensis manchuricus)* hat nach ASAHI (1966) sehr ähnliche Ernährungsgewohnheiten. „Wenn man wirklich einmal konsequent Mageninhaltsuntersuchungen an geschossenen ‚wildernden' Katzen durchführte, so dürfte das Ergebnis noch geringere Anteile jagdbaren Wildes ausweisen; dies wage ich mit aller Sicherheit vorauszusagen." schrieb ich in der ersten Auflage dieser Arbeit (1956); die Ergebnisse von HEIDEMANN und VAUK (1970) übertreffen noch meine Erwartung. 93,2% der Kleinnagerbeute bestand dabei aus Feldmäusen, und die Untersucher heben ausdrücklich hervor, daß die feldernde Hauskatze durchaus einen ernstzunehmenden Faktor in der Feldmausbekämpfung darstelle. PIELOWSKI (1976) fand in den Mägen von 500 von polnischen Jägern erlegten Hauskatzen zu 74% Kleinnagerreste, 19% Küchenabfälle, 3,4% Junghasenreste und 3,6% Reste von Vögeln, Fallwild u.a.m. Amerikanische Untersuchungen über den Nahrungserwerb freilaufender, völlig verwilderter

Hauskatzen bestätigen das ausnahmslos (BRANDT 1949, HUBBS 1951, TONER 1956, DAVIS 1957, PEARSON 1964). Zwar kann man diese Befunde nicht ohne weiteres quantitativ auf die Verhältnisse europäischer Länder übertragen, in groben Zügen aber dürfte das Bild sich nicht ändern, wenn man dort einmal entsprechende Untersuchungen durchführte. Und wenn PEARSON (1964) bei seinen ganzjährig durchgeführten Faecesuntersuchungen in einem kalifornischen Schutzgebiet unter 4771 Resten von Beutetieren nur 21 Kaninchen- und ganze 8 Vogelreste fand, so sollte das doch auch dem überzeugtesten Katzenfeind bei uns etwas zu denken geben.

Es ist deshalb nicht nur eine Unsitte, wenn Jagdberechtigte in Deutschland jede im Revier angetroffene Hauskatze, die sich weiter als 200 m vom nächsten bewohnten Gebäude entfernt hat, grundsätzlich abschießen. Der dadurch angerichtete volkswirtschaftliche Schaden ist *auf jeden Fall um ein Vielfaches größer* als der Schaden, den diese Katzen dem Singvogel- und Niederwildbestand tun könnten.

Zusammenfassend kann gesagt werden, daß die Hauskatze ihrer Jagdweise und der bevorzugten Beutegröße nach ein *Mäusefänger* ist und daher andere Tiere so viel seltener erbeutet, daß deren Ausfall praktisch vernachlässigt werden kann.

Die Entwicklung der Beutefanghandlungen

a) Zur Ontogenese des Beutetötens

Die erste Beutefangbewegung des etwa 3 Wochen alten Kätzchens ist ein tastendes Vorfühlen mit einer Pfote, womit auch die erwachsene Katze noch alle neuen kleineren Gegenstände untersucht (Abb. 39). Von diesem geradezu schüchtern wirkenden Vorfühlen mit der geschlossenen Pfote bis zum heftigen Zufahren mit weitgespreizten Krallen gibt es dann alle Übergänge, die offenbar die Intensitätsskala der gleichen Erbkoordination darstellen. Möglicherweise entwickelt sie sich aus dem Milchtritt, doch sind die Beobachtungen noch nicht ausreichend für die Deutung. Lauern, Haschen, Schleichen, Schleichlaufen und Beutesprung erscheinen in schneller Folge; erst noch unbeholfen infolge der Unreife von Koordina-

Abb. 39. Jungkatze beim tastenden Vorfühlen gegen ihr Spiegelbild

tion und Muskelsystem, vervollkommnen sie sich schnell und sind alle ziemlich ausgereift, wenn die Mutterkatze den Jungen etwa in der 6. Lebenswoche die ersten lebenden Beutetiere zuträgt. Der Tötungsbiß tritt stets zuletzt auf und bedarf anscheinend, wie wir noch sehen werden, einer besonderen Auslösung. Alle Bewegungsweisen mit Ausnahme des Tötungsbisses treten auch nacheinander und später in verschiedenster Kombination mit anderen Bewegungen im Spiel der jungen Katze auf.

Wenn die Kätzchen etwa 4 Wochen alt sind, beginnt die Mutterkatze Beute zum Nest zu tragen, tötet sie aber anfangs noch am Fangort und verzehrt sie am Nest knurrend selbst. Die Jungen scheint das Schauspiel zunächst mehr zu verschüchtern als anzulocken.

Protokoll: „14. November 1953 (Alter der Jungen 33 Tage). Ich biete W 6 in Gegenwart der Jungen eine weiße Maus. Sie geht nach kurzem Zögern langsam darauf zu, faßt sie dann sofort, trägt sie laut knurrend in die Sägemehlkiste, knurrt dort lange, legt die nun schon tote Maus mehrmals ab und frißt sie schließlich. Sie macht keinen Versuch, die Jungen zu locken. Diese scheinen den ganzen Vorgang nicht zu beachten.

Eine zweite Maus fängt W 6 ebenfalls sofort, trägt sie wieder in die Sägemehlkiste, knurrt, tötet sie, springt dann mit ihr heraus und setzt sich knurrend hin. W 10 steht etwa 20 cm seitlich von ihr, macht einen Buckel, sträubt die Schwanzhaare und bleibt stehen. Die Hinterbeine streben vor, doch die Vorderbeine machen die Bewegung nicht mit, und das Tier bleibt in dieser Stellung stehen. Die Alte trägt die Maus mehrfach hin und her, legt sie dazwischen öfter ab und bleibt knurrend davor sitzen. Schließlich trägt sie die Maus, immer noch knurrend, in die Schlafkiste. Zwei Junge klettern hinterher. In das Knurren mischt sich jetzt hin und wieder ein purrender Lockton. Nach einer Weile läßt W 6 die Maus liegen und kommt heraus. Die Jungen kümmern sich aber nicht um die Maus. Ich nehme sie heraus und werfe sie W 6 wieder vor. Diese faßt sie sofort wieder, knurrt, bringt sie in die Schlafkiste, legt sie ab und bleibt davor sitzen, schlägt ein paarmal spielerisch zu. Ich nehme nun ein Junges und stoße es mit der Nase auf die Maus. Es schnuppert und tastet sie ab und beginnt, daran herumzuziehen und -zulutschen und beschäftigt sich so eine ganze Weile damit. Dann erhalten die Tiere Futter. Die fünf Jungen drängen sich gierig um den Napf, die Alte sitzt mit ‚verlangendem' Blick daneben, drängt die Jungen aber nicht fort. Ich werfe ihr die Maus nochmals vor, und jetzt frißt sie sie."

In den folgenden Wochen reift die Reaktion der Jungen auf das Beutetier. Wenn die Mutter das erste Beutetier lebend herbeiträgt, verfügt das Junge also über ein ganzes Arsenal an Instinktbewegungen, die aber noch nicht in einer zum Töten hinführenden Handlungskette geordnet sind. Zwar können sich beim Spiel schon die einzelnen Elemente einmal in der späteren Folge kombinieren, etwa Lauern mit Schleichen, Schleichlaufen mit Ansprung usw. Doch gleich darauf trennen sie sich und kehren einzeln oder in Kombination mit anderen Spielbewegungen wieder, die teils anderen Funktionskreisen als dem des Beutefangs entstammen (Eibl-Eibesfeldt 1951). Dabei wird auch klar, daß der Tötungsbiß nicht ohne Grund erst so spät und bei Begegnung mit dem ersten lebenden Beutetier durchbricht. Wär's anders, müßten sich die Geschwister bei ihren Beutespielen miteinander oft verletzen. Im Spiel mit den ersten Beutetieren stellt sich allmählich, zuweilen aber auch recht plötzlich die zum Tötungsbiß hinführende Ordnung Lauern, Anschleichen, Anspringen, Packen ein.

Auch das Zu-Neste-Tragen und Abgeben lebender Beute durch die Mutterkatze vervollkommnet sich; wieweit hier äußere und innere Ursachen beteiligt sind, muß noch offen bleiben.

Protokoll: „16. Dezember 1953 (Alter der Jungen 65 Tage). W 6 erhält im Vorraum eine weiße Maus, faßt sie sofort unter Spucken und trägt sie zum Nest, Griff im Rücken (s. u. S. 250). Hier sitzt sie, knurrt leise und läuft dazwischen immer etwas umher, bleibt dann wieder sitzen. Die Jungen kümmern sich kaum darum. Die ganze Zeit über läßt die Mutter die noch lebende Maus nicht los. Allmählich mischen sich unter das Knurren leise, murksende Locklaute, die aber ebenfalls keine sichtbare Wirkung auf die Jungen ausüben. Schließlich kommt W 9 heran und versucht, an der Maus zu schnuppern. W 6 wendet sich aber immer noch ab und geht mit der Maus in die Schlafkiste. W 9 geht nach, richtet sich aber nur am Kisteneingang hoch, ohne hineinzugehen. Nach ein paar Sekunden erscheint der Kopf von W 6 mit der Maus im Schlupfloch, dann kommt sie wieder ganz heraus. Wieder versucht W 9 mehrfach an die Maus zu kommen, und wieder entzieht ihr W 6 dieselbe jedesmal durch eine Seitwärtswendung des Kopfes. Dann geht sie wieder in die Schlafkiste, diesmal folgt ihr W 9 nach und erscheint gleich darauf wieder mit der Maus. W 9 knurrt jetzt laut und spielt heftig mit der bereits toten Maus. Auf das Knurren reagieren die Geschwister kaum, das Spiel jedoch lockt sie an. W 9 knurrt lauter und hält die Maus fest. Keines der anderen macht einen Versuch, ihr die Maus fortzunehmen. Sie wenden sich schnell wieder ihren eigenen Spielen zu.

Weiter draußen im Vorraum erhält W 6 jetzt wieder eine Maus, greift sie sofort und trägt sie ebenfalls zum Nest; setzt sich wieder kurz hin und knurrt, läßt dann aber bald die noch lebende Maus laufen und faßt sie wieder, ehe sie in einer Ritze verschwinden kann. Nach dreimaliger Wiederholung wird W 9 aufmerksam, läßt von der toten Maus ab und faßt die laufende sofort mit richtigem Griff im Nacken und beginnt dann, mit ihr zu spielen. Wegen einer Versuchsstörung kann ich nicht beobachten, wann und wie die Maus getötet wird. Der Versuchsablauf zeigt deutlich, daß die Mutterkatze zunächst die zum Nest getragene Beute nur gleichsam widerwillig abgibt.

17. Dezember 1953: W 6 erhält eine Maus in einem größeren Nebenraum in möglichster Entfernung vom Nest. Obwohl die Jungen alle mit in den Nebenraum gestürzt sind und dort umhertoben, trägt W 6 die Maus an ihnen vorbei zum Nest und duckt sich hier nieder, indem sie die Maus festhält. Schließlich kommt W 11 hinzu. W 6 zieht wieder den Kopf mit der Maus zur Seite, knurrt aber nicht. W 11 bleibt stehen, W 6 legt die Maus ab. W 11 beachtet diese aber nicht, sondern streicht der Mutter ums Gesicht und läuft dann wieder zum Nebenraum. W 9 kommt hinzu und ergreift die Maus sofort etwas weit hinten, knurrt laut, spielt und schlägt wütend selbst nach der Mutter, wenn diese zu nahe kommt. Jetzt wird eine weitere Maus zwischen drei zuschauende Junge gesetzt. Keines rührt sich. W 6 ergreift die Maus, läuft damit wieder zum Nest, setzt sich dort einen Augenblick hin und läßt die Maus laufen, schaut ihr zu und hält sie rechtzeitig auf, als sie unter die Sägemehlkiste zu entkommen droht. Jetzt sieht W 9 die laufende Maus, stürzt sich darauf, ohne die erste loszulassen und hat

dann beide gefangen. Das geht aber nicht gut. Sie läßt Nummer 2 laufen und bringt die erste mit richtigem Tötungsbiß um. Die zweite Maus entkommt währenddessen hinter die Sägemehlkiste. W 9 angelt mit der Pfote nach ihr, begnügt sich dann aber mit der ersten und spielt mit ihr weiter. Schließlich beginnt sie, ‚richtig' am Kopf zu fressen. Während des ganzen Vorganges kümmert sich nur W 10 einmal kurz um die Maus, wurde aber von W 9 entschieden abgewehrt. Ich rücke jetzt die Sägemehlkiste vorsichtig ab und setze W 10 hinter die dort hokkende Maus. W 10 beschnuppert sie, die Maus bleibt ruhig sitzen, und W 10 wendet sich ab. Hierbei stößt sie die Maus an, und diese bewegt sich etwas. W 10 wird aufmerksam und schlägt zaghaft mit eingezogenen Krallen nach ihr. So beginnt das Spiel, das aber lange noch sehr vorsichtig-ängstlich aussieht. Schließlich faßt W 10 zart mit den Zähnen ins Fell der Maus und trägt sie hinter der Kiste hervor. Hier spielt sie schon ein wenig ‚mutiger' weiter, aber immer noch ohne die Maus ernsthaft zu schlagen oder gar zu verletzen. Bei diesem Spiel gerät die Maus ins Blickfeld der fressenden W 9, die stürzt sofort heran. Aber nun faßt W 10 energisch die Maus im Nacken, schlägt buckelnd nach W 9 und wendet sich laut knurrend ab. W 9 weicht zurück und wendet sich wieder ihrer angefressenen Maus zu. Sie wird nun ausgesperrt und eine dritte Maus freigelassen. W 6 faßt sie wieder sofort und trägt sie in die Nähe der Schlafkiste und läßt sie hier laufen. Die Maus entwischt in einen herumliegenden Pappkarton, aus dem W 6 sie vergeblich herauszuangeln sucht. W 8 kommt interessiert hinzu. Ich schüttle die Maus aus dem Karton. W 6 faßt sie, läßt sie aber gleich wieder unter die Schlafkiste entkommen. Ich hebe die Kiste auf, W 6 holt die Maus hervor und läßt sie wieder laufen. Die Maus ist schon sehr matt. Keines der drei übrigen Jungen (M 12, W 8, W 11) beachtet sie; selbst wenn ich sie mit der Nase darauf stoße, wenden sie sich gleich wieder ab und ihren Spielen zu. W 9 wird wieder zugelassen. Sie faßt die Maus sofort, tötet sie schnell, spielt etwas und versucht wieder, W 10 deren Maus abzunehmen. W 10 schlägt ihr jedoch kräftig ins Gesicht; W 9 zieht sich zurück und beginnt bald, die dritte Maus zu fressen, genau wie das erstemal vom Kopf her. Etwas später frißt auch W 10 ihre Maus, beginnt aber mit dem linken Hinterbein, kommt zunächst damit nicht richtig voran, frißt sie schließlich doch in umgekehrter Richtung von hinten nach vorn auf."

Genau einen Monat später zeigen die beiden Jungen W 9 und W 10 für in den Raum gesetzte Mäuse so gut wie kein Interesse mehr. Diese werden immer noch zuerst von der Alten ergriffen und erst, wenn diese sie freiläßt, von W 11 und M 12 gepackt, nach kurzem Spiel totgebissen und nach weiterem Spiel verzehrt. Diese Umkehrung des Verhaltens von W 9 und W 10 einerseits, W 11 und M 12 andererseits, hängt mit der sozialen Rangordnung der Geschwister zusammen. In Gegenwart der jetzt ranghöheren W 11 und M 12 wagen die Geschwister nicht, nach der Maus zu greifen.

Das bleibt monatelang so:

Protokoll (2. Juni 1954): „W 9, W 11 und M 12 werden in den Außenkäfig gesperrt. Im Innenraum befinden sich W 6, W 8 und W 10. Eine Maus wird hinzugesetzt. W 6 ergreift sie nach kurzem Zögern im Rücken. W 10 kommt schüchtern heran und wird angeknurrt. M 12 öffnet sich den nur flüchtig verschlossenen Zugang von außen und nimmt W 6 trotz deren Knurren die Maus vor der Nase weg. Ich sperre M 12 mit der Maus wieder aus. Eine weitere Maus wird eingesetzt. W 10 nähert sich ihr ganz langsam und vorsichtig. Beide Tiere beschnuppern sich Nase gegen Nase. W 10 setzt an, die Maus zu packen, da wird sie ihr von W 6 weggenommen. Nach einer Weile läßt W 6 die Maus liegen. Ich setze eine weitere Maus hinzu und W 6 faßt sie. Die andere liegt unbeweglich vor dem Schlupfloch der Schlafkiste. Nach einer Weile kommt W 10 langsam aus der Kiste, geht zur Maus und faßt sie ganz vorsichtig, läßt sie gleich wieder los, faßt sie dann aber etwas herzhafter und beginnt zu spielen, aber noch sehr zaghaft. Das Kratzen und Miauen der ausgesperrten, einlaßbegehrenden Geschwister stört W 10 offenbar sehr. Bei jedem dieser Geräusche läßt sie die Maus fahren und schaut ängstlich zum Eingang. Allmählich jedoch schwindet diese Scheu, und das Spiel wird gröber. Als W 6 jetzt hinzuschleicht, wird sie sogar angefaucht und die Maus fest gepackt. Nach etwa 20 Min. schleppt W 10 die immer noch lebende Maus in die Schlafkiste. Ich öffne nun den Eingang. M 12 nimmt sofort W 6 trotz deren Knurren die letztgegebene Maus, welche sie inzwischen wieder gepackt hatte, fort. W 11 springt in die Schlafkiste und nimmt W 10 die Maus fort, ohne daß diese zu fauchen oder zu knurren wagte."

Im systematischen Einzelversuch verloren W 9 und W 10 langsam ihre Scheu wieder und gewannen ihre frühere Schärfe zurück. Wie hier ergab sich auch bei der Beobachtung anderer Würfe, daß nicht nur die Gegenwart der sozial überlegenen Geschwister die Fanghandlungen der rangtieferen hemmt, sondern daß ein geringer sozialer Rang unmittelbar das Verhalten der Jungkatze gegenüber dem Beutetier beeinflußt: Das Beutetier selbst wirkt nun ebenfalls einschüchternd, die Katze verliert ihren Schneid. Nach Beobachtungen von Loir (1930) verloren Katzen durch verängstigende Eindrücke, die in keinem Zusammenhang mit dem Beutefang standen, ihre Rattenschärfe und gewannen dieselbe durch freundliche und ermutigende Behandlung wieder. Adamec (1975 a) bestätigt dies. Unter seinen Versuchsbedingungen wirkten weiße Mäuse am wenigsten einschüchternd, eine fremde Umgebung etwas mehr, noch mehr ein Mensch, eine Ratte und am stärksten die Drohlaute einer anderen Katze. Als neurale Basis fand er eine erhöhte Erregbarkeit und Aktivität von basolateralen Anteilen der Amygdala (Adamec 1975 b). Man kann hieraus jedoch nicht auf eine spezifisch hemmende Wirkung der Amygdala auf das Beutefangverhalten schließen, da Einschüchterung ja auch andere Verhaltensweisen wie den intraspezifischen Kampf, Werbung und Paarung und auch das Spiel der Jungtiere hemmt bzw. ganz unterdrückt. Die beschriebene Wirkung der sozialen Stellung tritt jedoch anscheinend nur innerhalb der Geschwisterschar ein. Hält man erwachsene Katzen längere Zeit in einem Raum zusammen, so bildet sich zwar zwischen diesen eine gewisse Rangordnung heraus, die aber auf das Verhalten der Tiere zur Beute nach meinen Beobachtungen ohne Einfluß bleibt. So war W 5 lange Zeit hindurch meine schärfste Maus- und Rattenkatze. Ihren bis zu sechs Käfiggenossen aber war sie so unterlegen, daß sie sich tagelang auf einem dicht unter der Decke entlanglaufenden Heizungsrohr aufhielt und es nicht einmal verließ, um die Sägemehlkiste aufzusuchen. Zum Fressen kam sie nur, wenn ich im Raum blieb.

In dem oben angeführten Protokoll vom 2. Juni zeichnet sich bereits ab, daß die Mutterkatze Beute nicht mehr ohne weiteres an $7^1/_2$ Monate alte Junge abgibt. Sie versucht oft, sich mit der Beute im Maul den Jungen durch die Flucht zu entziehen; die Jungen verfolgen sie, schließen seitlich auf und reiben – oft in vollem

Galopp – ihre Flanke gegen die der Mutter, die dadurch aus der Richtung gedrängt wird (Abb. 40 a, b); der offenbar vom Präsentieren (Abb. 105, S. 219) abgeleitete Bewegungsablauf dient hier ausgesprochen als Bettelgebärde, die noch vom bis zu einjährigen Jungtier nicht selten mit Erfolg angewandt wird: Die Mutter läßt entweder noch während des Laufens die Beute fahren oder sie hält an und legt sie dem Jungen vor (Abb. 40 c).

Mutterkatzen mit über 3 Wochen alten Jungen fangen meist erheblich mehr Beutetiere, als sie es zu anderen Zeiten tun. Erwähnt wurde schon (S. 71) W 6, die überhaupt nur Beutetiere fing und auch selbst verzehrte, wenn sie Junge hatte. Man kann zunächst annehmen, daß von den Jungen selbst Reize ausgehen, welche die Jagdausübung der Mutter steigern. Dies wird auch durch folgende Beobachtung bestätigt: W 6 lebte längere Zeit mit W 11, W 12, W 13, W 14 und einer alten ♀Wildkatze zusammen in einem großen Käfig. Von diesen 6 Tieren rührten zu normalen Zeiten W 6 und W 14 keine Beutetiere an; W 11 und 12 fingen gelegentlich Mäuse, aber nie größere Beute; W 13 und die Wildkatze fingen auch Ratten. Als W 11 und W 12 ungefähr gleichzeitig Junge warfen, beließ ich jeder eines zur Aufzucht. Als die Jungen alt genug waren, trugen nicht nur

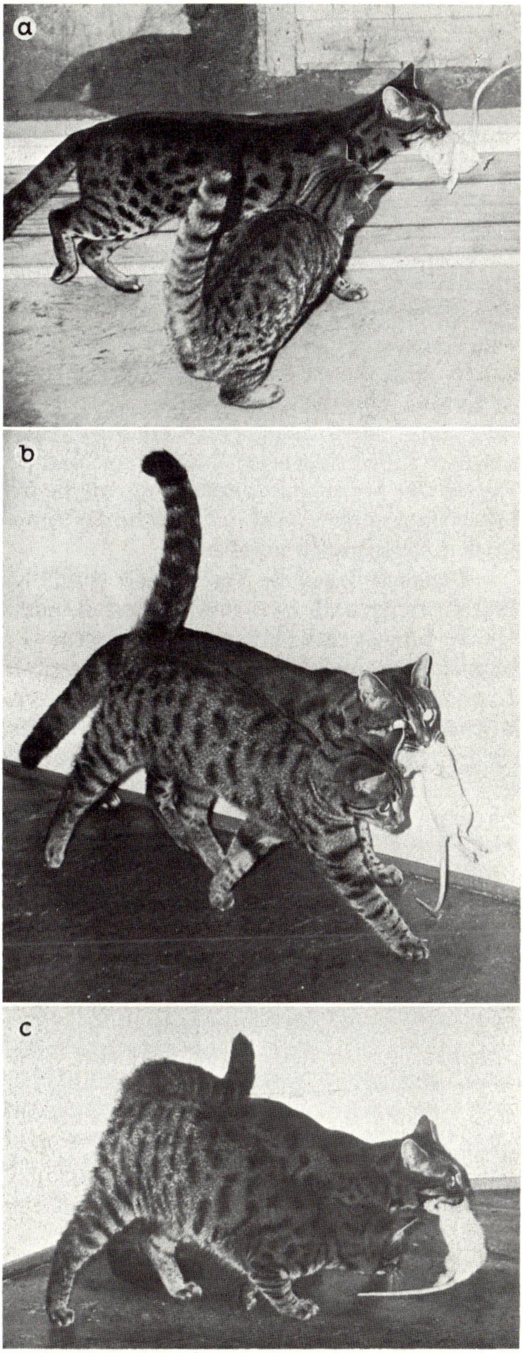

Abb. 40. „Futterabbetteln"; Erklärung s. Text

die beiden Mütter, sondern auch alle anderen Tiere einschließlich der Wildkatze erst tote und später lebende Beute zu den Jungen. Alle beteiligten Hauskatzen hatten schon mehrfach geworfen; die Vorgeschichte der Wildkatze ist nicht bekannt; solange sie in meinem Besitz war, hatte sie keine Jungen. EATON (1970 b) beschreibt, wie Geparden-Mütter aufs Töten verzichten, wenn ihre Jungen mit etwas über 6 Monaten die ersten, ernsthaften Beutefang-Versuche unternehmen. Er nimmt an, dies sei auf angeborene Reaktion dieser speziellen Situation gegenüber zurückzuführen oder vielleicht auf einen mit Verzögerung nach der Geburt einsetzenden Wechsel im Hormonhaushalt. Dies Verhalten der Gepardin – und auch der Tigerin in entsprechender Situation (SCHALLER 1967) – ist wohl dem hier von Hauskatzen beschriebenen vergleichbar; bei diesen jedoch ist es äußerst unwahrscheinlich, daß sich der ,,Tötungsverzicht" auf hormonale Faktoren zurückführen läßt, zumal Katzen ja auch aus anderen Gründen oft nicht töten (s. S. 108). Eine direkte Reizwirkung der Jungen bzw. von ,,Artgenossen im/am Nest oder Lager" könnte auch die Fälle erklären (S. 246 f.), in denen die Kater mancher Kleinkatzenarten Futter zum Nest und damit zu Weibchen und Jungen trugen; eine hormonale Umstellung, wie sie bei den Weibchen durch Geburt und Laktation ausgelöst wird und welche das Antriebsgleichgewicht verschiebt, ist ja bei den Katern nicht gegeben.

Dennoch liegen die Verhältnisse wohl nicht ganz so einfach. W 6 verlor ihr Beuteinteresse nach zwei aufeinanderfolgenden Geburten jeweils um die Zeit, zu der die Jungen entwöhnt waren, nachdem es sich bereits in den Wochen zuvor laufend abgeschwächt hatte. Nach einer weiteren Geburt und Aufzucht aber fuhr sie noch fort, Mäuse zu fangen und zu verzehren, als die Jungen schon über 15 Monate alt waren. Nach einer vierten Jungenaufzucht dagegen verhielt sie sich wieder wie zuvor und verlor ihr Interesse am Beutefang, als die Jungen etwa 6 Monate alt waren. Es war dies die letzte erfolgreiche Jungenaufzucht vor ihrem Alterstod, und ihr Beutefang ,,erwachte" danach nur noch einmal bei der oben erwähnten Gelegenheit, als sie den Jungen von W 11 und W 12 Mäuse zutrug. Verhältnismäßig häufig findet man Hauskatzen, manchmal auch kastrierte Kater, die über Jahre hinweg eine solche ,,Zutragehypertrophie" beibehalten. Das äußert sich meist darin, daß sie einen großen Teil der erbeuteten Ratten und Mäuse von ihren Streifzügen mit heimbringen, dort säuberlich aufgereiht auslegen und dann mangels zu betreuender Jungtiere den vertrautesten Menschen mit dem Mauslocklaut (S. 245 f.) ,,anreden". Besitzer oder Besitzerinnen solcher Katzen pflegen dies so zu deuten, daß die Katze ihnen voller Stolz demonstrieren wolle, wie tüchtig sie sei, zumal die Katze oft nicht eher Ruhe gibt, als bis der Besitzer auch tatsächlich die ,,Strecke" begutachtet und die Katze mit freundlichem Streicheln und Worten belobt. Das für die Katze Wesentliche an der Sache ist aber mindestens primär nicht das ,,Lob", sondern daß der als ,,Jungtierersatz" dienende Mensch sich tatsächlich zur angeschleppten Beute hinbegibt, wie es die derart angelockten Jungen ja auch tun.

Zeigen die beiden letztgenannten Beispiele schon, daß der von Jungkatzen ausgehende Anreiz nicht die alleinige Ursache für die periodische Steigerung von Beutefang und Zu-Neste-Tragen sein kann, so wird das vollends bestätigt durch Beobachtungen an über Jahre hinweg ,,katerlos" gehaltenen Katzen (TONKIN, in Vorbereitung): Diese geraten periodisch in Paarungsstimmung, und häufig verfallen sie im Zusammenhang damit in Jungepflegestimmung – entweder, ehe sie die volle Paarungsbereitschaft erreichen, oder einige Zeit nach deren Abklingen. Die zeitliche Abfolge der Phasen des Fortpflanzungsverhaltens ist also verschoben, doch unzweifelhaft sind es rein endogene Ursachen, welche die Umstimmung bewirken. In diesen „Anfällen von Mütterlichkeit" versuchen die Tiere, andere erwachsene Katzen am Halse zu packen und in irgend ein „Nest" zu schleppen, und sie tragen Beutetiere lockend an einen Freßplatz und legen sie dort ab, auch wenn sich die anderen anwesenden Katzen nicht darum kümmern. Gewöhnlich dauert diese Phase nur wenige Tage.

Der Befund von INSELMAN und FLYNN (1973), wonach Follikulin die Beutefangbereitschaft der ♀Katze erhöht, während die übrigen Sexualhormone sie hemmen (s. S. 86 f.), fügt sich hier gut ein: Sobald nach der Geburt die Wirkung des Gelbkörperhormons schwindet, gerät das endokrine System der Mutterkatze wieder zunehmend unter Follikulineinfluß; die Beutefangtätigkeit der Mutter wird gesteigert, so wie es für die Versorgung der heranwachsenden Jungen nötig ist.

Die vorstehenden Tatsachen zeigen, wie sehr noch bei der erwachsenen Katze das Verhalten zur Beute nicht allein von der äußeren Reizsituation und der Erfahrung abhängt, sondern auch von rein endogenen, teils hormonal gesteuerten Vorgängen. Es dürfte danach auch dem vorwiegend milieutheoretisch eingestellten Leser verständlich sein, daß in der Jugendentwicklung endogene Reifungsvorgänge einen noch stärkeren Einfluß ausüben, während der Erfahrungseinfluß, besonders in der ersten Phase der Entwicklung der Beutefanghandlungen, völlig zurücktritt, in der zweiten allerdings zunehmend bedeutender wird (LEYHAUSEN 1965 b).

7 junge Katzen, denen im entsprechenden Alter die Mutterkatze keine Beute zutragen konnte, und denen die ersten Beutetiere im Einzelversuch vorgesetzt wurden, führten ohne Ausnahme alle bisher beschriebenen Fanghandlungen vollständig aus. Nur den Tötungsbiß sah ich von keiner, und keine hat je ein tot dargebotenes Beutetier zu fressen versucht. Ein Kater, M 11, ging später in fremde Hände über und tötete im Alter von etwa $1^1/_2$ Jahren Mäuse. Ob er die Beute dabei totbiß oder nur totspielte, wurde nicht beobachtet, ebenfalls nicht, ob er die Mäuse fraß. THOMAS und SCHALLER (1954) zogen junge Hauskatzen isoliert auf und ließen die Tiere vom Tage des Augenöffnens an bis zum Test im Alter von 11 Wochen Plexi-Milchglasbrillen tragen, die nur diffuse Lichteindrücke zuließen. Getestet wurden die Tiere allerdings nicht mit lebenden Beutetieren, sondern mit Papierbällchen, an denen sie aber sofort alle Fanghandlungen, wie Lauern, Anschleichen, Haschen, Packen, Aufnehmen und Umhertragen ausführten, ohne Unterschied zu normal aufgezogenen Kontrolltieren. Alle diese Verhaltensweisen reifen also im Jungkätzchen heran, ohne daß spezifische Erfahrungen dabei mitwirken müßten. Das heißt nicht, wie noch mehrfach zu zeigen sein wird, sie könnten nicht mitwirken, wenn sie Gelegenheit zur Einwirkung haben. Allerdings beschränkt sich diese Mitwirkung in den hier zu besprechenden Fällen auf eine Beschleunigung der betreffenden Entwicklungsvorgänge, ohne dieselben und ihre Resultate qualitativ zu verändern.

Das Totbeißen bedarf zur erstmaligen Auslösung einer starken zusätzlichen Erregung, die meist nicht von der Beute selbst, sondern durch die Mutter oder ein hinzukommendes Geschwistertier und dessen Abwehr geliefert wird. Wenn die Mutterkatze die noch lebende Beute laufen läßt und dann schnell wieder fängt, so ist das also kein „Vormachen", und das Junge „lernt" auch nicht von ihr „wie man's macht". Die losgelassene Beute löst vielmehr durch ihre Flucht die Beutefanghandlungen der Jungkatze aus, und das schnelle Wiederfangen durch die Altkatze zwingt das Junge, noch schneller zu sein, wenn es die Beute erhaschen will, ehe die Mutter sie schon wieder gefaßt hat. Diese „Konkurrenz" liefert die nötige „Zusatzerregung". Hieraus versteht man auch, warum eine Katze so gern einer anderen die Beute vor der Nase wegschnappt, wenn diese das Beutetier einen Augenblick abgelegt hat (vgl. S. 33). In Analogie zum „Futterneid" könnte man hier von „Beuteneid" sprechen. Selbst sehr ranghohe Katzen versuchen dagegen nie, einer anderen Katze die Beute aus den Zähnen zu reißen, wie es z. B. bei Genetten oft vorkommt (Abb. 41). Außer Beuteneid kann manchmal auch anderes die Jungkatze in die zum erstmaligen Töten nötige Erregung hineinsteigern, z. B. wenn das Beutetier zu entkommen droht, wenn weitere Beutetiere im Gesichtskreis auftauchen, oder wenn die Katze – etwa durch ein lautes Geräusch – plötzlich erschreckt wird. Das alles erscheint wichtig; denn hier ist – meines Wissens erstmals – festgestellt, daß eine *Erbkoordination*, und zwar eine „Endhandlung", nicht oder doch sehr verspätet ausreift, wenn sie nicht *innerhalb einer bestimmten Entwicklungsphase durch zusätzliche, unspezifische Erregung erstmalig über die Schwelle gehoben* wird.

Nun kommen aber vom zielsicheren, kräftigen Biß in den Nacken des Beutetiers bis zum nur leichten Zufassen irgendwo ins Fell alle Übergänge vor, oft bleibt es sogar bei schnappenden Intentionsbewegungen dicht über der Beute. All das ist zweifellos ein und dieselbe Instinktbewegung in verschiedener Intensität, und auch die mit ihr verschränkten Taxien sind intensitätsabhängig. Nur die höchste Intensitätsstufe bedarf zur erstmaligen Auslösung einer Zusatzerregung, die anderen treten auch in den Beutefanghandlungen einer Jungkatze, die im Alter von 2 und mehr Monaten erstmals lebender Beute begegnet, und im Beutespiel auf. Geringe Intensität und ungenaue Orientierung des Tötungsbisses kann man zunächst als Schwäche des spezifischen Antriebs deuten. Derart intensitätsschwa-

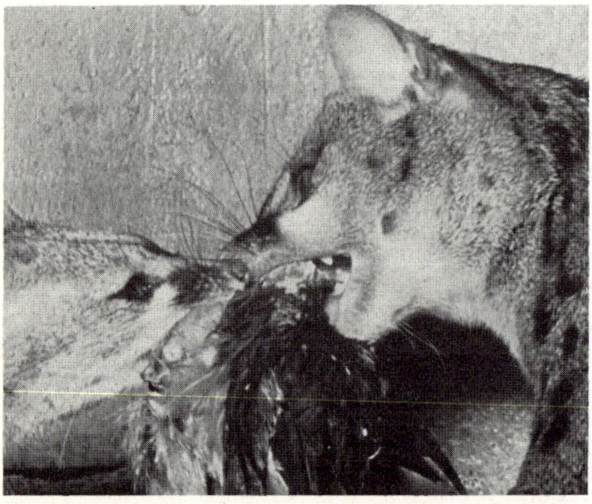

Abb. 41. Ginsterkatzen beim „Tauziehen" um ein totes Huhn. (Zoo Frankfurt)

ches Zubeißen oder gar nur Zubeiß-Intentionsbewegungen kommen auch bei erwachsenen, beutefanggeübten Katzen häufig vor, sei es, daß sie gerade einen niederen „Aktualspiegel" fürs Töten haben, sei es, daß sie durch die Abwehr des Beutetiers oder andere Umstände gehemmt sind. Wenn man mittels Reizelektroden das Töten aktiviert (s. S. 87 ff.), so kann man durch Senken der Spannung des Reizstromes sowohl das Zubeißen selbst bis auf kaum sichtbare Intentionsbewegungen abschwächen wie auch die Orientierung immer ungenauer machen. Dies ist eine starke Stütze für die Deutung, die Antriebsstärke beeinflusse die Richtungsgenauigkeit der Taxien, welche die angetriebene Instinktbewegung steuern. Es erscheint daher verständlich, wenn eine durch Unreife bedingte Antriebsschwäche bei der Jungkatze die gleichen Erscheinungen hervorruft. Die hier festgestellte Bindung der Orientierungsgenauigkeit an die Antriebsstärke für Zubeißen darf aber nicht so gedeutet werden, als seien Zubeißen und Taxis eine einheitliche Koordination; sie sind „verschränkt" (Lorenz 1939), doch hat die Orientierung des Tötungsbisses sowohl phylo- wie ontogenetisch eine eigene Entwicklung (S. 93 ff.; Leyhausen 1965 b).

Nun können wir alle intensitätsabhängigen Verhaltensweisen nur in Durchschnittswerten bemessen, und Ausnahmen, die gegen die oben mitgeteilte Regel scheinbar verstoßen, liegen daher in der Natur der Sache. Ferner streuen die Einzelwerte auch im Verhalten der Hauskatze viel stärker als bei Wildformen. Die oft wiederholte Behauptung, als einziges Haustier habe die Katze Wesenszüge des Wildtieres unverändert bewahrt, ist eine Fabel. Auch die schärfste Hauskatze mit noch so gestautem Fangtrieb greift niemals so gierig-wild und „entschlossen" ihre Beute an, wie etwa die jungen Wildkater (*Felis s. silvestris*) von Lindemann und Rieck (1953) oder die von mir untersuchten kleinen Wildkatzenarten (Leyhausen 1965 b). Ebenso sind auch die in den folgenden Abschnitten noch zu besprechenden Verhaltensweisen der Hauskatze individuell variabler und oft intensitätsschwächer als bei Wildkatzen. Manche Hauskatzen, wie z. B. meine W 1, fangen trotz normaler Aufzucht durch die Mutter selbst niemals Beute. Bei M 11 dagegen reifte das Töten später auch ohne Zusatzerregung während der sensiblen Periode. W 6 (S. 74) schließlich erhielt ihre Zusatzerregung jeweils periodisch von einem anderen Antriebssystem, also statt durch Außenreiz wenigstens teilweise „intrazentral". Nun hat sich in weiteren Untersuchungen herausgestellt, daß auch bei der ontogenetischen Entwicklung des Tötens außer den erwähnten, erregungssteigernden äußeren Zusatzreizen ein endogener Reifungsprozeß mitwirkt, der die Bereitschaft zum Töten von der vierten Lebenswoche an ständig erhöht; Kätzchen, die mit neun Wochen erstmalig auf lebende Beute treffen, töten oft übergangslos, ohne eines vom Beobachter erfaßbaren Zusatzreizes zu bedürfen (Leyhausen 1965 b). Ewer (1963 und briefl.) machte entsprechende Beobachtungen an Surikaten: Auch bei jungen Surikaten schien ihr ein Zusatzreiz zum erstmaligen Töten größerer Beute erforderlich; doch später tötete ein 9 Monate altes Tier bei erster Begegnung mit einer Maus schlagartig. Die so viel spätere Reifung des Tötens ist bei diesen Tieren zunächst überraschend; man sollte erwarten, ein primitiveres Raubtier reife schneller und noch umweltunabhängiger als die höher entwickelten Katzen. Doch ist das Töten relativ großer Beute für die Surikaten bei weitem nicht so lebenswichtig wie für die Katzen, da der größte Teil ihrer Nahrung unter natürlichen Bedingungen aus Insekten und anderem Kleinzeug besteht, das sie aus dem Boden scharren und graben. Wie diese Beispiele zeigen, dürfte die Rolle des Zusatzreizes nur darin bestehen, die Entwicklung der Tötungsbereitschaft zu beschleunigen und zu fördern, keinesfalls aber darin, sie zu „bedingen“ oder gar zu erzeugen.

Der Höhepunkt, welchen die Bereitschaft zum erstmaligen Töten in der neunten bis zehnten Lebenswoche erreicht, bleibt nur kurzfristig erhalten. Die Bereitschaft sinkt von da an wieder ab, und Jungkatzen, denen die Mutter im entscheidenden Zeitraum zwischen der 6. und etwa 20. Lebenswoche keine lebende Beute zuträgt, töten später nicht oder kommen dazu in einer Weise, die wie langsames, mühsames Lernen aussieht.

Die großen Katzenarten tragen keine lebende Beute zu den Jungen (nur Schaller – 1972 – beobachtete einmal eine Löwin, die eine kleine Gazelle zu ihren Jungen brachte), erlauben ihnen aber auch nicht, sie auf der Jagd zu begleiten (s. S. 93). Die einzige, vielleicht auch nur gelegentliche Ausnahme macht der Gepard: Kruuk und Turner (1967) und G. Schaller (1970) sahen je einmal eine Gepardenmutter den Jungen eine noch lebende, junge Gazelle zutragen. Junge Löwen, Tiger und Leoparden machen ihre ersten ernsthaften Beutefangversuche nach dem Zahnwechsel. Dann sind sie in der Regel 12–15 Monate alt. Diese Versuche (Guggisberg 1960, Schaller 1967, 1972) sehen anfangs sehr ungeschickt aus und vervollkommnen sich erst allmählich. Schon Schneider (1940/41) wies jedoch darauf hin, daß junge Tiger und Löwen im Alter von 5–6 Monaten ganz richtig töten können. Eaton (1972 b) beobachtete dies auch bei einem jungen Löwen, wertete es aber als eine Ausnahme. Nach den Schneiderschen Beobachtungen und entsprechenden Erfahrungen mancher Privatleute, die junge Großkatzen als Haustiere aufzogen, scheinen diese im Alter von etwa einem halben Jahr eine ähnliche Reifungsspitze des Beutemachens und -tötens zu erreichen, wie die Hauskatze mit 9 Wochen. Die Anpassung der Großkatzen an die Jagd auf große Beutetiere verhindert diese in der Regel, die Jungen während dieser kritischen Periode ebenso mit lebenden Beutetieren zu versorgen, wie die Kleinkatzenmütter es tun. Die Reifungsgeschwindigkeit des Beutetötens bei den Jungen hat sich aber offensichtlich diesen Verhältnissen noch nicht angepaßt. Mit anderen Worten: Die junge Großkatze macht normalerweise ihre ersten, ernsthaften Beutefang- und -tötungsversuche erst, wenn der Höhepunkt der ausgereiften Bereitschaft bereits weit überschritten ist. Ihre Situation ist also normalerweise derjenigen ganz ähnlich, die wir für Natalie und Freda (S. 84 f.) experimentell herbeiführten. Da junge Großkatzen bis zum Alter von 18 Monaten und länger bei der Mutter bleiben, können sie sich dies ohne Nachteil fürs Überleben „leisten“.

Wie aus obigem schon hervorgeht, muß man diese ganze Entwicklung bei allen Katzenarten im Zusammenhang mit dem zeitlichen Ablauf des Zahnwechsels sehen. Die Nahrungsaufnahme ist von der Entwicklung der Eckzähne unabhängig. Die hierfür entscheidenden Reißzähne sind im Milchgebiß P_3/P_4, im Dauergebiß dagegen P_4/M_1; letztere können also durchbrechen und funktionsfähig werden, ehe die ersteren sich lockern. So gibt es hier nur selten Schwierigkeiten. Die fürs Packen und Töten so wichtigen Eckzähne dagegen können nicht gewechselt werden, ohne daß ihre Funktion vorübergehend ausfällt. Zwar wächst der Dauerzahn nicht, wie wir es etwa von unserem eigenen Zahnwechsel her kennen, unter dem Milchzahn heran, sondern innen neben ihm. So läßt er diesen noch länger in Funktion, als es sonst möglich wäre. Doch wird auch bei diesem Verfahren die Wurzel des Milchzahns allmählich resorbiert. Es folgt ein Stadium, wo der Dauerzahn noch nicht lang genug ist, während der noch neben ihm stehende Milcheckzahn fast keine Wurzel mehr hat und daher keinen festen Beißdruck mehr aushält; die Tiere sind unfähig, selbst relativ sehr kleine Beutetiere zu töten und also noch oder wieder vollständig von der Mutter abhängig. Kleinkatzen betteln in diesem Alter (ca. 6 Monate) wieder verstärkt die Mutter um Futter an (vergl. Abb. 40). Dank dem beschriebenen Zahnwechselmodus ist die Unfähigkeit zu töten auf nur ein bis zwei Wochen beschränkt. Die Familienauflösung erfolgt unmittelbar anschließend, da die Tiere ja sehr gut fähig sind, sich selbst zu versorgen, sobald ihre Dauereckzähne groß und fest genug sind. Bei den Großkatzen beginnt der Eckzahnwechsel zwischen dem neunten und zwölften Monat und ist zwischen dem elften und fünfzehnten Monat abgeschlossen, je nach Größe der Art. Die Entwicklung erfolgt bei ♀♀ früher als bei ♂♂.

Wie sehr der Eckzahnwechsel die Tiere tatsächlich daran hindert, selbständig Beute zu machen, zeigt folgendes Beispiel: Während meines Aufenthalts im Dhudwa-Schutzgebiet (jetzt Nationalpark) in Uttar Pradesh, Indien, drang mehrere Nächte ein Tiger in ein Dorf ein und überfiel Haustiere und angeblich auch eine Frau. In keinem Fall gelang es dem Tiger aber, das Opfer zu töten oder auch nur wesentlich zu verletzen. Ein Zwergzebu, das er mehrere Minuten lang im Nacken festgehalten hatte (also durchaus: Gewußt, wie!), ehe er verscheucht werden konnte, wies keine sichtbaren Eindrücke der Eckzähne auf. Daraufhin sagte ich, es müsse sich um ein junges Tier im Zahnwechsel handeln. Als es wenige Tage später geschossen wurde, stellte sich das als zutreffend heraus. Das Tier war etwa ein Jahr alt. Die Eckzähne in Ober- und Unterkiefer waren ,,doppelt". Das rechte Schultergelenk war ausgerenkt und ebenso wie das Ellbogengelenk völlig steif. Anscheinend war das Junge von der Mutter aufgegeben worden, da es ihr nicht mehr zu folgen vermochte, und hatte keine Chance, sich selbständig zu ernähren.

Gossow (1970) findet entsprechendes bei Marderartigen und weist auf die Bedeutung solcher Reifungsverläufe für die Praxis des Aufzuchtversuchs unter spezifischem Erfahrungsentzug (,,Kaspar-Hauser-Versuch") hin. Offenbar haben viele Untersucher stillschweigend angenommen, ein umweltstabiles Funktionsgefüge müsse – einmal herangereift – fortan immer gleich funktionsfähig und funktionsbereit bleiben. Sie haben deshalb nach erfolgreicher Aufzucht von Jungtieren verschiedenster Art den spezifischen Erfahrungsentzug oft so lange wie möglich aufrechterhalten, ehe sie zum kritischen Versuch schritten, nur, um ihn *ja nicht zu früh* zu machen. Nun stellt sich in immer mehr Fällen heraus, daß umweltstabil reifende Funktionsgefüge spätestens in dem Augenblick, in dem sie ihre höchste Funktionsbereitschaft erreicht haben, häufiger und intensiver Betätigung bedürfen, um funktionsfähig zu bleiben (s. auch Leyhausen 1965 b). Wenn es in manchen Versuchen dieser Art nicht gelang, die Umweltstabilität dieser oder jener Verhaltensweise nachzuweisen, so dürfte es daran gelegen haben, daß der kritische Versuch *zu spät* angesetzt wurde. Auch Lorenz hat in seiner kritischen Übersicht über Aufzuchtversuche unter spezifischem Erfahrungsentzug (1961) diese Fehlerquelle nicht genannt. Die gleiche Fehlerquelle ist natürlich nicht nur bei der Untersuchung angeborener Bewegungsweisen und Antriebe, sondern auch angeborener Auslösemechanismen und Taxien zu beachten. Die von mir (1965 b) ausführlich diskutierte Kontroverse zwischen EIBL-EIBESFELDT (1955, 1956, 1958 b, 1963) und WÜSTEHUBE (1960), ob Tötungsbiß und Nackenorientierung beim Iltis angeboren seien, sieht GOSSOW (l. c.) unter diesem Gesichtspunkt und erörtert die Möglichkeit, daß EIBL-EIBESFELDT seine kritischen Versuche zu spät angesetzt habe und auf diese Weise zu der Auffassung gekommen sei, der Jungiltis müsse die Vorteile des Nackenbisses erfahren. Zum Teil mag das zutreffen, doch berücksichtigt GOSSOW nicht meine neueren Untersuchungen zur Entwicklung der Nackenorientierung des Tötungsbisses (S. 93 ff.; 1965 b). Diese leichte Einschränkung kann jedoch GOSSOWS Verdienst nicht schmälern, als erster erkannt und nachdrücklich betont zu haben, daß Erfolg und Mißerfolg des ,,Kaspar-Hauser-Versuchs" wesentlich davon abhängen, ob der kritische Versuch in der richtigen Entwicklungsphase vorgenommen wird. Die Konsequenz ist klar: Ausnahmslos alle bisher durchgeführten Aufzuchtversuche mit spezifischem Erfahrungsentzug, ganz besonders aber die negativ verlaufenen, müssen auf ihre phasengerechte Durchführung hin überprüft – d. h. in den meisten Fällen: mit ungleich höherem Aufwand wiederholt – werden.

Die früher (1. u. 2. Aufl.) diskutierte Möglichkeit, nur junge Hauskatzen seien infolge domestikationsbedingter Antriebsschwäche von einer Zusatzerregung abhängig, um den vollen Tötungsbiß zu entwickeln, erwies sich als unzutreffend, wie vor allem Beobachtungen an jungen Schwarzfußkatzen und Schwarzfußkatzenhybriden erwiesen (LEYHAUSEN 1965 b). Da der vollständige Tötungsbiß bei Einwirkung eines ausreichenden Zusatzreizes meist sehr plötzlich ,,einschnappt" (vgl. Surikate; EWER 1963) und danach auch in weiteren Fällen vom Kätzchen prompt angewandt wird, stellte ich die Frage, ob hier wohl eine Art ,,motorische Prägung" vorliegen könne und der motorische Vollzug des Tötungsbisses sich nach Versäumen einer ,,sensiblen Periode" nicht mehr oder nur unter großen Schwierigkeiten ausbilde (1. u. 2. Aufl.). Allerdings schien sich lediglich der Beginn dieser sensiblen Periode genauer abzuzeichnen, während ihr Ende nur innerhalb weiter Grenzen vermutet werden konnte. KNAPPE (1959/60) hat gegen diese Deutung eingewandt, auch bei Katzen, die ohne jede Beuteerfahrung aufwüchsen, könne der Tötungsbiß später ganz wie bei Jungkatzen durch entsprechende Zusatzreize über die Schwelle gehoben werden, auch wenn sie schon ganz erwachsen seien.

Um diese Frage zu klären, wurden Versuche an Bengalkatzen, Bengal-Hauskatzen-Hybriden, Baumozelots und einem Serval durchgeführt. Die einzeln gehaltene Natalie (Bengal-Hauskatzen-Hybride) vermittelte genau den erwähnten Eindruck mühsamen Lernens, für den ja auch die Löwin Elsa (ADAMSON 1960) ein geradezu klassisches Beispiel ist. EATON (1972 b) machte entsprechende Beobachtungen und Versuche an Löwenrudeln in amerikanischen Safariparks.

Am längsten dauerte es bei Natalie, bis sie Mäuse töten konnte, viele spielte sie tot; bei Ratten ,,lernte" sie es schneller, bei Meerschweinchen am schnellsten. Die vorangegangene Erfahrung mit den Mäusen mag mitgewirkt haben, doch spielte zweifellos die von den größeren Beutetieren ausgelöste höhere Erregung die Hauptrolle, wie aus dem vielmaligen Nachbeißen, besonders beim Töten der ersten Meerschweinchen, hervorgeht. Den höheren Reizwert des größeren Beutetiers (sofern es nicht allzu abwehrtüchtig und furchterregend ist) scheint mir auch der Versuchsverlauf bei den Baumozelots zu beweisen: Das verhältnismäßig große Huhn schlug Bueno fast sofort, später bei den Meerschweinchen hielt er sich zurück, und Bonita brauchte viel länger dazu, als er mit dem Huhn.

Natalies Geschwister erhielten die ersten Beutetiere im Gemeinschaftskäfig. Rani erwies sich sofort als voll tötungsfähig. Kim brauchte einige Tage, ehe er es „konnte", und mit Li dauerte es noch länger. Alle drei aber brauchten vor dem ersten Töten weniger Zeit je Beutetier als Natalie im Einzelversuch. Versuche mit vorgehaltenen toten und lebenden Ratten zeigten außerdem, wie leicht alle vier töten konnten, wenn sie nicht „wußten", daß die Tiere noch lebten: Wochen hindurch erhielten alle 4 Tiere abends je eine frischtote Ratte. Die Ratten wurden alle gleichzeitig an den Schwänzen hochgehalten, und nacheinander kamen Natalie, Li, Kim und Rani, faßten ihre Ratte immer genau mit Nackenbiß und trugen sie an ihren Freßplatz. Die Reihenfolge drückte dabei nicht die Rangordnung, sondern die unterschiedliche Zahmheit aus. Nachdem diese Abendfütterung einige Wochen hindurch eingespielt war, hielt ich statt der toten 4 lebende Ratten hoch. Alle Hybriden nahmen sie ab, als bemerkten sie den Unterschied nicht, trugen sie ein Stück fort und töteten sie mit 1–2 schnellen Bissen. Am nächsten Abend hielt ich die Ratten nicht hoch, sondern setzte sie einzeln vor mich auf den Käfigboden. Auch diesmal kamen alle vier ohne Zögern in der eingespielten Reihenfolge und töteten sofort mit Nackenbiß. Nach einer Woche begann zuerst Natalie nachzulassen, kam zögernd heran, tötete nicht mit derselben Schnelligkeit und Gier wie zuvor. Am nächsten Tag hatte Li mit einer sich heftig wehrenden Ratte Schwierigkeiten, konnte sie erst nach längerem Kampf überwältigen. Natalie und Li nahmen von da an die Ratten nicht mehr so glatt und selbstverständlich aus der Hand und töteten nicht mehr so schnell und zuverlässig. Eine der Hemmungen des Tötungsbisses beim unerfahrenen Tier ist zweifellos die Scheu vor der lebenden Beute, wie das auch die Analyse des gehemmten Spiels (S. 106 ff.) zeigt.

Ein ähnliches Bild liefern die Versuche mit den reinblütigen Bengalkatzen. Die ♀♀ Kali, Durga und Bigger hatten wohl schon vorher lebende Beute gekannt. ♀ Small brauchte längere Zeit bis zum ersten Töten, doch wahrscheinlich nur, weil sie Bigger, mit der sie den Käfig teilte, sozial unterlegen war (vgl. S. 75 f.). Soziale Unterlegenheit verzögerte die Entwicklung des Tötens bei Li (s. o.), obwohl sie es genau so gut wie die anderen konnte, als sie die lebende Ratte aus der Hand nahm.

Im Gegensatz zu den ♀ Bengalkatzen hatte ♂ Shiva ganz sicher keine Beuteerfahrung. Im Einzelversuch kam ihm keine unspezifische Zusatzerregung zu Hilfe, er mußte sich in langem Spiel und Kampf mit der ersten Ratte selbst in die nötige Erregung hineinsteigern. Außer Shiva war ein im Zoo Basel geborenes, zur Zeit der Versuche etwa $1^1/_2$-jähriges Serval-♀ mit Sicherheit ohne jede Erfahrung mit lebender Beute geblieben. Ausführliche, in vollem Umfang gefilmte Versuche mit diesem Tier (LEYHAUSEN 1965 b) haben KNAPPES (s. o. S. 84) Angaben über die Wirksamkeit von Zusatzreizen auch bei erwachsenen Tieren voll bestätigt. Es bedurfte aber weit kräftigerer Zusatzreize als bei Jungkätzchen, um die gleiche Wirkung zu erzielen: Weder der Anblick der konkurrierenden Artgenossin durchs Zwischengitter noch der unmittelbare „Konkurrenzversuch" meiner Assistentin – oftmals wiederholt und bis auf die Spitze getrieben – reichten dazu aus; erst die direkte und geradezu brutale Konkurrenz einer ranghöheren Artgenossin brachte das Tier dazu, erstmalig vollintensiv ein Meerschweinchen totzubeißen.

Es besteht also kein grundsätzlicher Unterschied in der Art, wie der Tötungsbiß bei Jungkatzen und bei bis dahin unerfahrenen erwachsenen Tieren erstmalig zustandekommt. Jedoch ist die Reizschwelle für die erstmalige Auslösung bei älteren oder gar ganz erwachsenen Tieren deutlich höher als bei Jungtieren in der oben bezeichneten Entwicklungsphase. In diesem Sinne kann man daher von einer sensiblen Periode sprechen; jedoch entsteht kein irreversibler Verhaltensausfall, wenn sie versäumt wird. Selbst die von mir beobachteten Tiere, die lebenslang keine Beute töteten, hätten es möglicherweise doch getan, wenn ihnen eine ähnliche „Reiztherapie" wie dem Servalweibchen zuteil geworden wäre.

Die mitgeteilten Befunde lassen die Ähnlichkeiten zu dem, was LORENZ (1935) im sensorisch-apperzeptiven Bereich als „Prägung" bezeichnete, deutlich hervortreten: Hier wie dort gibt es eine sensible Periode, innerhalb derer die volle Entwicklung der Funktion entweder allein möglich oder doch sehr erleichtert ist, und in beiden Fällen tritt die Wirkung sehr schnell, oft schon nach einmaligem Vollzug, ein, weshalb LORENZ den Vergleich mit einer zuschnappenden Falle zog. Aber kann man nun, wie oben angedeutet, einen prägungsähnlichen Vorgang im motorischen Bereich annehmen? Wenn z. B. besonders englischschreibende Autoren von einer „Prägung der Nachfolgereaktion" etwa bei jungen Entenvögeln sprechen, so ist das eine sprachliche Ungenauigkeit: In all diesen Fällen handelt es sich um Prägung auf das Objekt, dem die Tiere dann ausschließlich folgen, nicht um eine irgendwie geartete Beeinflussung des motorischen Anteils des Verhaltens. Im hier besprochenen Falle hat es zwar den Anschein, als sei die Motorik direkt durch einmaligen Vollzug verändert. Wie jedoch schon bemerkt, ist die Veränderung rein quantitativer, nicht qualitativer Natur: Die Koordination des Zubeißens ist schon vorher zu beobachten, nur wird sie nicht kräftig genug ausgeführt, um das so ergriffene Beutetier zu töten. Das könnte auch durch eine unmittelbare Wirkung auf motorische Anteile der beteiligten neuralen Systeme erreicht werden; doch muß man sich wohl fragen, ob nicht die eigentliche Prägung vielleicht die beteiligte Propriozeptorik erfaßt, ob nicht dort der „angeborene Lehrmeister" sitzt, der sagt: „So war's richtig!" Die Frage muß wohl noch offenbleiben.

Anscheinend gibt es – seltener – auch Hauskatzen, deren Unfähigkeit zu töten nicht durch Versäumnis der sensiblen Phase, sondern genetisch bedingt ist. Es könnte dies auf zu geringer Eigenerzeugung bestimmter Cholinergica beruhen. Hirnaffine Muscarine erhöhen *spezifisch* die Bereitschaft zum Beutetöten, wenn man sie Katzen intraperitoneal injiziert, und zwar proportional der Dosis. Eine Vorbehandlung mit Atropinsulfat oder Scopolamin blockiert die Wirkung (BERNTSON und LEIBOWITZ 1973). Es ist gut vorstellbar, daß ein derartiges, antagonistisches Wirkstoffsystem sowohl genetisch wie ontogenetisch störbar sein könnte. Allerdings erzeugen die von den zitierten Autoren verwendeten synthetischen Muscarine periphere Nebenwirkungen, die dem natürlichen Geschehen fehlen; ihr Befund kann also nur als modellmäßige Annäherung an das natürliche Wirkstoffsystem gelten. Daß hier neben neuralen humorale Wirkungen mitspielen, bestätigen indirekt Ergebnisse von INSELMAN und FLYNN (1972, 1973). Wie

S. 88 mitgeteilt, löst elektrische Reizung bestimmter Hypothalamusareale bei Katzen Beutefanghandlungen aus. Reizt man jedoch gleichzeitig die periventrikuläre *Area praeoptica,* so unterdrückt dies die Wirkung der Hypothalamusreizung; diese Hemmwirkung hält aber noch mindestens 3 Min., wahrscheinlich – mit Dekrement – sogar bis zu 1 h nach Beendigung der praeoptischen Reizung an. Das ganze System steht dazu noch unter Hormoneinfluß, wie die unterschiedliche Wirkung verschiedener Sexualhormone bei ♂♂ und ♀♀ beweist: Follikulin erhöht die Beutefangbereitschaft bei ♀♀ und senkt sie bei ♂♂, Östradiol, Gelbkörperhormon und Testosteron haben die umgekehrte Wirkung. Man fragt sich zunächst, wo der Sinn dieser Wirkungen liegen könne, da ja der Nahrungsbedarf des Individuums, gleich ob ♂ oder ♀, nicht wesentlich vom jeweiligen hormonalen Gleichgewicht abhängt. Dennoch dürfte kein Zweifel daran bestehen, daß ein solcher Sinn gegeben ist (s. S. 79, 156).

Die auf rein qualitativer ethologischer Beobachtung und Analyse beruhende, oben mitgeteilte Auffassung von der Natur des Tötungsbisses wird indirekt von den Ergebnissen RANDALLS (1964) gestützt. Ausschaltungen im Mittelhirn von Hauskatzen wirken sich je nach Areal unterschiedlich auf die Bereitschaften zum Tötungsbiß und ,,Flohbeißen" (Fellknabbern) aus, obwohl in beiden Fällen die gleichen Muskelgruppen aktiviert werden. Katzen mit Ausschaltungen im Tegmentum und Tectum töteten spontan keine Beute, doch ließ sich der Tötungsbiß sehr leicht auslösen, wenn man den Lippenrand berührte (vergl. S. 66); diese Katzen betrieben keinerlei Fellpflege, Flohbeißen war auf keine Weise auszulösen. Ausschaltungen ventro-lateral der vorigen ließen dagegen den normalen Beutefang einschließlich Tötungsbiß intakt; *ungerichtetes* Flohbeißen in die Luft ließ sich durch nur leichte Berührung von Hautbezirken hervorrufen, von denen aus es bei normalen Katzen nicht ausgelöst werden kann.

BRÜGGER (1943) und W. R. HESS (1954) haben mittels elektrischer Reizung im zentralen Höhlengrau des Hypothalamus bei Katzen ,,Freß- und Beißtrieb" ausgelöst. Die Analyse der von den Versuchen aufgenommenen Filme zeigt, daß bei einem Teil der Reizungen eindeutig allein der Tötungsbiß ausgelöst wurde, einigemal in Form vielmals wiederholten typischen Nachbeißens (Abb. 42; vgl. Abb. 119 a, S. 249, und bei HESS 1954, Abb. 35 c, S. 81). Wenn die Wirkung des elektrischen Hirnreizes dabei in der Mehrzahl der Versuche unscharf umgrenzt erscheint und bei entsprechendem Nahrungsangebot das Beißen oft in Kauen, Fressen und sogar Milchauflecken übergeht, in anderen Fällen Anklänge an das von HESS und BRÜGGER (1943) beschriebene affektive Abwehrverhalten gleichzeitig auftreten, so liegt das wohl weniger an der Natur der Katze als vielmehr an

Abb. 42. Mittels elektrischer Reizung ausgelöster Tötungsbiß, an vorgehaltenem Stock ausgeführt. W. R. HESS, Fall 228, Filmbild F 4(6)1. Weiteres s. Text

der des elektrischen Reizexperiments. Hierauf gehe ich weiter unten (S. 168 ff.) noch in anderem Zusammenhang näher ein.

Wasman und Flynn (1962) konnten durch elektrische Reizung im anterolateralen Hypothalamus bei Katzen den Tötungsbiß einschließlich des zugehörigen Appetenzverhaltens auslösen. Roberts und Kiess (1964) benutzten Elektroreizung an der gleichen Stelle, um Katzen, die im ungereizten Zustand keine Beutetiere angriffen, darauf zu dressieren, ein Beutetier in einem Y-Labyrinth aufzusuchen und totzubeißen. Die elektrische Reizung spielte also die Rolle des „Zusatzreizes". Sie war stark genug, eine Katze, die 48 Std. gehungert und nun Futter erhalten hatte, ihre Mahlzeit unterbrechen und das Beutetier aufsuchen zu lassen. Interessanterweise übertrug sich der Effekt auch vielmals wiederholter Reizung bei keiner Versuchskatze auf den ungereizten Zustand; in diesem blieben sie gegenüber Beutetieren friedlich. Diese Versuche beweisen eindeutig, daß die Koordinationen des Beutehaltens und -tötens fertig im Zentralnervensystem bereitliegen, auch wenn die Tiere sie normalerweise nie benutzen. Ist ein Beutetier anwesend, so führen die Katzen bei Reizung die entsprechenden Bewegungsweisen per primam vollständig aus; nichts deutet darauf hin, daß sie irgend etwas daran erlernen müßten. Wohl dagegen lernen sie unter dem Einfluß des durch den Elektroreiz ausgelösten Tötungsdranges, die nicht anwesende Beute in einem Labyrinth zu suchen, sie lernen also ein auf die Versuchssituation passendes Appetenzverhalten, das der aktivierte Tötungsdrang „motiviert".

Zu fragen ist, warum in den von mir geschilderten Versuchen die Katzen nach erstmaliger Auslösung weiter töten, während die elektrisch gereizten Katzen das nicht taten. Anscheinend muß man hier unmittelbare und spätere Nachwirkung unterscheiden. Sowohl in den von Brügger und Hess (l. c.) beschriebenen als auch in von mir im Laboratorium von Flynn beobachteten Versuchen kommt es vor, daß nach Abschalten des elektrischen Reizstromes die Katze noch auf einen Stock (Brügger, Hess) oder eine Ratte „nachbeißt", zuweilen sogar dann erst zubeißt. Dieser Nacheffekt dauert immer nur wenige Sekunden. Es scheint demnach, daß in den bisherigen elektrischen Reizversuchen nur die motorische Seite der Instinktbewegung „Totbeißen" aktiviert wird (die „Erbkoordination", Lorenz 1937 a; die „motorische Schablone", Kretschmer 1953), nicht aber deren Antriebskomponente; anders ausgedrückt: der Hirnreiz ersetzt den endogenen Antrieb, aber regt letzteren nicht zu autonomer Aktivität an. Bei den Jungkatzen wird jedoch der Antrieb endogen durch den bereits beschriebenen Reifungsprozeß daueraktiv, der „Zusatzreiz" hat nur eine beschleunigende und fördernde Wirkung (S. 81). Damit ist aber nicht gesagt, der Elektroreiz könne niemals einen atrophischen Antriebsmechanismus so anstoßen, daß dieser hernach automatisch weiterfunktioniert. Delgado und Anand (1953) haben Ratten im „Freßzentrum" in kurzen Abständen über längere Zeit hin unterschwellig so gereizt, daß keine äußerlich beobachtbare Reaktion eintrat; 1–9 Tage nach Aufhören der Reizungen wurden diese Ratten hyperphagisch. Zumindest theoretisch wäre es wohl möglich, daß sich bei Wahl anderer Reizpunkte und/oder Reizparameter auch bei bis dahin „beutefrommen" Katzen das Töten für die Dauer in Gang setzen ließe.

Noch ein weiterer Faktor ist zu beachten, der über lange Zeit hinweg die autonome Antriebserzeugung für „Töten" beeinflußt: Katzen, die vor dem ersten

Töten nicht daran gewöhnt sind, tote Beutetiere zu essen, töten genau so schnell oder langsam, wie Kontrolltiere, die nur tote Futtertiere als feste Nahrung erhalten. Letztere aber essen die ersten selbstgetöteten Beutetiere meist ohne langes Zögern auf, erstere wissen nichts damit anzufangen; sie erkennen im toten Beutetier nichts Eßbares. Man muß es ihnen beibringen, indem man das tote Tier etwas zerteilt und sie unmittelbar das rohe Fleisch riechen und schmecken läßt. EATON (1972 b) bestätigt dies für Löwen. Sind die Tiere schon älter und auch nicht an rohes Fleisch gewöhnt, so kann man sie oft überhaupt nicht bewegen, die ihnen von Natur bestimmten Beutetiere zu essen. Manche bleiben dennoch eifrige Töter, die meisten jedoch nicht. Mit anderen Worten: Wenn die Katzen den Zusammenhang zwischen Töten und Futterbeschaffung einmal erfaßt haben, so trägt dies dazu bei, das Töten im Training zu halten. Ohne die wiederholte Bekräftigung über die Hungerbefriedigung kann es, muß aber offenbar nicht immer, mehr oder weniger weit atrophieren. Die Bereitschaft zur Ausführung zumindest mancher Instinktbewegungen hängt in analoger Weise von Gebrauch bzw. Nichtgebrauch ab wie die Trophik der Skelettmuskeln (HEILIGENBERG 1963, 1964). Alles spricht dafür, daß der Tötungsbiß der Katzen eine solche Instinktbewegung ist (LEYHAUSEN 1965 b). Selbst bei jungen, an Mäusefang gewöhnten Katzen ist „Töten" weit weniger „staubar" als die anderen Anteile des gesamten Beutefangverhaltens (s. S. 108, 113 ff.). Die Versuchskatzen von ROBERTS und KIESS waren aber eigens auf Tötungsbiß-Atrophie hin ausgelesen, und sie wurden auch später nicht daran gewöhnt, die von ihnen im Reizversuch getöteten Beutetiere zu essen. Es handelt sich bei der Entwicklung des Tötungsbisses eben nicht einfach um die Ausbildung einer bedingten Reaktion. Die oben erwähnte „Bekräftigung über die Hungerbefriedigung" ist als eine Art physiologischer „Wachstumsreiz" zu verstehen. Daher sind auch Hunger oder Eßlust nicht ausreichend, um den Tötungsbiß erstmals über die Schwelle zu heben (s. S. 115). So könnte beim Ergebnis der S. 67 f. beschriebenen Versuche von ROBERTS und BERGQUIST (1968) auch der Umstand mitgewirkt haben, daß die Kontrolltiere – auch wenn sie zuvor keinerlei Erfahrung im Beutefang gehabt haben sollten – doch die im Spiel mit Geschwistern vorkommenden Instinktbewegungen des Beutefangs öfter und anhaltender ausgeführt hatten, als es die Isoliertiere an den verhältnismäßig reizlosen, zum Beutespiel nicht so tauglichen Gegenständen in ihrem Käfig tun konnten. Die betreffenden Einzelantriebe der Kontrolltiere könnten also auf einen höheren Aktualspiegel trainert und für den Reizstrom „ansprechbarer" gewesen sein, als die der Isoliertiere. Das läßt sich gegenwärtig nicht entscheiden. Doch weiß man ja, daß der Aktualspiegel einer Stimmung für den Erfolg der elektrischen Hirnreizung mitbestimmend ist (W. R. HESS 1943; VON HOLST und VON SAINT-PAUL 1960).

KUO (1931) untersuchte die Entwicklung des Beutefangs bei 59 Jungkatzen in 6 Versuchsgruppen (Tab. 3).

Tabelle 3

	Isolierte Aufzucht	Aufzucht durch Mutter	Aufzucht mit Beutetier als Kumpan	Sa.
Rein vegetarische Ernährung	10	10	9	29 (20)
Kost enthält reichlich Fleisch	10	11	9	30 (20)
Sa.	20 (9)	21 (18)	18 (3)	

Die Hälfte der Tiere jeder Versuchsgruppe kam unmittelbar im Anschluß an die Fütterung zum Versuch, die andere Hälfte 12 Std. nachher. Die unter „Isolierte Aufzucht" aufgeführten Tiere wurden im Alter von 8–10 Tagen entwöhnt, mit der Flasche aufgezogen, völlig voneinander isoliert und bekamen außerhalb der Versuche nie ein Beutetier zu sehen. Die Tiere der zweiten Tabellensäule blieben die ganze Zeit über bei der Mutter; vom 8. Tag an konnten sie alle vier Tage zusehen, wie ihre Mutter außerhalb ihres Käfigs ein Beutetier tötete, aber nicht verzehren durfte. Jedes Kätzchen der dritten Säule wurde vom 6. bis 8. Tag an täglich für mehrere Stunden einzeln mit einem bestimmten Beutetier zusammengesperrt und nach der Entwöhnung für dauernd mit diesem zusammen gehalten.

Drei verschiedene Beutetierarten wurden benutzt: Tanzmäuse, Hausmäuse und weiße Ratten. Jedem Kätzchen wurden alle drei Arten in regelmäßigem Wechsel geboten. Alle Versuche fanden im Wohnkäfig (91 x 61 x 61 cm) der betreffenden Katze statt; vor der Entwöhnung wurden hierzu Mutter und Geschwister aus dem Käftig entfernt. Da KUO die Bedeutung der Geschwister für die erstmalige Auslösung des vollintensiven Tötungsbisses nicht kannte, schaltete er so einen wesentlichen Entwicklungsfaktor aus. Vom 6. bis 8. Lebenstag an wurde dem Kätzchen jeden vierten Tag für jeweils 30 Min. ein Beutetier in den Käfig gesetzt. Hatte es eines getötet, so wurde die betreffende Beuteart von den weiteren Versuchen ausgeschlossen. So ging es fort, bis das Kätzchen entweder alle drei Beutearten getötet hatte oder 4 Monate alt war.

Das Ergebnis für die einzelnen Gruppen geben die in Tabelle 3 in Klammern gesetzten Zahlen. Von den isoliert aufgezogenen töteten 9, von den durch die Mutter aufgezogenen 18, von den mit „Beute-Kumpan" aufgezogenen nur 3, und auch diese nicht die Beuteart, mit der zusammen sie aufwuchsen. Die Ernährungsweise, ob vegetarisch oder mit Fleisch, hatte keinerlei Einfluß auf die Entwicklung des Tötens, wohl aber auf das nachfolgende Verzehren der Beute: Nur 4 „Vegetarier" gegen 17 „Fleischfresser" verzehrten das getötete Beutetier. Ebenso blieb der Hungerzustand ohne Einfluß.

Nicht alle als „Töter" bezeichneten Versuchstiere töteten alle drei Beutearten. Diejenigen Tiere aber, die weiße Ratten töteten, taten dies stets auch bei beiden anderen Arten. Merkwürdig ist, daß in diesen Fällen die weiße Ratte immer als erstes Beutetier getötet wurde. Alle „Töter" der Gruppe „Aufzucht durch Mutter" töteten stets die Beuteart, die sie ihre Mutter töten sahen (diese erhielt stets Beute der gleichen Art), allerdings in drei Fällen nicht als erste.

KUO schließt, daß es einen „rat-killing-instinct" bei Katzen nicht gebe, sondern die gesamte Verhaltensentwicklung durch die Ausbildung bedingter Reaktionen bestimmt werde. Seine Argumente sind aber nicht stichhaltig, da er von irrigen Voraussetzungen ausgeht und daher in seiner Versuchsanordnung wesentliche Bedingungen übersieht:

1. Während KUO bei der Gruppe „Aufzucht durch Mutter" ausdrücklich die Mütter als gute Mäusefänger bezeichnet, erfahren wir nichts dergleichen über die Mütter der übrigen Versuchstiere, und da er die Vererbung von Verhaltensweisen rundweg leugnet, hat er anscheinend diese Frage bei der Auswahl der Muttertiere nicht durchweg beachtet und entsprechende Kontrollversuche unterlassen.

2. In den viel zu engen Versuchskäfigen dürften sich die nicht eingewöhnten Beutetiere nur langsam schnuppernd bewegt haben. Der für die Auslösung des

Beutefangs gerade bei unerfahrenen Katzen wesentliche Schlüsselreiz (S. 59 f.) blieb also aus. Außerdem bedeutete der kleine Käfig für die Katze natürlich das engste Heim, und „Beutetier im eigenen Heim" hat anscheinend immer etwas Unbehagliches (vgl. S. 31), wenn die Katze es nicht selbst eintrug.

3. KUO verfügte noch nicht über die analytischen Ergebnisse der Ethologie. Er konnte noch nicht klar sehen, daß die zentral koordinierte, in ihrer Verlaufs- oder Ablaufsform von Außenreizen unabhängige Instinktbewegung mit den sie auslösenden neuralen Mechanismen und den diese betätigenden Reizen keine genetische Einheit bildet, und zwar weder hinsichtlich ihrer Phylogenese, noch ihrer Ontogenese, noch ihrer Aktogenese. So kommt KUO nicht von dem Komplexbegriff eines „rat-killing-instinct" los und schließt, wenn man einen solchen annehmen wolle, müsse man auch an einen „rat-loving-instinct" glauben; denn wie die zusammen mit Beutetieren aufgezogenen Kätzchen in seinen Versuchen beweisen, kann man Katzen sehr wohl dazu bringen, Ratten zu lieben. Wie jedoch das Beispiel der Goldkatze „Tilly" (*Profelis temmincki;* LEYHAUSEN 1965 b) zeigt, können selbst erwachsene Wildkatzen, die ausschließlich von Beutetieren leben, die sie selbst töten, einzelne Beutetiere dulden und mit ihnen sogar Freundschaft schließen, ohne dadurch in ihrem Verhalten anderen Beutetieren der gleichen Art gegenüber irgendwie gehemmt zu werden. Auch in seinem späteren Buch (1967) hat KUO seine früheren Fehleinschätzungen der Verhältnisse nicht abgelegt und ist daher nicht imstande, die ethologische Auffassung zu verstehen.

4. KUO beschreibt daher auch nicht, wie seine Versuchstiere ihre Beutetiere umbrachten, ob regelrecht durch Tötungsbiß oder durch anhaltendes Beutespiel, was in einer halben Stunde durchaus möglich ist. Mit anderen Worten: KUO vergleicht nicht die Bewegungsweisen, sondern deren Auswirkung.

5. KUO übersieht völlig den Faktor „Reifung". Obwohl das Alter, in dem seine Versuchstiere erstmals töteten, vom 40. bis zum 121. Lebenstag streut, beendete er willkürlich die Versuche, wenn die Tiere 4 Monate alt waren. Wir erfahren auch nicht genau, in welchem Alter die „Töter" erstmals töteten. Allerdings behandelte er die „Nichttöter" der Gruppen „isolierte Aufzucht" und „Aufzucht mit Beutetier-Kumpan" zwei weitere Monate wie die Tiere der Gruppe „Aufzucht durch Mutterkatze". Daraufhin wurden von den 11 Nichttötern der Isoliergruppe noch 9 zu Tötern, von den 15 der Kumpangruppe nur einer. Auch hier fehlen die Kontrollen, vgl. S. 83 ff.

Kurz gesagt, die gesamte Versuchsmethodik ist sowohl von der Katze wie vom Beutetier her gesehen so „unbiologisch" wie nur möglich. Dies hat seinen Grund in dem einer falsch interpretierten Physik entlehnten Versuchsideal des orthodoxen Behavioristen, in seiner groben Unterschätzung der Vielzahl am untersuchten Verhalten beteiligter innerer und äußerer Faktoren und schließlich in seiner Mißachtung unbefangener, nicht gleich experimentierender Beobachtung. Trotz dieser Kritik bleibt die Tatsache bestehen, daß von der Gruppe „Aufzucht durch Mutter" fast alle Tiere innerhalb der Versuchszeit von 4 Monaten zu „Tötern" wurden, während es in der Gruppe „Isolierte Aufzucht" nur knapp die Hälfte war. Dabei konnten die Tiere der erstgenannten Gruppe den Muttertieren die Beute ja nicht unmittelbar abnehmen. Es fragt sich, wie das bloße Zusehen beim Beutefang der Alten die Jungen beeinflussen kann. Vier Möglichkeiten scheinen mir hier zu bestehen:

1. Der Einfluß der Mutter bzw. der isolierten Aufzucht ist nicht spezifisch: Das isoliert aufgezogene Tier ist einfach unsicherer und ängstlicher als das mit Mutter und Geschwistern aufwachsende. SCOTT und FULLER (1965) fanden entsprechendes bei isoliert aufgezogenen jungen Hunden. Wenn aber Angst und Unsicherheit bestimmte Verhaltensweisen unterdrücken, heißt das ja nicht, diese seien dem Tier nicht gegeben (s. S. 75 f.). Hier vermißt man bei KUO wieder die genaue Verhaltensbeschreibung besonders schmerzlich.

2. Das Gebaren der Alten, besonders ihr Knurren, steigert auch im Normalfall, d. h. wenn die Mutter die Beute ungehindert abgeben kann, die Erregung der Jungen und hilft so mit, deren Tötungshandlung auf die volle Höhe zu bringen. In KUOS Versuchen erhielten die Versuchstiere die Beute immer unmittelbar nach der „Vorführung" des Beutefangs durch die Mutter; etwa hierdurch ausgelöste Erregung könnte sofort nachgewirkt haben. Auch sonst klingt bei Katzen eine einmal aktivierte Erregung nur langsam ab (S. 239).

3. Eine Prägung auf bestimmte Beutearten wäre denkbar, ist aber wenig wahrscheinlich, da auch Katzen, denen die Mutter stets nur eine bestimmte Beuteart zum Nest trug, später die verschiedensten Beutetiere schlagen. So durfte W 6 ihren Jungen W 8, W 9, W 10, W 11 und M 12 immer nur Mäuse bringen. Im Alter von 7 Monaten wurden erst W 11 und M 12 im Einzelversuch, anschließend allen 6 Tieren gemeinschaftlich ein Eintagsküken vorgesetzt. W 11 und M 12 tippten es einigemale mit der Pfote an, alle Katzen schauten interessiert hin, aber keine griff ernsthaft zu, auch W 6 nicht. Acht Tage später schlug M 12 ein Küken sofort und fraß es. Viele weitere Beobachtungen sprechen ebenfalls gegen die Annahme einer Prägung auf bestimmte Beute. KUO (1967) berichtet von eigenen Versuchen, nach denen Katzen später ausschließlich das Futter annahmen, mit dem sie als Jungtiere aufgezogen wurden. Eigene Erfahrungen widersprechen einem derart absoluten Einfluß der ersten festen Nahrung des Jungkätzchens entschieden. Offen muß noch bleiben, was im einzelnen eine Katze bestimmt, manche Beutetierarten vor anderen zu bevorzugen, und inwieweit die unterschiedliche Größe der Beutetiere dabei eine Rolle spielt. Nach meinen bisherigen Erfahrungen werden Jungkatzen, deren Mütter reine Mauskatzen sind und den Jungen daher keine Ratten zutragen, später als erwachsene Tiere nicht rattenscharf. Das Material reicht jedoch nicht aus, um den Tatbestand zu verallgemeinern, und läßt keine Schlüsse auf die Verursachung zu.

4. Die Katzen lernen, welche Tiere Beute werden können. Wie bereits S. 59 ff. gesagt, bedürfen nur völlig unerfahrene Katzen zur Auslösung ihrer Fanghandlungen des Bewegungsreizes; erfahrene fangen auch unbewegte Beutetiere sofort. Die Kenntnis bestimmter Beutearten wird also erworben.

5. Katzen können tatsächlich vom Zusehen lernen, wie TEYROVSKY (1924) und MARVIN und HARSH (1944) nachwiesen: Sie ordneten eine Reihe von kleinen Drahtkäfigen mit Katzen im Halbkreis um einen Vexierkasten an, in dem eine weitere Katze ein neues Problem nach der Methode von Versuch und Irrtum zu meistern lernte. Die „Zuschauer" bewältigten anschließend das gleiche Problem wesentlich schneller und zielgerechter als Kontrolltiere, die keiner anderen Katze beim Erlernen des Tricks zugesehen hatten.

ROSENBLATT und SCHNEIRLA (1962) und SCHNEIRLA, ROSENBLATT und TOBACH (1963) halten meine Kritik an KUO nicht für stichhaltig. Die letzteren (1963,

S. 148) führen aus: "Although the maternal influence has not been shown to be specific tuition, as is often implied, it is unquestionably important for the initiation and organization of predatory behavior in the young." Während das für den Beginn des Beutefangverhaltens durchaus im S. 72 ff. geschilderten Sinne gilt, ist es absolut unzutreffend hinsichtlich der Organisation des Verhaltens, wie sowohl meine Befunde wie die von THOMAS und SCHALLER (1954) und die Reizversuche von ROBERTS und KIESS (1964) beweisen (S. 79, 88, 97). ROSENBLATT und SCHNEIRLA (1962, S. 458) meinen: „Normally the introduction of kittens to the killing of small mammals is gradual, starting with eating killed prey brought to the nest and progressing as the kittens accompany the female on her hunting trips. In this way the kittens see the female hunt and kill and they, in turn, are influenced to do the same." Nun begleiten zwar die älteren Jungen mancher großen Katzenarten wie Löwen, Tiger und Geparden ihre Mütter, ehe sie selbständig jagen, aber die Jungen kleinerer Katzenarten tun dies, jedenfalls bei den bisher beobachteten Arten, niemals (s. S. 242 f.). Sehr häufig sehen sie ihre Mütter nicht töten, ehe sie es schon selbst taten, da oft schon die erste von der Mutter lebend angeschleppte Maus von einem der Jungen getötet wird, die Mutter es also nicht mehr in ihrer Gegenwart zu tun braucht. Das Extrembeispiel sind die Schwarzfußkatzen, deren Mütter nicht einmal wie Hauskatzenmütter das den Jungen entkommende Beutetier mit Nackengriff fassen und zurücktragen, sondern es nur mit den Pfoten aufhalten und in Richtung auf die Jungen zurückscheuchen (LEYHAUSEN 1965 b, LEYHAUSEN und TONKIN 1966). Die Voraussetzungen sind also anders, als von den drei genannten Autoren angenommen. Vor allem aber übersehen sie ebenso wie KUO selbst, daß dessen eigene Befunde der Auslegung, das Beutefangverhalten müsse erlernt werden, unüberwindliche Schwierigkeiten machen: Wie denn sind die 9 Tiere der Isoliergruppe (s. Tab. 3) zum Töten gekommen? Und sogar vier Tiere der Kumpangruppe haben spontan getötet, wenn auch eines davon mit erheblicher Verspätung. Statistik hat hier nichts zu melden: Wenn bestimmte Erfahrungen zum Erlernen des Tötens notwendig sind, dann darf es auch nicht in einem Falle ohne diese Erfahrungen gehen; sonst sind sie eben nicht notwendig. Sie mögen den Eintritt der betreffenden Verhaltensweisen erleichtern und vorverlegen, aber sie sind dafür nicht unerläßlich und können daher auch nicht für die spezifische Form des Verhaltens ursächlich und entwicklungsgeschichtlich unabdingbar sein. Damit aber fällt der Anspruch KUOS in sich zusammen, wie LORENZ (1961) bewies.

Wir fassen zusammen: Alle Einzelhandlungen des Beutefanges und -tötens sind umweltstabile Merkmale und reifen unabhängig von Außenreizen bei den einzelnen Individuen sehr verschieden schnell. Nur das Töten bedarf, um rechtzeitig zu voller Intensität heranzureifen, einer unspezifischen Zusatzerregung auch bei (manchen) Wildformen.

b) Die Orientierung des Tötungsbisses

Meine frühere Aussage (1. Aufl. 1956), die Orientierung des Tötungsbisses auf den Nacken des Beutetieres sei den Katzen angeboren, war nicht richtig und doch auch nicht ganz falsch. Richtig beschrieben wäre der Sachverhalt etwa mit folgender Formel: In der Jungkatze entwickeln sich umweltstabile AAMs, Taxien und Instinktbewegungen derart, daß die ersten ernsthaften Beutefangversuche normalerweise mit einem Nackenbiß enden.

Ich möchte auf diese Verhältnisse auch deshalb etwas näher eingehen, weil sie ein ganz vorzügliches Beispiel dafür geben, wie sehr der Untersucher tierischen (und menschlichen!) Verhaltens darauf achten muß, bei seinen Beobachtungen, Versuchen, Analysen und Schlußfolgerungen den Ablauf der Entwicklung und der einzelnen Verhaltensweisen nicht mit deren Ergebnis gleichzusetzen: Der Nackenbiß ist nicht ,,angeboren", aber eine Reihe von Verhaltensweisen sind es, die in der Regel Nackenbisse produzieren, je nach Umständen aber noch vielerlei andere. Umgekehrt darf die Vielfalt der möglichen Ergebnisse nicht dazu verführen, die Umweltstabilität mancher der zugrundeliegenden Verhaltensweisen zu übersehen oder gar zu leugnen – und das gilt beispielsweise auch für die menschliche Kultur!

Die richtenden Reize gehen, ähnlich wie bei der Orientierung der Sperrbewegung junger Drosseln (Tinbergen u. Kuenen 1939), von der Einkerbung der Körperkontur des Beutetiers zwischen Kopf und Rumpf aus. Die erfahrungslosen Katzen unterscheiden dabei nicht zwischen Ober- und Unterseite, also Nacken, Kehle und Halsseite. Dennoch gelingen ihnen bei den ersten Versuchen fast immer gute Nackenbisse, weil die vom Orientierungsmechanismus gerichtete Bewegungsweise stereotyp von schräg-oben-hinten auf das Beutetier erfolgt, wenn es genügend passiv oder überrascht ist, um weder Flucht- noch Abwehrbewegungen zu machen. Im letzteren Fall bricht die Katze ihren Angriff meist ab; den Jungkätzchen überläßt außerdem die Mutter anfangs nur sehr passive oder von ihr bereits leicht geschädigte Beute.

Um es noch einmal anders auszudrücken: Die stereotype Reaktionsweise des kleinen Beutetieres, vor dem herannahenden Raubtier wegzulaufen, ergibt zusammen mit nur zentral koordinierten, nur propriozeptorisch *aufeinander* bezogenen Pfoten- und Kopfbewegungen des Raubtieres (S. 23, 62) und einer lediglich generell zur Halseinkerbung des Beutetiers gerichteten Taxis (vgl. Abb. 36) eine speziellere Plazierung des Bisses am Halse des Beutetieres, nämlich die im Nakken, als die orientierende Taxis und ihr Auslösemechanismus allein bedingen.

Mit den ersten, leichten Erfolgen wächst das Selbstvertrauen der Katze rasch, und bald fährt sie rücksichtsloser, ,,blinder" zu, und läßt sich nicht mehr abschrecken oder kann nicht mehr bremsen, wenn das Beutetier doch noch ausweicht. So trifft sie nach der ersten Serie korrekter Nackenbisse häufiger Halsseite oder Kehle (Abb. 43 a, b). Dabei gerät ihr Gesicht in den Bereich der kratzenden Pfoten des Beutetiers; wenn sie zu weit hinten gepackt hat, kann das Beutetier sich sogar weit genug freiwinden, um zu beißen. Verletzungen an Augenrändern, Nase und Lippen der Katze sind nicht selten die Folge, und dann erst lernt sie, daß nur der Biß in die Halsoberseite, den Nacken, Sicherheit bietet und schnell tötet. Diese Entwicklung war immer wieder bei Jungkatzen wie bei erfahrungslosen, erwachsenen Katzen zu beobachten.

Es machte dabei keinen Unterschied, ob die Tiere mit ihresgleichen aufwuchsen oder einzeln. Ein ,,Einzelkind" wie die junge Schwarzfußkatze Buster zeigt in dieser Hinsicht keinen anderen Entwicklungsverlauf als ihre ein Jahr jüngeren, zusammen aufwachsenden Geschwister Griff und Jake (Leyhausen 1965 b); ihre

a c

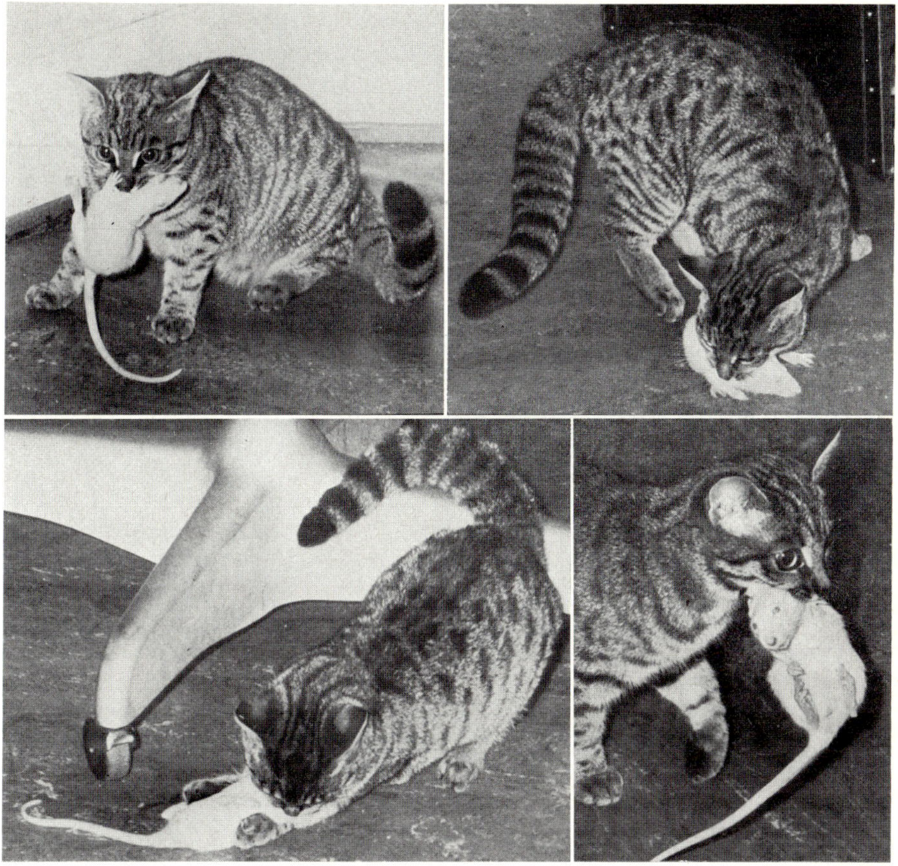

b d

Abb. 43. a) Pudge hat eine Ratte ,,verkehrt", am Unterhals, gefaßt; b) sie sucht vergeblich den Griff zu verbessern; die Ratte konnte sich wieder auf den Rücken werfen; c) diesmal gelingt's; d) vorquellende Augen, Rumpf und Gliedmaßen, die sich abwechselnd krampfhaft zusammenziehen und strekken (hier in Beugephase), und der steife Strecktonus des Schwanzes sind alle sichere Anzeichen für eine tödliche Halsmarkverletzung bei der Ratte

Mutter, ,,Braut", spielt mit ihren Kindern immer erst, wenn sie sowieso schon im ,,Mausealter" sind. So konnte Buster auch bei ihr keine wesentliche Erfahrung über den Nutzen des Nackengriffes sammeln. Das heißt natürlich nicht, ein Kätzchen lerne im Umgang mit Geschwistern gar nichts. Es gewinnt Bewegungserfahrungen und Selbstvertrauen, letzteres allerdings entsprechend der Rangordnung in der Geschwisterschar: Ranghohe entwickeln sich schneller, rangniedere oder in ihrer Entwicklung etwas zurückgebliebene langsamer als Einzeltiere zu vollendeten Tötern (LEYHAUSEN 1965 b). Verlust des sozialen Ranges kann bei Jungkatzen das schon voll entwickelte Töten vorübergehend unterdrücken. Andere Störungen können bei jungen wie erwachsenen Tieren die gleiche Wirkung haben (s. S. 75 ff.).

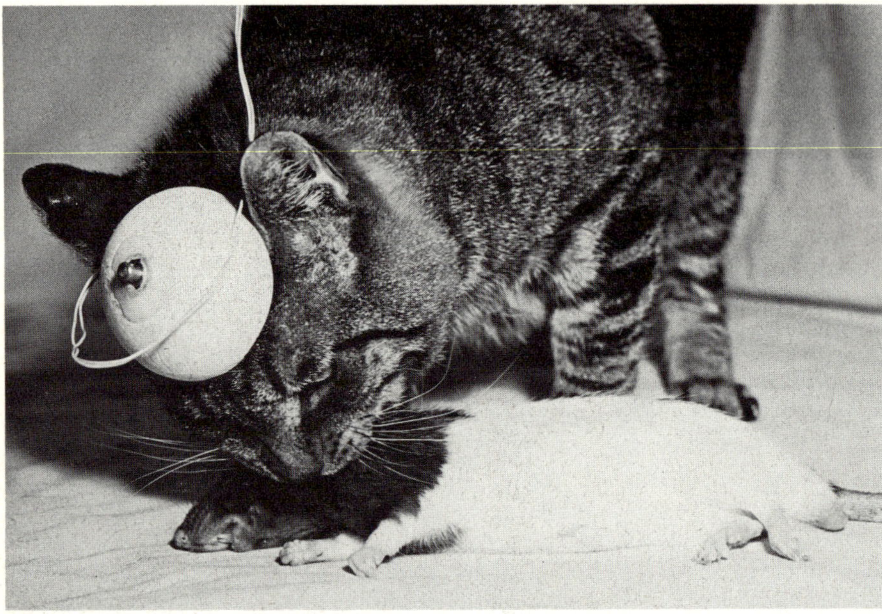

Abb. 44. Durch elektrische Reizung ausgelöster Beutefang bei einer sonst „beutefrommen" Katze; die Lage des narkotisierten Beutetieres bestimmt, wohin die Katze beißt, in diesem Fall in die Halsseite; weiteres s. Text. Foto: J. P. FLYNN

Da die Orientierung des Tötungsbisses auf den Nacken der Beutetiere sich fast ausnahmslos deutlich in den zwei geschilderten Phasen entwickelt, ist es naheliegend, die von einem einfachen Merkmal (Halseinkerbung) gesteuerte Taxis der ersten Phase als rein angeboren anzusehen; bestärkt wird diese Annahme durch die Beobachtung an Baumozelot Bueno (S. 61; Abb. 36). Beruhte die Orientierung des Tötungsbisses zur Halskerbe auf Erfahrung im Spiel mit Geschwistern oder der Mutter, so würde sie wohl kaum mit solch reflexartiger Sicherheit auf den doch ganz anders geformten Hals einer Glasflasche ansprechen.

Bei Katzen, deren Beutefang- und Tötungsverhalten in der mehrfach erwähnten Weise über eine Reizelektrode ausgelöst wurde, fiel mir auf, wie wenig variabel die Steuerung des Zubeißens bei genügender Reizstärke (s. S. 81) war. Auf meinen Wunsch ermöglichte mir Professor FLYNN, hierzu eine gezielte Versuchsreihe durchzuführen. Zur Zeit meines Aufenthaltes war es bei der Arbeitsgruppe FLYNN üblich, den Reizstrom zu unterbrechen, sobald der Zubiß einsetzte. Von Ausnahmen abgesehen (s. S. 88), läßt die Katze dann sofort von der Ratte ab, die auf diese Weise nicht verletzt oder gar getötet wird und für weitere Versuche verfügbar bleibt. Außerdem wurden die Ratten vor dem Versuch narkotisiert, weil sich sonst nicht sicher beurteilen läßt, was im Verhalten der Katze Elektroreizeffekt und was Reaktion auf das Verhalten der Ratte ist. Für meine Versuchsreihe war in 20 Fällen die Ratte ebenfalls narkotisiert, in 5 Versuchen jedoch nicht. Die Hirnreizung wurde immer fortgesetzt, bis die Ratte getötet war, die

Ratte sezierte ich anschließend sorgfältig. Versuchs- und Sektionsprotokolle ergeben zusammen folgendes: In allen Fällen orientierte sich die Katze zum Halse des Beutetiers hin, setzte eine Vorderpfote auf die Schulter-Brust-Region oder daneben auf den Boden und biß in der S. 23, 62 beschriebenen Weise zu; sie zeigte also hinsichtlich der Bißorientierung reines Typusverhalten ebenso wie ein ganz beuteunerfahrenes Tier (Abb. 44). Die Lage der Bißwunden in der Hals-Schulter-Region der Ratte hing eindeutig davon ab, wie im Augenblick, da der Reizstrom einsetzte, die Ratte relativ zur Katze orientiert war: Lief eine nicht narkotisierte Ratte von der Katze fort, so ergab das einen Nackenbiß, ganz wie oben beschrieben; ebenso, wenn eine narkotisierte Ratte auf dem Bauch lag und der Reizkontakt in einem Augenblick geschlossen wurde, in dem sich die Katze der liegenden Ratte zwangsläufig von hinten oder seitlich nähern mußte. Lag die narkotisierte Ratte auf der Seite oder dem Rücken oder bewegte sich die nicht narkotisierte anders als oben gesagt, so biß die Katze ohne jeden Versuch einer „Zielkorrektur" in die Körperpartie der Ratte, die sie nach dem oben beschriebenen, stereotypen Zustoß treffen mußte. Es gab so Schulter-, Brust- und Kehlbisse. Das Ergebnis ist auch darum interessant, weil es sich bei diesen Versuchen nicht um Katzen handelte, die wie bei den zitierten Versuchen von Roberts und Kiess (1964) völlig beutefromm waren. Der Elektroreiz kann also ebenso, wie es unten (S. 122) für die ersten Beutefangversuche der Jungkatze beschrieben wird, den Einfluß früherer Erfahrungen „überspielen"; damit soll keineswegs behauptet sein, daß dies immer so sein müsse.

Ist die zweite Entwicklungsphase der Orientierung abgeschlossen, so sieht man die Katze mit vielerlei und variablen Bewegungen immer wieder, oft lange vergeblich, versuchen, ihre Zähne erst zum Beutetiernacken zu bringen, ehe sie zubeißt. Sie führt dabei oft je nach Stellung und Bewegung des Beutetiers mit ihrem Kopf die schwierigsten Drehungen aus. Man kann nicht zweifeln, daß sie jetzt genau die Halsunterseite vom Nacken zu unterscheiden weiß und nur den letzteren anstrebt. Diese im engeren Sinne zum Nacken des Beutetieres orientierenden Bewegungen wie auch das Wissen, wo an einem Beutetier, auch einem von bis dahin unbekannter Art, der Nacken zu suchen sei, sind sicher sämtlich erlernt. Bei Störungen oder hoher Fangerregung fallen sie zuerst aus, die „Halskerben-Taxis" als nächstes usw. (Leyhausen 1965 b).

Da also der Nackenbiß im strengen Sinne nicht angeboren ist, kann eine Katze ihren Biß auch anders zu orientieren lernen. S. 31 erwähnte ich schon die Schwierigkeit, welche die dicke Nackenmuskulatur der Wildrinder selbst großen Räubern wie Löwe und Tiger bietet. Bei der Bewältigung solcher Beutetiere, deren Nacken durch lange, nach außen und hinten gerichtete Hörner oder Geweihe geschützt ist, wäre stures Streben nach dem Nacken ebenfalls oft nachteilig. Die großen Katzen helfen sich, indem sie solche Beute durch Bisse in Halsseite oder Kehle, zuweilen auch die Nase, töten. Mein Fischkater tötete ein großes Hauskaninchen ebenfalls durch Nasenbiß; gleiches beschrieben Goethe (1940) und Räber (1944) vom Iltis.

Der Biß in Halsseite oder Kehle des Opfers ergibt sich dabei oft geradezu von selbst: Ein Löwe oder Tiger faßt ein großes Beutetier, um es niederzuwerfen oder -zuziehen, nur selten gleich im Nacken, wie es Abb. 20 zeigt; meist beißen sie über die Kruppe, in den Rücken oder die Schulter (Abb. 19 k, 21 l, x, B, C).

Fällt das Tier schließlich mit einem Plumps auf die Seite (Abb. 21 C, D), so rollt es oft etwas über, halb auf den Rücken; diesen Augenblick völliger Wehrlosigkeit nutzt der Räuber aus, löst seinen vorherigen Griff, zielt weiter vor zur Halskerbe und trifft die jetzt dem schräg von oben (s. S. 94, 97) zufahrenden Gebiß zugewandte Halsseite oder Kehle. Im Prinzip kommen derartige Kehlbisse ganz in der Weise zustande, wie es Abb. 43 und der zugehörige Text erklären. Für die Großkatze sind sie aber bei manchen Beutetieren von Vorteil, und sie lernen sie daher anzuwenden ebenso, wie die Kleinkatzen sie zu vermeiden lernen, und zielen mit ihrem Biß dann deutlich nach der Kehle:

Gir Sanctuary, 6.11.1969: „Zwei Löwinnen, die eine mit zwei etwa 4 Monate alten Jungen, warten auf das einjährige Büffelkalb. Als die Shikaris sich von ihm zurückziehen, springt die Mutter das Kalb sofort an, legt ihm beide Vorderpfoten auf den Rücken und will in den Rücken beißen, um es auf die Seite zu ziehen. Es bricht jedoch unter dem Gewicht des Vorderkörpers der Löwin zusammen. Die Löwin könnte jetzt von oben sehr bequem in den Nacken beißen, greift jedoch – von uns aus gesehen hinter dem Büffel stehend – nach vorn um den Hals herum und zur Kehle. Das sieht sehr ‚bewußt' aus." (Abb. 47 a).

Die folgenden Leopardenbeobachtungen zeigen das noch deutlicher:

„12.9.1968. Kommen zur Dämmerung in Sasan Gir an. Gleich wird eine erwachsene, schwarze Ziege an der den Flaggenmast umgebenden Zaunhecke mit einem etwa 2 m langen Seil angebunden. Der Platz ist von einer über dem Eingang des nächsten Bungalows hängenden Glühbirne schwach erleuchtet; mit dem Nachtglas läßt sich aus etwa 30 m Entfernung jede Einzelheit erkennen. Nach einer halben Stunde schießt ein Leopard aus dem Dunkel links im Hintergrund hervor, erreicht die Ziege in zwei Sprüngen. Mehr bekomme ich nicht zu sehen, weil gleichzeitig eine Gruppe mit uns wartender indischer Touristen ihre Stablampen anschalten und eiligst auf den Leoparden zulaufen, der sofort, nach einem schnappenden Biß seitlich an der Ziege hoch, weiterstürmt und im Dunkel verschwindet. Die Ziege hat eine Bißwunde beiderseits der Halsunterseite und dunkles Blut fließt reichlich aus dem rechten Ohr. Sie stirbt nach wenigen Augenblikken. Bei näherem Zusehen zeigt sich, daß der Biß die beiden Unterkieferäste posterior stark zusammendrückte, so ihre Symphyse sprengte und sie seitlich aus den Gelenken drückte; sie sind beide völlig lose. Die Ohrblutung läßt auf eine Verletzung der posterioren Schädelbasis schließen."

Nach Eaton (1972 a) macht es der Gepard ebenso, wie die oben erwähnte Löwin, wobei er noch mit der Pfote die Kehle des Beutetiers nach oben dreht (vergl. Abb. 47 c). Da die Fingerkrallen des Geparden nicht voll zurückziehbar und ziemlich stumpf sind, ist er beim Zupacken noch mehr als andere Katzenarten (vergl. jedoch Abb. 43 b und Text s. S. 130 f.) auf den Gebrauch der bei ihm besonders stark entwickelten Daumenkralle angewiesen. Diese hakt er in den Kopf des Beutetieres und zieht und dreht diesen zu sich heran, bis er die Kehle bequem fassen kann. Dann führt er die Drehbewegung mit den Zähnen weiter, wobei er kleineren Beutetieren die Halswirbel ausrenken kann. Es handelt sich also auch bei ihm nicht ausschließlich um einen einfachen Würgegriff.

„15.9.1968. Nach Eintritt der Dunkelheit Ziege angebunden. Alles hat strengsten Befehl, nicht zu stören und vor allem keine Stablampen zu benutzen. Nach langem Warten erscheint Panther nicht wie am 12. von links, sondern von rechts aus Richtung der Einfahrt zum Gästehaus. In flachen, schnellen Galoppsprüngen überwindet er die weite, deckungslose Fläche und hat die Ziege schon, ehe ich das Glas an die Augen bringe. Er hat sie mit Kehlbiß, beide Vorderpfoten hat er ihr überkreuz in den Nacken geschlagen, und zieht so ihren Hals an seine Brust, während er gleichzeitig ihren Kopf mit dem Gebiß von sich wegdrückt (Abb. 45 a). So hält er sie eine endlos scheinende Zeit (schätzungsweise jedoch kann es sich nicht um mehr als 30–40 Sek. gehandelt haben). Die Ziege schlegelt etwas und atmet schwer, es sieht wirklich aus wie Strangulation. Der spätere Sektionsbefund zeigt jedoch: Alle vier Caninen-Einstiche sind gut zu sehen. Die beiden posterior eingedrungenen lassen sich nicht sehr tief sondieren, die beiden anterioren sind unmittelbar hinter den Unterkiefergelenken beiderseits in die Schädelbasis eingedrungen. Ich führe ein Ästchen und eine Pinzette vorsichtig als Sonden ein, präpariere, so gut es mit dem stumpfen Messer geht, daran entlang und fotografiere das Ergebnis.

19.9.1968. Da der Panther nur noch wenig Scheu zeigt, binden wir die Ziege an der Hecke unmittelbar gegenüber unserer Veranda in etwa 10 m Entfernung an, wo sie von der Lampe hell beleuchtet ist. Der Panther kommt schon nach kurzer Zeit heran, geht aufrecht in ruhigem Schritt bis zur Ecke der Hecke etwas unterhalb, hält sich dort aber im tiefen Schlagschatten.

Nach einer Weile schiebt er vorsichtig den Kopf um die Ecke. Die Ziege hat sich inzwischen niedergelegt, ihr Kopf weist zur Ecke. Der Panther zieht sich zurück, lugt wieder, jetzt geduckt, um die Ecke, wiederholt das mehrmals, dann springt er los, faßt die Ziege zuerst ähnlich wie in Abb. 45 a, läßt dann aber die linke Pfote sinken und stützt sich mit ihr auf den Boden (Abb. 45 b). Nach etwa 40–50 Sek. schlegelt die Ziege etwas und versucht, sich vorn zu heben. Der Panther will sie fortschleifen, nimmt aber sofort die alte Stellung wieder ein, als sich die Ziege noch etwas bewegt. Dann muß irgendeine uns nicht bemerkbare Störung eintreten, der Panther jedenfalls läßt die Ziege los und trabt rasch in die Richtung, aus der er kam, davon. Joslin und ich untersuchten die Ziege. Der linke Oberkiefereckzahn des Panthers hatte sich in die Halsunterseite etwas rechts der Mittellinie gebohrt und ein Blutgefäß zerrissen; unter der Halshaut ist ein Bluterguß, und etwas Blut ist aus der Wunde herausgetreten. Der rechte Oberkiefereckzahn hat sich dorsal des Kehlkopfes tief in die rechte Halsseite gebohrt, ohne jedoch auf die Halswirbelsäule zu treffen. Der linke Unterkiefereckzahn hat weiter dorsal in die linke Halsseite ein tiefes Loch gebohrt, der rechte drang unter dem Ohransatz in die Lücke zwischen Schädel und erstem Halswirbel, der Kopf ist lose beweglich. Außerdem ist der dritte Halswirbel seitlich aus seiner Verbindung mit dem zweiten und vierten herausgedrückt, deutlich tastbar."

Die hier beschriebene Tötungsweise des Leoparden ist nun keineswegs auf diesen beschränkt, auch nicht etwa auf die Angehörigen der Gattung *Panthera*. Unser Karakal-♀ tötet Ratten regelmäßig mit Nackenbiß, Meerschweinchen jedoch sah ich es mehrfach genau wie die Leoparden die Ziegen töten: Es wirft sich mit dem Meerschweinchen auf die Seite, umklammert mit beiden Vorderpfoten dessen Körper, faßt seinen Hals so, daß der Oberkiefer die Kehle, der Unterkiefer den Nacken faßt, und knickt Kopf und Hals des Meerschweinchens nach hinten scharf ab. Eines dieser Meerschweinchen konnte ich sezieren. Die Eckzähne des Karakals hatten die Halshaut des Opfers nirgends durchbohrt, die Halswirbel-

a
b
c
d
e
g
f

Abb. 45. a) und b) Leopard schlägt Ziege (Gir Sanctuary); weiteres s. Text. (Die als Vorlage zu den Zeichnungen dienenden Skizzen wurden unmittelbar nach der Beobachtung gezeichnet und von einem weiteren Augenzeugen, P. JOSLIN, kritisch begutachtet und für korrekt befunden.) c) Tiger überfällt Hausbüffelkalb, zielt deutlich nach dessen Nacken; d) wie sich schon in c) andeutet, fällt oder rollt der Büffel auf die Seite, der Tiger packt ihn daraufhin ganz so, wie der Leopard die Ziege; e) die verdrehte Lage des Büffelkopfes läßt schließen, daß auch in diesem Fall der Tod durch Bruch der Halswirbelsäule eintrat. Fotos c–e: K. S. SANKHALA/Okapia. f) Karakal würgt Meerschweinchen; g) Abknicken der Halswirbelsäule; h) Halswirbelsäule gebrochen, durch anschließende Sektion bestätigt; weiteres s. Text

säule war am Thorax abgeknickt. Das Blut in der Lunge und den großen Halsgefäßen war tief blauschwarz, was auf Tod durch Ersticken hätte schließen lassen, wenn nicht der Karakal zuvor beim ersten Ergreifen das Meerschweinchen offenbar über Brust und Schulter gefaßt hätte, wobei ein Eckzahn in die Brust eingedrungen war und das Herz durchbohrt hatte; der Brustraum war mit bereits geronnenem Blut gefüllt (Abb. 45 f–h).

GOSSOWS (1970) Hermeline verfuhren in einigen Fällen mit ihren Beutetieren genauso, wie hier beim Karakal beschrieben; auch hier hinterließen die Eckzähne keine oder keine tiefen Wunden, und die Wirbelsäule der Beutetiere war im Übergangsbereich von Hals- zu Brustwirbeln gebrochen. GOSSOW meint, es könnte sich um eine Alternative zum Töten mittels Nacken- bzw. Hirnschalenbiß handeln, die insbesondere alten Hermelinen mit stark abgenutzten oder abgebrochenen Eckzähnen ermögliche, auch große und wehrhafte Beute noch zu bewältigen.

Abb. 46. a) Gepard würgt Thomsongazelle; b) beim Aufstehen ist die Stelle des Zubisses besonders gut zu erkennen (nach Farbaufnahmen von G. SCHALLER)

Abb. 47. a) Indische Löwin tötet Büffelkalb, s. Text S. 98 (nach Filmaufnahme); b) die gleiche Löwin tötet ein etwa gleich großes Büffelkalb mit Nackenbiß (nach Farbfoto); c) Löwe tötet großen Hausbüffel durch Kehlbiß; eine Pranke drückt dabei den Unterkiefer des Büffels herab und macht so die Kehle gut zugänglich; d) zeigt die Lage des Büffels, nachdem der Töter zurücktrat; der andere Löwe hatte schon zuvor, während der Büffel noch lebte, zu fressen begonnen (c und d nach Filmaufnahmen; Gir Sanctuary); e–r) die beiden gleichen Löwen töten ein Büffelkalb, wobei sich besonders deutlich zeigt, wie weitgehend die Wahl des Zubisses von im Verlauf des Angriffs sich entwickelnden Bedingungen abhängen kann: der vordere Löwe drückt (e–i) und zieht (j–l) das Kalb nieder; als es fällt und überrollt, beißt er es in die Kehle (m, n); durch Beobachter werden die Löwen einen Augenblick abgelenkt, das Kalb kommt wieder hoch (o), wobei es der erste Löwe vergeblich mit einer Pranke niederzuhalten sucht, bietet dabei aber seinen Nacken geradezu mundgerecht dem zweiten, bisher im Hintergrund verbliebenen Löwen, der auch sofort zubeißt und das Kalb tötet (nach Filmaufnahmen; Gir Sanctuary); s) Löwin schlägt Zebra mit Nackenbiß (nach Farbfoto von G. Schaller); t) Tiger greift größeren Büffel mit Nackenbiß an (nach Farbfoto von Stan Wayman/Life); s und t zeigen, daß Löwe und Tiger durchaus auch große Beutetiere mit Nackenbiß bewältigen

e
f
g
h
i
j
k
l
m
n
o
p
q
r

Die vier Eckzähne des Karakals sind übrigens alle tadellos in Ordnung; an ihnen kann es nicht liegen, wenn sie die Halshaut des Meerschweinchens nicht verletzten, sondern nur an der besonderen Art des Zugriffs. SCHALLER (mündlich) berichtete mir, bei von Löwen getöteten Gnus habe er zwar die Spuren der Eckzähne in der Kehlhaut bemerkt, doch sei diese nie durchbohrt gewesen, was er auf ihre Dicke und Zähigkeit zurückführt.

Wenn man nach allem das Kapitel über die Orientierung des Tötungsbisses damit abschließen wollte, nur die Halskerbentaxis als angeboren anzusehen, während die genauere Orientierung sich aufgrund individueller Erfahrung einstelle, so wäre das eine Übervereinfachung. Man kann nicht ohne weiteres annehmen, auch nicht in einem scheinbar so klar liegenden Fall, jede diesbezügliche Erfahrung sei anfangs gleichwertig, und das Tier lerne alles gleich leicht. IMMELMANN (1967) ließ Zebrafinken (*Taeniopygia guttata castanotis*) von den nahe verwandten Japanischen Möwchen (*Lonchura striata* f. *domestica*) erbrüten und aufziehen. Die männlichen Ziehkinder lernten bis in Einzelheiten getreu den Gesang des sie fütternden Ziehvaters, auch wenn arteigene Männchen in der Nachbarvoliere sangen. Der Lernvorgang war abgeschlossen, längst ehe die Tiere selbst zu singen begannen, und sie behielten den Gesang des Ziehvaters unverändert über Jahre bei, auch wenn sie nur noch mit „normal“ singenden Artgenossen zusammenlebten. Dennoch: als in einem Falle so ein junger Zebrafink sowohl vom Möwchen-Ziehvater wie von einem arteigenen Männchen gefüttert wurde, erlernte er ausschließlich den Zebrafinkengesang und übernahm nicht das geringste vom Ziehvater. Irgendwie muß also doch der arteigene Gesang bevorzugt erlernt werden, wenn alle sonstigen Bedingungen gleich sind.

Es gibt eine Anzahl von Hinweisen dafür, daß auch die Nackenorientierung des Tötungsbisses bei Katzen und anderen Raubtieren irgendwie einen solchen Lernvorzug genießt, wenn sich auch der dafür verantwortliche „angeborene Lehrmeister“ der bisherigen Analyse entzog.

Diejenigen Arten, die zum Kehlbiß neigen, beherrschen alle auch das Töten durch Nackenbiß. Vielfach entscheidet die Größe des Beutetiers, welchen Griff das Raubtier anwendet. Die beiden beobachteten Leoparden (s. Protokoll S. 98 f., 131 f.) töteten kleine Zicklein mit Biß über Hinterkopf und Nacken. Obwohl Geparden einseitiger als andere große Katzen auf den Kehlbiß spezialisiert erscheinen (EATON 1970 b, 1972 a; SCHALLER 1968; Abb. 46), töten sie doch relativ sehr kleine Beutetiere mit Nackenbiß (S. 26). Die gleichen Löwen, welche kleine Büffel mit Nackenbiß töteten (Abb. 47), sah ich größere Büffel mit Kehlbiß greifen. Bei einem bestimmten Größenverhältnis von Beute- zu Raubtier kann sich die Katze einmal so, ein andermal anders entscheiden: Die Löwin, die so „bewußt“ nach der Kehle des Jungbüffels griff (s. Protokoll S. 98), sah ich das Jahr zuvor einen gleich großen Büffel mit geradezu „klassischem“ Nackenbiß töten (Abb. 47 b). SCHALLER (1967, S. 289 ff.) bestätigt für den Tiger ähnliches; jedoch tötet dieser gelegentlich auch recht große Beutetiere mit Nackenbiß. Nach SCHALLERS Erfahrungen und von ihm gesammelten Berichten (mündl. Mitteilung) scheinen Löwen und Tiger in den verschiedenen Teilen ihres Verbreitungsgebietes verschiedene Tötungsmethoden traditionell zu bevorzugen, so daß man in der einen Gegend vorzugsweise Kehl-, in einer anderen Nackenbisse auf gleiche oder vergleichbare Beutetiere angewandt findet. Junge Großkatzen beißen wohl bei ersten Versuchen auch eher nach dem Nacken als nach der Kehle, wie es SCHALLER (l. c.) bei einem jungen Tiger und EATON (1970 b) bei jungen Geparden beschreiben.

Den wichtigsten, allerdings indirekten Hinweis auf eine angeborene Disposition auch bei Großkatzen, leichter den Nacken- als den Kehlbiß zu lernen, scheinen mir folgende Beobachtungen zu liefern: Wenn eine Katze ein Beutetier anders als durch Nackenbiß getötet hat, etwa durch Prankenhieb oder Umherschleudern (LEYHAUSEN 1965 b), so holt sie in vielen Fällen den Nackenbiß nach; zuweilen unterbricht sie dazu noch ihr bereits begonnenes Mahl. Oft hat der Beobachter den Eindruck von etwas Zwanghaftem dabei, so als falle dem Tier plötzlich ein, etwas Wesentliches vergessen zu haben. Offenbar kommt das auch bei Großkatzen vor. Am 14.9.1968 fanden wir im Gir-Gebiet einen vom Löwen kurz zuvor geschlagenen jungen Zebustier, dessen Hals in der rechten Seite und der Kehle je zwei Caninen-Einstiche aufwies. Bei erneuter Kontrolle am 16.9. wies der Riß aber außerdem noch die Spuren eines typischen Nackenbisses auf. Mehrere gleiche Fälle von Löwen und einem Tiger sind mir bekannt. Solche nachträglichen Nackenbisse kommen – seltener – auch vor, wenn das Beutetier durch Nackenbiß getötet wurde. Bis jetzt aber ist mir keine Beobachtung bekannt, nach der ein durch Nackenbiß getötetes Beutetier nachträglich einen Kehlbiß erhalten hätte. Anders als mit „natürlicher“ Bevorzugung des Nackenbisses wüßte ich mir diese Tatsache nicht zu erklären.

c) Das Spiel mit der Beute

In Anschluß an BALLY (1945) haben EIBL-EIBESFELDT (1950a, 1967), EWER (1968), INHELDER (1955 a, b), KRUIJT (1964), MEYER-HOLZAPFEL (1956 a, b) tierische Spiele untersucht und theoretisch erörtert. Die theoretische Bedeutung der Beutespiele der Katzen habe ich an anderer Stelle ausführlich besprochen (LEYHAUSEN 1965 b); meine Ergebnisse lassen die Beutespiele junger wie alter Tiere nicht als Auswirkung eines speziellen „Spieltriebes“ erscheinen, sondern als natürliche Folge der je verschiedenen endogenen Rhythmik und Dynamik der Einzelantriebe der verschiedenen Beutefanghandlungen, wie sie im nächsten Abschnitt noch näher geschildert wird. Hier sei auf weitere Spieltheorie verzichtet, die beobachtbaren Beutespiele sollen nur kurz beschrieben werden. Doch seien einige allgemeine Bemerkungen vorausgeschickt.

Die eigentlichen Beutespiele, ob mit lebender oder toter Beute, mit Beuteattrappen verschiedenster Art oder mit Artgenossen, gleichen sich völlig. Vom „ernstgemeinten“ Abreagieren der Beutefangstimmung im Leerlauf oder am Ersatz- und Ausweichobjekt unterscheiden sie sich in folgendem:

1. Schleichlaufen, Lauern, Anschleichen, Anspringen, Zufassen, Umhertragen, Rupfen und Wegschleudern folgen einander völlig regellos. All diese Teilhandlungen können mitten im Ablauf abbrechen und mehr oder weniger glatt in irgendeine andere Bewegung desselben oder *eines anderen Funktionskreises* übergehen. Die Möglichkeit, aus einer ursprünglich geschlossenen Kette von Instinkthandlungen einzelne Glieder, ja sogar nur Teile davon, herauszulösen und sie „beliebig“ mit anderen Gliedern der gleichen oder einer anderen Handlungsfolge

zusammenzustellen, ist, wie schon früher betont (LEYHAUSEN 1952 a, 1954 b), in der Säugetierentwicklung besonders auffällig und eine wesentliche Voraussetzung für „echtes" Spiel, das daher auch bei Säugern, vor allem den höheren, besonders vielseitig und ausbaufähig ist.

2. Die spielende Katze führt die verschiedenen Bewegungsweisen mit übertriebenem „Schwung" aus, der vom „normalen" Bewegungszweck her nicht erforderlich, ja diesem häufig abträglich ist. Sie treibt einen ganz überflüssigen Kraftaufwand. Die zugehörigen Taxien vermögen diesen Bewegungsüberschwang nicht immer ausreichend zu steuern, die Bewegungen verfehlen im Gegensatz zu der zweckvoll-knappen Bewegungsausführung des „Ernstfalls" (einschließlich „Leerlaufs" und verwandter Phänomene) daher oft ihr Ziel, ohne daß dies das spielende Tier stört. Physiologisch erklärt sich diese Eigenart der Spielbewegungen aus dem durch VON HOLST (1936; LEYHAUSEN 1954 b) aufgedeckten Dualismus motorischer und automatischer Zellgruppen im Rückenmark: Demnach wird die Bewegungsamplitude zwar teilweise auch durch die Anzahl der jeweils tätigen automatischen Zellen eines „zentralnervösen Automatismus", hauptsächlich aber durch die wechselnde Ansprechbarkeit (Erregbarkeit) der motorischen Vorderhornzellen bestimmt. Gerade die „Überhöhung" der Bewegungsamplitude gegenüber der Frequenz kennzeichnet den oben so bezeichneten Bewegungsschwung; auch trifft die Amplitudenvergrößerung nicht immer alle Elemente eines Bewegungsablaufs, oder nicht alle gleichmäßig, und eben diese Proportionsverzerrung erweckt im menschlichen Beobachter den „spielerischen" Eindruck der Bewegungsabläufe. Sie ist erklärlich, wenn man die Amplitudenänderungen auf die motorischen, nicht die automatischen Rückenmarkselemente zurückführt. Die „Automatik" des spielerischen Ablaufs der Instinktbewegungen und damit die Frequenz scheint dagegen von der des „ernstgemeinten" Ablaufs nicht verschieden zu sein.

3. Vollintensives Totbeißen kommt im Spiel mit lebendem Partner, sei er Artgenosse oder „echtes" Beutetier, nicht vor, wohl aber gelegentlich im Spiel mit leblosen Objekten.

Natürlich gibt es zwischen „Ernstfall" und Spiel alle möglichen Übergangsformen.

Drei verschiedene Formen des Beutespieles treten, besonders bei Jungkatzen, in regelloser Mischung auf und sind daher nicht ohne weiteres voneinander zu trennen. Unter bestimmten Bedingungen finden sie sich jedoch in reiner Form, und ihre grundsätzliche Verschiedenheit wird dann offensichtlich.

Als „gehemmtes Spiel" bezeichne ich in ihrer Intensität sehr herabgeminderte, aber dennoch spielerisch abgewandelte Fanghandlungen. Die Katze nähert sich dem Beutetier oder Spielobjekt sehr zögernd, setzt oder kauert sich oft in einigem Abstand hin, und tippt die Beute höchstens ganz vorsichtig mit der geschlossenen Pfote an (Abb. 48 a, b). Oft legt sie sich dann angesichts der Beute nieder und beleckt sich, auf der Schulter liegend, die Innenseiten der Tatzen („Übersprungliegen und -lecken" s. Abb. 48 c und 51 b). Das Vortasten der Pfote kann sich aber auch allmählich bis zu regelrechten Schlägen steigern und damit zu der folgenden Spielform überleiten. Nach dem „Antippen" fährt die Katze oft – besonders wenn das Beutetier sich bewegt – erschrocken zurück, oder sie macht sogar einen hohen, steifbeinigen Satz rückwärts („Angstspiel"). In der

a b

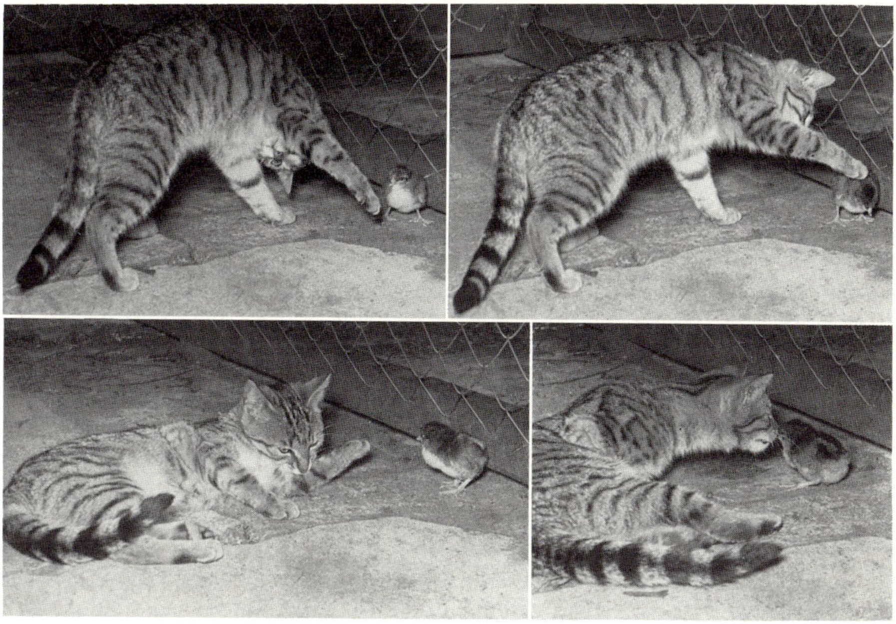

c d

Abb. 48. „Gehemmtes“ Spiel; W 11 mit einem Eintagsküken; a) und b) „Antippen“, c) Übersprungliegen und -lecken, d) „Nasenkontrolle“

Jugendentwicklung läßt wohl einfach die Unreife des ganzen Instinktsystems anfangs nur so zaghaft anmutende Intentionsbewegungen zu (S. 72 ff.), bei älteren Tieren zuweilen der niedrige Aktualspiegel der Fanghandlungen bzw. ihre Erschöpfung (S. 115 f.). Von außen hemmen ungewohnte Umgebung, Ablenkung und Einschüchterung durch Bewegungen und Geräusche in der Nähe und – wie schon erwähnt – soziale Unterlegenheit. Bei meinem alten Serval-♀ beobachtete ich das „gehemmte Spiel“ auch regelmäßig bei unbeliebter Beute: es nahm weiße Ratten nur ungern, fraß sie immer nur bei großem Hunger, und auch dann mit sichtlichem Widerwillen. Bevor es sie tötete, spielte es immer längere Zeit in dieser Weise. Der wichtigste Faktor bei dieser Spielform ist aber zweifellos die Furcht vor dem Beutetier, besonders wenn es neu oder groß ist. Auf die Angstkomponente weist ja auch das oben erwähnte Zurückfahren oder -springen nach dem „Antippen“ hin. Die genannten Faktoren schließen einander natürlich nicht aus, und es ist im Einzelfalle schwer, ihren relativen Anteil richtig abzuschätzen. Die ganze Bewegungsweise wird hier unter den Spielformen nur deshalb aufgeführt, weil sie im Ablauf der beiden anderen immer wieder auftritt. Man hat den Eindruck, daß die Spielintensität in gewissen Abständen schwankt und jedesmal bei einem Intensitätsminimum „gehemmtes Spiel“ einsetzt. Ein gleiches vorsichtiges Betasten der Beute mit der Pfote beschreibt übrigens SEITZ (1950) vom Fuchs.

Die häufigste Form, das „Stauungsspiel“ mit seinen beiden Abarten „Haschespiel“ und „Fangballspiel“, wird nur mit kleineren Beutetieren, vor allem Mäusen, gespielt. Alternierende oder seitliche Hiebe der geschlossenen oder gespreizten Tatzen treiben die Maus oder das Spielding über den Boden, und im schnellen Zufahren wird es wieder mit beiden Tatzen gepackt, ins Maul genommen und ein Stück getragen, wieder abgesetzt, erneut entlanggetrieben und gepackt („Haschespiel", Abb. 49). Beim Tragen wird die Beute meist nur lose und an beliebiger Stelle gefaßt und nicht oder kaum verletzt (geringe Intensität des Tötungsbisses, S. 80 f.). In der meist folgenden Phase schlägt die Tatze nicht mehr die Maus fort, sondern angelt sie heran; dann wird sie mit einer oder beiden Tatzen hochgehoben und zum Maul geführt, von den Zähnen ergriffen und nach der Seite oder nach oben weggeschleudert, oft mit den Pfoten wieder aufgefangen und gleich nochmals weggeschleudert („Fangballspiel", Abb. 50). Das ganze deute ich als ein „Stauungsspiel", weil es fast jede Katze – auch eine sehr hungrige – zeigt, die längere Zeit kein lebendes Beutetier mehr erhalten hat (S. 115 ff.), und weil Katzen mit „Ersatzobjekten" hauptsächlich in dieser Weise spielen, wenn auch regelmäßig mehr oder weniger durchsetzt mit den beiden anderen Formen. Der ganze Vorgang ist deshalb so bemerkenswert, weil alle Fanghandlungen hier mit dem S. 106 beschriebenen Überschwang ausgeführt werden, das Töten dagegen ausgesprochen gehemmt erscheint. Die Fangbewegungen sind von der Instinktbewegung des Totbeißens relativ unabhängig und verfügen über eigene zentrale Erregungsproduktion (LEYHAUSEN 1965 b). Bei längerer Stauung brechen sie dann hervor und hemmen den Tötungsbiß zunächst (S. 115). Die Phase des „Fangballspiels" leitet dann häufig über zum bzw. verschränkt sich mit dem „Erleichterungsspiel": die von LINDEMANN beim Luchs (1950) und von SEITZ beim Fuchs (1950) als „Umtanzen" der Beute beschriebene Bewegungsfolge. Das Tier springt in hohen Bogensprüngen um das getötete Beutetier oder darüber hinweg (Abb. 18 g und h, 22, 25 g), vielleicht in „pantomimischer Übertreibung" des Zurückspringens, das wir beim „gehemmten Spiel" kennenlernten; zwischendurch schlägt es wohl auch einmal danach. In reiner Form findet sich dieses Spiel meist nur nach dem Töten sehr großer oder gefährlicher Beute, besonders wenn

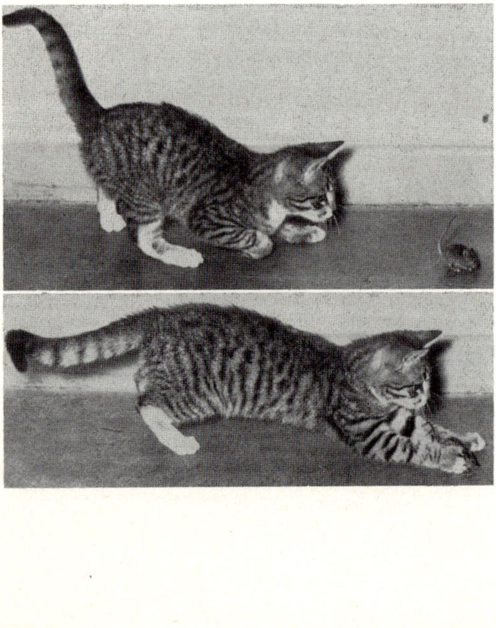

Abb. 49. „Haschespiel"; M 9 mit einer Maus

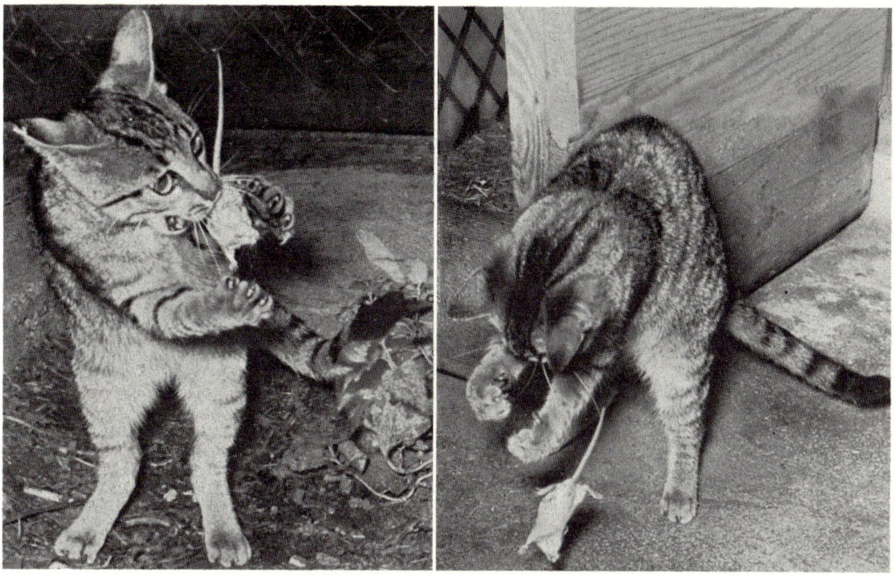

Abb. 50. „Fangballspiel"; W 11 mit weißer Maus

ein längerer Kampf vorherging. In solchen Fällen muß die Katze (vgl. das Protokoll auf S. 31 f.) eine beträchtliche Furcht vor der Beute überwinden, die Beutefangstimmung also einen erheblichen Spannungsgrad erreichen, und mit dem Töten der Beute entfällt plötzlich dieser Druck: Die aufgespannte, nunmehr freiwerdende Beutefangerregung macht sich buchstäblich im „Übersprung" Luft.

Wenn ich in einer früheren Mitteilung (LEYHAUSEN 1952 b) das häufige Spiel der Hauskatze mit lebender Beute als eine Domestikationsfolge bezeichnete, während Wildformen – nach eigenen Beobachtungen an der Tigerkatze und LINDEMANNS Angaben über Luchse und Wildkatzen (1950, 1953) – nur mit toter Beute spielen sollten, so muß ich diese Angabe hier teils ergänzen, teils berichtigen. Zunächst muß man die einzelnen, oben beschriebenen Formen des Beutespieles auseinanderhalten. Das „gehemmte Spiel" mit der lebenden Beute zeigen unter entsprechenden Umständen alle Katzenarten, die ich bisher daraufhin beobachten konnte (Abb. 51). „Stauungsspiele" mit lebender Beute sind tatsächlich bei allen erwachsenen Wildtieren nach meiner Erfahrung viel seltener, als bei der Hauskatze. Wildkatzen äußern Stauungsspiele eher an irgendwelchen Ersatzobjekten als an lebender Beute. Immerhin sah ich inzwischen bei meinem Serval-♀ echte Stauungsspiele mit Mäusen, weißen Ratten und Eintagsküken, bei europäischen Luchsen mit Kaninchen und Hühnern, und bei einem ♀ von *Leopardus geoffroyi* mit Mäusen. Ein erwachsener Tiger, dem man zu Schauzwecken in einer Arena lebende Beutetiere gab, führte lebhafte Stauungs-, besonders Fangballspiele mit einer kleinen Ziege aus (KESRI SINGH 1961). Eine erwachsene Löwin in der Serengeti tat dasselbe mit zwei jungen Warzenschweinen. Ich sah einen alten Mähnenlöwen (Gir, 8.11.1969) sich längs neben einen eben getöteten Jungbüffel

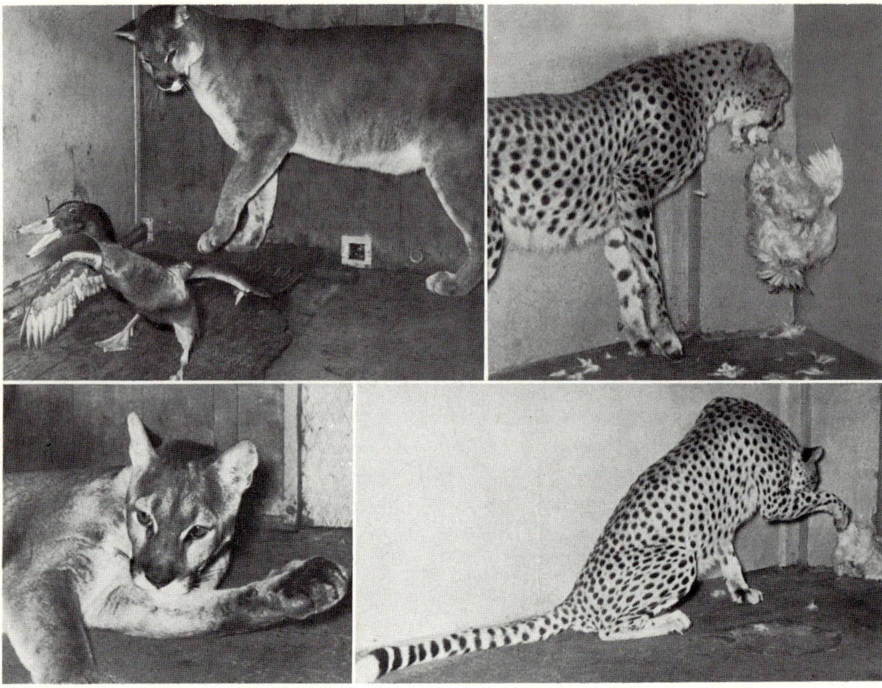

a c b d

Abb. 51. „Gehemmtes“ Spiel; a) Puma-♀ mit Ente; b) das gleiche Tier bei Übersprungliegen und -lecken (vgl. Abb. 48 c); c) und d) Gepard „Ali“ mit Huhn. (a und b Zoo Wuppertal, c und d Zoo Frankfurt)

zu Boden werfen und spielerisch nach ihm schlagen und beißen – eine deutliche Intention zu dem unten beschriebenen Umklammerungsspiel (Abb. 52).

Das so häufige und als „grausam“ empfundene Stauungsspiel der Hauskatze mit lebender Beute hat aber zweifellos eine Ursache in der Beibehaltung jugendlichen Verhaltens: Bei jungen Katzen reift, wie wir sahen, der Tötungsbiß relativ spät zu voller Intensität, und bei der erwachsenen Hauskatze scheint hier die „Retardation“ das Intensitätsverhältnis zwischen Fanghandlungen und Töten zugunsten des Fangens verschoben zu haben. Erleichterungsspiele scheint es wiederum bei allen Katzenarzten zu geben, und zwar ausschließlich mit toter Beute.

Man hat verschiedentlich die von mir gewählten Bezeichnungen „gehemmtes Spiel“, „Stauungsspiel“ und „Erleichterungsspiel“ so ausgelegt, als seien nach meiner Auffassung diese Spielformen ausschließlich an die von diesen Bezeichnungen beschriebenen Stimmungs- und Antriebsverhältnisse gebunden. Wie schon der Hinweis auf die meistens zu beobachtenden Mischformen klarmachen sollte, ist das nicht so gemeint. Ich habe die Bezeichnungen lediglich gewählt nach den Bedingungen, unter denen sich die betreffenden Spielformen am reinsten und zuverlässigsten beobachten lassen.

Außer den hier eingehender beschriebenen kann natürlich jede andere, im Zusammenhang mit Beutefang stehende Bewegungsweise auch spielerisch abgewandelt auftreten. Mit der Beute überrollen, sie umklammern und mit den Hinterfüßen und -krallen in den Leib stoßen, das tun Katzen sonst nur mit größeren, sehr beweglichen und sich heftig wehrenden Beutetieren; im Spiel aber tun sie es auch mit kleinen oder sogar mit toten Gegenständen (Abb. 52). Über das „Angelspiel" der Servale wird S. 123 f. noch zu sprechen sein.

Die eingangs unter (2) erwähnten, physiologischen Grundlagen spielerischer Bewegungsausführungen machen es auch verständlich, wie solche „Proportionsverzerrungen", welche bei manchen Arten nur im Spiel auftreten, bei anderen zum normalen Inventar ernstgemeinten Beutefangverhaltens werden können. Beutetierarten, die ihnen noch unbekannt sind, behandeln viele Katzenarten sehr vorsichtig mit einer Mischung aus gehemmtem und Fangballspiel: sie ergreifen das Tier oft erst nach langem Zögern und vielen Intentionsbewegungen mit den Zähnen im Fell, meist hinten im Rücken, nehmen es auf und schleudern es dann seitwärts oder aufwärts weg (Abb. 53). Manche Arten, unter den von mir beobachteten besonders die asiatischen Goldkatzen und die Servale, steigern diese „Schleuderspiele" zu solcher Heftigkeit, daß die Beutetiere allein durch den Anprall an Bäume, Steine, bzw. Käfigwände und Boden getötet werden. Sobald jedoch die Katzen mit der betreffenden Beuteart vertraut geworden sind, ergreifen und töten sie auch diese auf die übliche Art.

Ein anderes Beispiel ist der Pfotenschlag: Alle Katzen schlagen mit der Pfote nach einem Beutetier, das sich in Abwehr des Angriffes gegen sie kehrt oder in einem Winkel Schutz sucht und dort mit den Zähnen schlecht zu fassen ist

Abb. 52. Serval spielt mit Meerschweinchen. Auf so verhältnismäßig kleine Beutetiere wenden die meisten Katzen den auf große Beute „gemünzten" Angriff mit Überrollen auf die Seite und Umklammern nur im Spiel an; vergl. jedoch Abb. 45 f. (Nach Filmaufnahme)

a b

Abb. 53. Schleuderspiel; weiteres s. Text

(Abb. 51 d). Dabei warten sie oft mit halb erhobener Pfote, ob sich das Beutetier eine Blöße gibt, ehe sie zuschlagen. Mit ebenso erhobener Pfote lauern sie auch am Ufer, wenn sie einen Fisch aus dem Wasser schlagen wollen. Es ist daher nicht verwunderlich, wenn gerade die Fischkatze diese Verhaltensweise ausgeprägter zeigt als andere Arten: Sie hebt die Pfote höher, oft bis über Ohrhöhe, und wartet in dieser Stellung viel ausdauernder, ehe sie zuschlägt. MUNRO berichtete mir

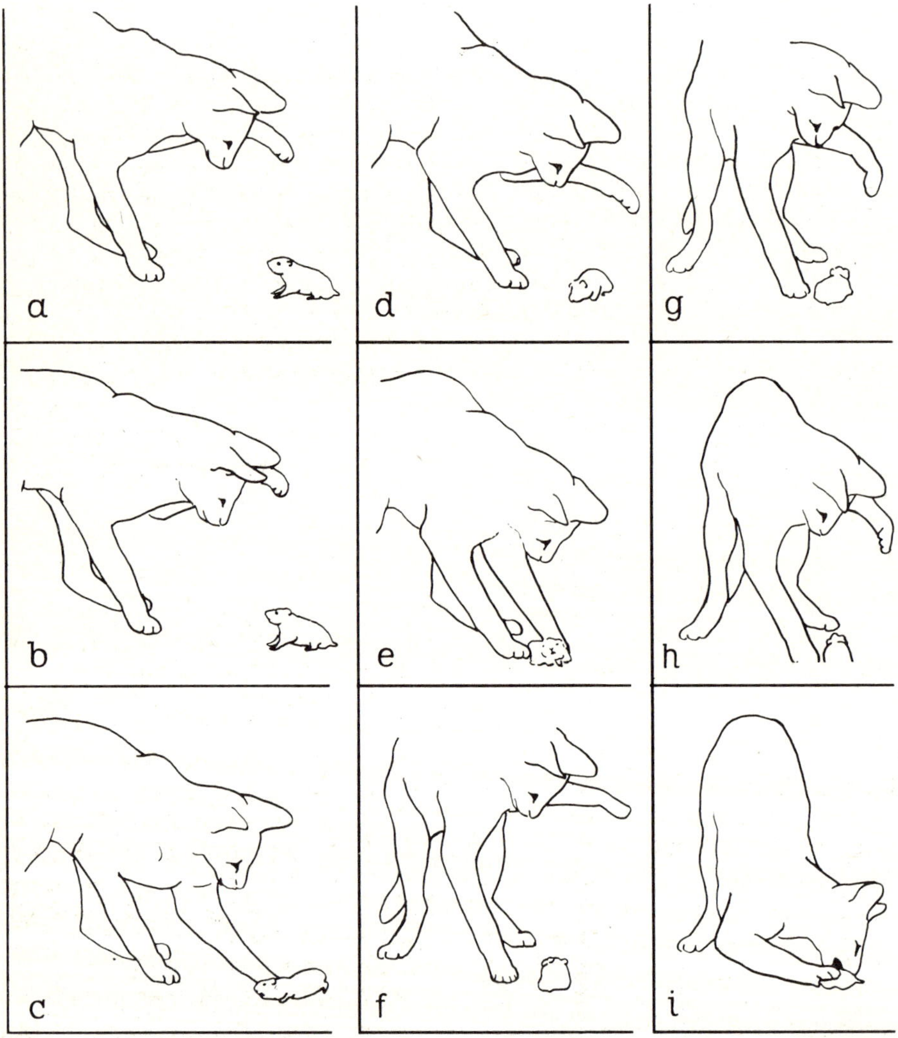

Abb. 54. Hamsterschlag eines Servals: a) Serval hält die Pfote abwartend hoch, b) hebt sie unmittelbar vor dem Zuschlagen noch etwas weiter an, c–e) schlägt zweimal zu, f) hebt die Pfote sofort wieder schlagbereit an, g–h) macht Intentionsbewegung, schlägt dann aber nicht zu, i) sondern fährt plötzlich mit der anderen Pfote und der Schnauze zu und erwischt den Hamster im Nacken. (Nach Filmaufnahmen)

(mündl.), er habe oft Fischkatzen in Assam auf herausragenden Steinen in Bächen und Strömen lange Zeit unbeweglich in dieser Stellung ausharren sehen.

Noch extremer ist der Schlag bei den Servalen entwickelt: Sie holen sehr hoch aus und schlagen mit steif gestreckter Pfote wie mit einem Knüppel auf das abwehrbereit aufgerichtete Beutetier (Abb. 54). Ein solcher Hieb kann einen großen Goldhamster oder eine Ratte töten, doch ist das nicht die Regel (Leyhausen 1965 b). C. K. Brain (zitiert nach Ewer 1968) sah freilebende Servale mit dem gleichen „Knüppelschlag" Schlangen niederkämpfen. Die Tiere schlagen dabei so heftig zu, daß sie sich nicht selten die Pfote verstauchen oder verletzen.

Schließlich sei noch die „Kapriole" der Servale erwähnt. Alle Katzen springen gelegentlich mit allen vieren zugleich in die Luft, im Spiel über ein anderes Tier oder seitwärts auf einen Ast und dergleichen. Außer bei den Servalen sah ich es aber noch bei keiner im vollen Galopp, so wie es z. B. viele Antilopen auf der Flucht tun. Servale fassen mit diesem Sprung aufflatternde Vögel in der Luft mit beiden Vorderpfoten, ziehen die Hinterbeine vor und landen im Aufsprung nur auf diesen (vgl. Abb. 11 o–u), während sie die Beute immer noch zwischen den Vorderpfoten halten und erst nach der „Landung" zubeißen. Einer meiner Servale fängt auf diese Weise Motten aus bis zu 1 m Höhe mit großer Sicherheit.

Alle diese Besonderheiten fallen dem Beobachter zunächst als etwas qualitativ Eigenartiges auf, für das es scheinbar keine vergleichbaren Bewegungsweisen bei anderen Katzenarten gibt. Es überrascht bei näherer Analyse, wie verhältnismäßig gering die Veränderungen der Amplitude und der Phasenbeziehungen im Bewegungsablauf tatsächlich sind, welche erforderlich waren, um diese Besonderheiten aus ganz „alltäglichen" Bewegungsweisen anderer Katzen abzuleiten.

d) Hunger und Beutefang

Nach Beobachtungen von Schneider (1940/41) scheinen bei den Großkatzen die Stimmungen von Beutefang und -verzehr relativ unabhängig voneinander zu sein. Goethe versichert dies für die Musteliden (1940). Räber bestätigte es in eingehenden Versuchen am Steinmarder (1944) und an Eulen (1949). Beobachtungen an meiner Tigerkatze ließen hier Ähnliches vermuten. Sie schlug einen Spatzen, unmittelbar nachdem sie ein großes Huhn halb aufgefressen hatte, und ließ ihn dann liegen. Nach einer zweitägigen Hungerpause gab ich ihr eine große Wanderratte, die sie sofort in kurzem, aber heftigem Kampf tötete; sie wollte gerade zu fressen beginnen, als sie eine zweite Ratte erblickte. Sofort ließ sie die tote fallen und erlegte auch die zweite, die Beutefangstimmung siegte also bedingungslos über die doch sehr starke und bereits aktivierte Freßstimmung. Die S. 88 erwähnten elektrischen Reizversuche von Roberts und Kiess (1964) bestätigen diese Beobachtung.

Als ich der Tigerkatze schnell nacheinander 6 Mäuse gab, tötete sie jede sogleich und schaute danach jedesmal erwartungsvoll zu mir auf. Erst als sie nach der letzten längere Zeit vergebens gewartet hatte, begann sie zu fressen. Ein Schwarzfußkater tötete 13 und mehr Meerschweinchen nacheinander; er trug jedes zwar „formaliter" an seinen Freßplatz, brachte es aber meist wieder mit zurück, legte es vor uns ab, und wartete auf das nächste. Erst wenn er keines mehr

Abb. 55. W 5 mit sechs Mäusen im Maul, im Bild jedoch nur Teile von vieren erkennbar; s. Text

erhielt, nahm er das letzte wieder auf, trug es an den Freßplatz zurück und begann zu fressen (LEYHAUSEN 1965 b). Auch bei ihm siegte also der Drang zum Töten bedingungslos über den Hunger, obwohl Meerschweinchen seine Lieblingsspeise waren. W 5 faßte ebenfalls in schneller Folge 6 Mäuse, die sie aber im Unterschied zur Tigerkatze nicht einzeln tötete und dann liegenließ, sondern alle nacheinander, wie sie kamen, in die Schnauze nahm; so konnte sie nur die beiden ersten töten. Dann saß das hungrige Tier lange Zeit mit 6 Mäusen im Maul geradezu hilflos da (Abb. 55). Um zu fressen, mußte sie 5 Mäuse loslassen. Schnell schlang sie die erste hinab, während sie die anderen im Auge behielt. Dann sammelte sie alle wieder ein, und die Not begann von neuem. Schließlich aber hatte sie doch alle verzehrt. W 5 war übrigens eine der Hauskatzen, die immer sofort töteten, auch nie mit der lebenden oder toten Beute spielten. Einzig im obigen Fall hat sie nicht sofort getötet. Dies ,,Bündeln" mehrerer Mäuse habe ich später noch öfter von Hauskatzen gesehen, wenn ein ,,reichliches Angebot" vorlag.

Um die Zusammenhänge weiter zu klären, gab ich Katzen nacheinander so viel Mäuse, wie sie töteten, und zwar einmal bald nach reichlicher Fleischfütterung, einige Tage darauf nach zwei- bis dreitägiger Hungerpause:

Protokoll (30. Juni 1954): ,,M 12 gegen 15 Uhr reichlich satt gefüttert. Versuchsbeginn 19.20 Uhr. Außenkäfig 3 x 5 m, Boden teilweise mit Gras und kleinem Gebüsch bedeckt. 1. Maus wird sofort gefangen, lebhaftes Stauungsspiel, kein Töten. 2. Maus hinzu. Schwankt ratlos zwischen Mäusen, spielt abwechselnd mit beiden. 3. Maus steigert scheinbar die ‚Ratlosigkeit' (Spontanäußerung des Versuchshelfers: ‚Da ist die Neurose fertig'). Als die 5. Maus hinzugesetzt wird, läßt das Spiel nach, als die 6. kommt, tötet M 12 sie und dann noch schnell nacheinander zwei weitere. Beginnt erste Maus zu fressen, hält dabei stets den Blick auf die beweglichste der noch lebenden, läuft ihr wohl auch fressend mit aus dem Maul hängender Maus ein Stück nach. Als die 8. Maus gegeben wird, sind alle anderen schon getötet, drei davon gefressen. 9. Maus wird wohl noch gefangen, aber nicht mehr getötet, bei der 10. Maus schließlich setzt ausgesprochen ‚gehemmtes Spiel' ein (19.55 Uhr). M 12 verliert nun zeitweilig jedes Interesse für Mäuse, kommt zu mir und gibt Köpfchen. – Nach etwa 20 Min. geht er erstmals wieder auf eine Maus zu, beschnuppert sie kurz, wendet sich wieder ab. 5 Min. später holt er eine der beiden überlebenden Mäuse unter einem flachen Stein hervor, spielt mit ihr anfangs ‚gehemmt', allmählich lebhafter, duldet aber nach etwa 10 Min., daß die inzwischen eingelassene W 9 ihm die Maus wegnimmt."

In einem späteren Versuch tötet M 12 zwei Stunden nach ausgiebiger Fleischfütterung nacheinander 17 Mäuse, erst die 18. nimmt er nicht mehr an; nur eine frißt er.

9.10.1954; „M 12 seit 6.10. mittags nicht gefüttert; Versuchsbeginn 15 Uhr. Die ersten drei in schneller Folge gegebenen Mäuse lösen lebhaftes Stauungsspiel aus. Die erste kommt mir aus den Augen und ich töte sie versehentlich, als ich einen Schritt zurücktrete. M 12 frißt sie an; die 2. Maus entkommt aus dem Versuchsraum, die 3. beachtet der Kater nicht weiter, tötet sofort die inzwischen eingesetzte 4., ebenso alle folgenden bis zur 11. Zwischendurch frißt er mehrere Mäuse an. Als die 11. Maus zugesetzt wird, frißt M 12 erst weiter, tötet sie dann schnell, um gleich weiterzufressen. Die 12. Maus tötet er erst nach einigem Zögern. Bei der 13. bis 17. Maus zögert er jedesmal länger, ehe er sie beachtet und tötet. Von da an beachtet er lebende und sich bewegende Mäuse überhaupt nicht mehr. 12 Mäuse hat er im Verlauf des Versuchs gefressen. Versuchsende 16.45 Uhr."

Bei allen Versuchen war das Ergebnis das gleiche. Die ersten Mäuse lösten regelmäßig lebhaftes „Stauungsspiel" aus, etwa von der 4. bis 6. Maus an wurden alle Mäuse, auch die bereits vorher gegebenen, in schneller Folge und ohne Spiel gepackt und getötet, etwa um die 9. bis 13. Maus verzögerte sich das Tempo, mehr oder weniger deutliche Ansätze zum „Erleichterungsspiel" traten auf, die weiteren Mäuse lösten in zunehmendem Maß „gehemmtes Spiel" aus, bis schließlich, bei der 10. bis 19. Maus, völlige Interesselosigkeit eintrat, die durchschnittlich eine halbe Stunde anhielt. Danach erholte sich die Beutefangstimmung ganz allmählich.

Spiel, Fang und Töten liefen bei hungrigen Tieren ebenso ab wie bei satten, doch ist die Stauungsspielphase bei hungrigen Katzen meist wesentlich kürzer, oft unterbleibt sie ganz. Auch fraßen die hungrigen Tiere während des Versuchsablaufs 8–12 Mäuse, während die satten nur 1–3 Mäuse verzehrten. Auch Kuo (S. 90) fand, daß der Hungerzustand keinen Einfluß auf das Töten hatte. Wie oben ausgeführt (S. 89) neigt „Töten" bei längerem Nichtgebrauch zur Atrophie, besonders wenn die Katze in dem getöteten Tier nichts Eßbares erkennt. In diesem Sinne ist das Töten eine „triebabhängige Verhaltensweise" (Precht 1958). Jedoch ist Eßlust allein nicht fähig, den Tötungsbiß erstmals über die Schwelle zu heben: Die Tiere versuchen dann stets, meist erfolglos, das lebende Beutetier anzuschneiden (Leyhausen 1965 b). Einmal angestoßen hält sich die endogene Rhythmik des Tötens jedoch für gewisse Zeit selbständig in Gang, es besteht keine Koppelung oder gar Zwangssynchronisierung zum kurzfristigen Rhythmus von Hunger und Sättigung; selbst kranke, völlig appetitlose Tiere töten meist noch eifrig, zuweilen bis kurz vor ihrem Tode. Dennoch senkt Hunger bei erfahrenen Tieren die Reizschwelle für Töten.

Interessant ist das völlig getrennte Auftreten der drei beschriebenen Beutespielformen im Ablauf des Versuchs. Das Erlöschen der Fanghandlungen im „gehemmten Spiel" gegen Versuchsende ist dabei in erster Linie nicht Folge irgendeiner auf die Beutefangstimmung von außen oder innen her ausgeübten Hemmung, sondern einfach der Erschöpfung der Stimmung selbst. Allerdings kann auch erst bei fast völliger Erschöpfung der Beutefangstimmung jener Rest von Furcht, welcher die Katze sogar einem so ganz und gar ungefährlichen Beutetier wie der Maus gegenüber nie ganz verläßt, sich durchsetzen und im Verhalten als „Hemmung" ausdrücken. Je „gehemmter" das Spiel wird, um so eher kommt es auch vor, daß die Maus gegen die Katze in Abwehrstellung geht (Abb. 56) und sie so-

Abb. 56. „Gehemmtes“ Spiel; Maus in Abwehrstellung vor M 9

gar manchmal in die Pfoten beißt, was die Katze dann mit einem Aufschrei und einem erschrockenen Satz nach rückwärts, keineswegs etwa mit „kurzem Prozeß“, beantwortet. Normalerweise ist der Aktualspiegel der Beutefangstimmung immer so hoch, daß der schwache „Unterton“ von Furcht gegenüber einer Maus oder einem vergleichbaren Beutetier nach außen hin nicht sichtbar wird. Bei der ersten Annäherung der Jungkatze an die Beute dagegen ist die Furchtkomponente stets deutlich erkennbar; alles Neue erweckt ja zunächst auch Furcht. Die junge Katze muß lernen, daß sie eine Maus nicht zu fürchten braucht, und wie schon oben dargelegt, bleibt ein letzter Rest von Furcht immer zurück.

Paul und Mitarbeiter (Paul 1972, Paul, Miley und Baenninger 1971, 1973, Paul und Posner 1973) haben eine andere, höchst interessante Beziehung zwischen Hunger und Beutefang bei Ratten festgestellt, als sie für die Katzen ermittelt wurde. Da sie meinen, aus ihren Befunden allgemein gültige Aussagen über das Beutefangverhalten von Säugetieren machen zu können, muß ich diese hier etwas ausführlicher besprechen.

Im Gegensatz zu Katzen lassen sich Ratten zu erstmaligem Beutefang (Töten von Mäusen) durch Hunger veranlassen. Dazu ist aber nicht erforderlich, daß die Ratten im Augenblick, da sie der Beute begegnen, hungrig sind; die Hungerperiode kann eine Weile zurückliegen und die Ratten seither beliebigen Zugang zu Futter gehabt haben. Durst dagegen blieb ohne Wirkung auf das Beutefangverhalten. Hatte man den Ratten vor und während der Hungerperiode(n) lebende Mäuse beigesellt, die sie nicht töteten, so hemmte diese Bekanntschaft auch später das Töten; m. a. W. kann der Hunger das Beutetöten nur über die Schwelle heben, wenn die Ratten nicht schon zuvor mit den als Beute angebotenen Tieren vertraut waren. War eine Ratte einmal zum „Töter“ geworden, so behielt sie das auch über zwei und mehr Wochen bei, wenn sie voll gesättigt war. „Töter“ essen auch fast immer von der getöteten Beute, und sie nehmen auch eher bereits tote Mäuse als Futter an als „Nichttöter“.

Durch entsprechenden Wechsel der Bedingungen ließen sich Ratten dazu bringen, entweder keine der beiden angebotenen Beutearten – Mäuse und junge Ratten – zu töten, oder nur eine von beiden, je nachdem ob man die Ratten schon vor der Hungerperiode mit der einen oder anderen Art vertraut machte, oder alle beide. Eine Hemmung, die zweite Art zu töten, ließ sich auch bei Ratten erzielen, welche die andere Art schon getötet hatten. Man mußte sie hierzu an die zweite Art gewöhnen, wenn sie gerade satt waren. Eine Hemmung, eine Art zu töten, trat auch ein, wenn die Tiere zuvor mit der anderen vertraut waren. Die hemmende Wirkung von Jungratten war dabei stärker als die von Mäusen. Noch nicht entwöhnte Jungratten wurden leichter getötet und verzehrt, als ältere.

Paul und ihre Mitarbeiter schließen, daß Hunger zwar hilft, das Töten erstmalig auszulösen, dann aber ohne weiteren Einfluß bleibe; außerdem aber sei Töten auch nicht einfach als Mittel der Futterbeschaffung zu deuten, da auch satte Ratten töten, und bei Ausschaltungen im lateralen Hypothalamus erlöschen zunächst zwar sowohl Töten wie Futteraufnahme, aber das Töten erholt sich früher und kann also nicht unbedingt ans Essen gekoppelt sein. Außerdem könne man nicht „Beutefang" als „Angriff auf ein artfremdes, eßbares Tier" definieren, da die Ratten ja ebenso gern arteigene Junge töten und verzehren wie Mäuse. Wenn die Autoren nun diese Beobachtungen verallgemeinernd auf „den Beutefang von Säugetieren" anwenden wollen, so übersehen sie die weitgehenden Unterschiede im Beute-Erwerb von Taxon zu Taxon: Zwar läßt sich so etwas wie eine allgemeine Grundausstattung der Säugetiere mit einigen Verhaltensweisen feststellen, die als *Ausgangsmaterial* für die Evolution der verschiedenen, teils konvergenten, teils divergenten Beutefangmethoden der Säuger gedient haben mögen (Eisenberg und Leyhausen 1972), doch können diese im einzelnen bei Raub-Beutlern, Insektenfressern, Nagern, Arctoiden, Herpestoiden und Primaten nicht als homolog angesehen werden. Die Homologie des Tötens bei Ratten und Katzen ist sehr zweifelhaft (s. S. 37); die übrigen am Beutefang beteiligten Verhaltensweisen sind ganz sicher nicht homolog. Bei der Beurteilung der Befunde an Ratten muß man bedenken, daß diese Nager a) Allesfresser sind und b) in Zeiten des Überflusses Nahrungsspeicher anlegen. Es erscheint also logisch, wenn Hungerperioden die Tiere anregen, sich nach anderen als den knapp gewordenen Nahrungsmitteln umzusehen und auch solche Dinge auf ihre Eßbarkeit hin zu prüfen. Ein wesentlicher Unterschied zwischen Ratten und Katzen ist eben der, daß die Ratte, nachdem sie ihr erstes Beutetier getötet hat, dieses auch fast immer frißt; Katzen jedoch tun das nur, wenn sie *vorher* schon erfahren haben, daß tote Beutetiere eßbar sind (s. S. 89). Umgekehrt hat nach unseren Erfahrungen Hunger auf die erstmalige Auslösung des Tötungsbisses bei Katzen keinen Einfluß; normalerweise töten diese ihre erste Beute ja auch schon, wenn sie ganz überwiegend noch mit Muttermilch ernährt werden. Die Entwöhnung beginnt ja auch keineswegs erst, wenn die Muttermilch knapper wird. Die Jungen knabbern vielmehr zunächst aus reiner Neugier an allem möglichen herum, so auch an den ersten toten Beutetieren, welche die Mutter zum Nest bringt.

Auch ist es verständlich, daß die Ratte auch noch Beutetiere tötet, wenn sie satt ist, nachdem sie diese einmal als zusätzliche Futterquelle erkannt hat. Hätten Paul und ihre Mitarbeiter die Ratten in annähernd natürlichen Bedingungen gehalten, so hätten sie sicher beobachten können, wie die Tiere die tote Beute aufspeicherten. Das Töten hat bei der satten Ratte also eine ganz andere Grundlage, als bei der satten Katze, und atrophiert ja auch wieder viel schneller – schon nach etwa zwei Wochen – als bei der Katze, wenn sich keine weitere Gelegenheit zur Betätigung bietet (vergl. S. 89, 213).

Schließlich kommt zwar Kannibalismus bei Landraubtieren vor, aber nur als recht seltene Ausnahme und jedenfalls bei Katzenartigen niemals im Zuge regelrechter Nahrungsbeschaffung, sondern unter dem Einfluß von Streßsituationen.

Bei den (Labor-)Ratten dagegen ist das Aufessen toter Artgenossen eine ganz normale Angelegenheit. Größere Teile von Futterratten, die unsere Katzen übriglassen, verfüttern wir regelmäßig an die auf Vorrat gehaltenen Ratten, und noch nie hat eine Rattengruppe diese Reste verschmäht. Auch Ratten, die in der Gruppe sterben, werden von den Überlebenden immer gefressen, wenn man sie nicht gleich entfernt. Generalisierende Schlußfolgerungen über „den" Beutefang von Säugetieren sind ebenso fehl am Platz wie solche über „die Aggression", wie sie PAUL dann weiter anschließt. Der Angriff auf die Beute und das innerartliche Kampfverhalten verfügen in je nach Taxon unterschiedlichem Umfang über einige gemeinsame Instinktbewegungen; andere sind bei Angriff auf Beute, Angriff oder Abwehr eines Artgenossen und Abwehr eines artfremden Feindes verschieden (vgl. Tab. 6). Die ersteren als den Kern einer einheitlichen „Aggression" anzusehen und die anderen als Akzidentien ist abwegig. Was Beutefang, Aggression, Abwehr und Verteidigung ausmacht, ist die je verschiedene Kombination und der je verschiedene Ablauf der beteiligten Verhaltenselemente, nicht diese selbst. Mit einem Hammer kann ich einen Nagel einschlagen, ein Fenster einwerfen oder einen Mann erschlagen; alles dies unter dem Begriff „Hammerverwendung" zusammenzufassen, ist ungefähr ebenso sinnvoll, wie die verschiedenen Angriffsformen als „Aggression".

Der sogenannte „Blutrausch" wird außer den Marderartigen auch manchen Katzenarten, im „Brehm" z. B. Puma und Leopard, zugeschrieben. Wie auch aus der Darstellung RÄBERS (1944) vom Steinmarder hervorgeht, müßte es richtiger „Tötungsrausch" heißen. Schon weil die Wunden in der Regel wenig oder gar nicht bluten, könnte das Raubtier unmöglich daraus Blut saugen. Dies bestätigt MÜLLER (1970) für die Wieselarten. Katzen trinken auch niemals Blut, selbst wenn man es ihnen lebenswarm in einer Schale vorsetzt, wenn man sie nicht in Gefangenschaft eigens daran gewöhnt. Aus einer Wunde des Beutetiers austretendes Blut lecken sie wohl von dessen Körper ab, was jedoch davon auf den Boden tropft oder fließt, beachten sie in aller Regel nicht. RÄBER meint nun, Geruch und Geschmack des ersten getöteten Beutetieres steigerten beim Marder die Tötungsstimmung erheblich, und Bewegungen und Geruch der anderen anwesenden Beutetiere, etwa in einem Hühnerstall oder Taubenschlag, löse das weitere Töten „automatisch" aus. Jedenfalls ist anscheinend beim Marder das Töten weniger leicht ermüdbar als bei meinen Katzen, bei denen eine rauschähnliche Erregungssteigerung während des Versuchs nicht zu beobachten war. Möglicherweise hängt dies mit der relativen Unabhängigkeit von Fangen und Töten bei den Katzen zusammen, die – wie mir auch EIBL-EIBESFELDT (mündlich) bestätigte – bei Musteliden allem Anschein nach nicht besteht: Die Selbständigkeit ermöglicht diesen Handlungsanteilen, bis zu einem gewissen Grade in Widerstreit miteinander zu treten – wie es im Versuchsablauf ja auch deutlich hervortritt – und sich so gegenseitig zu dämpfen.

e) Erfahrung und Lernen

Erfahrungs- und Lerneinflüsse wurden bisher nur im Zusammenhang mit der Orientierung des Tötungsbisses besprochen. Bei den bisher erwähnten Bewegungsweisen des Beutefangs handelt es sich ausschließlich um Instinktbewegungen, also im S. 11 definierten Sinne um Typusverhalten. Die Ausstattung mit angeborenem Verhalten schien auch bei erster Analyse (1. Aufl. 1956) so lückenlos, sie befähigt die Katzen zum erfolgreichen Beutefang unter so verschiedenen Bedingungen, daß ein weiterer, auf individueller Erfahrung beruhender Ausbau dieses Verhaltenssystems oder Funktionskreises geradezu überflüssig erschien. Auch zeigen Filmaufnahmen erwachsener und beuteerfahrener Katzen, gefangener wie freilebender, daß sie die angeborenen Bewegungsweisen nicht anders ausführen als das physiologisch-motorisch genügend entwickelte Jungtier. Dennoch erbrachten die vorstehenden Versuche über den Einfluß des Hungers auf den Beutefang ein zunächst überraschendes Nebenergebnis, und die davon angeregte, eingehendere Untersuchung über die Jugendentwicklung des ganzen Funktionskreises und die Rolle, die das Spiel darin hat, ließ die ganze Frage in neuem Licht erscheinen. Bei den „Hungerversuchen" war nämlich folgendes aufgefallen:

Der meist recht abrupte Übergang von der „Stauungsspiel"-phase zum schnellen Packen und Töten mehrerer Mäuse nacheinander bestätigt die oben (S. 107 f., 115) geäußerte Vermutung, der Tötungsbiß stelle eine von den übrigen Fanghandlungen getrennte Instinktbewegung eigener Art dar. Der Ausbruch der gestauten Fanghandlungen im „Stauungsspiel" hemmt daher das Töten zunächst und gibt es erst frei, wenn der erste Erregungsüberschuß der Fangstimmung verbraucht ist. Die spezifische Energie des Totbeißens scheint sich dagegen weniger stark aufzustauen, aber auch weniger schnell zu erschöpfen. Daher gewinnt sie im weiteren Versuchsablauf das Übergewicht, und erst dann wird das Fangen, vorher selbst Gegenstand heftiger Appetenzen, seinerseits zur Appetenzhandlung, die zum Töten hinführt.

Die isolierte Stellung des Tötungsbisses gegenüber den übrigen Fanghandlungen macht auch den Entwicklungsgang verständlich (S. 73 f., 80 ff.). Außerdem wird hierdurch die Einbeziehung der Instinktbewegung „Totbeißen" in drei andere Funktionskreise und ihre Eingliederung in die entsprechenden Instinktsysteme, wenn nicht überhaupt ermöglicht, so doch sicher sehr erleichtert (S. 249 ff.).

Auch die anderen, zum Töten führenden Instinktbewegungen (Lauern, Schleichen usw., s. o.) sind nicht wie etwa die Kampfhandlungen von *Astatotilapia* (Seitz 1940) Koordinationen mit stufenweise höherer Reizschwelle, die von ein und derselben aktionsspezifischen Energie gespeist werden. Vielmehr verfügen sie alle über eine eigene endogene Rhythmik, ihre Aktualspiegel und somit ihre Schwellenwerte fluktuieren weitgehend unabhängig voneinander. So steigt der Aktualspiegel für Haschen bei längerer Nichtauslösung schneller als der für Töten oder Lauern.

Da die einzelnen Beutefanghandlungen nicht stufenweise von der wachsenden Intensität einer einheitlichen, ihnen allen übergeordneten „Beutefangstimmung" abhängen, so hat auch jede einzelne von ihnen speziell auf sie gerichtete Appetenzen. „Appetenz" ist also der beobachtbare Ausdruck der nur modellmäßig erschlossenen „Stimmung", des die „Latenzmarke" übersteigenden Aktualspiegels aktionsspezifischer Energie. Die jeweils stärkste „Stimmung" setzt sich ganz oder teilweise (Überlagerungs- und Konfliktphänomene!) durch. Sind die äußeren Voraussetzungen für die unmittelbare Ausführung der von ihr erstrebten

Instinktabläufe nicht gegeben, so erscheint die Appetenz in solchen Verhaltensweisen, die das Tier in die „erwünschte" Ausgangssituation führen bzw. die Situationsgegebenheiten entsprechend verändern. Von den Beutefanghandlungen kann also jede zur erstrebten Endhandlung werden, wenn ihr eigener Aktualspiegel gerade relativ hoch ist und die der anderen relativ niedrig sind. Jede kann dann auch innerhalb gewisser Grenzen jede andere in ihren „Dienst" stellen, sie nicht nur zeitweilig unterdrücken, sondern auch als „Appetenzhandlung" aktivieren, falls sie selbst als erstrebte Endhandlung nur auf diesem „Umweg" zu erreichen ist. Dies nannte ich „Relative Stimmungshierarchie" (1965 b). In ihr gibt es keine lineare Anordnung der Stimmungen verschiedener „Ordnung" im Sinne von BAERENDS (1941) und TINBERGEN (1951), in der die Endhandlung als auch rangordnungsmäßig letztes Glied der Kette gilt. Vielmehr ist die Appetenz zur jeweils als Endhandlung erstrebten Instinktbewegung der dominierende Faktor der jeweiligen Hierarchie. Sie beherrscht und „programmiert" nicht nur die Motorik, sondern auch die gesamten afferenten Mechanismen. Dementsprechend ist daher die Maus entweder ein Objekt zum Belauern, oder zum Haschen, oder zum Töten, oder zum Essen, oder zum Hervorangeln, oder zum Umherschleudern, d. h., die Reizqualität der Maus ändert sich mit der Rangordnung der Appetenzen. Dies darf man aber keineswegs im Sinne KORTLANDTS (1955) als „Hierarchie der Ziele" mißdeuten (LEYHAUSEN 1965 b).

In ihren Untersuchungen zum Vergleich „natürlichen" Beutefang-Verhaltens mit durch elektrische Hirnreizung ausgelöstem fanden BERNTSON, HUGHES und BEATTIE (1976) die gleichen Phänomene bei den elektrisch gereizten Katzen. Wenn die Tiere schnell töteten, nannten sie das „kräftigen Angriff" (strong attack); spielten die Katzen etwas und haschten nach den Mäusen, faßten jedoch – wenn überhaupt – nur lose zu und töteten erst spät oder gar nicht, nannten sie das „schwachen Angriff" (weak attack). Diese unterschiedlichen Ergebnisse hingen aber nicht von der Stärke des Reizstroms, sondern vom Reizort ab! „Schwach" oder „kräftig" gilt aber hier nur für die Tötungsappetenz, wobei „schwacher" Angriff eine Verstärkung und Verlängerung der Fanghandlungen bedeutet. Die Untersucher haben also mit ihrer Experimentiertechnik in das Ordnungsgefüge der relativen Stimmungshierarchie eingegriffen und dabei unwissentlich dessen Existenz bestätigt.

Das Töten wird nun seinerseits zur Appetenzhandlung, wenn die Katze sehr hungrig ist. Wie bereits oben erwähnt, fressen hungrige Katzen während eines solchen Ermüdungsversuchs viel mehr Mäuse als satte. Eine satte und selbst noch eine ziemlich hungrige Katze hört sofort zu fressen auf und läßt die angefressene Maus liegen, wenn sie eine neue sieht. Ist sie aber regelrecht ausgehungert, so frißt sie weiter, während sie der neuen Maus mit den Augen folgt, läuft ihr auch wohl fressend ein Stück nach, fängt sie aber erst, wenn sie die angefangene Maus verzehrt hat. Die neugefangene Maus frißt sie dann auch sofort, selbst wenn noch weitere Mäuse dicht dabei herumlaufen, während bei weniger hungrigen Tieren das Töten unbedingt den Vorrang vor dem Fressen hat. Es kommen Übergangsphasen vor, in denen einerseits das Töten schon eindeutig im Dienst der „Freßappetenz" steht, andererseits aber die „Tötungsappetenz" noch so stark ist, daß sie das Fressen zwar nicht unterdrückt, wohl aber beschleunigt: Die Katze frißt zwar wie eben beschrieben erst ihre Maus zu Ende, ehe sie eine neue fängt, aber sie blickt dabei oft zur neuen Beute, macht kleine Intentionsbewegungen auf sie zu und frißt so hastig, wie es selbst eine halbverhungerte Katze unter anderen Umständen niemals tut. In gewisser Weise beginnt sich hier die Reihenfolge der Handlungen umzukehren: ,,Schnellfressen" wird geradezu zu einer Appetenzhandlung innerhalb der Phase ,,geschäftsmäßigen" Tötens.

Alles das ist insofern ,,zweckmäßig", d. h. ein Selektionsvorteil, als die meisten kleineren Katzenarten sich von relativ sehr kleinen Beutetieren ernähren und also vielmals am Tage jagen müssen, um satt zu werden. Sehr oft jagen sie dabei vergeblich, daher müssen sie die Fanghandlungen wie Lauern, Schleichen und Haschen häufiger ausführen als die Endhandlungen Töten und Essen. Die endogenen Antriebe der Fanghandlungen müssen aber nicht nur deshalb schneller und ,,höher" kumuliert werden als der des Tötens, weil sie leichter ansprechen und öfter ablaufen müssen: Sie müssen kräftige Eigenappetenzen entwickeln, damit selbst häufiger Mißerfolg sie dem Tier nicht abdressieren kann.

Nach SCHALLERS (1967) Beobachtungen z. B. setzt ein Tiger etwa zwanzigmal (!) vergeblich an, ehe er einmal Jagdglück hat; hierbei sind allerdings auch flüchtige Intentionsbewegungen wie kurzes Sichducken oder Lauern mitgezählt. Es muß auch offenbleiben, wie oft sich der Tiger der Aussichtslosigkeit des Beginnens von vornherein ,,bewußt" ist; Beobachtungen an Löwen und Tigern in Zoologischen Gärten, die vorbeigeführte Pferde und andere Tiere immer wieder belauern und anspringen, den Ansprung aber sehr genau auf die Begrenzung durch das Käfiggitter einzurichten wissen, legen eine solche Deutung nahe: Der ,,Überschuß" der Antriebe einzelner Instinktbewegungen des Beutefangs muß sich eben auch bei mangelnder Erfolgsaussicht ,,Luft machen", und so betrachtet ist der objektive Mißerfolg doch für das Tier nicht ganz unbefriedigend. Aber auch unter Bedingungen, wo das Verhalten nicht oder jedenfalls nicht erkennbar im weiten, unbestimmten Bereich zwischen Spiel und Ernst abläuft, ist sicher nicht jeder Beutefangversuch erfolgreich: Eine ,,feldernde" Katze muß nach meinen Beobachtungen im Durchschnitt immerhin dreimal zufahren, ehe sie eine Maus erwischt. SCHALLERS Tabellen zum Jagderfolg der Löwen (1972) verzeichnen in etwa die gleiche Erfolgsrate.

Aus diesen Gründen also finden Fanghandlungen ihre Befriedigung mehr im eigenen Ablauf als im Enderfolg. Ein halbwegs geeignetes Ersatzobjekt kann sie daher ebenso leicht auslösen und in Gang halten wie ein adäquates. Natürlich wäre es völlig absurd anzunehmen, eine Katze, die in ihrem Alltag schon tausende von Beutetieren tötete und verzehrte, erkenne den Unterschied zwischen einer Maus und einem Papierknäuel nicht; sie weiß so genau, daß ein Papierknäuel keine Maus ist, wie sie sofort den Unterschied zwischen einem bekannten und einem neuen, einem harmlosen oder möglicherweise gefährlichen Beutetier kennt. ,,Ersatzobjekte" können sogar zu übernormalen Objekten werden: Satte Katzen können daran die intensivsten Fangspiele austoben, während gleichzeitig die ,,adäquaten" Mäuse ihnen vor der Nase herumlaufen! In anderen Fällen funktioniert aus den gleichen Gründen die Endabschaltung am adäquaten Objekt nicht: Wenn eine Katze eine Maus gehascht und gepackt hat, so ,,sollte" sie diese nun töten; wie S. 105 ff., 113 ff., 123 f. belegt, tut sie das aber keineswegs immer, sondern läßt sie wieder aus und fängt sie erneut, und das viele Male nacheinander. Wenn sie das gefangene Tier zwischendurch in die Zähne nimmt und herumträgt, so tut sie dies absichtlich in einer Weise, die es nicht verletzt, sie will es nicht töten (LEYHAUSEN 1965 b).

Die einzelnen Beutefanghandlungen, wie Anschleichen, Lauern, Angeln, Haschen, Schlagen, sind aber auch bei Dominanz der Tötungs- oder Freßappetenz nicht immer alle zu einer starren Kette vereinigt, sondern können je nach Umständen teils wegbleiben, teils sich gegenseitig vertreten. Ebenso können sie später teils gegen erlernte Appetenzhandlungen ausgetauscht werden, teils aber auch von solchen nur unterstützt oder in die rechte Ausgangsposition für ihren Ablauf gebracht werden. So folgt eine erfahrene Katze, wie S. 97 beschrieben, mit dem Kopf jeder Bewegung des Beutetieres, um die Zähne in dessen Nacken zu bringen, und ersetzt mit dieser erlernten Orientierungsweise die Kombination von Halskerbentaxis und „Von-schräg-oben-hinten-Zufahren" völlig; sie kann sich aber auch das Beutetier mit Zähnen und Pfoten so zurechtsetzen, daß sie eben jene Kombination nun unter idealen Bedingungen anwenden kann. Merkwürdigerweise scheint es für die Katzen schwieriger zu sein, letzteres zu erlernen als ersteres. Worauf das im einzelnen zurückzuführen ist, läßt sich an Hand des vorliegenden Materials noch nicht sicher beurteilen.

Die Einzelelemente verlieren auch durch den zeitweiligen, straffen Zusammenschluß zur zweckgeformten Handlungsfolge weder ihre Selbständigkeit ganz, noch ihre Fähigkeit zu spielerischem Überschwang. Im Spiel mit den Geschwistern und kleinen Spieldingen läßt sich vor und nach dem ersten Töten kein Unterschied erkennen, nur werden die Kätzchen fast zusehends gewandter, kräftiger und rauher in ihren Spielen. Schon vor der ersten Begegnung mit einem lebenden Beutetier gewinnt das Kätzchen bei diesen Spielen Gewandtheit und Vertrauen in das eigene Bewegungskönnen; vor allem beim Spiel mit Gegenständen erlernt es neue Bewegungskombinationen, lernt den Gegenstand mit den Pfoten zu manipulieren und in gewünschter Weise zu bewegen, aufzuheben und zu werfen. Merkwürdigerweise scheinen diese Erfahrungen und dieses Können dem Kätzchen beim Beutefang anfangs nichts zu nützen bzw. es scheint sich nicht mehr darauf zu „besinnen". Gegenüber dem Beutetier produziert es stets nur die ganz stereotypen Instinktbewegungen. Wenn es dann ein- bis mehrmals getötet hat, so läuft der ganze Vorgang vom ersten Erblicken des Beutetieres bis zum Töten und Verzehren im „Typusverhalten" ab, wie ich es früher als „das Beutefangverhalten der Katzen" beschrieb (1. Aufl. 1956). Bei erfahrungslosen, erwachsenen Tieren ist das ganz genau so, außer wenn es sich um verhältnismäßig sehr kleine Beutetiere handelt: Diese behandeln sie manchmal wie kleine Spieldinge, ehe sie sich selbst in die nötige Erregung hineinsteigern oder äußere Zusatzreize den Tötungsbiß auslösen. Auch dies bestätigt wieder, daß die Furcht vor dem ungewohnten, lebenden Beutetier die Katze bei den ersten Begegnungen den spielerischen Überschwang ebenso wie erlernte Willkürbewegungen vergessen läßt; vor sehr kleinen Beutetieren fürchten sich erwachsene Katzen dazu nicht genug.

Ist der Tötungsbiß bei der bis dahin erfahrungslosen Katze erstmals über die Schwelle getreten, hat sie einmal „lege artis" getötet, so ist für eine Weile die Tötungsappetenz beim Anblick von Beutetieren mächtiger als alle anderen; jedes Beutetier wird sofort angegriffen und so schnell wie möglich getötet, die übrigen Beutefanghandlungen sind in die Rolle reinen Appetenzverhaltens gedrängt. In dieser Phase lernt, wie oben näher ausgeführt, die Katze den Zusammenhang zwischen Töten und Futterbeschaffung kennen. Der ist ihr beim erstenmal nicht gleich klar, auch wenn sie schon tote Beutetiere gegessen hat. Immer wieder drängt sich dem Beobachter der Eindruck auf, die Katze sei nach dem ersten Töten vom Erfolg ihres eigenen Tuns höchst überrascht. Sie scheint nicht zu begreifen, warum sich das getötete Tier nicht mehr bewegt. Es dauert manchmal einige Zeit, ehe sie „bemerkt", daß man es jetzt essen kann, und sicher muß sie mehrmals töten, ehe sie den Zusammenhang zwischen Nackenbiß und Verwandlung eines lebenden Tieres in Essen begreift. Jedenfalls ist kaum anzuzweifeln, daß sie das bis zu einem gewissen Grade tut, und daß erst dadurch und danach der Hunger die ganze Kette der Beutefanghandlungen einschließlich des Tötens als Appetenzverhalten aktivieren kann. Es fällt nun auf, wie in der weiteren Entwickung aller Tiere, sowohl der jungen wie erwachsenen, nach dem ersten Töten eine Periode schnellen, zielsicheren Tötens durch „Typusverhalten" folgt (S. 11, 73 ff.), die jedoch bald wieder von einer Phase abgelöst wird, die scheinbar ein Rückfall in vorheriges „unvollständiges" Verhalten gegenüber der Beute ist (LEYHAUSEN 1965 b). In Wirklichkeit beginnen die Tiere jetzt, nachdem sie wissen, „wozu das Ganze gut ist", zu *experimentieren. Jetzt erst* probieren sie an den Beutetieren Bewegungen aus, die sie z. B. bei der Manipulation toter Spieldinge teilweise schon vor dem ersten Töten erlernten, jetzt wird die „Halskerbentaxis" zum „bewußt" orientierten Nackenbiß (S. 94, 97). All die individuell recht verschiedenen Methoden, Beutetiere mit Zähnen und Pfoten, Umgehungsmanövern u. dgl. in die für den Nackenbiß günstigste Lage zu bringen, *erlernen* die Tiere jetzt, *immer geleitet* von den angeborenen Instinktbewegungen und Taxien, diese aber beim „ernstgemeinten" Beutefang *mehr und mehr durch Erlerntes ersetzend.*

Ein weiteres auffallendes Ergebnis der Versuche zur „Ermüdung" der Beutefanghandlungen ist die starke Auslösewirkung von Spalten und Schlupflöchern. Eine Katze, die wie oben beschrieben hastig eine Maus herunterfrißt, während sie gleichzeitig die nächste beobachtet, fängt diese sogleich, wenn sie einem solchen Einschlupf zu nahe kommt. Ein Loch fesselt die Katze besonders gegen Ende des Versuchs weit mehr als eine frei herumlaufende Maus: Sie lauert dann viele Minuten lang vor dem Loch, in dem gar keine Maus sitzt, während die Mäuse unbeachtet dicht vor ihrer Nase herumlaufen. Das gilt auch für Höhlungen, welche die Katze voll übersehen und bis in den letzten Winkel mit der angelnden Pfote austasten kann. Diese „Spaltenappetenz" zeigt sich auch außerhalb des Beutefangfunktionskreises, wenn die Katze einen fremden Raum untersucht, sowie im Spiel der Jungkatzen. Sie ist sicher angeboren, wie folgende Beobachtung beweist: Während eine Katze sogleich zufährt, wenn die Maus in einer Spalte oder einem Loch zu verschwinden droht, lernen viele niemals, daß die Maus ebensogut für sie verloren ist, wenn sie durch den Maschendraht des Käfigs schlüpft; daher kann die Maus sich dem Drahtgitter nähern und sogar hindurchschlüpfen, ohne daß die Katze sie daran zu hindern versucht. Nach allem ist es auch kein Zufall, wenn im oben beschriebenen Versuch mit M 12 (S. 114) nach völliger Erschöpfung der Beutefangstimmung das neuerwachende Interesse sich zunächst einer unter einem flachen Stein sitzenden Maus und nicht einer frei umherlaufenden zuwandte.

Das „Angelspiel" der Servale führt hier weiter: Servale töten Mäuse und kleine Ratten oft nicht sofort. Sie lassen sie unter eine Kiste, einen liegenden Baumstamm oder in sonst ein Loch entkommen und suchen sie dann mit der

Pfote wieder herauszutreiben oder -zuziehen. Findet so ein Tier nicht selbst eine Zuflucht, so nehmen die Servale es sehr vorsichtig mit den Zähnen im Rückenfell auf, tragen es in die Nähe eines Spaltes und lassen es dort laufen; schlüpft das Beutetier auch jetzt noch nicht ins Loch, so schieben es die Servale sehr oft mit der Pfote hinein, um dann gleich wieder danach zu ,,angeln". Im Gegensatz zu ähnlich aussehendem Verhalten von Hauskatzen ist das durchaus nicht Ungeschicklichkeit oder Zufall, sondern zweifellos Absicht. Das wird besonders deutlich, wenn die Servale statt lebender Beutetiere kleine Spieldinge wie Rindenstückchen für ihr Spiel benutzen.

Die Tiere müssen also zwei Dinge zusammenbringen und entsprechend manipulieren, die sich nicht von vornherein gleichzeitig in ihrem Gesichtsfeld befinden, ehe sie ihr Spiel spielen können – eine Leistung, von der noch Wolfgang Köhler (1921) (irrtümlich) glaubte, Schimpansen seien ihrer nicht fähig. Bei der Herstellung solch spezieller Spielsituationen lernt ein Tier Bewegungen ausführen und Dinge tun, die im biologisch-zweckvollen Ablauf einer Appetenzkette nicht nur unnötig, sondern geradezu widersinnig wären, wie eben, die hervorgeholte Maus wieder ins Loch zu schieben, statt sie zu töten und zu verzehren. *Hier löscht das Wirkmal das Merkmal eben nicht aus.* Spielend baut sich ein Tier also einen weit größeren Umfang von Bewegungs- und Gegenstandserfahrungen auf, als wenn es immer nur unter dem dirigistischen Zwang unmittelbarer Lebensbedürfnisse handelte. Wie weit dies schon bei Katzen gehen kann, zeigt folgende Beobachtung: Smudge (Bengal-R_1-Hybride, Abb. 40 b) hatte das mit Sägemehl gefüllte Toilettenkistchen benutzt und war dabei, die vorher ausgescharrte Grube wieder einzuebnen. Seine scharrend ausgreifende Vorderpfote stieß mit dem Handrücken gegen den ,,Dünenkamm" des aufgeworfenen Sägemehls, und etwas Sägemehl stäubte auf und fächerförmig nach außen. Sofort hielt Smudge inne, reckte den Kopf vor und schaute über den Rand des Kistchens. Dann wiederholte er die gleiche Bewegung noch drei-, viermal, wobei er jedesmal absetzte und den Effekt sehr aufmerksam verfolgte. Er schüttelte also nicht etwa die Pfote aus, sondern machte gezielte, deutlich abgesetzte Einzelbewegungen. Dann war er befriedigt und scharrte seine Grube weiter zu. Nie zuvor habe ich eine Katze irgend etwas mit der Rückseite der Pfote wegschieben oder -stoßen sehen, und ich kenne keinen Zusammenhang oder Funktionskreis, wo solches angeborenermaßen vorkommt. Das Tier hat einen zufälligen und ganz sicher nicht ,,beabsichtigten" Bewegungserfolg wahrgenommen, sich dafür interessiert und war fähig, die ihn bewirkende Bewegung zu erkennen und dann mehrmals absichtlich und genau zu wiederholen. Das bedeutet nicht mehr und nicht weniger, als daß *ein Säugetier von der Entwicklungshöhe einer Katze schon ein echtes Experiment zu machen versteht,* und so ist S. 123 ganz bewußt vom ,,Experimentieren" gesprochen. Das ist nicht einfach ,,Versuch und Irrtum" im Sinne des klassischen Behaviorismus, bei dem der erste Versuch blind und daher die Irrtumswahrscheinlichkeit gleich der Zufallswahrscheinlichkeit ist. Dem ersten ,,Versuch" geht bereits ein wenn auch noch so beschränktes Verständnis des Zusammenhangs voraus; das Tier erwartet nicht nur einen bestimmten Erfolg, dieser ist auch infolge der ,,Versuchsvorbereitung" wahrscheinlicher als der Irrtum.

Man darf sich nun nicht täuschen lassen. In die erlernten Appetenzhandlungen gehen Teilkoordinationen der Instinktbewegungen mit ein. Dennoch kann vom „Umbau der tierischen Instinkte durch die Erfahrung" (BIERENS DE HAAN 1940) gar keine Rede sein. *Die Instinktkoordinationen bleiben nämlich neben allem Erlernten rein und voll funktionsfähig erhalten.* Wenn man sich überlegt, woran man denn „Typusverhalten" von in ihrem Koordinationsablauf sehr ähnlichen, erlernten Bewegungen unterscheiden könne, so möchte ich für die Beutefanghandlungen der Katze, mit allem Vorbehalt, folgendes Kriterium angeben: Bei der Beschreibung des Typusverhaltens brauchte ich schon mehrfach Ausdrücke wie „blindlings". Manche Bewegungsabläufe nannte ich „zentral koordiniert" (S. 23, 62). Was alledem zugrundeliegt, kann man in der Ausdrucksweise der Kybernetik (HASSENSTEIN 1960) etwa so formulieren: Der rein instinktive „Typusverlauf" vom Absprung der Katze aus der Lauerstellung bis zum Tötungsbiß ist exterozeptiv nur (*vor* dem Absprung) gesteuert, danach nicht mehr oder nur geringfügig geregelt (unbeschadet der propriozeptorischen Regelung). Bewegt sich das Beutetier in beim Absprung von der Katze nicht vorausgesehener Weise und Richtung, so verfehlt sie meistens ihr Ziel. Die Katze macht in solchen Fällen meist auch gar keinen Korrekturversuch, sondern zieht sich etwas zurück und erneuert dann, wenn möglich, ihren Angriff. Auf diesem Zusammenhang beruht BREHMS Bericht vom „beschämten" Löwen, der die verfehlte Beute nicht weiter verfolge. Die erlernte Bewegung dagegen ist in hohem Grade exterozeptiv geregelt. Darin liegt ihr Vorzug wie ihr Nachteil: Die exterozeptive Regelung benötigt Zeit (wenn auch nur Sekundenbruchteile) und dauernde Beobachtung, beinahe könnte man sagen „überlegene Ruhe". Hohe Erregung ebenso wie die Notwendigkeit blitzschnellen Handelns sind daher mit ihr unvereinbar. Deshalb wird auch der Satz rein instinktiver Verhaltensweisen mit dem parallelen Aufbau eines dem gleichen Ziel dienenden Satzes erlernter Verhaltensweisen nicht entbehrlich, das Tier könnte sich einen „Umbau" der Instinkte, bei dem diese in ihrer ursprünglichen Form verlorengingen, gar nicht leisten (s. S. 122). Vielmehr bauen die Instinkte ein System variabler, an jede erfahrene Situation anpassungsfähiger Verhaltensweisen auf, ohne selbst darin aufzugehen. Sie entlasten sich damit teilweise, aber sie behalten die Führung: Nur sie erzeugen Appetenzen, "The consummatory act is always innate" (CRAIG 1918). Das ist keine Wortklauberei, sondern wird durch neurologische Erfahrungen untermauert: Seit den Untersuchungen von W. R. HESS (1954) wissen wir, daß die *Koordinations*zentren für die Einzelkomponenten vieler, ja vielleicht aller Instinktbewegungen bei Katzen und vielen andern Säugern im Zwischenhirn liegen, während die Einzelkomponenten selbst im Tegmentum der Brückengegend des Mittelhirns lokalisiert scheinen (BERNTSON 1972, 1973). BANDLER (1975) glaubt allerdings aufgrund eigener Versuche, auch das Mittelhirn sei zu ebensolchen voll-koordinierenden Leistungen fähig: Elektroreizung im ventromedialen Höhlengrau, wo es sich mit der Brücke trifft, rief bei Katzen „Beißangriff ähnlich dem nach Reizung des lateralen Hypothalamus" hervor. Da dies die einzige von ihm gegebene Verhaltensbeschreibung ist, läßt sich das schwer beurteilen. Sein Versuch einer Deutung der zugrundeliegenden neuralen Organisation kann hier nicht diskutiert werden; sie ist äußerst unwahrscheinlich. Noch viel länger ist bekannt, daß die Koordination der Willkürbewegungen in der *Area praemotorea* des Großhirns vollzogen wird. Die zentralen Instanzen, die im Sinne v. HOLSTS und MITTELSTAEDTS (1950) jeweils das Gesamt-Impulsmuster einer Bewegungsfolge und seiner Efferenzkopie aussenden, sind als Sitz der ,,motorischen Schablonen“ für Willkür- und Instinktbewegungen nachweislich zumindest im Zentralnervensystem der Säuger räumlich weit getrennt. Es besagt gar nichts dagegen, wenn beide gewisse Teilkoordinationen gemeinsam haben (Leyhausen 1954 b). Nachdem auch seit langem im Streit, ob bestimmte Verhaltensweisen eines Tieres angeboren oder erlernt, ,,starr“ oder ,,plastisch“ seien, die Verfechter beider Standpunkte so gute und teilweise unabweisbare Gründe für ihre Meinung vorgebracht haben, kann man sich nur über eines wundern: Warum sind sie nie auf den Gedanken gekommen, es handle sich gar nicht um eine Alternative, sondern beide Funktionsweisen könnten friedlich nebeneinander und sogar in engster Zusammenarbeit miteinander im Organismus bestehen? Normal entwickelte und erfahrene Katzen haben jedenfalls einen kompletten Satz reiner Instinktbewegungen für den Beutefang, und sie haben *gleichzeitig* einen individuell verschiedenen, mehr oder weniger reichhaltigen Schatz erlernter Bewegungsweisen, die dem gleichen Ziele dienen; manche, wie z. B. die Löwen, können sogar lernen, sich die Arbeit zu teilen (S. 29 f., 128 f., 132).

Rempe (briefl. 1964) verdanke ich den Hinweis auf weitgehende Analogien zwischen dem hier dargelegten Zusammenspiel verschiedener Instinkthandlungen eines Funktionskreises mit erlernten Appetenzhandlungen und der sogenannten Unterprogrammtechnik bei der Benutzung elektronischer Rechenmaschinen: ,,Aus verschiedenen Unterprogrammen lassen sich komplizierte Programme aufbauen, indem man aus einem Hauptprogramm in die Unterprogramme hineinspringt und nach deren Ausführung mit dem Hauptprogramm fortfährt. Dabei können die Unterprogramme ihrerseits wieder verschiedene andere Unterprogramme benutzen. Wichtige Programme und Unterprogramme stellt man in sogenannten Grundprogrammen zusammen. Bei der X-1-Rechenmaschine sind solche Programme fest verdrahtet, da sie sehr häufig gebraucht werden; man könnte sie als ‚angeboren‘ betrachten. Benutzer der Rechenanlage können kurze Programme schreiben, die nach einem Einlesen als ‚erworbene‘ Programme das Zusammenspiel verschiedener Unterprogramme bewirken; so entstehen völlig neue Rechenpläne. Durch ‚Programmverzweigungen‘ läßt sich der Ablauf in den fest verdrahteten wie den eingelesenen Programmen weiter variieren. Dieses Zusammenspiel von verdrahteten und eingelesenen Programmen scheint ein gutes Modell des Zusammenwirkens von angeborenen und erlernten Verhaltensweisen zu sein.“

f) Individuell und spezifisch unterschiedliche Jagdtechniken

Bei den verschiedensten Katzenarten sind in Einzelfällen oder an begrenzten Populationen Verhaltensweisen beim Aufspüren, Verfolgen, Ergreifen und Töten der Beute beobachtet worden, von denen sich noch nicht sagen läßt, was davon angeboren, was erworben ist. Es seien hier dazu einige kurze Beschreibungen und Protokollauszüge angeführt, um einen Begriff von der noch zu leistenden analytischen Arbeit zu geben.

Die Jagdweise des Geparden wird vielfach verglichen mit der Hetzjagd von Meutejägern wie Wölfen, Hyänenhunden und Fleckenhyänen. Die Ähnlichkeit ist jedoch ebenso oberflächlich wie die des Körperbaues. Der entscheidende Faktor für die Meutejäger ist nämlich nicht Schnelligkeit, sondern Ausdauer; sie ermüden ihre zwar oft gleichschnellen oder sogar schnelleren Beutetiere und werden ihrer dann habhaft. Der Sprint des Geparden ist dagegen im Grunde nichts anderes als der verlängerte und im Tempo gesteigerte Beuteansprung anderer Katzenarten (S. 14 f.). Er ist darauf angewiesen, die Beute, die ihn an Ausdauer übertrifft, in schnellem Ansturm auf kürzester Strecke zu erreichen. Meistens jagt er allein und muß allen schnellen Richtungswechseln der Beute selbst folgen, während in der Meute die etwas zurückliegenden Mitglieder den Bogen abschneiden und nun ihrerseits die Führung bei der Verfolgung übernehmen. Erreicht der Gepard seine Beute nicht nach einem Sprint von höchstens etwa 400 m, so muß er in der Regel aufgeben. Vergleicht man damit, daß z. B. auch Löwen ein Zebra 50, ja 150 m weit verfolgen können, so schrumpft der scheinbar so auffällige Unterschied erheblich. Erreicht er die Beute, ist der Unterschied zu den Meutejägern erst recht deutlich: Diese schnappen nach irgendeinem Körperteil, gewöhnlich Hinterlauf, Flanke oder Hals, suchen die Beute festzuhalten oder reißen einfach Stücke aus ihr heraus; Gebiß und Kopf-Halsmuskulatur des Geparden eignen sich hierzu nicht. Er muß daher die Beute erst auf andere Weise niederbringen, ehe er mit dem Gebiß die Kehle fassen kann. Dazu muß er zunächst seine Geschwindigkeit mäßigen und verlegt, ganz wie andere Katzen (vergl. Abb. 10 c–e), sein Gewicht auf die Hinterhand. Relativ langsame Beutetiere faßt er dann mit beiden Vorderpfoten über der Kruppe und zieht sie so nach hinten nieder; etwas schnelleren setzt er eine Pfote in die Keule oder Flanke und zieht sie so aus dem Gleichgewicht, daß sie stürzen. Hierbei nutzt er vornehmlich die stark entwickelte Daumenkralle (vergl. S. 130 f.) (Eaton 1972 b, 1974). Ist die Beute dagegen sehr schnell, so könnten beide Verfahren den Geparden selbst aus dem Gleichgewicht bringen und seine Reaktionsfähigkeit beeinträchtigen. In diesem Falle greift er mit einer Vorderpfote vor ein Hinterbein der Beute, wenn das gerade vom Boden abhebt, also zu Beginn des Vorwärtsschwingens; das Beutetier bricht dann auf der Vorderhand zusammen oder überschlägt sich. Der Gepard schlägt also nicht, wie es oft beschrieben wird, der Beute die Hinterläufe seitwärts weg, er „stellt ein Bein". Dies tun auch andere Katzenarten, z. B. junge Tiger und Afrikanische Goldkatzen im Spiel, manchmal „in Zeitlupe", so daß der Ablauf in allen Einzelheiten genau zu verfolgen ist. Die Krallen, auch die Daumenkralle, bleiben dabei eingezogen. Schaller bildet eine Löwin ab, die auf gleiche Weise ein Zebra zu Fall bringt (1972, Plate 29). Der große Vorteil dieses Verfahrens ist, daß es keine feste Verbindung zwischen der – im Verhältnis zu der des Raubtieres – erheblichen Körpermasse der Beute und dem Räuber herstellt und diesen nicht in den Sturz des ersteren mit hineinzieht. Außerdem hält der Sturz das Opfer lange genug auf, damit der Räuber seinen Lauf abbremsen, wenden und es noch am Halse fassen kann, ehe es sich wieder aufrichten und weiterrennen kann.

Nach Ewer (mdl. Mittlg.) bedient sich noch eine andere Katzenart, von der man es nicht erwartet hätte, der gleichen oder jedenfalls einer sehr ähnlichen Jagdweise wie der Gepard, nämlich der Jaguarundi.

Während Jagd- und Tötungsweisen der einzeln jagenden Löwen in allem dem gleichen, was hier von anderen Katzenarten beschrieben ist (für Einzelheiten s. Schaller 1972), so haben sie doch als einzige Art Formen der gemeinschaftlichen Jagd entwickelt. Seit alten Zeiten haben die verschiedensten Beobachter darüber berichtet und je nach Einstellung als zufälliges Ergebnis davon, daß mehrere Löwen auf die gleiche Beute oder Gruppe von Beutetieren jagen, oder als Anwendung raffinierter, bewußt ausgeführter Taktik aufgefaßt. SCHALLER hat eine Reihe solcher Jagden genau beschrieben und Ablaufsskizzen dazu angefertigt (1972, S. 248–252, Fig. 42). Er schließt nicht aus, daß in manchen Fällen die Zusammenarbeit der Löwen zufällig zustandekommt. Im Regelfalle reicht diese Erklärung jedoch nicht aus. Bis zu 8 oder (selten) mehr Löwen ziehen gemeinsam los und formieren eine weit gestreckte Linie. Dabei beeilen sich die nach beiden Seiten ausschwärmenden Tiere, ihre bis zu 200 m auseinanderliegenden Flankenposten zu erreichen, während die in der Mitte bleibenden nur langsam vorgehen oder gar anhalten. Auch wenn die Linie gebildet ist, bewegen sich die Tiere an beiden Enden oft schneller voran. Die Beutetiere werden so von beiden Seiten – sind nur wenige Löwen beteiligt, oft auch nur von einer – umfaßt, ja manchmal regelrecht eingekreist und müssen, wenn sie sich schließlich zur Flucht wenden, dem einen oder anderen der Jäger in den Weg rennen. Das ganze Vorgehen erfordert, daß die beteiligten Löwen sich ständig ihrer eigenen Position in Beziehung zu ihren Genossen und zu den Beutetieren bewußt sind und ihre Rolle entsprechend ihrer Position in der gebildeten Kette spielen. Im Grunde ist das ganze nur eine räumlich erweiterte und auf noch mehr Teilnehmer ausgedehnte Version des bereits S. 29 und 132 geschilderten Vorgehens zweier Löwen, die ein einmal gestelltes Beutetier zwischen sich nehmen. Daß die Löwen dabei genau wissen, was sie da tun, und wie sie sich dabei den Verhältnissen anzupassen wissen, zeigt am besten eine eigene Beobachtung aus dem Virunga-Nationalpark in Zaire:

Auf einer flachen Uferterrasse am Rutshuru standen etwa 70–80 m voneinander entfernt zwei Kob-Böcke. Die Terrasse war vollkommen eben, trug nur sehr kurzes Gras und kleine, weit auseinanderstehende Büsche. Von einer etwa 5 m höheren, zweiten Uferterrasse aus hatte ich einen ausgezeichneten Überblick. Die Antilopen schienen leicht beunruhigt, und bald bemerkte ich hinter einem Busch a, der in gerader Linie etwa 250–300 m entfernt war, eine Bewegung. Der Kopf eines Mähnenlöwen lugte hervor; das Tier erhob sich nach einer Weile und schritt langsam nach links auf einen etwa 60–70 m entfernten Busch b zu und verschwand hinter diesem. Bald verließ ein zweiter Löwe a und folgte dem ersten nach Busch b; der erste verließ darauf b und ging weiter zu einem Busch c, der etwa gleich weit von b entfernt war wie b von a; a-b-c konnte man sich durch den Viertelbogen eines Kreises verbunden denken, in dessen Mittelpunkt sich der mir näherstehende Kob befand. Der weiter entfernte, also den Löwen nähere Kob hatte sich inzwischen beruhigt und graste, während der andere immer aufgeregter hin und her lief; dabei entfernte er sich aber in keine Richtung weiter als 10–20 m vom Mittelpunkt des gedachten Kreises. Beiden Böcken war inzwischen offensichtlich klar, wem von beiden die Jagd galt. Nun tauchten hinter Busch a die Köpfe zweier weiterer Mähnenlöwen auf. Einer davon ging dann nach rechts auf einen Busch d zu, während die Löwen 1 und 2 zu einer weiteren Einkreisungsbewegung ansetzten und sich der „angezielte" Kob nun schon in der Mitte eines Halbkreises befand. Die Umstände verhinderten mich, den Erfolg der Jagd abzuwarten. Aber schon nach diesen ersten Stadien sind einige Dinge bemerkenswert: 1. Die Bewegungen der Löwen vollzogen sich wegen der spärlichen Pflanzendecke gezwungenermaßen in voller Sicht der beiden Antilopen; diese versuchten dennoch nicht, sich der beginnenden Einkreisung durch die Flucht zu entziehen. 2. Zwischendurch verbargen sich die Löwen hinter ihren Büschen, und nach einer Weile beruhigten sich die Antilopen immer wieder etwas; vielleicht war es das, was ihre Fluchtstimmung verhinderte, die Schwelle von den ja deutlichen Intentionsbewegungen zur vollen Flucht zu übersteigen. 3. Die Bewegungen der Löwen waren von vornherein darauf abgestellt, den weiter von ihnen entfernten Bock zu fangen, und das Verhalten beider Böcke bestätigte, daß ihnen dies schon längst bewußt war, während es dem menschlichen Beobachter noch so schien, als sei es „natürlich" umgekehrt. Erst das Verhalten der Böcke machte mich auf den Irrtum aufmerksam. 4. Gerade das aber beweist ebenso wie die *nacheinander* ablaufenden Manöver der Löwen, daß diese schon *zu Beginn* derselben a) die gleiche Beute anzielten und b) ihre Bewegungen nicht unabhängig voneinander begannen. 5. Die Löwen haben ihr Ziel von Anfang bis zum beobachteten Stadium unbeirrt beibehalten, wie wiederum das Verhalten der Böcke beweist. Aus all' dem zu schließen, die Tiere hätten schon zu Beginn einen fertigen „Feldzugsplan" gehabt und sich gar über ihn verständigt, wäre sicher voreilig. Es genügt völlig, wenn sie aus irgendeinem mir nicht ersichtlichen Grund wußten, daß der ihnen näher stehende Bock kein aussichtsreiches Ziel war. Andererseits anzunehmen, die sich dann Schritt um Schritt entwickelnde Strategie sei nur aus den Zufälligkeiten der Bewegungen der einzelnen Tiere abzuleiten, erfordert einen starken Glauben an die Vorsehung im Zufall; die beiden Antilopen-Böcke jedenfalls wußten schon nach den allerersten Bewegungen der Löwen, daß hier gar nichts zufällig war. Wie weit hier die Fähigkeiten der Löwen tatsächlich gehen, welche Erfahrungen in der Jugendentwicklung etwa diese Fähigkeiten fördern, ob es qualitative und quantitative Unterschiede in der Befähigung zur Gemeinschaftsjagd zwischen Rudeln und Populationen gibt, alle diese Fragen verdienen eine langdauernde und eingehende Untersuchung; erst diese kann dann Auskunft geben, was und wieviel an wechselseitiger Verständigung und an Voraussicht erforderlich ist, die beobachtbaren Jagdverläufe zu erzielen.

Alle, die Löwen längere Zeit im Freiland beobachtet haben, stimmen darin überein, daß die ♂♂ weniger häufig jagen als die ♀♀ und sich meist damit begnügen, sich die Beute der letzteren anzueignen. Das trifft wohl zu, doch muß man sich vor Übertreibungen hüten. SCHALLER weist selbst darauf hin, daß seine Zahlen wahrscheinlich einen Fehler zugunsten der ♀♀ aufweisen, weil diese leichter und häufiger zu beobachten sind. Einzeln oder in kleinen Gruppen von 2–5 umherziehende, „nomadische" (s. S. 195) ♂♂ müssen sowieso meistens für sich selbst jagen und tun das natürlich auch. Die eben erwähnten 4 Mähnenlöwen bildeten möglicherweise eine solche Nomadengruppe. In einer Hinsicht allerdings übertreffen die ♂♂ doch die ♀♀: Es sind fast ausschließlich sie, die sehr große und gefährliche Beutetiere wie erwachsene Büffel und Giraffen angreifen und auch überwältigen. Obwohl es sich bei dem Büffel in Abb. 21 nur um eine Kuh handelt, sind es doch die beiden Mähnenlöwen, die ihn töten; erst danach kommen die ♀♀, um am Mahl teilzunehmen. Hier ist also einmal das umgekehrte des üblichen Schemas verwirklicht. Wenn auch sonst in den Beispielen und Abbildungen dieses Buches überwiegend Mähnenlöwen die Beute töten, so soll damit keineswegs die obenerwähnte, von so vielen unabhängigen Beobachtern bestätigte Regel angezweifelt werden. Die Mehrzahl der Beispiele stammt aus dem indischen Gir-Reservat, und dort hängt es sehr von den Wildhütern ab, welche Löwen sie aufspüren und mit dem zu opfernden Büffel „beschenken"; vielleicht führen sie Gästen und Besuchern lieber ein paar prächtige Mähnenlöwen vor als einige weniger eindrucksvolle ♀♀.

Die Flachkopfkatze lebt in Sumpfgebieten, vor allem auch Mangrovesümpfen der malayischen Halbinsel, Sumatras und Borneos. Sie macht dort besonders Jagd auf Krabben und Flachwasser- und Strandfische wie etwa Schlammspringer (*Periophthalmus*). Direkte Freilandbeobachtungen über die Lebensweise liegen m. W. jedoch nicht vor. Das Tier hat die Zwischenzehenhäute noch stärker ausgebildet als die Fischkatze, und das Gebiß weist ebenfalls besondere, von dem aller anderen Katzenarten abweichende Merkmale auf. Meine Tiere (2 ♂♂, 2 ♀♀) gedeihen gut bei hauptsächlich aus Mäusen und kleinen Ratten bestehender Ernährung. Ratten töten sie ganz wie andere Kleinkatzen mit Nackenbiß; Mäuse jedoch beißen sie hastig, lassen sie sofort wieder los oder schleudern sie etwas beiseite, wiederholen dies mehrmals, und rollen sie häufig zwischen den Bissen mit den Vorderpfoten auf sich zu, ähnlich wie der Iltis Frösche „walkt" (Goethe 1940; Eibl-Eibesfeldt 1955); die Bewegungsweise ähnelt noch mehr derjenigen des Sumpfichneumons (*Atilax*) (Eisenberg und Leyhausen 1972). Dieses Verhalten ebenso wie die Literaturhinweise zum vermutlichen Freilandverhalten veranlaßten uns, Mäuse ins Badebecken zu werfen (65 x 45 cm, etwa 8–10 cm Wassertiefe; die Tiere baden gern und oft darin, meiden jedoch größere Wassertiefe). Dies erregt die Katzen weit mehr als eine Maus auf dem Trockenen, und sie versuchen sowohl von außen wie auch im Wasser stehend, die Maus mit Pfoten oder Zähnen herauszufischen. Mit den weit gespreizten Vorderpfoten führen sie dabei häufig tastende Suchbewegungen am Beckenboden aus, wie es ausdauernder und intensiver Waschbären und Sumpfichneumons auch tun. Die Tiere haben also in Konvergenz zu den genannten und noch anderen Kleinräubern Verhaltensweisen entwickelt, die an die Jagd auf Kleinbeute im Flachwasser und Uferschlamm angepaßt sind. Wenn wir bisher die entsprechenden Bewegungsformen bei der Flachkopfkatze nur in geringerer Ausprägung beobachten konnten, so mag das daran liegen, daß Mäuse nicht ganz die passenden Objekte dafür sind. Eine eingehendere Untersuchung ist in Arbeit.

Ein besonderes Verfahren, sich lebhaft windende Beutetiere (Ratten) zu bewältigen, konnte ich bei Fischkatzen und Schwarzfußkatzen beobachten: Die Tiere schieben sich von hinten her über die Ratte, legen beiderseits von ihr einen Unterarm flach auf den Boden und klemmen den Körper der Ratte zwischen diesen, Brust und Boden der Länge nach fest. Den Kopf legen sie dabei weit zurück und warten so auf einen günstigen Moment, um die sich windende Ratte im Nakken zu packen. Das Verfahren ähnelt weitgehend dem bei *Nandinia* (Leyhausen 1965 b) beschriebenen, nur tritt an Stelle des wilden wiederholten Zubeißens das ruhige Abwarten und der sicher gezielte Nackenbiß (vgl. Abb. 43 b, worauf Katze und Ratte allerdings „falsch" zueinander orientiert sind). Bei dieser Art, die Beute zu halten, spielen ähnlich wie beim Geparden (S. 127) die Daumenkrallen eine wesentliche Rolle.

Eine Afrikanische Goldkatze bediente sich beim Fang eines Huhnes des folgenden Verfahrens: Die Goldkatze befand sich in ihrem Innenkäfig, das Huhn im

Außengehege, wo es ziellos hin und her lief und sich dabei dem Schlupfloch zum Innenkäfig bis auf weniger als 1 m näherte. In dem Augenblick schoß die Goldkatze mit einem Satz aus dem Loch, übersprang das Huhn, ohne es zu berühren, setzte unmittelbar hinter diesem die Vorderpfoten auf, landete in einem weichen Purzelbaum, überrollte sich ganz und lag, Kopf zunächst dem Huhn, am Boden; im nächsten Augenblick hatte sie es an der Schulter gepackt, hielt es mit den Pfoten nieder, biß dicht am Kopf in den Hals und trug es nach innen. Ähnliches beschrieb ich (S. 16 f.) bei einem Hauskater, der einen Spatzen fing, und hielt das für einen durch blinden Eifer verursachten „Unfall". Bei der Goldkatze wirkte das ganze aber genau berechnet und „selbstverständlich"; bei dieser geringen Entfernung kann sie das Huhn auch kaum versehentlich übersprungen haben. Vielmehr scheint es sich um eine besondere, wohl vielen Katzenarten eigene Technik des Überfalls zu handeln. In der Tat ist die so ausgeführte Rolle die physikalisch wie bewegungsphysiologisch einzige Möglichkeit für die Katze, in den Rücken eines frontal stehenden Beutetiers zu gelangen, unmittelbar hinter ihm blitzschnell um 180° zu wenden und es zu packen, ehe es Zeit hat, auf die veränderte Lage zu reagieren.

Eine Abwandlung dieses Verfahrens, die einen besonders guten Eindruck von der Angriffsweise des Leoparden und seiner Wendigkeit bei unvorhersehbarem Verhalten des Beutetieres vermittelt, beschreibt das folgende Beobachtungsprotokoll:

„Sasan Gir, 10.11.1969: Eine große Ziege wird am Pfahl etwa 10 m vom Beobachtungsstand mit einem 5 m langen Seil angebunden (gewöhnlich bindet man die Ködertiere kurz an, die Ziege erhielt nur auf meinen Wunsch so viel Spielraum). Anfangs ruft die Ziege häufig, beruhigt sich aber nach einer Weile und zupft hier und da am Gras. Außer den üblichen Geräuschen vom Gästehaus und dem Dorf ist alles still. Nach etwas über anderthalb Stunden (21.20), die Ziege steht gerade quer vor mir mit Kopf nach links, höre ich ein Geräusch und sehe den Leoparden rechts aus dem Hintergrund quer über die beleuchtete Fläche auf die Ziege zugaloppieren. Diese bemerkt anscheinend den Räuber erst jetzt und rennt los. Gerade als der Leopard parallel mit ihr ist, zwingt sie der Strick zur Umkehr; der Leopard hatte offenbar seinen Angriff nach ihrer bisherigen Bewegungsrichtung berechnet und hätte sie 1–2 m weiter in dieser Richtung erreicht. Er bremst mit allen vieren, schlittert mit den Hinterfüßen im Halbkreis herum und kommt am Ende halb auf den Rücken, halb auf die linke Seite zu liegen, gerade als die Ziege ihre Wendung ebenfalls vollendet hat und in der Gegenrichtung losprescht. Im Liegen schnellt der Leopard seinen Vorderkörper etwas vom Boden ab, wirft seine Vorderpfoten beiderseits um den Hals der Ziege (vgl. Abb. 47 s), zieht ihn herab, beißt in die Kehle und endet in einer Stellung sehr ähnlich wie Abb. 45 a. Er beißt zweimal nach (S. 84, 87). In diesem Augenblick hebe ich das Nachtglas, um die Bißstelle genauer zu sehen. Der Leopard muß wohl trotz aller Vorsicht die leichte Bewegung hinter der dünnen Rohrmatte bemerkt haben, läßt die Ziege fahren und galoppiert davon. Die Ziege tut noch einige Atemzüge, die Beine zucken in regelmäßigen Abständen noch 90 Sek. lang. Dann gehe ich hin und untersuche: Der Biß ging quer über Kehle und beide Unterkieferbacken, wie auch zweimal 1968 festgestellt (S. 98 f.), das Genick ist ganz lose. Eine kleinere Arterie am Unterhals scheint aufgerissen, eine etwa zwei

Handteller große Lache hellen Blutes breitet sich auf dem Boden aus. Die Blutung ist bereits beendet, als ich das Tier erreiche. Eine nähere Untersuchung unterbleibt, weil ich die Rückkehr des Leoparden abwarten will."

Man kann gewiß gegen diese und die früher kurz erwähnten (S. 98; Abb. 47) Löwenbeobachtungen einwenden, es handle sich bei solchen Versuchen mit angebundenen Beutetieren um eine zu künstliche Situation, als daß man weitgehende Schlüsse auf den normalen Ablauf des Beutefangs dieser Großkatzen aus den Beobachtungen ziehen dürfte. Bis zu einem gewissen Grade trifft das zu; jedoch ist es keineswegs so, daß es sich dabei um eine für das Raubtier einfachere Situation handelte. Ganz im Gegenteil hatte ich mehrfach den Eindruck, die Aufgabe werde dem Raubtier erheblich erschwert, weil das angegriffene Beutetier eben am Ort bleibt, statt sich in der erwarteten Weise zur Flucht zu wenden und dabei die Flanke zu bieten. Mehrmals sah ich Löwen unter diesen Umständen zögern, den Angriff abbrechen und erst nach langer Pause, während der sie aus einiger Entfernung mißtrauisch die Lage beobachteten, erneut einen Versuch wagen. Sehr gut kommt dies im folgenden Protokollauszug zum Ausdruck:

„Gir Sanctuary, 13.11.1969: Als wir gegen 15.30 Uhr mit dem (sehr großen) Büffel ankommen, ist nur einer der beiden gemeldeten männlichen Löwen da. Nach einigem Zögern folgt der Löwe dem Büffel und uns zu einer Stelle, die gute Sicht und Licht zum Filmen bietet. Hier wird der Büffel angebunden, und wir ziehen uns etwa 20 m zurück. Nach wenigen Minuten macht der Löwe einen Vorstoß auf den Büffel zu, weicht aber sofort zurück, als sich dieser gegen ihn wendet, die Hörner senkt und schnaubt. Er zieht sich ein Stück ins Gebüsch hinter dem Büffel zurück und legt sich dort nieder. Von Zeit zu Zeit äugt er zum Büffel hin, zwischendurch scheint er zu dösen oder zu schlafen. Gegen 17.00 Uhr erscheint plötzlich der zweite Löwe von links und nähert sich langsam dem Büffel bis auf etwa 6–8 m. Der Büffel wendet sich ihm zu, und sofort steht der erste Löwe auf und sucht in kurzem Bogen in den Rücken des Büffels zu kommen. (Beide Löwen versuchen, die S. 29 f. beschriebene Taktik anzuwenden.) Der Büffel versucht, sich umzudrehen, doch gelingt ihm dies wegen des kurzen Stricks nur halb. Die Löwen halten beiderseits in Abständen von nur wenigen Metern. Um in den Rücken des Büffels zu gelangen, müßte jedoch einer sich in den Raum zwischen dem Büffel und uns vorwagen und uns dabei recht nahe kommen; so verharren sie unschlüssig beiderseits des Büffels; als dieser sich etwas nach links wendet, versuchen sie es nochmals, doch tritt sogleich dasselbe Patt wieder ein. Daraufhin ziehen sich beide nach verschiedenen Seiten 15–20 m zurück, legen sich nieder, beobachten den Büffel und uns. Nach langer Zeit (18.30 Uhr, es ist fast dunkel) springt der zweite Löwe plötzlich gegen den Büffel vor, dieser versucht wegzuspringen und stürzt dabei über seine Fessel. Der Löwe springt über ihn hinweg, gelangt so in seinen Rücken, packt ihn mit den Zähnen an der Schulter und hält ihn nieder. Erst nach mehreren Sekunden läßt er los und beißt unmittelbar hinter dem Ohr in die Halsseite des Büffels. Der stirbt, nach den spastischen Beinbewegungen zu urteilen, sehr schnell, doch der Löwe hält ihn viele Minuten ohne jede Haltungsänderung fest."

Eine weitere Leopardenbeobachtung könnte möglicherweise den Schlüssel zum wahren Kern der Berichte enthalten, denen zufolge Leoparden unter den

Ruhebäumen der Affen wild umherspringen und einen wüsten Lärm veranstalten sollen; angeblich fallen daraufhin nicht selten Affen vor Schreck herab und können dann vom Leoparden erbeutet werden.

,,Wilpattu Nationalpark, Ceylon, 16.10.1968: (Beobachte ab 16.30 Uhr einen Leoparden am Waldrand in der Nähe unseres Camps) . . . macht plötzlich (17.40) ein paar spielerisch scheinende Sprünge dorthin, wo der Weg aus dem Wald ins Freie tritt und von hohen, weitausladenden Bäumen flankiert ist. Der Leopard rennt auf dem Weg hin und her. Lange kann ich das nicht deuten, dann merke ich, daß er etwas jagt: einen Vogel etwa in der Größe eines Bankivahahnes. Der schwerfällig fliegende Vogel läßt sich durch die Sprünge des Leoparden immer wieder von dem Ast aufscheuchen, auf dem er gerade sitzt, er flattert herum und oft gefährlich tief über den Boden hin zu einem anderen Ruhepunkt; dabei kommt er mehrmals fast in Reichweite des Leoparden, der ihn einmal beinahe mit der hochfahrenden Pfote erwischt. Immer wieder geht der Leopard kurz in Lauerstellung, springt in Richtung auf den sitzenden Vogel zu; obwohl dieser immer viel zu hoch sitzt, als daß der Leopard ihn erreichen könnte, flattert er jedesmal wieder auf, im Bogen tief zum Boden und wieder aufwärts zu einem anderen Ast, der Leopard rennt hinter und oft unter ihm mit und sucht ihn am Tiefpunkt der Kurve zu haschen. Schließlich macht der Leopard Anstalten, den großen Baum, auf dem der Vogel gerade sitzt, zu erklettern, worauf der Vogel in den Wald hinein abstreicht und der Leopard das Spiel aufgibt (18.15 Uhr). Mir scheint es gar nicht ausgeschlossen, daß ein Leopard gelegentlich auf diese Weise einmal einen solchen Vogel erbeutet (die Art war wegen der Entfernung und des Gegenlichtes nicht festzustellen).

17.10.1968: Gehe morgens zur Beobachtungsstelle und kann an den Spuren im feuchten Sand des Weges die Geschichte des Vortages rekonstruieren und die Sprünge ausmessen.

18.10.1968: Bei Annäherung an eine Lichtung hören wir einen Trupp Languren aufgeregt lärmend im Geäst umhertoben. Als wir die Lichtung erreichen, ist nichts mehr zu sehen, der laute Motor des Jeep hat gestört. An der betreffenden Stelle finden wir jedoch die Spuren eines sehr großen Leoparden, die eindeutig den gleichen Hergang verraten, wie die Spuren des von mir bei der – wohl doch mehr übermütig-spielerischen – Vogeljagd beobachteten Leoparden."

Es ist äußerst wahrscheinlich, daß diese Taktik gegenüber den Languren nicht selten zum Erfolg führt. Diese Affen pflegen nämlich dort, wo die Bäume nicht allzu dicht stehen, statt durchs Geäst von Wipfel zu Wipfel, über den Boden von einem Baum zum anderen zu wechseln, auch auf der Flucht; dabei wählen sie durchaus nicht immer den nächsten Baum, sondern galoppieren oft 50 m und mehr, ehe sie wieder aufbaumen. Am Boden könnten sie von einem Leoparden leicht eingeholt und erbeutet werden. Eine direkte Bestätigung für die Vermutung fehlt mir allerdings bisher. Ähnlich schildern auch EISENBERG und LOCKHART (1972) das Vorgehen des Leoparden.

Von den verschiedenen Tötungsweisen der Löwen war schon (S. 98, 132 f.) die Rede. Hier ein weiteres Beispiel:

Protokollauszug F.-D. v. WOLFF: ,,Amboselipark (Kenia), 20.9.1968: Zwei Löwinnen auf abgestorbenem Baum gegen 12.00 entdeckt. Eine steigt nach kurzer Zeit herab, bemerkt eine gemischte Herde von Zebras und Gnus, beschleicht ein etwas abseits stehendes Gnu. Der Angriff selbst war wegen des Pflanzenwuchses nicht genau zu verfolgen, beim Hinzufahren sahen wir, wie die Löwin die Fluchtversuche des Gnus zunächst durch Bisse in Oberschenkel und Weichen verhinderte (Abb. 57 a–d), dann sich in die Kehle verbiß, worauf die Bewegungen des Gnus deutlich schwächer wurden. Nach einer Weile umfaßte die Löwin mit dem Unterarm die Stirn des Gnu über dem Gehörn und drückte dies flach an den Boden, so daß die Muffel des Gnu nach oben zeigte, und umfaßte diese mit dem Gebiß so, daß das Gnu das Maul nicht mehr öffnen konnte. So verharrte die Löwin in verkrampft wirkender Stellung 9 Min. und ließ sich während dieser Zeit durch kein Geräusch stören. Die letzten Zuckungen des Gnu hörten nach etwa 6 Min. auf. Die Löwin löste sich sehr langsam vom Gnu und blieb erschöpft und schwer atmend mit geschlossenen Augen etwa 2 Min. liegen. Dann ging sie langsam zum Baum zurück, die dort gebliebene Löwin kam herab, holte ihre 3 Jungen, und alle gingen, geführt von der Jägerin, zur Beute. Die Jungen knabberten etwas an den Hoden des Gnu, ihre Mutter zog die Beute in den Schatten. Die Jägerin verließ jetzt die Gruppe und wanderte sehr langsam zu ihren etwa 2,5 km entfernten Jungen, führte sie ebenfalls zur Beute, und erst jetzt begannen alle zusammen das Gnu anzuschneiden.“

Eloff (1964, 1973 a, b) beschreibt eine Angriffsform des Kalahari-Löwen, die besonders auf die Oryx-Antilope zugeschnitten erscheint: Die langen, spitzen Hörner der Oryx sind äußerst gefährliche Waffen, welche die Tiere auch wirksam

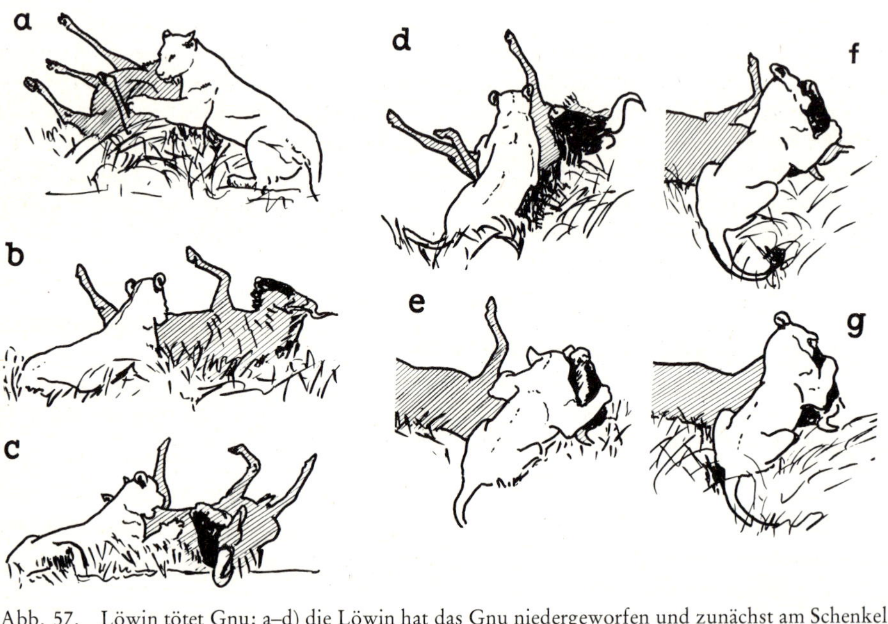

Abb. 57. Löwin tötet Gnu; a–d) die Löwin hat das Gnu niedergeworfen und zunächst am Schenkel gepackt, läßt mehrmals los und beißt jedesmal weiter vorn zu; e) Kehlbiß, während rechte Vordertatze das weitausgelegte Gehörn des Gnus auf den Boden drückt und so dessen Hinterkopf fixiert; f) Biß in Unterkiefer; g) Biß übers Maul, so verharrt Löwin bis Gnu erstickt (nach Farbaufnahmen von F.-D. von Wolff)

zu benutzen wissen. Die Löwen beißen daher nicht nach dem Hals, sondern weit hinten ins Kreuz der Antilope (vgl. Iltis S. 24 und Tigerkatze S. 31 ff., s. auch Abb. 21 n–y) und reißen ruckartig hoch. Dabei brechen sie das Rückgrat am Sacrum; die auf der Hinterhand gelähmte Oryx kann dann leicht vollends bewältigt werden.

Der Jaguar hat eine besondere Art, Wasserschweine *(Hydrochoerus capybara)* zu töten (Schaller und Vasconcelos 1978): Er beißt sie von oben quer über den Schädel und knackt diesen wie eine Nuß. Das gleiche gelingt ihm aber auch mit einem Biß über Kehle und Kinnbacken (vergl. Leopard/Ziege S. 98 f.) Andere Beutetiere als Wasserschweine tötet er auf verschiedene andere Weisen, knackt aber nie den Schädel. Der Erfolg hängt, wie die beiden Autoren betonen, von der genauen Plazierung der Eckzähne auf eine eng umschriebene Stelle des Hirnschädels ab, an der die Schädelknochen des Wasserschweins bis zu 2 cm dick sind. Es sind wohl hauptsächlich zwei Umstände, die diese auf den ersten Blick so merkwürdig, geradezu abwegig anmutende Tötungstechnik ermöglichen: a) Im Vergleich mit gleich langen Leopardenschädeln sind die Jaguarschädel breiter, die Augenhöhlen sind etwas nach vorn verlagert; die Jochbögen sind entsprechend länger und laden weiter aus. All das zusammen ermöglicht den Ansatz einer weit massiveren Kiefermuskulatur; ein Jaguar kann viel fester zubeißen als ein Leopard. Die Querschnittsfläche des Oberkiefer-Eckzahns des Jaguars ist, am Austritt aus der Alveole gemessen, um 20–100% größer als beim gleichgroßen Leoparden, der Zahn selbst ist dagegen etwas kürzer und an der Spitze stumpfer, kann also einer höheren Druckbelastung standhalten als der Eckzahn des Leoparden. Diese Unterschiede nehmen mit der Körpergröße nicht nur absolut, sondern auch relativ (positiv allometrisch) zu. Es ist meines Wissens noch nicht untersucht, ob auch die Zahnsubstanz selbst beim Jaguar eine höhere Festigkeit aufweist, doch möchte man es fast erwarten. b) Der Hirnschädelbau des Wasserschweins weist eine Reihe von Eigentümlichkeiten auf, die der vom Jaguar angewandten Tötungsweise entgegenkommen. Die Scheitelbeine *(Os parietale)* liegen mit den Stirnbeinen *(Os frontale)* in einer Flucht und sind nach den Seiten zu kaum gewölbt. Zwischen Scheitelbein und Felsenbein *(Os petrosum)* schiebt sich auf jeder Seite ein schmaler Flügel des Schläfenbeins *(Os temporale = squamosum)* bis zum Hinterhauptsbein *(Os occipitale)*. Der untere Rand dieses Flügels senkt sich an der Nahtstelle mit dem Felsenbein zu einer nach hinten zu tiefer werdenden, scharfrandigen Furche ein. Greift der Eckzahn des Jaguars weit genug über den Wasserschweinschädel, so gleitet er am nach innen zu geneigten Felsenbein nahezu automatisch nach oben in die Furche und kann dort nicht mehr abgleiten. Die erwähnten Schädelknochen des Wasserschweins sind zwar sehr dick, aber selbst bei alten Tieren sind die Nähte nicht sehr fest verwachsen. Wenn der Jaguar den Beißdruck entsprechend verstärkt, geben sie nach, und Felsenbein samt Gehörkapsel *(Bulla ossea)* und der Flügel des Schläfenbeins brechen nach innen und quetschen die Gehirnmasse zwischen sich zusammen. Es ist also nicht so, als durchbohrten die Eckzähne die Schädelknochen. Der Vorgang ist vielmehr praktisch der gleiche, wie S. 36 f. beschrieben: Ob die Eckzähne nach dem ersten Zubeißen nach einem Zwischenwirbelraum tasten oder nach einer Furche im Hirnschädel, ist „verfahrenstechnisch“ kaum verschieden. Diese Technik auf die Schädel anderer Beutetiere, etwa Pekaris, Tapire oder Hirsche, anzuwenden ist kaum möglich, da bei all' diesen Tieren die genannten Schädelknochen an die Rück- bzw. Unterseite des Hirnschädels verlagert sind: Diese Schädel hören, von der Seite gesehen, hinter dem Jochbogenansatz am Schläfenbein abrupt auf. Stirn- und Schläfenbeine sind sehr fest miteinander verwachsen und die Knochen sind zwar verhältnismäßig dünner als beim Wasserschwein, aber sehr viel fester. Nun machten SCHALLER und VASCONCELOS ihre Beobachtungen an einer kleinen Population von nur drei Jaguaren. Es steht also noch nicht fest, ob alle Jaguare Wasserschweine so töten (s. S. 104 f.), und es ist auch noch vollkommen rätselhaft, wie sie lernen, daß ausgerechnet Wasserschweine, und nur diese, auf diese Art am besten umzubringen sind.

Es scheint, als ob bei verschiedenen Jagd- und Tötungsverfahren der Großkatzen zwei Faktoren bestimmend sind, wenn man einmal von den endogenen Antriebsfluktuationen der Relativen Stimmungshierarchie (S. 119 f.) absieht: 1. Die Beutegröße (s. S. 104) und 2. örtliche Tradition (s. S. 104 f.). So sah Dr. GEORGE SCHALLER (briefl. 11.5.1970, 1972) Löwen von 26 Thomson-Gazellen 16 mit Nackenbiß töten, nur 6 durch Kehlbiß, 2 durch Biß über den Schädel und je 1 durch Biß in die Brust bzw. die Rückenmitte. Dagegen sah er bei 12 Gnutötungen 7 Kehlbisse, 3 Nasenbisse (s. S. 37, 97), in einem Falle hielt eine Löwin die Kehle und eine andere die Nase, nur einmal trafen 2 Caninen im Nacken und zwei die Halsunterseite. (Dies rechne ich auch bei Kleinkatzen mit unter „Nackenbiß"; symmetrische Nackenbisse sind auch dort seltener als solche asymmetrische, bei denen nur ein Caninenpaar die Halsoberseite, das andere aber Halsseite oder -unterseite trifft.) 11 Zebratötungen zeigten 10 Kehlbisse und 1 asymmetrischen Nackenbiß. Aus anderen Berichten (z. B. GUGGISBERG 1960) ist jedoch zu entnehmen, daß in anderen Gegenden Afrikas die Löwen Zebras vorwiegend mit Nackenbiß töten. SCHALLER (1967) berichtet gleiches von Tiger und Büffel. Berücksichtigt man dabei, daß anscheinend sich die Beliebtheit einer bestimmten Beuteart in einem Gebiet nicht unbedingt nach ihrer Häufigkeit richtet, noch nach der relativen Leichtigkeit, mit der sie zu erbeuten ist, so ergibt sich eine interessante Möglichkeit: Die traditionell bevorzugte Tötungsmethode einer örtlichen Großkatzenpopulation könnte mit entscheiden, welche Beutearten die Mitglieder dieser Population bevorzugen. Verschiebt sich die traditionelle „Verhaltenswahrscheinlichkeit" (S. 11) des Großraubtiers, so könnte das Beutetierökologie und -bestand des betreffenden Gebietes nicht unwesentlich beeinflussen. Ökologische Untersuchungen einer Synökie unter derartiger Fragestellung gibt es m. W. bisher nicht, weil erst in letzter Zeit die Zusammenschau der Ergebnisse langjähriger Freilandbeobachtungen mit den Ergebnissen systematischer Untersuchungen an gefangengehaltenen Raubtieren die Frage zu stellen ermöglicht. Sollten zukünftige Untersuchungen ergeben, daß tatsächlich die ökologischen Verhältnisse eines Gebietes durch Traditionen der angedeuteten Art beeinflußt werden, so könnte das für die Praxis der Wildregulierung in Wildreservaten und Nationalparks Bedeutung gewinnen: Solche Gebiete sind ja durchweg zu klein, und da außerdem ihre Abgrenzung kaum je nach biocoenotisch-ökologischen Gesichtspunkten vorgenommen wurde und wird, ist ihr biologisches Gleichgewicht stets gefährdet und oft gestört. Gelänge es, auf die traditionellen Tötungsweisen und damit Beute-Bevorzugung der örtlichen Großraubtiere einzuwirken, so könnte dies zur bionomen Steuerung des ökologischen Gleichgewichts ausgenutzt werden.

II. Das Sozialverhalten

Die meisten Katzenarten gelten als ungesellige Reviertiere, die sich nur zur Paarung treffen und deren Junge die Mutter und einander verlassen, sobald sie einigermaßen selbständig sind. An einem „typischen“ Vertreter der solitären Kleinkatzenarten, der Hauskatze, habe ich deshalb untersucht, wie sich die sozialen Verhältnisse unter angenähert „natürlichen“ Bedingungen entwickeln und wie sich das Inventar sozialen Verhaltens mit der „unnatürlichen“ Haltung mehrerer Katzen auf engem Raum abfindet.

Über das Verhalten von Katzen zum umgebenden Raum, besonders die Erkundung noch unbekannten Geländes, habe ich an anderer Stelle (1953) ausführlich berichtet. Wie sich zeigte, ist das Verhältnis zur Umgebung ein entscheidender Faktor im Verhalten des Tieres, wenn es einem anderen Tier, sei es fremder oder eigener Art, begegnet. Dies mußte bei den nachstehend geschilderten Beobachtungen und Versuchen berücksichtigt werden, die einige der wesentlichen elementaren Verhaltensweisen näher untersuchen, die soziale Bezugnahme veranlassen und ermöglichen.

Die Begegnung zwischen einander fremden Katzen

Zwei einander fremde Katzen brachte ich unter folgenden Bedingungen zusammen:

1. Beide Tiere in fremdem Raum,
2. Beide Tiere in bekanntem Raum,
3. Nur ein Tier kennt den Raum, das andere nicht.

War der Versuchsraum beiden Tieren fremd, so ignorierten sie einander in der Regel zunächst völlig und machten sich an die Untersuchung des Raumes. Begegneten sie einander, so beschnupperten sie sich kurz, Nase gegen Nase gestreckt, und fuhren dann in der Raumerforschung fort. Erst wenn sie jeden Winkel abgegangen, -getastet und -geschnuppert hatten, wandten sie sich einander zu. Stets beginnen sie mit dem Beschnuppern „Nase gegen Nase“ (Abb. 58), wobei Kopf und Hals möglichst weit vorgestreckt werden und der Körper, besonders auf der Hinterhand, leicht geduckt ist. Der Kopf wird meist etwas schief gehalten (Abb. 64 b). Die Nasen berühren einander im allgemeinen nicht. Meist sind dabei die Ohren noch freundlich-neugierig auf- und nach vorn gerichtet, doch können sie auch schon durch ihre Stellung einen Hinweis auf die weitere Entwicklung der Begegnung geben (Abb. 76 b). Beide Tiere streben dann danach, Nacken und Flanke des anderen entlangzuschnuppern und -zutasten und schließlich dessen

Analgegend eingehend zu beriechen. Gelingt das, so flehmen sie anschließend häufig. Meist jedoch bemüht sich jede Katze mit dem gleichen Eifer, mit dem sie ihre Nase der Analgegend der anderen zu nähern sucht, dieser die eigene Kehrseite zu entziehen, so daß sich beide Tiere im Kreise umeinander bewegen (Abb. 59). Bei freundlichem Verlauf gestattet schließlich ein Tier dem anderen die Analkontrolle mit zuvorkommend hochgehobenem Schwanz.

So „ideal" verläuft die Begegnung jedoch nur in sehr seltenen Fällen. An sich wird das zwar von jedem Tier angestrebt, wie die weiter unten aufgeführten Attrappenversuche beweisen. Meist jedoch bricht die Handlungskette bereits ab, wenn die erste der beiden versucht, die andere im Nacken zu beriechen. Schon in dem Versuch einer Katze, früher als die andere den nächsten Schritt zur Annäherung zu tun, drückt sich ein Mehr an „Selbstsicherheit" aus; das veranlaßt die Partnerin, die ihrerseits noch nicht den nächsten Schritt zu tun wagte, zu mehr oder weniger ausgesprochener Abwehrstellung: Sie duckt sich und kriecht zusammen, wobei sie vorn etwas seitlich ausweicht, leicht die Ohren anlegt und die nun zur Gegnerin gewordene andere Katze etwas von unten her anschaut. Besteht diese auf ihrer Annäherung, so kommt erst ein Fauchen und dann ein abwehrender Tatzenhieb auf die Nase. Schließlich läuft die Unterlegene davon, erst langsam und geduckt, dann immer freier und schneller; in einigem Abstand hält sie wieder an und sieht sich – meist im Sitzen – nach der überlegenen Partnerin um. Die Überlegene hat inzwischen den Platz, auf dem die Davongelaufene saß, eingehend beschnuppert und folgt ihr, meist langsam, nach, um ihre Bemühungen um Nacken-, Flanken- und Analkontrolle zu wiederholen. Dies kann sich mehrfach wiederholen. Das Ende der Begegnung hängt nun weitgehend von Stimmung und Temperament der überlegenen Katze ab. Sie kann nach mehreren vergeblichen Versuchen das Interesse verlieren und sich von der anderen endgültig abwenden, sie kann auch hartnäckig fortfahren, bis die andere in äußerster Abwehrstellung zusammengekrochen alles über sich ergehen läßt, und sie kann schließlich zum offenen Angriff übergehen, vor allem, wenn beide Tiere Kater sind.

Abb. 58. „Nasenkontrolle"; M 5 (links) und M 2 (rechts)

Abb. 59. „Kreisen"; W 1 und M 5, W 1 faucht abwehrend, legt aber gleichzeitig den Schwanz zur Seite und erleichtert so M 5 die Analkontrolle

Das „Schema" des Artgenossen

Das eben entworfene „ideale Begegnungsschema" wird unter dem Einfluß von Territorialität und Rivalität in verschiedenster Weise abgewandelt. Diese Abwandlungen stellen den „natürlichen" Verlauf der Dinge dar, da die oben beschriebene Situation praktisch nur unter eigens geschaffenen Versuchsbedingungen eintreten dürfte. Ehe wir uns ihnen zuwenden, sei jedoch noch kurz auf das Erkennen des Artgenossen durch Katzen eingegangen. Hierzu stellte ich eine Reihe von Versuchen mit folgenden Attrappen an:

a) lebende Tiere (Mäuse, Ratten, Hunde)
b) eine absichtlich schlecht ausgestopfte halbwüchsige Katze
c) ein auf Räder montierter Teddybär
d) das Spiegelbild
e) der überlebensgroße Schattenriß einer Katze in Angriffsstellung (S. 146 ff.)
f) das Gesicht vertrauter Personen.

Die unter a) genannten Tiere können als „Attrappen" im Sinne des Versuchs gelten, weil sie von Katzen, die keine Erfahrung mit Beutetieren haben, ganz wie andere Katzen behandelt werden. Das heißt, die Begegnung mit ihnen verläuft genau wie wenn sich zwei Katzen erstmals begegnen, sofern das Verhalten des Attrappentieres nicht die Kette an irgendeiner Stelle unterbricht. Die ausgestopfte Katze und der Teddy wurden genau so wie Katzen von vorn nach hinten abgeschnuppert, ebenso der Schattenriß (Abb. 60) (vgl. hierzu auch Weiss 1952, Abb. 5, S. 458). Das Verhalten gegenüber dem Spiegelbild folgt offenbar dem gleichen Schema, doch ist dies nicht so eindeutig feststellbar: Wenn das Tier seine Nase der Scheibe nähert, stößt es zwangsläufig auf die Nase des Spiegelbildes, und diese geht dann beim Versuch, andere Körperteile des vermeintlichen Gegenüber zu beriechen, automatisch mit. Der Versuch gelingt auch nur bei Katzen, die noch nie Gelegenheit hatten, sich ausführlich mit ihrem Spiegelbild zu befassen. Die Tiere verlieren nämlich sehr schnell – oft schon beim zweiten Versuch – jedes Interesse daran und beachten es bei späteren Versuchen oft überhaupt nicht mehr. Dem vertrauten oder wenigstens nicht allzu fremden Menschen streckt schließlich jede Katze ihre Nase entgegen, wenn er das gleiche tut. Fast immer richtet die Katze ihre erste Annäherung auf die Nase des Gegenübers, so auch beim Schattenriß (Abb. 60 e; die Aufnahme erfolgte einen Augenblick später, als das Tier bereits, wie oben beschrieben, zu Ohr und Hals hin weiterschnuppert) genau dorthin, wo die Nase sein müßte. Die für die Auslösung der ersten Annäherung wesentlichen Merkmale lauten also in knappen Worten: „Spitzer Vorsprung zwischen zwei Augen". Über Androhen und Bekämpfen von Attrappen vgl. S. 150 ff. Weil seine beiden isoliert aufgezogenen Hauskatzen ebenfalls fremde Tiere (Kaninchen), ausgestopfte Wiesel und fremde Katzen einheitlich so begrüßten, möchte Weiss (1952) vermuten, die Katze besitze keinen AAM zur Auslösung von Begrüßung und Kontrolle fremder Artgenossen. Jedoch spricht die eben beschriebene Merkmalzusammenstellung eindeutig einen solchen AAM an, und das nachfolgende Verhalten ist typisch für das Verhalten zweier einander fremder Katzen unter den oben genannten Umständen. Welche der durch diesen Merkmalkomplex ausgezeichneten „Objekte" dann als Beutetiere zu behandeln sind,

Abb. 60. a bis d) Tigerkatze mit „Stopfkatze"; a) Nasen-, b) Nacken-, c) Flanken- und d) Analkontrolle; e) M 9 bei Nasenkontrolle, f) W 5 bei Analkontrolle am Schattenriß

wird teils durch den schon beschriebenen, ebenfalls sehr merkmalsarmen AAM (S. 59 f.) bestimmt, teils muß die Katze es lernen. Mit anderen Worten: Jedes Wirbeltier wird von der erfahrungslosen Katze zunächst als „Mitkatze" angesehen, wenn es nicht durch sein Verhalten den „Beute-AAM" auslöst. Wer und was als Feind anzusehen ist, muß die junge Katze ebenfalls lernen; einen auf bestimmte Feinde gemünzten AAM gibt es nach meinen bisherigen Beobachtungen nicht. Das Warnverhalten der Alten spielt hier eine große Rolle (S. 240, 244), doch scheint keine feste Prägung einzutreten; auch Katzen, die als Jungtiere von ihren Müttern zur Furcht vor Hunden oder Menschen erzogen wurden oder selbst schlechte Erfahrungen damit gemacht haben, lernen um und können sich mit beiden befreunden. GOETHE (1940) gibt allerdings an, der Iltis werde nur völlig zahm, wenn er vor dem 55. Lebenstag an den Menschen gewöhnt werde, und spricht in diesem Zusammenhang von Prägung. Entsprechendes berichtet SEITZ von jungen Füchsen (1950). Auch Wildkatzen sollen angeblich nicht zahm werden, wenn man sie nicht als ganz junge Tiere erhält. Ob man aber in all' diesen Fällen wirklich von Prägung sprechen darf, ist sehr fraglich. Wildtiere haben ganz allgemein ein außerordentliches Gedächtnis für schreckhafte Erlebnisse. Einmalige Erfahrungen genügen oft, um sie für lange Zeit zu vergrämen. Dennoch kann man hier nicht in jedem Einzelfalle von Prägung sprechen, etwa bei der Furcht, die meine Schwarzbärin (LEYHAUSEN 1948) vor Lederhandschuhen hatte. Was auf alle Fälle gegen eine Prägung auf bestimmte „Feinde" spricht, ist die Vielzahl der möglichen Feinde; man kann sich nur schwer vorstellen, daß die Möglichkeit zu einer fast beliebigen Anzahl von Prägungsakten für den einen Auslösemechanismus einer Instinkthandlung gegeben sein sollte. Die Ausschließlichkeit der Prägung widerspricht einer solchen Annahme. Furcht wird primär durch schnell sich nähernde, größere Objekte ausgelöst, besonders wenn sie von oben herab kommen. LINDEMANN und RIECK (1953) berichten, daß sich bereits 4 Wochen alte Wildkätzchen duckten und in die Schlafhöhle flohen, wenn man einen in Flughaltung ausgestopften Adler oder Uhu schnell über ihr Gehege hinwegzog. Bei anderen erzielte ein aufgespannter Regenschirm die gleiche Wirkung. HERTERS (1953) Kaspar-Hauser-Iltis „Titi" stieß im Alter von 40 Tagen einen gellenden Angstschrei aus, als sich das Bein des Pflegers schnell dicht über sie hinweg bewegte; sobald der Fuß wieder auf dem Boden stand, war Titi wieder völlig beruhigt. Bei all diesen Beobachtungen muß man nicht unbedingt an ein speziell auf Großraubvögel gemünztes „Feindschema" denken. Bei den Feliden jedenfalls möchte ich eher annehmen, daß die Reaktion mit der gleich zu beschreibenden Angriffsweise bei ihren Kämpfen untereinander zusammenhängt; auch Großkatzen scheuen jede Bewegung, die von oben herab auf sie zukommt, obwohl es keinen Adler gibt, der Löwen frißt.

Der oben beschriebene, die Begrüßung fremder Artgenossen auslösende AAM wird, soweit ich bisher sehen kann, nicht durch Prägung eingeengt. Auch die ganz normal mit Mutter und Geschwistern aufgewachsene Katze versucht, jedes ihr noch unbekannte Wirbeltier, sofern es nicht davonläuft und so den AAM für Verfolgung anspricht, wie eine andere Katze zu begrüßen und zu untersuchen. Das ist merkwürdig, weil das Erkennen eines potentiellen Sexualpartners von einem Prägungsvorgang abzuhängen scheint (s. S. 232 ff.).

Begegnung im bekannten Raum

Beide Partner wurden einzeln durch täglich mehrstündigen Aufenthalt an den Versuchsraum gewöhnt, bis sie beim ersten Betreten am Tage auf Tast- und Geruchskontrollen verzichteten und so zu erkennen gaben, daß ihnen der Raum vollkommen vertraut sei. Zum Versuch setzten wir die Tiere ungefähr gleichzeitig in den Raum. Außer bei kampflustigen Katern verlief alles etwa so, wie im unbekannten Raum. Nur die anfängliche Blockierung des sozialen Bezugs durch den Vorrang der Raumuntersuchung fiel fort, und es entschied sich schneller, ob die Begegnung friedlich oder feindlich ausgehen werde.

Kennt nur eines der beiden Tiere den Raum, in dem sie einander begegnen, so ist dieses zumindest anfangs überlegen: Die raumfremde Katze ist unsicher und ängstlich und sucht der Begegnung zunächst auszuweichen, um erst die Umgebung zu erkunden. Die Initiative liegt so ganz bei der heimischen Katze, welche sich je nach eigenem Temperament und dem Grade der Selbstsicherheit mehr oder weniger langsam und geduckt an die Fremde heranmacht und sie zu beschnuppern sucht (Abb. 61). Da diese sich aber meist ablehnend verhält und abwendet, flieht oder auch die Raumuntersuchung ruhig fortsetzt, kommt es nicht zur „Nasenzeremonie"; die Überlegene strebt unmittelbar nach Analkontrolle (Abb. 62 a). Diese wird jedoch nur selten geduldet; vielmehr wendet sich die Fremde halb um, faucht, schlägt wohl auch zur Abwehr (Abb. 62 b–d). Die so Abgewehrte unterbricht dann zumeist ihre Bemühungen, setzt sich hin und beobachtet jede Bewegung der anderen genauestens (Abb. 63 a); nach einer Weile rückt sie wieder näher, u. U. in Etappen; sie macht ein paar Schritte, setzt sich wieder und wiederholt dies noch ein- oder zweimal, ehe sie nochmals zu schnuppern versucht. Je öfter das geschieht, um so eher stellt die Fremde ihr Erkunden ein und setzt oder hockt sich hin, möglichst an einer Stelle, die Rückendeckung bietet oder erhöht ist. Dort zeigt sie ein merkwürdiges Verhalten, das ich als „Umherschauen" bezeichnet habe (Abb. 63 b): Sie schaut mit dem aufmerksam-zufriedenen Gesichtsausdruck, mit dem etwa eine satte Katze am Fenster sitzend den Verkehr auf der Straße zu beobachten pflegt, unter langsamen Kopfdrehungen überall im Raum umher, nur nicht in die Richtung zur hier heimischen Katze, gleich als wolle sie mit Betonung ihre Harmlosigkeit dartun. Dabei nimmt sie natürlich dennoch jede Bewegung der anderen wahr; sobald diese eine neue Kontrolle versucht, wechselt sie die Stellung oder faucht und schlägt die Neugierige ab. Das kann so ohne erkennbaren Fortschritt stunden-, ja tagelang weitergehen, wie sich überhaupt alle bisher geschilderten Vorgänge im Zeitlupentempo abspielen. Erhöhte Plätze im Raum sind hierbei sehr wesentlich. Gelingt es der fremden Katze, sich gleich zu Beginn der Begegnung etwa auf einen Stuhl zurückzuziehen, so wird dadurch das Übergewicht der einheimischen fast ganz ausgeglichen (Abb. 64). Letztere wagt sich jetzt – wenn überhaupt – nur ganz zaghaft heran, und die Fremde begegnet dieser Annäherung viel gelassener, sieht der

Abb. 61. M 5 (links) nähert sich der ihm fremden W 1

a b c d

Abb. 62. Die Brüder M 1 (schwarz) und M 2 (gescheckt) untersuchen den neu eingesetzten M 5 (grau); a) Analkontrolle, während M 5 zunächst nur Interesse für den neuen Raum hat; b) M 5 wendet sich nach dem kontrollierenden M 2 um; c) M 5 faucht den zudringlichen M 1 an und d) wehrt ihn mit einem Lufthieb ab

anderen auch oft direkt ins Gesicht, allerdings doch immer wieder im Wechsel mit „Umherschauen".

Das „Umherschauen" hängt offensichtlich mit der Scheu zusammen, die jede Katze davor empfindet, direkt angeblickt zu werden. Beobachtet man eine Katze heimlich, und sie bemerkt plötzlich den auf sie gerichteten Blick des Beschauers, so unterbricht sie ihre Tätigkeit ganz sicher und nimmt sie nur merklich gehemmt und zögernd wieder auf. Eine Katze, die eine Beute – oder auch im Spiel eine andere Katze – beschleicht und sich plötzlich von ihr entdeckt sieht, richtet sich sofort auf, „schaut umher" und „markiert" völlige Interesselosigkeit.

Der direkte Blick der „Beute" hemmt augenblicklich sogar die bereits in Gang befindliche Aktion; das zeigt folgendes Spiel, das man mit fast jedem noch nicht allzu abgestumpften Zootiger spielen kann: Man stelle sich mit einer einäugigen Spiegelreflexkamera unmittelbar vor das Käfiggitter und beobachte durch die Mattscheibe mit senkrecht nach unten gerichtetem Blick das in einer entfernten Käfigecke befindliche Tier. Ist es in „Fangstimmung", was bei den mächtig gestauten Zootieren fast immer der Fall ist, dann geht es bald in Lauerstellung und

a

b

Abb. 63. M 1 und M 2 „belagern" M 5; a) M 5 noch abwehrbereit, b) „Umherschauen". Die Begegnung führt nicht zum Kampf, da M 5 noch nicht einjährig ist (S. 156)

a b c

Abb. 64. Erste Begegnung zwischen M 3 (heimisch) und M 10 (raumfremd); a) M 10 sprang sogleich auf einen Stuhl und erwartet nun ruhig die Annäherung von M 3; b) „Nasenkontrolle"; c) M 3 entfernt sich nach mehreren vergeblichen Annäherungsversuchen unter Übersprungschnuppern

kommt plötzlich im flachen Angriff angeschossen. Blickt man nun schnell auf und dem Tier ins Gesicht, so bremst es sofort mit allen vieren ab und wendet sich „umherschauend" zur Seite. Sobald man wieder hinunter in den Sucherschacht der Kamera blickt, startet das Tier den nächsten Angriff; man kann das fast beliebig oft wiederholen. Bei allen meinen Versuchen jedenfalls bewies der Tiger mehr Ausdauer als ich.

Bei Begegnungen auf neutraler oder freundlicher Ebene ebenso wie bei der Paarungseinleitung (s. u.) unterbricht der eine Teil sofort seine Annäherung, wenn der andere ihn direkt ansieht, mit alleiniger Ausnahme der Nasenbegrüßung. Der sozial Unterlegene „darf" es gleichsam nicht „wagen", die Bewegungen des Überlegenen durch direktes Hinschauen zu hemmen. Ebenso „schaut" bei der Paarungseinleitung der jeweils inaktive Teil „umher", weil sonst die Initiative des Partners gelähmt und jede Annäherung unmöglich oder doch sehr erschwert würde. Dieses polare Verhältnis von Blickfixierung und „Umherschauen" liegt auch dem allen Katzenhaltern so wohlbekannten „Beleidigtsein" der Katzen zugrunde: Wird beispielsweise eine Katze beim Stehlen erwischt und von der erzürnten, sonst aber freundlichen und geliebten Hausfrau gestraft, so läuft sie meist nicht weit fort, sondern nur zum nächsten gewohnten Ruheplatz, etwa unter den Küchenherd; dort setzt sie sich mit dem Rücken zur Herrin hin und „schaut umher". Dies ist also nicht ein Ausdruck beleidigten Stolzes, sondern der durch die Strafe nachdrücklich empfundenen, sozialen Unterlegenheit. Allerdings steckt ja das Element einer gewissen sozialen Unterlegenheit auch im echten Beleidigtsein des Menschen: „Beleidigt" ist oder tut nur der, dessen soziale Stellung, Kraft oder Macht nicht ausreicht, den Beleidiger zur Rechenschaft zu ziehen und mit Erfolg in seine Schranken zu verweisen bzw. zu strafen. Die geschilderten Verhältnisse erklären auch die „bannende" Wirkung des direkten Blickes auf Großkatzen, wie sie in der Raubtierdressur ja vielfach angewandt und, mimisch übertrieben, dem staunenden Publikum als besondere Fähigkeit des Dompteurs vorgeführt wird. Er braucht aber nur mutig und Tierkenner genug zu sein, um Auge in Auge mit einem Löwen oder Tiger ruhig auszuharren. Und der Trick funktioniert auch nur, solange das Raubtier den Dompteur entweder als überlegenen Artgenossen oder – als mögliche Beute ansieht. Beim Rivalenkampf versagt das Mittel; daher auch die Erfahrung des bekannten Tierlehrers TOGARE (1940), daß der offene Angriff eines Löwen durch fast kein Mittel zu brechen ist. Denn bei Rangordnungs- und Rivalenkämpfen blicken sich die Gegner dauernd scharf an (Abb. 68).

Wie CHANCE (1962) betonte, haben Gesten des Kontaktabbruchs (cut-off) wie das Umherschauen eine Doppelfunktion: Sie mildern einerseits den Reiz zu Angriff oder Flucht, den das den Blick abwendende Tier auf den begegnenden Artgenossen ausübt; andererseits aber unterbrechen sie auch die umgekehrt von letzterem auf das abgewandte Tier ausgeübte, gleiche Reizwirkung. Das kontaktabbrechende Tier vermeidet aktiv, sich zu Angriff oder Flucht reizen zu lassen, wie es sonst bei weiterer Annäherung des anderen Tieres unvermeidlich wäre. So braucht es nicht zu weichen und doch auch nicht zu kämpfen, falls nicht das andere Tier unbedingt zum Angriff entschlossen ist. Jedenfalls enden Begegnungen zweier Katzen, von denen die eine „umherschaut", nur äußerst selten mit Tätlichkeiten.

Findet die Begegnung im Heim der einen Katze statt, dann wird der ,,Eindringling" in der Regel sofort angegriffen. Der revierfremde Teil flieht meist nach dem ersten heftigen Angriff des Revierinhabers, der ihn noch ein Stück verfolgt. Im geschlossenen Raum drückt sich das unterlegene Tier schließlich abwehrbereit in eine Ecke, worauf der Sieger zunächst abläßt, doch meist in kürzeren oder längeren Abständen seine Angriffe wiederholt. Nur sehr selten sind (ganz junge oder sehr ängstliche) Tiere im eigenen Heim nicht überlegen und überlassen einer fremden Katze die Initiative. Dann können beide Tiere die Rolle tauschen, und ein nicht eingeweihter Beobachter würde die fremde Katze für die eingewöhnte halten und umgekehrt.

Alle eben kurz aufgezählten Verhaltensweisen sollen nun im einzelnen beschrieben werden.

Der Kampf der Kater

Das reine, durch teilweise Überlagerung mit anderen Verhaltensweisen nicht gestörte Angriffsverhalten des Katers sieht man nur selten. Es ist daher auch m. W. noch nirgends beschrieben und auch Beobachtern, die mit Katzen sonst gut vertraut sind, oft vollkommen unbekannt. Als erstes Zeichen des Angriffs richtet sich der Kater hoch auf den Läufen auf. Der Rücken bleibt dabei gestreckt und bildet, da die hochgestreckten Hinterbeine länger als die Vorderbeine sind, eine nach hinten leicht ansteigende Linie. Diese erscheint noch etwas steiler, als sie wirklich ist, weil sich die in der Mittellinie des Rückens stehenden Haare aufrichten, und zwar die weiter hinten gelegenen zunehmend stärker. Der Schwanz folgt dieser Linie ein kleines Stück, um dann in scharfem Knick fast rechtwinklig nach unten abzubiegen (Abb. 65 a). Die Schwanzhaare werden nur mäßig gesträubt, der Schwanz selbst wird steif gehalten; nur bei höchster Intensität peitscht die äußerste Schwanzspitze zuckend hin und her. Der Kopf wird leicht vorgestreckt. Die Pupillen erweitern sich nicht, im Gegensatz zum weiter unten geschilderten Abwehrverhalten; vielleicht verengen sie sich sogar etwas. Die enge Pupille ebenso wie die auf eng umschriebenen Bezirken aufgerichteten Haare deuten dar-

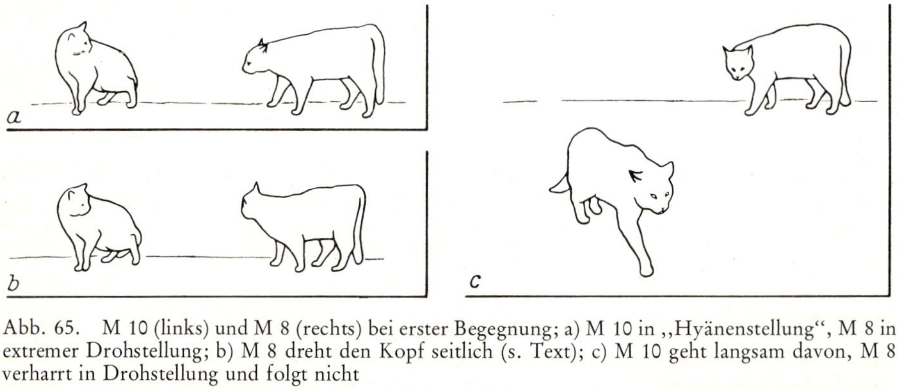

Abb. 65. M 10 (links) und M 8 (rechts) bei erster Begegnung; a) M 10 in ,,Hyänenstellung", M 8 in extremer Drohstellung; b) M 8 dreht den Kopf seitlich (s. Text); c) M 10 geht langsam davon, M 8 verharrt in Drohstellung und folgt nicht

auf hin, daß reines Angriffsverhalten nicht – oder wenigstens nicht überwiegend – unter Adrenalineinfluß steht; es ist sozusagen ein „überlegter Angriff bei kaltem Blut", wozu auch die langsame, „berechnende" Art der Annäherung an den Gegner paßt. Besonders kennzeichnend ist die Ohrstellung: Die Ohren legen sich nicht an oder zurück, sondern bleiben steil aufgerichtet und drehen sich soweit auswärts, daß die Ohrrückseite dem Gegner als sehr spitzes, auf der Schmalseite stehendes Dreieck erscheint. Bei allen Katzenarten mit schwarzer Binde oder hellem bis weißem Fleck in schwarzer Umrahmung auf der Ohrrückseite tritt dabei diese Zeichnung auffällig hervor (Abb. 66) und wirkt offenbar als Drohmaske („Augen"?). Dies wohl alte Erbteil findet sich bei vielen Viverriden *(Genetta, Nandinia)*. Bei den Katzen scheint aber die Auslöserfunktion des Zeichnungsmusters nicht mehr ausschlaggebend zu sein, da so viele der höchstentwickelten Arten *(Felis* in engerem Sinne, Löwe, Puma, Karakal u. a.) es offenbar ganz unabhängig voneinander abgeschwächt oder ganz verloren haben. Die Drohstellung der Ohren ist bis auf die stärkere Aufrichtung derjenigen bei festem Zubeißen sehr ähnlich (vgl. Abb. 33 a). Sie stellt wohl eine mimisch übertriebene „Beißdrohung" dar; der ungehemmte Angreifer beißt nämlich immer nach dem Nacken des Gegners. Er nähert sich ihm drohend im Zeitlupentempo, wobei er teils hoch maut und jault, teils tiefgrollend knurrt; dieser fälschlich sogenannte „Liebesgesang" der Kater hat nichts mit Werbung und Zärtlichkeit zu tun, es sind reine Drohlaute. Das Tier unterbricht sie öfters, weil es stark speichelt und daher schlucken muß; die Zunge fährt dabei rhythmisch vor und zurück, die Kiefer öffnen und schließen sich langsam, manchmal ähnlich wie beim „Schnattern" schmatzend; doch sind die beiden Bewegungsweisen sicher nicht verwandt. Ist der Angreifer bis auf etwa 1 m oder weniger an seinen Gegner herangekommen, so hebt er den Kopf und neigt ihn in einem Winkel von etwa 45 Grad seitlich gegen die Körperlängsachse (Abb. 67 a u. b); die Augen bleiben jedoch auf den Feind gerichtet (Abb. 68). In gewissen Abständen, gewöhnlich zwischen zwei Schritten, dreht der Kater dann den Kopf von der einen auf die andere Seite. Je näher beide Tiere einander kommen, desto kürzere Schritte machen sie. Schließlich setzen sie immer erst beide Vor-

a b

Abb. 66. a) Rotluchs in Angriffsstellung; das Tier nahm diese nur ein, wenn man sich seinem Käfig nachts näherte; tagsüber ging es in Abwehrstellung (Zoo Frankfurt). b) „Beißdrohung" eines Tigers (Tierpark Duisburg)

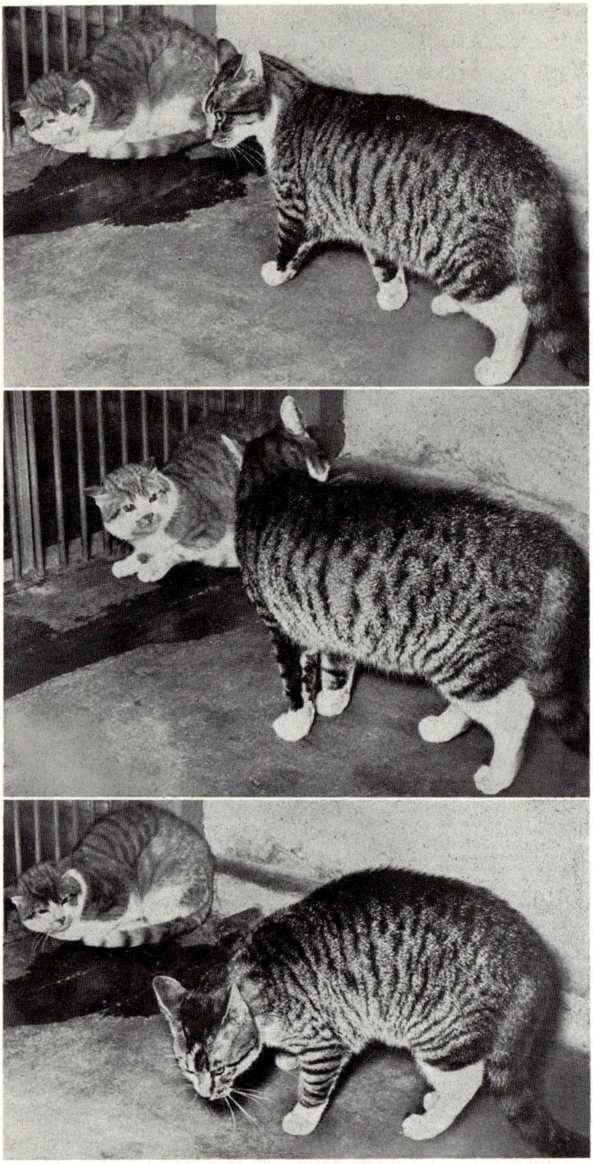

a

b

c

Abb. 67. Zweite Begegnung zwischen M 10 (Abwehr) und M 8; M 8 nähert sich drohend unter Kopfdrehen (a und b), wendet sich dann aber ohne Angriff unter „Übersprungschnuppern" ab (c)

der-, dann beide Hinterbeine vor, also etwa: linkes Vorderbein, rechtes Vorderbein, linkes Hinterbein, rechtes Hinterbein. Immer langsamer bewegen sie sich und schieben sich dabei aneinander vorbei. Jetzt winkeln sie die Hinterbeine etwas in den Sprunggelenken ein, wodurch sich die bisher gerade Rückenlinie rundet, was man aber nicht mit dem „Katzenbuckel" (S. 162) verwechseln darf. Ein ungefähr gleich starker bzw. kampflustiger Gegner macht alle Bewegungen des Angreifers spiegelbildlich mit. In der zuletzt beschriebenen „Ausgangsstellung" können sich beide Gegner viele Minuten lang bewegungslos auf wenige Zentimeter gegenüberstehen, wobei der Kampfgesang an- und abschwillt und die Rutenspitzen immer heftiger zucken. Plötzlich beißt dann einer nach dem Nacken des anderen, der jedoch meist blitzschnell den Angriff pariert, indem er sich auf den Rücken wirft, den Fang des Angreifers mit dem eigenen abwehrt, diesen mit den Tatzen faßt und dabei heftig mit den Hinterpfoten auskratzt. Dem Angreifer bleibt nichts übrig, als das Gleiche zu tun; so wälzen sich beide Tiere unter durchdringendem Gekreisch wild am Boden, trennen sich dann ebenso plötzlich, fahren mit einem Satz auseinander und stehen sich gleich darauf wieder drohend gegenüber. Das kann sich mehrfach wiederholen, bis der eine Kämpfer aufgibt: Er richtet sich nach einer solchen ,,Runde" nicht mehr auf, sondern bleibt in Abwehrstellung mit eng angelegten Ohren regungslos sitzen. Der Sieger droht dann noch eine Weile, greift aber normalerweise nicht mehr an, sondern wendet sich halb ab und beschnuppert intensiv den Boden (Abb. 67 c). Diese Übersprungbewegung tritt immer dann auf, wenn das angreifende Tier durch die Abwehrstellung oder die vorteilhafte Position (S. 142, 144) (Abb. 64 c) des Unterlegenen gehemmt wird. Neben dem ,,Schnattern" und dem ,,Imponierkrallenschärfen" ist dies die einzige streng situationsgebundene Übersprungbewegung der Katze; alle anderen treten unter verschiedenen Bedingungen auf. Der Unterlegene bewegt sich nicht, bis der Sieger nach einigen Minuten das Bodenschnuppern aufgibt und sich langsam, die Ohren immer noch in ,,Beißdrohung" und mit noch immer gesträubten Rückenhaaren, entfernt. Erst wenn er eine gute Strecke weit ist, schleicht sich der Besiegte davon. Nur nach vollständiger Niederlage flieht der Besiegte mit höchster Geschwindigkeit. Sonst verläßt also zunächst der Sieger den engeren Kampfplatz, geht aber meist nicht weit und kehrt bald zurück. Der Unterlegene bleibt zwar vorerst, macht sich aber anschließend ganz davon; so behauptet schließlich doch der Sieger die Walstatt.

Abb. 68. M 8 in Drohstellung; beachte die Ohrstellung, die Kopfdrehung, die enge Pupille und die Blickrichtung zum Beschauer (Gegner)

Beiden Teilen geschieht im allgemeinen nicht viel. Fang prallt auf Fang; daher rühren die bei Katern häufigen Lippenverletzungen, während zerfetzte Augenlider, zerschlitzte Ohrmuscheln und aufgerissene Stirnhaut von Tatzenhieben stammen. Gelegentlich allerdings wird ein Tier vom anderen überrumpelt, der Biß erreicht sein Ziel und kann tödlich sein; meist aber gelingt die Überraschung nicht ganz, und der Biß trifft nur die Schädeldecke oder die Halsseite. Dann gibt es erhebliche Schrammen, oft sogar tiefe, eiternde und nur schwer heilende Bißwunden. Springen die beiden Kämpfer einander gleichzeitig an, so treffen sie meist mit Brust und Bauch richtungsverkehrt aufeinander, fallen so verknäult zu Boden und richten die Bisse merkwürdigerweise ganz bevorzugt nach den Ellenbogen des Gegners (Abb. 69).

Immer ist das Angriffsziel, den Nackenbiß richtig anzubringen. Besonders schön zeigt das der Film eines Attrappenversuchs mit M 7, einem alten, sehr schwer gebauten Kater mit besonders dickem Kopf und breiten Tatzen. Er fiel in seinem Wohngebiet rücksichtslos alle Katzen ohne Unterschied an, verletzte sie schwer oder tötete sie sogar und wurde deshalb auf Ansuchen der Einwohner des betreffenden Bezirks in einer Falle gefangen und mir übergeben. Gegen Menschen war er außerordentlich freundlich, auch behelligte er weder Maus noch Vogel; sein Katzenhaß aber war wirklich erstaunlich. Auf den Spiegel (vgl. S. 139) reagierte er gar nicht, kannte ihn also; den Schattenriß bedrohte er stark, ließ aber sofort ab, als er bis auf 1 m heran war. Dem Teddybären näherte er sich mit vollem

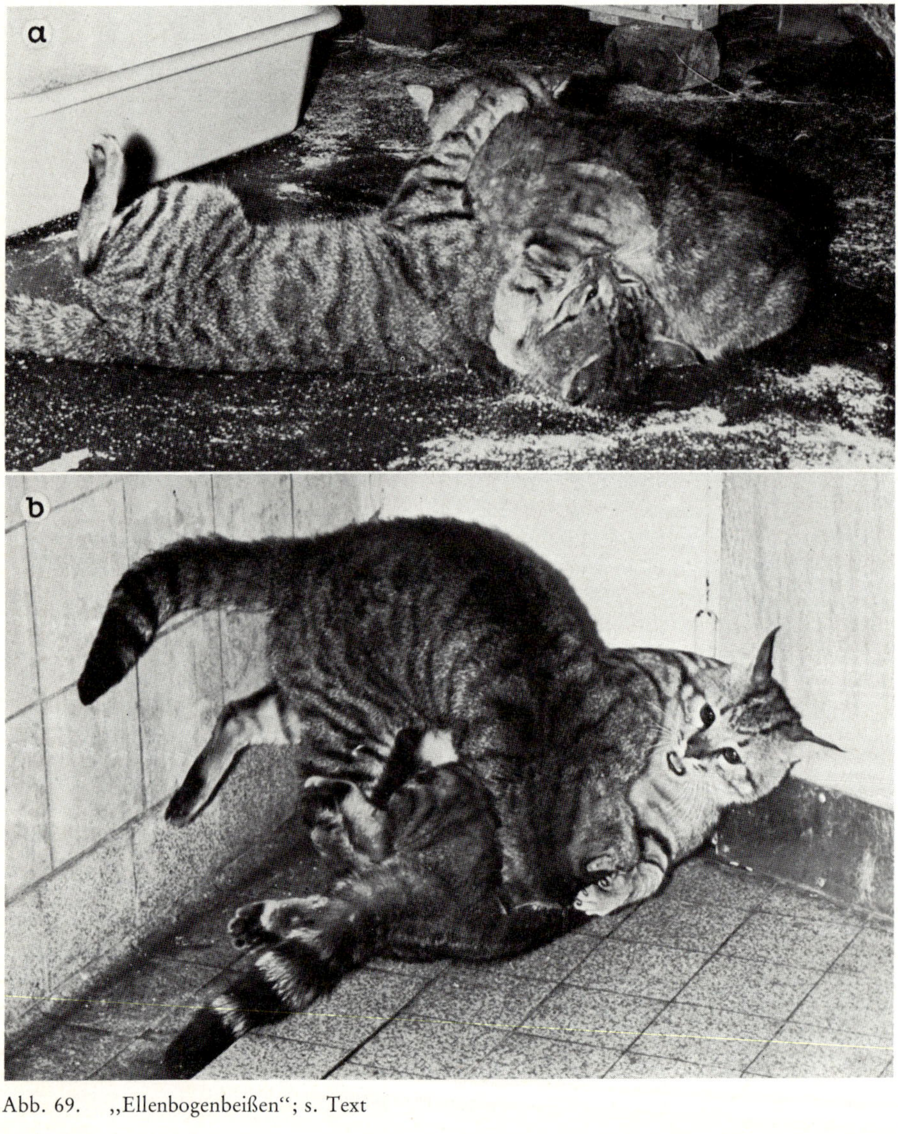

Abb. 69. „Ellenbogenbeißen"; s. Text

Kampfkomment, biß aber nicht zu, sondern beschnupperte ihn nur im Nacken und entfernte sich dann. Dagegen entfaltete er bei der Stopfkatze sein volles Angriffsverhalten. Für die 3 m zwischen Startkasten und Attrappe benötigte er wegen des Zeitlupentempos beim Drohimponieren mehrere Minuten. In Abb. 70 a ist er schon auf etwa 30 cm heran und senkt die Hinterhand zum Absprung. Nach weiteren 16 Sek. erst steht er sprungbereit zum Beißangriff (b). Die Entfernung scheint ihm aber wohl noch zu groß oder die Stellung zum „Feind" ungünstig; er richtet sich daher wieder etwas auf und schiebt sich sehr langsam seitlich an der Stopfkatze vorbei, wendet sich ihr dabei zu und duckt erneut die Hinterhand zum Absprung (c–i), der unmittelbar folgt. In m erreicht sein Biß den Nacken der Attrappe, wie das mitaufgenommene Spiegelbild zeigt. In n drücken sich die Hinterbeine vom Boden ab und geben dem Körper des Katers einen Schwung, der ihn in der Luft auf die Seite dreht (o–p). Dabei ist der Ansprung genau bemessen: der Kater faßt den Gegner wohl, vermeidet aber einen Zusammenprall. Daher ändert die sehr leichte und wacklige Attrappe während der Phase m–p ihre Stellung nicht. Etwa in Bild p hängt sich nun das ganze Körpergewicht des Angreifers an die ihm zugewandte Seite des „Gegners", während sich die angezogenen Hinterbeine gegen dessen Rücken oder Flanke stemmen. Es leuchtet unmittelbar ein, wie viel geeigneter dieses Verfahren ist, ein angegriffenes Tier auszuheben und zu Boden zu werfen, als der bloße Zusammenprall beim Sprung gegen seinen Körper. Sehr wahrscheinlich stemmt sich sogar ein Tier, wenn es den Angriff einen Sekundenbruchteil vorher bemerkt, dem „erwarteten" Zusammenprall unwillkürlich entgegen und unterstützt so wider Willen die Wirkung der tatsächlichen Angriffsweise noch; die angreifende Katze wendet hier also einen regelrechten Jiu-jitsu-Trick an! Offenbar genau so warf der von mir beobachtete Löwe seinen als „Scheinbeute" verfolgten Artgenossen zu Boden (S. 27 f.); es geht also auch, wenn beide Teile sich im vollen Galopp befinden. So wird die Lagebeziehung beider Löwen nach dem Sturz verständlich (Abb. 20). Allein diese Angriffsweise erklärt auch, wie ein Löwe oder Tiger ein in vollem Lauf fliehendes Tier werfen kann, das schwerer ist als er selbst.

Zurück zu Abb. 70: Nach dem Sturz (q) springt M 7 sofort wieder auf die Füße und zur Seite, während die umgeworfene Attrappe in entgegengesetzter Richtung davonrollt (u–w). Das starre Schema des Ablaufs erweist sich bei der Wiederholung des Versuchs (Abb. 71): Deutlich sieht man, wie M 7 einen Augenblick auf der Seite liegend frei schwebt (g), während die Attrappe noch unverändert steht. Dann folgen Fall, Wiederaufspringen und Zurückweichen wie vorher; einen Augenblick hebt der Kater die Pfote abwehrbereit (o), dann nimmt er sofort die Drohhaltung wieder ein (q).

Die umgeworfene Attrappe beachtete M 7 nicht weiter und wandte sich der Raumuntersuchung zu. Sobald ich aber das Stopftier wieder aufstellte, drohte er es sofort an und erneuerte seinen Angriff; fünfmal löste ich so seinen Überfall aus, sicher wäre es noch öfter möglich gewesen.

Meine anderen Hauskater verhielten sich der Stopfkatze gegenüber nicht feindselig, sondern beschnupperten sie nur freundlich-interessiert. LINDEMANN (1950) berichtet, daß sein zahmer Luchskater eine in Imponierstellung montierte Luchsdermoplastik ebenfalls heftig attackierte und umwarf.

Abb. 70. M 7 im Angriff auf die „Stopfkatze"; Erklärung s. Text. Die eingeklammerten Zahlen geben den Zeitabstand zum vorhergehenden Bild in Sekunden; wo sie fehlen, beträgt der Abstand $^1/_{16}$ Sek.

Ich schrieb es der Leblosigkeit der Attrappe zu, daß M 7 jedesmal sofort den Angriff einstellte, wenn die Attrappe umgefallen war. Das ist jedoch nicht der Grund, jedenfalls nicht der einzige. Als der Jungkater „Herbert“ seinen im gleichen Käfig lebenden, inzwischen alt gewordenen Vater M 12 herauszufordern begann, besiegte dieser ihn anfangs jedesmal mühelos. Herbert wuchs aber schnell und war bald größer und schwerer als M 12, und ihn als herausfordernden Jungkater schreckten die Niederlagen nicht ab (S. 193). Er setzte seine Herausforderungen fort, die aber immer nur in „Katergesang“ und aggressivem Drohimponieren bestanden. Nach längerem oder kürzerem „Imponierduell“ war es immer M 12, der angriff. Die dann folgenden Kämpfe wurden um so heftiger und länger, je kräftiger Herbert wurde, und das Herz des alten Katers war der Anstrengung nicht mehr gewachsen: Er blieb häufig nach einem solchen Zusammenprall erschöpft flach hingestreckt auf der Seite liegen (Abb. 72), während Herbert ihn zwar aus geringer Entfernung androhte, ihn aber niemals angriff, ja

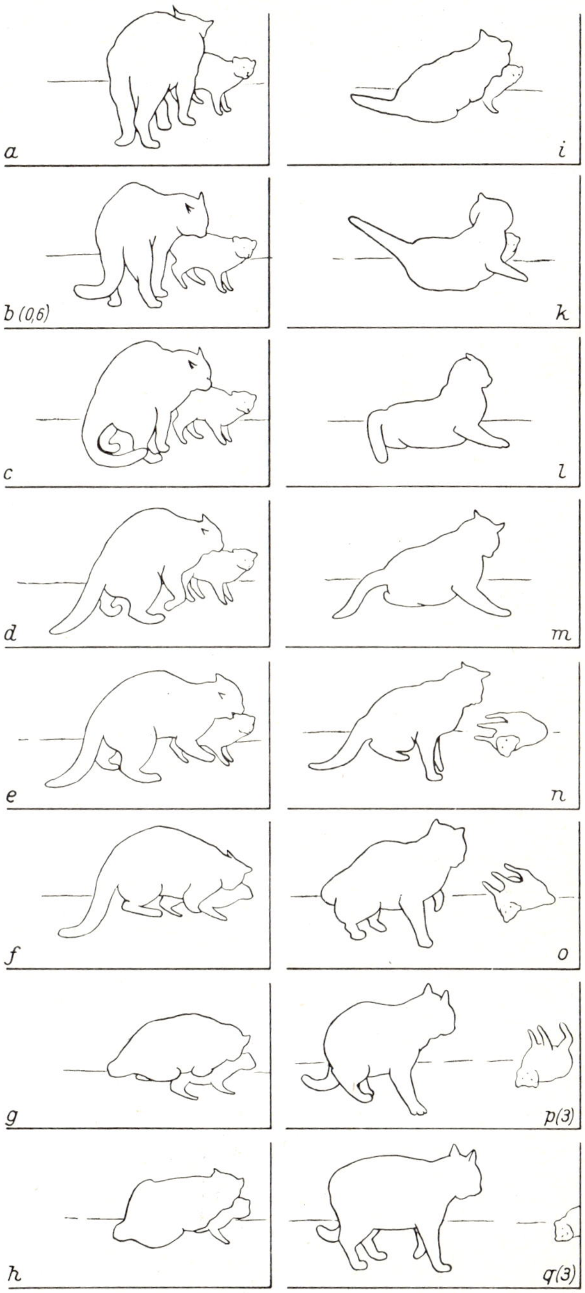

Abb. 71. Zweiter Angriff von M 7 auf die „Stopfkatze“; Erklärung s. Text. Die eingeklammerten Zahlen geben den Zeitabstand zum vorhergehenden Bild in Sekunden, wo sie fehlen, beträgt der Abstand $^1/_{16}$ Sek.

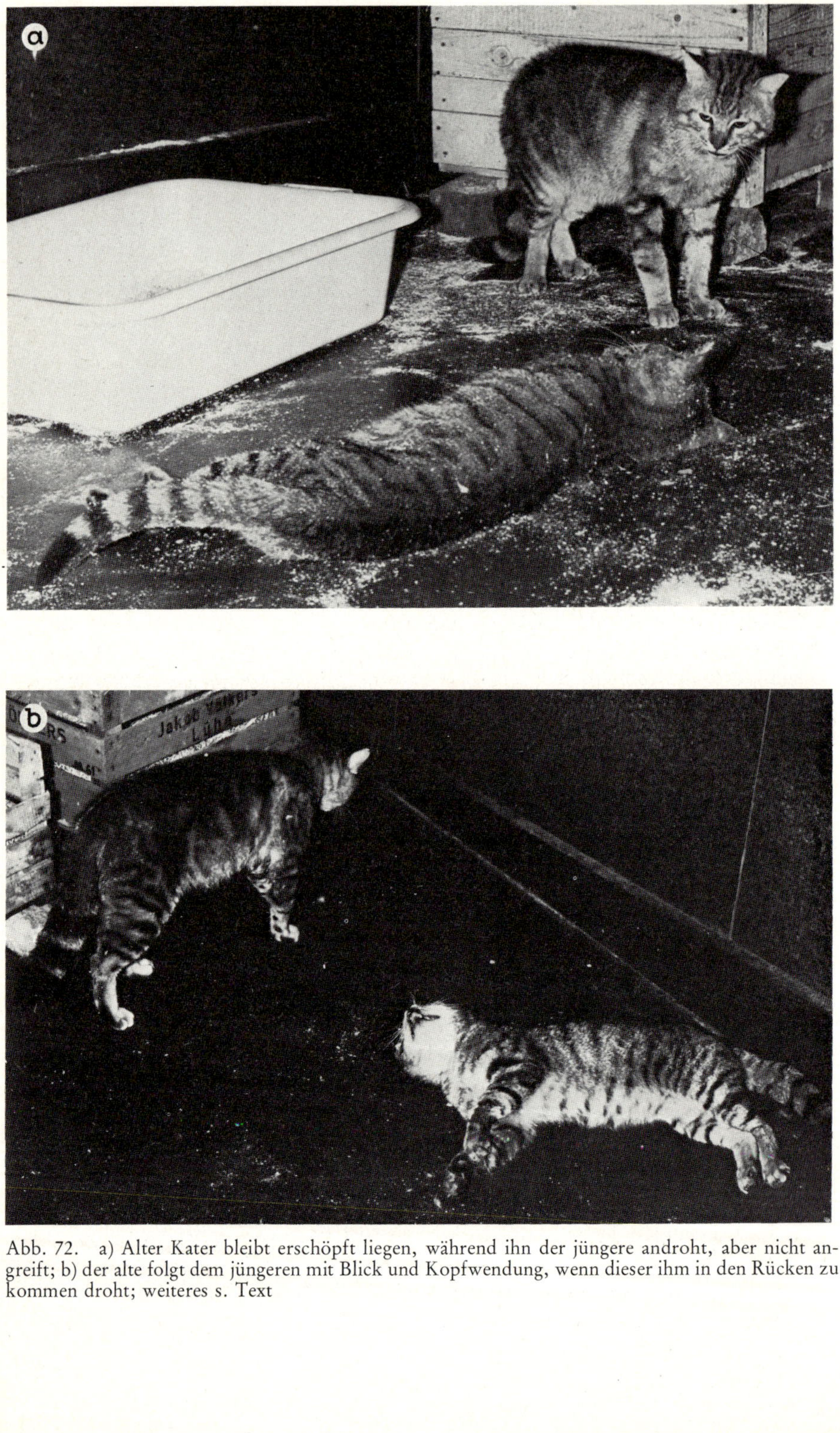

Abb. 72. a) Alter Kater bleibt erschöpft liegen, während ihn der jüngere androht, aber nicht angreift; b) der alte folgt dem jüngeren mit Blick und Kopfwendung, wenn dieser ihm in den Rücken zu kommen droht; weiteres s. Text

sich ihm meistens nicht einmal weiter näherte; in einigen Fällen allerdings versuchte er, um den liegenden Alten einen Bogen zu schlagen und in seinen Rücken zu kommen, worauf dieser sich langsam über den Rücken auf die andere Seite wälzte. Was Herbert zurückhielt, war also außer dem oben angegebenen Grund ein vom tatsächlichen „Kampfwert" seines Vaters gar nicht mehr gebotener „Respekt": Sein Mut reichte aus zur Herausforderung mit Drohgesang und -gebärde, aber nicht mehr zum Angriff. Er wartete, bis M 12 sich erholt hatte, seinerseits wieder Drohstellung einnahm und ihn angriff, und immer noch obsiegte im Zusammenstoß selbst unweigerlich der alte Kater. Erst nach Monaten begann sich allmählich ein Gleichgewicht einzustellen, das nur als Vorbote der endgültigen Niederlage von M 12 anzusehen war. Der Schwächeanfall des alten Tieres kann jedoch nicht etwa als „Demutgeste" aufgefaßt werden, und man kann die Wirkung auf Herbert auch nicht als spezifische Angriffshemmung deuten, sondern nur als das Fehlen aller angriffsauslösenden Reize.

Das Verhalten von M 7 ist aufschlußreich, weil es den gewissermaßen „reinen", durch Gegenaktionen des angegriffenen Tieres nicht gestörten, weitgehend zentral koordinierten und gesteuerten Angriffsablauf darstellt. Dieser ist also keine Folge von Aktion und Gegenaktion, bei der jede Stufe den Schlüsselreiz für die nächsthöhere beim Partner abgibt, wie wir es beispielsweise aus den Analysen von Seitz an Cichliden (1943, 1949) und von ter Pelkwijk und Tinbergen am Stichling (1937) kennen. Allerdings war wohl M 7 ein Tier mit abnorm hoher Kampfbereitschaft; bei weniger gestauter Kampfstimmung könnte sich vielleicht doch das Drohverhalten der Kämpfer gegenseitig aufreizen. Soweit man von der Beobachtung unbeeinflußter, echter Kämpfe her urteilen kann, scheint allerdings die Reaktion auf das Verhalten des Gegners immer nur in einer Überlagerung des Angriffsverhaltens durch Abwehrelemente zu bestehen, nicht aber in einer stufenweisen, gesetzmäßigen Steigerung des Angriffsverhaltens selbst. Das Drohimponieren baut sich ja auch nicht wie bei den genannten Fischen aus aufeinanderfolgenden, verschiedenen Bewegungskoordinationen auf, sondern es verfügt über nur eine Koordination wechselnder Intensität. Die Attacke selbst besteht dagegen aus dem schon beim Beutefang besprochenen Nackenbiß und dem „Werfen", zu dem ebenfalls eine fortlaufende Stufenreihe vom Aufsetzen einer Pfote auf die Beute (Abb. 9 m und 119 a) über das Umfassen (Abb. 9 i–l) bis zur S. 151 ff. analysierten „Wurftechnik" führt. Beide Bewegungselemente sind zu einer Instinkthandlung vereinigt. Daher besteht ja auch bereits eine zentrale, reizunabhängige Koppelung zwischen Aufsetzen der Tatze auf die Beute und Zubeißen in bestimmten Abstand davon (S. 23, 96 f.). Doch wird die Bindung mit abnehmender Intensität lockerer: dem Zupacken der Tatzen folgt dann kein Biß. Auf das Drohimponieren folgt nur dann der Nackenbiß, wenn der Gegner sich nicht bewegt, d. h. seinerseits unverändert gegenimponiert. Jede Bewegungs- und Haltungsänderung verriete Abwehrbereitschaft, welche die Angriffsstimmung des anderen Tieres beeinträchtigen und es ebenfalls zur Vorsicht zwingen würde. Daß im Versuch mit M 7 die Regungslosigkeit der Attrappe als kampfauslösendes Merkmal wirkt, kann man indirekt noch aus folgendem erschließen: Jüngere Kater bis zum Alter von einem Jahr und darüber werden von erwachsenen fast niemals angegriffen. Sie nehmen aber auch nicht die steife „Imponierhaltung" mit ihren Zeitlupenbewegungen an. Meistens begrüßen sie den fremden Kater freundlich (S. 219) und fordern ihn mehr oder weniger deutlich zum Spiel auf, mindestens bleiben sie indifferent. Einen sicheren Schutz vor dem Angriff des erwachsenen Katers gewährt dies jedoch nicht. Es gibt auch bei der Katze keine spezifische Angriffshemmung in Form einer „Demutstellung" und eines darauf ansprechenden AAM (S. 161). Als typisches Beispiel eines Kampfes zwischen zwei etwa gleich starken Gegnern sei eine Zufallsbeobachtung mitgeteilt:

„24.5.54; 12.50 Uhr. Hinter einer Hecke stehen sich in einem kleinen Garten ein grauer und ein schwarzer Kater grollend, Hinterhand bereits geduckt, dicht gegenüber, Ohren in ‚Beißstellung', dabei aber auch etwas angelegt (Überlagerung s. u. S. 161 ff.). Der Graue, dessen Ohren etwas steiler stehen, fährt plötzlich zu, der Schwarze wirft sich auf den Rücken; wildes Gekreisch; der Graue schlägt, beide liegen auf der Seite Bauch gegen Bauch, der Schwarze zieht den Grauen mit der Tatze heran und bearbeitet ihn gleichzeitig mit den strampelnden Hinterpfoten. Der Graue läßt nun ab, beide gehen wieder in Angriffsstellung, wieder greift der Graue zuerst an. Diesmal bleibt der Schwarze geduckt mit angelegten Ohren sitzen; der Graue steht eine Weile mit steilen Ohren vor ihm, schnuppert dann seitwärts am Boden und geht schließlich, noch mehrmals schnuppernd, langsam nach rechts ab – in Richtung auf sein Heim, wie sich später herausstellte. Erst als er die Hecke erreicht hat, richtet sich der Schwarze langsam auf und kriecht durch eine Lücke im Zaun nach der anderen Seite."

Diese Art zu kämpfen und zu drohen sieht man zwar fast nur von Katern, doch ist es nicht etwa so, daß weibliche Tiere nicht über die betreffenden Bewegungskoordinationen und auch Lautäußerungen verfügten. Aber sie machen nur äußerst selten davon Gebrauch. In den mehr als 30 Jahren meiner Beobachtungen habe ich nur einmal ein Weibchen den vollen „Komment" durchführen sehen.

Weitverbreitet ist auch die Meinung, kastrierte Kater kämpften nicht. Das trifft weitgehend für die soeben beschriebenen Rivalenkämpfe zu, jedoch nicht für Revierkämpfe, im Gegenteil: Die Tiere werden territorial wie ♀♀ (s. S. 193) und vertreiben dank ihrer Größe und Stärke aus ihrem Revier alle fremden Katzen nachdrücklichst. Zwei mir befreundete Züchterinnen von Rassekatzen nutzten dies praktisch aus. Sie ließen ihren Zucht-♀♀ freien Auslauf im Garten, und je ein riesiger, kastrierter Kater sorgte dafür, daß keine unerwünschten Besuche fremder Kater oder Katzen stattfanden. Was die Kastration bewirkt, ist also keineswegs eine Schwächung des Kampfverhaltens an sich, sondern eine Verschiebung der Schwellenwerte für die auslösenden Situationen: Die Auslöseschwelle für Rivalenkampf hebt sich, die für Revierkampf sinkt. Schwankungen der Rivalenkampfbereitschaft parallel zu Schwankungen im Testosteronspiegel sind ja auch von normalen Katern bekannt. In diesem Zusammenhang muß auch der Befund von Inselman und Flynn (1973) erwähnt werden, daß Testosteron ebenso wie Östrogene und Gelbkörperhormon die Beutefangbereitschaft erhöhen. Da Beutefang und Rivalenkampf mehrere Instinktbewegungen gemeinsam haben (vergl. auch S. 149 ff., 249 f., 253 und Tab. 6), erscheint die Wirkung, die das Hormon auf beides ausübt, plausibel. Ob allerdings unter normalen Umständen bei erhöhtem Testosteronspiegel tatsächlich die Kater mehr Mäuse fangen, ist zu bezweifeln: Sie sind dann mit Kampf und Werbung zu beschäftigt, um noch viel Zeit zur Jagd zu haben.

Das Abwehrverhalten

Der Biß ist die Endhandlung eines „offenen" Angriffsverhaltens, das keine Rücksicht auf die eigene Deckung nimmt, da es auch den eigenen Nacken ungeschützt den Zähnen des Gegners darbietet. Zieht der angreifende Kater dagegen den Kopf ein, um seinen Nacken zu schützen, und schlägt statt zu beißen, so gleicht er schon einem Krieger, der neben dem Schwert auch den Schild führt: Ein Angriff mit Tatzenhieben bedeutet immer, daß der Angreifer auf der Hut und bereit ist, die Gegenwehr des Angegriffenen abzuweisen. Der Tatzenhieb ist daher auch das hauptsächlichste Verteidigungsmittel. Eine rein defensiv gestimmte Katze drückt sich eng an den Boden, zieht den Körper zusammen und den Kopf soweit wie möglich ein, um den Nacken vor dem Zugriff des Gegners zu schützen – ganz im Gegensatz zum Vorrecken des Kopfes und Hochwölben des Nackens beim Drohen (Abb. 67 a–b). Die Ohren stehen nicht auswärts-rückwärts wie beim Angriff, sondern sind seitlich herabgezogen und im Hinterrand eingeknickt; sie legen sich mehr oder weniger eng an den Kopf an und können so von vorn ganz unsichtbar werden (Abb. 73). Die Pupillen sind stark erweitert, die Haare sträuben sich am ganzen Körper. Eine stark gesteigerte Adrenalinausschüttung gehört also zur Physiologie des Abwehrverhaltens. Rückt der Angreifer jetzt noch näher, so dreht sich der Abwehrende in Rückenlage und wendet ihm die Bauchseite zu; die Drehung beginnt dabei mit Kopf und Vorderkörper und richtet sich im Tempo und auch in der Vollständigkeit der Ausführung nach der Geschwindigkeit und dem Grade der Annäherung des Angreifers. Die Abwehrstellung bremst meist den Angreifer: er unterbricht sein Vorgehen oder nähert sich wenigstens nur noch langsam. Der Verteidiger neigt dann zunächst nur den Vorderkörper leicht seitwärts und hebt die entlastete Vorderpfote schlagbereit an. Kommt der Angreifer nun zu dicht heran, so bekommt er eins auf die Nase; oft sogar genügt ein Lufthieb, um ihn zunächst wenigstens aufzuhalten. Schlägt er zu, so dreht sich der Verteidiger auf den Rücken und wehrt mit beiden Tatzen ab. Ein sehr hartnäckiger und heftiger Angriff ändert die Abwehrtaktik völlig: In höchster Not schlagen

a 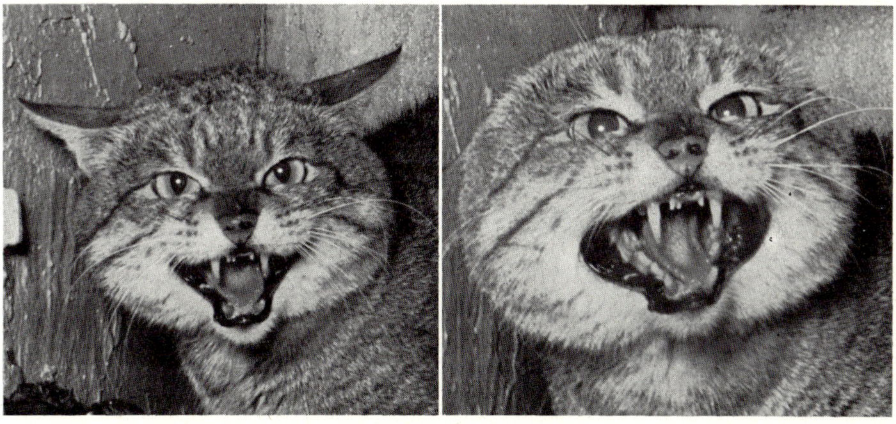 b

Abb. 73. Abwehrmimik einer Falbkatze; a) mittlere, b) höchste Intensität (Zoo Frankfurt)

die Tatzen nicht mehr, sondern sie umklammern mit weitgespreizten Krallen den Gegner und suchen ihn an den bißbereit geöffneten Rachen heranzuziehen; gleichzeitig treten und kratzen die Hinterpfoten nach dem verletzlichen Bauch des Gegners. Das nötigt den vorherigen Angreifer, sich ebenfalls zu wehren: Beide Tiere liegen nun Bauch an Bauch auf der Seite und bearbeiten sich mit Klauen und Zähnen, wobei das Angriffsgrollen des einen und das Fauchen, Spukken und Knurren des anderen in das durchdringende Abwehrkreischen übergehen. Im Gegensatz zu LORENZ' (1951 b) Angaben lassen die Tiere dabei niemals den „Katergesang" hören, der eine reine Angriffsdrohung darstellt.

Anhand der Abb. 74 verfolgen wir jetzt den Verlauf einer zweiten Begegnung zwischen M 10 und M 3. M 10 erhielt ich, völlig erwachsen, wenige Tage vor dem Versuch. Am ersten Tage brachte ich ihn mit M 3 in einem nur wenige Quadratmeter großen Raum zusammen. M 10 zog sich sofort auf einen Stuhl zurück und verhielt sich im übrigen während der ganzen Zeit passiv (Abb. 64 a–c). Beim zweiten Versuch kam M 10 als erster in einen ihm unbekannten Außenkäfig von etwa 4 x 6 m, dann ließ ich den erst halbwüchsigen M 9 hinzu, der freundlich-spielerische Annäherung suchte. M 10 verhielt sich abweisend, drohte leicht, übersah den jungen Kater sonst aber und begann, den Käfig zu erkunden. Nach etwa 10 Min. wurde M 9 durch M 3 ersetzt, der den Käfig gut kannte. M 10 duckte sich sofort in Abwehrstellung an der Rückwand des Raumes hin, M 3 ging drohend auf ihn zu (Abb. 74 a u. b); in e und f sieht man deutlich, wie er den

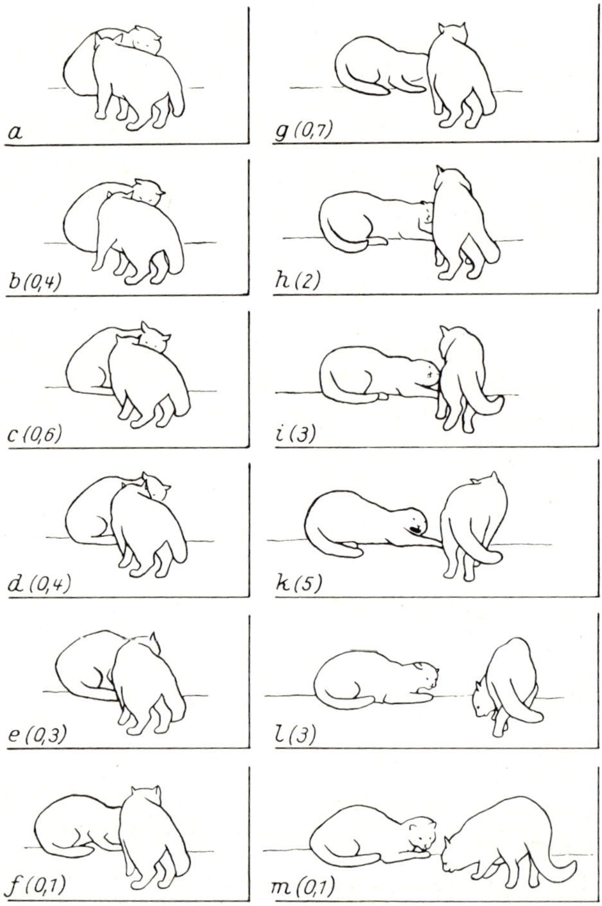

Abb. 74. Zweite Begegnung zwischen M 3 (vorn) und M 10 (hinten); Erklärung s. Text. Die eingeklammerten Zahlen geben den Zeitabstand zum vorhergehenden Bild in Sekunden

Kopf beim Drohen seitwärts aus der Richtung der Körperachse herausdreht, von g–k wechselt M 3 die Stellung unter Kopfdrehen, greift aber nicht an, sondern wendet sich mit Übersprungschnuppern ab (l, m). Er geht dann eine Weile umher, während M 10 nicht wagt, seinen Platz zu verlassen, sondern sich nur halb zum Sitzen aufrichtet. Als sich M 3 ihm wieder nähert, schiebt er sich kauernd rückwärts in eine Ecke (Abb. 75 a). M 3 kommt drohend näher, M 10 dreht sich halb auf die Seite und schlägt einen Lufthieb (b, c), dann erst hebt M 3 die Tatze (c), hält sie einen Augenblick hoch (d, e) und macht dann gleichfalls einen Scheinhieb (f), während sich M 10 fauchend und spuckend ganz auf den Rücken wirft. M 3 weicht sofort zurück und verharrt einen Augenblick mit abwehrbereit erhobener Pfote. Allein die Angriffsdrohung kann also schon den Bedrohten veranlassen zuzuschlagen, und erst darauf antwortet der ursprüngliche Angreifer ebenfalls mit Hieben. Beide sind aber gehemmt und schlagen nur in die Luft. Auch der scheinbar offensiv gebrauchte Tatzenhieb dient eben im Grunde nur der Abwehr. M 3 läßt nun ab und will an M 10 vorbeigehen, ohne weiter auf ihn zu achten; als er in ungefähr 1 m Abstand schon halb an ihm vorüber ist, wirft dieser sich auf den Rücken und schlägt schnell nach ihm. Dieser „Abwehrangriff" verpufft auf die Entfernung natürlich in der Luft und M 3 beachtet ihn nicht. Erst nach einer geraumen Weile wendet sich M 3 ein drittes Mal drohend gegen M 10, der immer noch abwehrbereit in seiner Ecke hockt (Abb. 76 a–e). In e sieht man schön das Kopfwegdrehen. In e–h legt sich M 10 immer mehr auf den Rücken, worauf M 3 die Vorderpfote schlagbereit anhebt. In i schlagen beide ungefähr

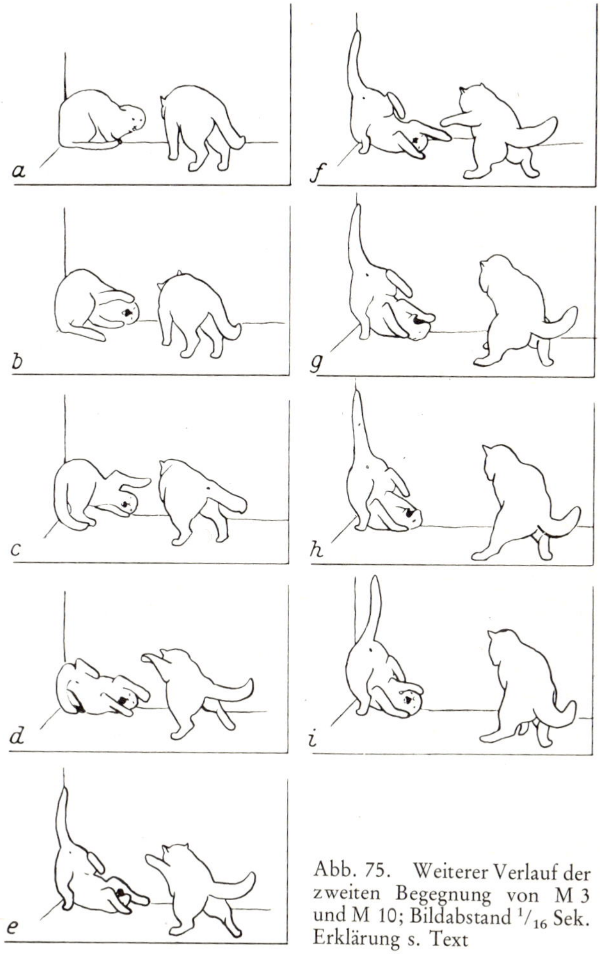

Abb. 75. Weiterer Verlauf der zweiten Begegnung von M 3 und M 10; Bildabstand $^1/_{16}$ Sek. Erklärung s. Text

gleichzeitig in die Luft. M 10 wirft sich ganz auf den Rücken, allerdings erst nach dem Schlagwechsel. M 3 springt gleich wieder mit immer noch erhobener Pfote zurück, droht nochmals kurz (v), deutet flüchtig Übersprungschnuppern an und

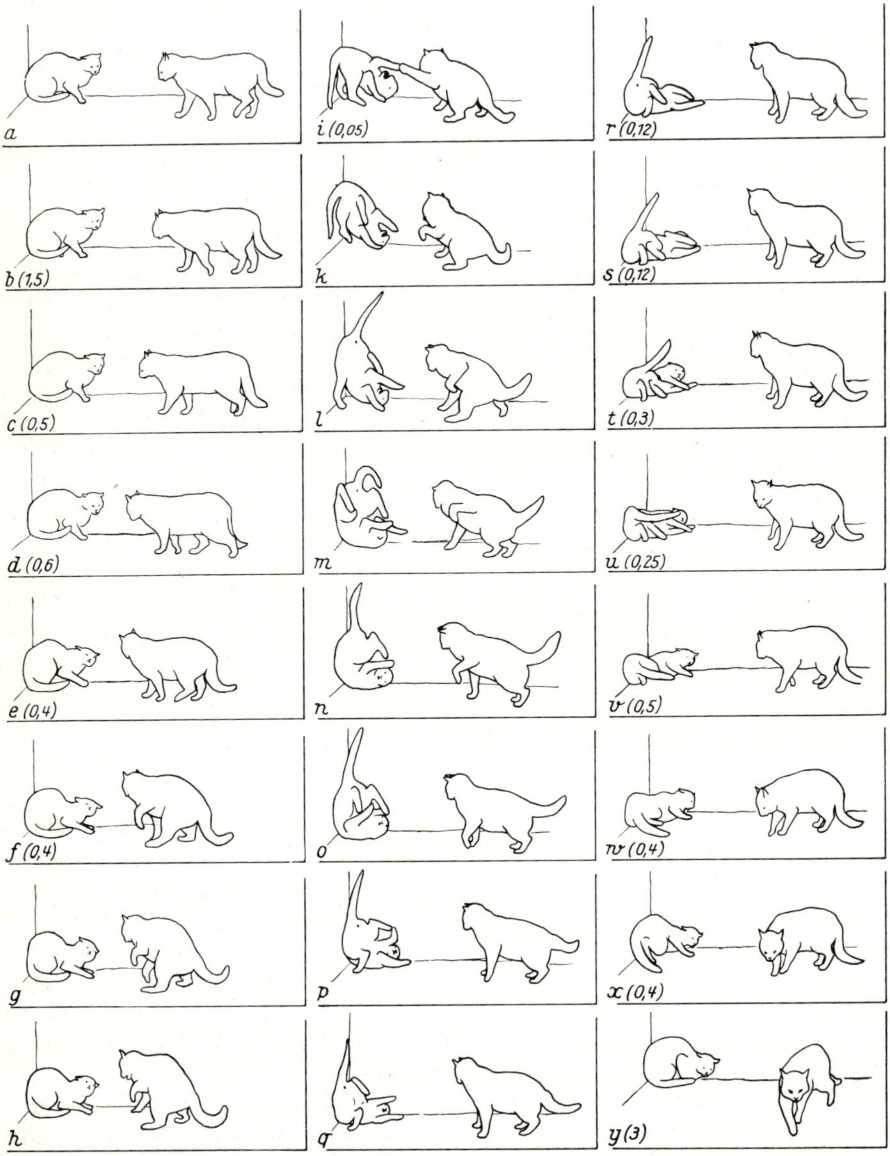

Abb. 76. Weiterer Verlauf der zweiten Begegnung von M 3 und M 10; die eingeklammerten Zahlen geben den Zeitabstand zum vorhergehenden Bild in Sekunden, wo sie fehlen, beträgt der Abstand $^1/_{16}$ Sek. Erklärung s. Text

geht dann fort, während M 10 in seiner Ecke die geduckte Abwehrstellung wieder einnimmt. Aus allem ersieht man, daß die Abwehrstellung keine Demutgebärde in LORENZ' Sinne (1939, 1951 a) ist. Sie bietet dem überlegenen Angreifer nicht das Angriffsziel, den Nacken, sondern sucht es zu schützen; sie hemmt auch nicht unbedingt den Angreifer, und der Angegriffene bleibt gegenüber weiteren Bedrohungen nicht passiv, sondern wehrt sich und geht u. U. zum Gegenangriff über. Den Angreifer hemmt nur die Entziehung des Angriffszieles und die mit der Fortsetzung des Angriffs verbundene Gefahr, die sich in der Abwehrhaltung ausdrükkende Drohung, also genau das Gegenteil dessen, was die Wirkung einer echten Demutgebärde ausmacht. Je abwehrbereiter daher der Gegner erscheint, um so mehr defensive Züge treten auch im Verhalten des Angreifers hervor. Trotz des stark ritualisierten Drohimponierens ist die Auseinandersetzung der Kater nach Ziel und Ablauf ein Beschädigungs- und kein Kommentkampf. Wenn sie sich dennoch in der Regel nicht oder nur geringfügig verletzen, so liegt dies an ihrer „Vorsicht", die sie voll abwehrbereite Gegner meist nicht angreifen läßt, und daran, daß sie einen sich entfernenden Rivalen nicht verfolgen (Abb. 65). Im weiteren Verlauf des Versuchs mit M 10 wurde M 3 durch M 8 ersetzt. M 8 nahm die extremste Drohstellung ein, die ich je beobachten konnte (65 a), M 10 aber hatte sich inzwischen doch wohl schon etwas eingewöhnt, außerdem drohte M 8 aus größerem Abstand als M 3. Jedenfalls schlich M 10 – immer noch scheu, wie aus der „Hyänenstellung" (LEYHAUSEN 1953) in a und b ersichtlich – davon. M 8 folgte ihm nicht, sondern verharrte noch eine Weile in seiner Drohstellung. Dieses Unvermögen, einen unterlegenen Gegner zu verfolgen, der dem Kampf ausweicht, liegt an der Steifheit und betonten Langsamkeit der Bewegung beim Drohimponieren, die – wie so viele Drohgesten der Wirbeltiere – durch kräftige Innervierung antagonistischer Muskeln bedingt ist; der Kater kann buchstäblich „vor Kraft kaum gehen" und nur kurze, langsame, in großen Pausen aufeinanderfolgende Schritte machen, aber nicht schnell auf einen lockeren Schritt oder gar Trab umschalten, der einen auch nur langsam weichenden Gegner zu verfolgen erlaubte. Verfolgungsjagden finden nur bei reinen Revierkämpfen oder bei den noch zu besprechenden Scheinverfolgungen während der Paarung statt.

Die wechselseitige Überlagerung von Angriffs- und Abwehrverhalten

Das beschriebene Abwehrverhalten sieht man meist nur bei Kämpfen von Katzen unter sich. An den Umgang mit Menschen gewöhnte Katzen verhalten sich so auch gegen fremde Leute, die an ihnen herumhantieren, z. B. gegenüber dem untersuchenden Tierarzt. Angesichts eines von vornherein „hoffnungslos überlegenen" Feindes wäre aber eine solche Abwehrtaktik sinnlos; hier kommt es ja nicht darauf an standzuhalten, sondern eine Möglichkeit zu schneller Flucht zu finden und notfalls zu erkämpfen. So überlagern sich nach dem Prinzip, daß der Angriff die beste Verteidigung sein kann, Elemente des Angriffs- und des Abwehrverhaltens zu einer Haltung, aus der heraus die Katze jederzeit zu einem Überraschungsangriff vorstoßen oder fliehen kann. Die Vorstöße aber bezwecken immer nur, den Feind für einen Augenblick zu überrumpeln und damit Raum und Zeit zum eigenen schnellen Rückzug zu gewinnen. Viele andere Raubtiere und Nager verhalten sich ebenso. Sehr oft bleibt es bei Scheinangriffen mit Lufthieben, die den Gegner gar nicht treffen sollen; „man weiß" ja nicht, ob man nicht die beste Gelegenheit zur Flucht versäumt, wenn man einmal mit dem Gegner „handgemein" wird und sich dann vielleicht nicht schnell genug wieder von ihm lösen kann. Die Mutterkatze allerdings, die ein Nest mit Jungen verteidigt, greift in solcher Lage ernsthaft an, doch ebenfalls nur mit Tatzenhieben, da es sich grundsätzlich auch hierbei um Abwehr handelt. Vom ritualisierten Katerkampf unterscheidet sich ihr Vorstoß allein schon durch seine blitzartige Schnelligkeit. Ähnlich verlaufen intensive Revierkämpfe: Ohne Warnung schießt die Revierinhaberin aus beliebiger Richtung auf den Eindringling zu und traktiert ihn mit Hieben. Die fremde Katze wendet sich meist sofort zur Flucht, und die Angreiferin verfolgt sie oft noch weit und schlägt dabei meist in die Flanke der Fliehenden. Eine weniger „feige" Katze pariert die Hiebe der Angreiferin durch Gegenhiebe, indem sie sich aufrichtet, um von oben her Kopf und Nacken der Feindin treffen zu können; diese tut das gleiche, und so fahren beide Tiere hoch auf den Hinterfüßen aufgerichtet mit schlagbereit erhobenen Tatzen aufeinander zu (Abb. 77).

Diese Angriffsweise kennzeichnet auch den Revierkampf als Abwehrverhalten, er ist Revierverteidigung. Auch bei anderen Säugern finden wir eine solche Trennung in Revierverteidigung, bei welcher der Angriff ohne vorheriges Imponiergehabe und sonstiges Zeremoniell sozusagen „formlos" erfolgt, und im Rivalenkampf der Männchen, dem ein ritualisiertes Drohimponieren vorausgeht, und bei dem oft auch während des Kampfes noch bestimmte „Regeln" eingehalten werden (Antonius 1937, Eibl-Eibesfeldt 1953). Lorenz (1939) schildert den Rivalenkampf zweier Wolfsrüden; die von Murie (1944) beobachteten Beißereien mit Fremdlingen, die ins Revier eindrangen, waren dagegen ebenso wie die Revierverteidigung der Eskimohunde (Tinbergen 1942) „formlos".

Im einzelnen überlagern sich (s. a. Tab. 6, S. 252):

a) an Elementen des Angriffsverhaltens: die hochgereckten Beine, die hakenförmige Schwanzhaltung; letztere allerdings häufig in einer kennzeichnenden Abwandlung: die Schwanzwurzel stellt sich steil aufwärts und die hakenförmige Krümmung wandert zur Schwanzspitze hin, bis schließlich der ganze Schwanz steil hochgereckt ist;

b) an Elementen des Abwehrverhaltens: das Einziehen des Kopfes, Anlegen der Ohren, Zusammenziehen des Körpers, Sträuben der Haare über den ganzen Körper und Schwanz, Fauchen, Pupillenerweiterung, die Schwanzspitze wird steif und ruhig gehalten.

Aus diesen Haltungs- und Bewegungselementen resultiert die bekannte Bukkelstellung (Lorenz 1951 b), mit der eine Katze z. B. angreifenden Hunden gegenübertritt, verwilderte Katzen oft auch Menschen. Isoliert gehaltene und junge Katzen buckeln auch gegenüber fremden, erwachsenen Tieren. Das zusammen mit der Eigenart des auf den Artgenossen gemünzten AAM (S. 139 ff.) und dem „Umherschauen" (S. 142 ff.) erklärt auch die Erfahrungen, die Weiss (1952) mit seinen beiden Kaspar-Hauser-Katzen machte, als er sie erstmals mit Artgenossen zusammenbrachte: „Pussi" untersuchte zunächst die fremde Küche und beachtete den dort heimischen Kater nicht, der seinerseits Ansätze zur Revierverteidigung machte, aber irgendwie gehemmt war, vielleicht auch in Pussi die Kätzin erkannte. „Petra" sah die erste fremde Katze ebenfalls in deren Revier, wich ihr

Abb. 77. „Hochabwehr"; W 1 mehr spielerisch, M 5 (grau) ernsthaft

aus, beachtete sie scheinbar nicht („Umherschauen") und wurde dann von ihr mit Hieben angegriffen (Revierverteidigung). Einer zweiten Katze begegnete sie dann im eigenen Heim, ging zunächst in Buckel-, dann in reine Abwehrstellung, verteidigte also ihr Revier nicht, vielleicht unter dem Eindruck ihrer Niederlage bei der ersten Begegnung, vielleicht auch, weil sie (mit 14 Monaten) für eine intensive Revierverteidigung überhaupt noch zu jung war. Vollintensive Revierverteidigung zeigen meist erst zwei- bis dreijährige Katzen. Dennoch fühlte sich auch der fremde Kater unbehaglich, er bezog eine „Burg" auf dem Ofen, wo ihn Petra nicht aus den Augen ließ. Aus allem kann man keinesfalls schließen – wie WEISS andeutet –, es gebe bei Katzen keinen auf den Artgenossen gemünzten AAM, und seine „Kaspar-Hauser" hätten mit den fremden Katzen „nichts anzufangen" gewußt. Beide Tiere haben sich vielmehr genauso verhalten, wie jede normal aufgewachsene, aber etwas ängstliche und kampfungewohnte junge Katze unter gleichen Umständen.

Die extreme Buckelstellung ist breitseits zum Gegner orientiert. Auch das erklärt sich aus der Überlagerung von Flucht-, Abwehr- und Angriffsstimmung; nähert sich der Feind langsam, so kann man die einzelnen Phasen gut beobachten. Zunächst überwiegen Abwehr- und Fluchtbereitschaft; aber das Vorderteil, das ja der Gefahr näher ist, zieht sich früher und schneller zurück als das Hinterteil: so schiebt sich die Katze zusammen, und wenn das nicht mehr weitergeht, weichen die Vorderbeine auf ihrem Rückzug den Hinterbeinen seitlich aus (vgl. Abb. 79 a, A_3B_0–A_3B_3 bzw. Diagonale A_0B_0–A_3B_3). Auch sucht die Katze möglichst Rückendeckung, so daß dann die Hinterbeine gar nicht weiter zurück können. Doch stellt sie sich auch auf freiem Feld breitseits. Kommt der Feind immer noch nur langsam näher und hat die Katze den Rücken frei, so weichen nun auch die Hinterbeine, die Katze stelzt seitwärts zurück und ebenso wieder vor, wenn sich der Gegner, durch den Buckel und lautes Fauchen eingeschüchtert, etwas zurückzieht. Beim Vorgehen sind die Hinterbeine erst recht „mutiger" als die Vorderbeine und können diese sogar überholen, das Hinterteil rückt also dem Feinde näher als das Vorderteil (Abb. 78). Bei *Cryptoprocta* ist das anscheinend zum regelmäßigen Bestandteil des Drohimponierens geworden (VOSSELER 1929/30). Alle Bewegungen, sogar die Sprünge, in dieser Haltung wirken stets außerordent-

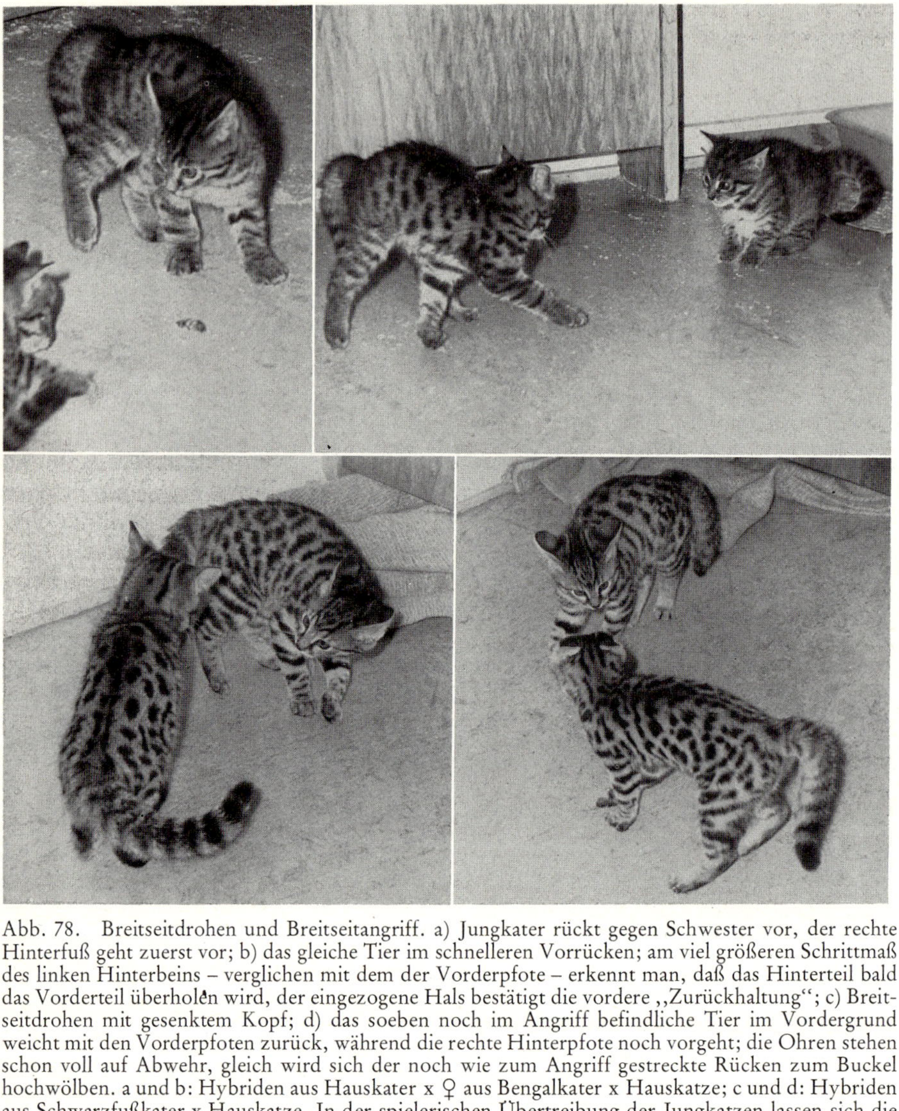

Abb. 78. Breitseitdrohen und Breitseitangriff. a) Jungkater rückt gegen Schwester vor, der rechte Hinterfuß geht zuerst vor; b) das gleiche Tier im schnelleren Vorrücken; am viel größeren Schrittmaß des linken Hinterbeins – verglichen mit dem der Vorderpfote – erkennt man, daß das Hinterteil bald das Vorderteil überholen wird, der eingezogene Hals bestätigt die vordere „Zurückhaltung“; c) Breitseitdrohen mit gesenktem Kopf; d) das soeben noch im Angriff befindliche Tier im Vordergrund weicht mit den Vorderpfoten zurück, während die rechte Hinterpfote noch vorgeht; die Ohren stehen schon voll auf Abwehr, gleich wird sich der noch wie zum Angriff gestreckte Rücken zum Buckel hochwölben. a und b: Hybriden aus Hauskater x ♀ aus Bengalkater x Hauskatze; c und d: Hybriden aus Schwarzfußkater x Hauskatze. In der spielerischen Übertreibung der Jungkatzen lassen sich die Einzelheiten besonders gut erkennen

lich „hölzern“, eine Folge der gleichzeitigen Bereitschaft zu Flucht, Abwehr und Angriff. Eine in dieser Haltung langsam vorrückende Katze sieht wirklich bedrohlich aus und kann einen nicht aufs äußerste entschlossenen Feind wohl zum Rückzug veranlassen. Ein sehr großer, schwarzer Kater ging so auf alle Hunde unseres Gefangenenlagers los, darunter zwei sehr scharfe Collierüden und einen riesigen Husky, und alle wichen ihm aus. Im Grunde bleibt aber das Ganze auch in solchen Fällen „Bluff“: Einem heftigen Angriff des Feindes hält die Katze nicht stand, wenn ihr noch eine Fluchtmöglichkeit offensteht. Von vornherein allerdings weicht eine Katze nicht jedem Kampf aus. Gerade der Widerstreit von Abwehr- und Fluchttendenz hält sie oft auch dann am Platze, wenn sie den Feind rechtzeitig genug bemerkt, um noch von ihm unbehindert fliehen zu können. Erst wenn dieser die „kritische Distanz“ (Heidiger 1961) *schnell* unterschreitet, wendet sich die Katze meist zur Flucht. Die kritische Distanz ist allerdings je nach Art des Gegners und der für die Katze günstigen oder ungünstigen Örtlichkeit (z. B. Baum in der Nähe oder nicht) und je nach Temperament und individueller Erfahrung der betreffenden Katze sehr verschieden. Kommt dagegen der Feind nur *zögernd* nahe genug heran, so überwindet in der Katze oft die Angriffs- die Fluchtstimmung, und sie greift zum Schein oder sogar wirklich an, auch wenn sie noch nicht in die Enge getrieben ist und fliehen könnte.

Aus der Buckelstellung heraus entwickelt sich der Angriff wieder durch teilweisen Abbau der Abwehrelemente: Kopf und Körper strecken sich vor, der Schwanz senkt sich wieder zum Haken und die Ohrmuscheln richten sich etwas auf. Die Pupille bleibt jedoch weit und die Haare bleiben gesträubt, da die Adrenalinwirkung nicht so schnell schwindet. Die Umstellung geht auch nie bis zu „reinem“ Angriffsverhalten, immer schlägt die Katze bei diesen Attacken, nie beißt sie. Kurz vor dem Angriff geht das Abwehrfauchen in Knurren über, ein Zeichen, daß sich nun Abwehr- und Angriffsstimmung ungefähr die Waage halten. Beim Vorstoß selbst „spuckt“ die Katze mit weit geöffnetem Rachen. Zum Scheinangriff schießt sie zwar mit schlagbereit erhobener, weitgespreizter Tatze vor, hält aber bereits vor Erreichen des Gegners inne und schlägt nicht wirklich zu. Aber selbst bei einem „ernstgemeinten“ Abwehrangriff beschränkt sich das Tier in den meisten Fällen auf wenige Hiebe, um sofort wieder zurückzuschnellen und die alte Abwehrhaltung einzunehmen oder ein Stück weit zu fliehen. Wirklich hartnäckige Angriffe führen aus dieser Stimmungslage heraus nur nestverteidigende Mutterkatzen.

Ob die Katze flieht oder in Buckelstellung das Weitere abwartet, hängt von vielen Umständen ab, unter denen die Erfahrung der Katze und die Nähe bzw. das Fehlen einer Deckung oder einer vom Feinde nicht ersteigbaren „Burg“ wohl die wichtigsten sind. Unerfahrene Katzen versuchen meist zu fliehen, alterfahrene wissen, daß sie z. B. einem Hunde nur dann entkommen, wenn sie im Scheinangriff genug Spielraum gewinnen, um einen sicheren Hort zu erreichen, ehe der Hund sie einholt. Wirklich erfahrene Katzen, meist schwere Kater, werden mit jedem Hund fertig, weil sie schon angreifen, ehe der Hund seinen eigenen Angriff entwickeln kann. Offenbar ist auch die Reaktionszeit der Katze kürzer als die des Hundes, sie ist im Angriff schneller als er und läßt sich von ihm nicht fassen. In den 6 beobachten Fällen dieser Art wurden die Katzen nicht einmal verletzt und sie schlugen die Hunde glatt in die Flucht; dabei hatten wenigstens drei der Hunde schon Katzen gewürgt. Nur wenige Katzen allerdings erreichen diesen Grad von Mut und Erfahrung. Der Hund befindet sich dabei in der gleichen Lage wie die Katze gegenüber der angreifenden Wanderratte (S. 31 f., 69): Ein Beutetier, das angreift, „paßt“ nicht in den Beutefang auslösenden AAM (Baege 1933). Derselbe Hund, der vor der angreifenden Katze zurückweicht und sich von ihr fast widerstandslos „verprügeln“ läßt, faßt und schüttelt sie rücksichtslos, wenn

a

er sie auf der Flucht einholt, auch wenn sie sich nun umwendet und mit den gleichen Waffen verteidigt, mit denen sie vorher den Angriff führte.

Nach Spurway (1953) können unter den Bedingungen der Großstadt Hund und Katze eine Art Triebkommensalismus entwickeln: Der Hund reagiere an der Katze seinen aufgestauten Jagdtrieb und diese an ihm ihren ebenfalls aufgestauten Fluchttrieb ab. Für den Hund trifft das zweifellos durchgehend zu; er hat ja auf dem Asphalt der Großstadt sonst nichts zu jagen. Bei der Katze beschränkt Spurway allerdings ihre Aussage auf Tiere, welche fast dauernd im Zimmer leben und nur selten ins Freie kommen. Das Verhalten dieser Tiere dürfte aber sicher nicht von der „Fluchttriebstauung" allein bestimmt werden, sondern wesentlich auch davon, daß sie – wohlbehütet wie sie einmal sind – nicht gelernt haben, irgendein Wesen richtig zu fürchten. So eine Katze „weiß nicht, was sie tut", wenn sie einen Hund zur Jagd herausfordert. Sicher gibt es auch erfahrene Katzen, die im eigenen, günstigen, weil mit vielen Bäumen und Zäunen versehenen Revier sich

,,rein zum Spaß" mit Hunden einlassen. Im allgemeinen jedoch ist selbst ein nur mittelgroßer und -scharfer Hund ein allzu mächtiger und furchterregender Gegner für die Katze, als daß sie ihn ohne Not zum Angriff reizen würde. Unsere durchschnittliche Großstadtkatze leidet kaum an unerträglichen Fluchttriebstauungen, dafür sorgen schon die Menschen, allen voran die Straßenjugend, und der Großstadtverkehr.

Abb. 79. Schematische Darstellung der Überlagerung von Angriffs- und Abwehrstimmung, a) Körperhaltung, b) Mimik. Weitere Erklärung s. Text

b

Die Flucht selbst erfolgt im Galopp, wobei die Haare noch teilweise gesträubt sind und der Schwanz im Haken leicht seitwärts gestellt wird.

Die möglichen Überlagerungen von Angriffs- und Abwehrstimmung sind in den Abb. 79 getrennt für Körperhaltung und Mimik schematisch dargestellt. Oben links steht jeweils das Bild des hinsichtlich der beiden Stimmungen indifferenten Tieres. Rechts oben findet sich die stärkste Angriffsdrohung und links unten die höchste Abwehrbereitschaft. Rechts unten sehen wir dann das Resultat der Überlagerung beider, die restlichen Felder zeigen die entsprechenden ,,Zwischenprodukte". Abb. 79 b enthält die verschiedenen Ohrmuschelstellungen. Bei den Mischformen drückt sich der Anteil der Angriffsstimmung darin aus, wieviel Ohrrückseite von vorn sichtbar ist; bei reiner Abwehrstimmung wird die Ohrmuschel seitwärts-abwärts geklappt, man blickt dann auf die Kante des Ohrmuschelrandes, bestenfalls sieht man einen ganz schmalen Streifen der Ohrrückseite (Abb. 79 b, A_0 B_1).

Die Darstellung in 2 Schemata entspringt nicht nur der Absicht, die Mimik nochmals in größerem Maßstab zu zeigen; die Trennung ist objektiv begründet, weil die entsprechenden ,,Phasen" von Mimik und Körperhaltung nicht immer übereinzustimmen brauchen; die Mimik ist nämlich beweglicher, wechselt öfter und drückt daher Stimmungsschwankungen genauer und viel schneller aus, als die übrige Haltung des Tieres. Nur bei höchster Intensität der einen oder anderen Stimmung ergibt sich immer eine absolute Übereinstimmung. Geringere Stimmungsschwankungen drücken sich auch oft in asynchronen und arhythmischen Bewegungen der Ohren aus: Während das linke Ohr noch ,,droht", dreht das rechte auf Indifferenz oder Abwehr, das linke beginnt sich dann selbständig ebenfalls zu drehen, geht wieder zur Ausgangsstellung zurück usw., ähnlich wie sich die Augen eines Chamäleons unabhängig voneinander bewegen.

Früher meinte ich (1. Aufl. 1956), dies sei das Phänomen, welches HESS und BRÜGGER (1943) als regelmäßige Begleiterscheinung der durch elektrische Hirnreizung bei Katzen ausgelösten Wut- und Abwehrreaktionen als ,,Ohrflattern" beschrieben. Eingehende Untersuchung der HESSschen Filme erwies diese Vermutung jedoch als unzutreffend. ,,Ohrflattern" ist eine sehr schnelle, streng rhythmische und symmetrische Bewegung der Ohren von geringer Amplitude, die ein Kunstprodukt der HESSschen Reizmethode darstellt und im Droh- und Abwehrverhalten intakter Katzen nicht vorkommt.

Es muß vorläufig noch dahingestellt bleiben, ob die hier beschriebenen Verhaltensweisen der Abwehr ganz oder teilweise spezifisch angetrieben sind, oder ob sie sich restlos als Überlagerung von aus äußeren oder inneren Gründen gehemmten Fluchtantrieben und von durch diese gemäß relativer Stimmungshierarchie über die Schwelle gehobenen Kampfantrieben verstehen lassen. Die Drohstellung ,,Katzenbuckel" legt die letztere Deutung nahe; da aber in Abwehr und Angriff je typisch verschiedene Kampfbewegungen bevorzugt auftreten, ist auch die Existenz spezifischer, von Flucht wie Angriff verschiedener Antriebe für Abwehr nicht ganz auszuschließen.

Für eine antriebsmäßige Eigenständigkeit des Abwehrverhaltens sprechen Befunde der elektrischen Hirnreizung.

Nach FERNANDEZ DE MOLINA und HUNSPERGER (1959), HUNSPERGER (1962) und BROWN und HUNSPERGER (1963) gibt es im Mittel- und Zwischenhirn der Katze zwar relativ weite Gebiete, von denen sich sowohl Flucht wie Abwehr im Reizexperiment auslösen lassen, jedoch ergibt Reizung mehr zentral gelegener Areale nur Abwehr, Reizung mehr peripher gelegener nur Flucht. Nur wenn die Flucht durch äußere Hindernisse aufgehalten wird, entwickelt sich nach einer gewissen Latenz bei fortgesetzter Reizung auch dieser Reizorte Abwehr. Ebenso verhält es sich mit dem Übergang von Droh- und Abwehrverhalten zum Angriffsverhalten bei Reizung der zentral gelegenen Reizstellen. BROWN und HUNSPERGER (l.c.) ziehen den Schluß, die auf Verhaltensanalysen beruhende ethologische Theorie, Droh- und Abwehrverhalten entstünden als Überlagerung oder Konflikt von Flucht- und Angriffstrieben, sei neurologisch nicht zu bestätigen, und solche ,,Einheitstriebe" seien auch aufgrund ethologischer Kritik (HINDE 1959) abzulehnen. Nun sind zwar solche ,,Einheitstriebe" sicher keine ,,Elementareinheiten", sondern Systeme von Einzelantrieben, die nach zeitlicher Abfolge und relativer Stärke in sehr verwickelter Weise miteinander verschaltet sind (LEY-

HAUSEN 1965 b), aber das hindert nicht, daß sie je typische Ausdrucksbilder am handelnden Tier hervorbringen. Was BROWN und HUNSPERGER in ihrer Meinung bestärkt, ist ihr vergebliches Bemühen, Reizstellen aufzufinden, von denen sich das von mir beschriebene „reine“ Angriffsverhalten auslösen ließe. Sie behaupten dagegen, die S. 146 ff. beschriebene und abgebildete extreme Angriffsdrohung (Abb. 65, 66, 67) sei nur eine mindere Intensitätsstufe der Abwehrdrohung, also des Katzenbuckels. Sie übersehen, daß ich sehr bewußt das Adjektiv „rein“ in diesem Zusammenhang immer in Anführungszeichen setzte; ganz und gar ungehemmter Angriff wird eben ohne jede Drohung sofort ausgeführt, wie es die beiden Kritiker als Beweis im Sinne von EWERS (1961) Diskussionsbemerkung fordern: „Ein rein aggressives Tier rennt auf den Gegner einfach zu und beißt ihn.“ Reizstellen, von denen aus sich dieser „stille Beißangriff“ (quiet biting attack) im elektrischen Reizexperiment bei Katzen auslösen läßt, haben inzwischen WASMAN und FLYNN (1962) gefunden. Charakteristischerweise liegen die betreffenden Areale ebenfalls lateral von den zentralen Droh- und Abwehrzonen der oben angeführten Autoren. Anders als diese erhielten WASMAN und FLYNN auch, wenn sie die median gelegenen Substrate reizten, in erster Linie nicht die Überlagerung von Abwehrdrohung mit Angriff durch Pfotenhiebe, sondern von Drohgebaren überlagerte Beißangriffe. Die echte Angriffsdrohung (mit „Katergesang“ . . . wer's kennt, redet da wohl kaum von minderer Intensität!) hat m. W. bisher noch niemand im Reizexperiment ausgelöst.

HOFFMEISTER und WUTTKE (1969) konnten dagegen die Eigenständigkeit des „reinen“ Angriffsverhaltens gegenüber dem Abwehrverhalten auf andere Weise zeigen: Verschiedene Drogen beeinflussen die beiden Verhaltenssysteme je unterschiedlich. Chlorpromazin dämpft beide gleichermaßen; Chlordiazepoxid dämpft allein das Abwehrverhalten und läßt das „reine“ Angriffsverhalten völlig unbeeinflußt – so behandelte Kater wehren Bedrohungen und Angriffe nicht mehr ab, suchen jedoch in aktivem Appetenzverhalten einen Rivalen auf, um ihn anzugreifen; Methamphetamin schließlich steigert die Abwehrbereitschaft einschließlich des Abwehr-Angriffsverhaltens beträchtlich, während es gleichzeitig das „reine“ Angriffsverhalten völlig unterdrückt.

ADAMS und FLYNN (1966) dressierten Katzen darauf, einen bestimmten Fluchtweg zu nehmen, wenn sie einen elektrischen Schlag erhielten. Anschließend senkte man den Tieren Reizelektroden in jene Hypothalamusareale, bei deren Reizung die verschiedenen Formen des Kampfverhaltens auftreten. Die Reizung erfolgte in der gleichen Versuchseinrichtung, in der zuvor die Elektroschockdressur durchgeführt worden war. Unter diesen Bedingungen benutzten die Tiere die zuvor erlernte Fluchtmöglichkeit, wenn dem durch die Reizelektrode ausgelösten Kampfverhalten Abwehrelemente beigemischt waren; dies taten sie jedoch in keinem Fall, wenn die Reizung allein den „stillen Beißangriff“ auslöste. Dieser Befund scheint wiederum eher für die Überlagerungshypothese der Ethologen und gegen die Annahme eines von Flucht- wie Angriffsstimmung unabhängigen Abwehrantriebs zu sprechen. Die medianen Areale, in denen sich die Abwehr am leichtesten teils mehr angriffs-, teils mehr fluchtbetont auslösen läßt, wären dann als Gebiete intensivster Vernetzung der beiden zentralen Koordinationssysteme von Flucht und Kampf anzusehen.

Zusammenfassend ist also festzustellen: Hess und Brügger (1943), die als erste das „subkortikale Zentrum der affektiven Abwehrreaktion" mit der Reizelektrode auffanden und abtasteten, betonten die deutliche Beimischung von Fluchttendenzen. Hunsperger und seine Mitarbeiter deuten ihre Ergebnisse dahin, daß im Drohverhalten nicht notwendigerweise Fluchtstimmung mitspiele; sie meinen jedoch, es bestehe keine solche Trennmöglichkeit zwischen Droh- und Angriffsverhalten, und bezweifeln damit implizite die Scheidung von Abwehrangriff und direktem Angriff („reine Aggression"); sie erzielten jedoch ganz vorwiegend Angriffe mit Tatzenhieben statt Beißen. Wasman und Flynn schließlich erzielten den ungehemmten Beißangriff, wie er beim Beutefang ebenso wie im Rivalenkampf vorkommt, und seine Überlagerung durch Drohverhalten, allerdings nicht in Form der Angriffs-, sondern der Abwehrdrohung, ein Verhalten, wie es typisch eine noch unerfahrene Katze gegenüber einem sich wehrenden Beutetier zeigt.

Obwohl die späteren Untersucher weitere Hirngebiete in diese Untersuchungen einbezogen als Hess und Brügger, erhielten sie doch ihre unterschiedlichen Ergebnisse teilweise auch aus den gleichen Reizgebieten; die angewandten Reiztechniken und -parameter waren je verschieden. Unter solchen Umständen sollte man nicht an der Existenz dieser oder jener Verhaltensweise zweifeln, nur weil sie im Reizexperiment (noch) nicht in reiner Form auslösbar ist. Entscheidend ist doch wohl, ob die Katze selbst es kann, und sie kann es eben immer noch besser, genauer, differenzierter als unsere besten Elektroniker.

Hunsperger (1962) hat nun gleichzeitig in der Fluchtzone und der Abwehrzone gereizt und gefunden, daß dies zunächst die Abwehr weit über das hinaus verstärkt, was er bei gleicher Reizstärke allein bei Reizung nur der Abwehrzone erzielte; nachdem auf diese Weise die Flucht verzögert war, erfolgte sie dann ebenfalls „mit mehr Schwung" als bei alleiniger Reizung im Fluchtareal. Hunsperger schließt daraus: „Die beiden Reaktionen Abwehr und Flucht stehen somit nicht im Wettstreit miteinander; sie sind als zwei Alternativen eines Verhaltens zu betrachten, das dem Selbstschutz dient." Die Logik dieser Argumentation will mir nicht eingehen. Den gleichen oder jedenfalls sehr ähnlichen Effekt erzielte Hunsperger auch, wenn er nur im Fluchtareal reizte, gleichzeitig jedoch der Katze einen Gegner in Form einer dicht herangeschobenen Attrappe (ausgestopfter Hund oder ausgestopfte Katze) bot. Wasman und Flynn (l.c.) lösten in ganz entsprechender Weise von Reizstellen, die bei niederer Reizstromspannung „stillen Beißangriff" hergaben, durch Steigerung der Stromspannung Beimischung von Elementen des Abwehrverhaltens aus (Ohranlegen, Piloerektion, Buckel, Fauchen). Sind das nun „nicht im Wettstreit miteinander liegende Alternativen eines Verhaltens, das dem Beuteerwerb dient"? Eine solche Deutung ließe sich doch wohl angesichts der Normalsituation (S. 73 f., 115 f.), in der diese Überlagerungsphänomene beim intakten Tier auftreten, kaum vorschlagen.

Diese etwas kritischen Anmerkungen sollen keineswegs den Wert der elektrischen Hirnreizung irgendwie herabsetzen. Sie ist ganz ohne Zweifel zur Zeit für den Ethologen wertvoller als irgendeine andere neurophysiologische Methode. Entwertet jedoch würde sie wie jede andere, wenn man versuchen wollte, die Methode über das Phänomen zu stellen, bei dessen Untersuchung und Aufklärung sie helfen soll.

Das Droh- und Kampfverhalten verschiedener Katzenarten

Bei der Abfassung der ersten Auflage stand erst sehr wenig Vergleichsmaterial von anderen Katzenarten wie auch anderen Raubtiergruppen zur Verfügung. Die hier hauptsächlich beschriebenen Droh- und Kampfesweisen der Hauskatze sind keineswegs als „ursprünglich" oder gar „primitiv" anzusehen, sondern als recht hochentwickelt und differenziert, wie ja überhaupt das Genus *Felis* im engeren Sinne von Pocock (1951) und Haltenorth (1953) zwar keine Extremspezialisierungen wie Gepard oder Serval aufweist, dennoch aber in vieler Hinsicht als die fortschrittlichste Katzengruppe anzusehen ist.

Während, soweit ich bisher sehe, kaum wesentliche Unterschiede im Abwehrverhalten der verschiedenen Katzenarten zu finden sind, gibt es deutliche Unterschiede der Angriffsdrohung und teilweise auch des Angriffs selbst zwischen den Verwandtschaftsgruppen.

A) Gattungen *Prionailurus* (untersuchte Arten: *bengalensis, viverrinus, planiceps;* Drohverhalten unbekannt: *rubiginosus, iriomotensis), Profelis (aurata, temmincki):* Der Rücken bleibt beim Drohen immer leicht gebuckelt (Abb. 80); die Tiere laufen mit mehr oder weniger tief gehaltenem Kopf umher, wobei sie meist eine Seite dem Gegner zugewandt halten (Drohimponierlauf; Abb. 81 a–c), oder sie bleiben in dieser Orientierung stehen (Querimponieren; Abb. 81 d, e). Der Schwanz ist dabei an der Wurzel leicht angehoben, in Abständen peitscht er scharf hoch, kehrt aber sogleich wieder in die steif abwärts gehaltene Hakenform zurück. Die Haare der Rückenmittellinie und des Schwanzes sind gesträubt. Gehen die Tiere von diesem Drohimponieren zum Angriff über und laufen gerichtet auf den Gegner zu, so tun sie das nicht langsam und steif stelzend wie die *Felis*-Arten, sondern in flottem Schritt; dabei heben sie dann den Kopf hoch und schwenken ihn ohne Zwischenpausen von einer Seite zur anderen, wobei sie jedesmal in der Mitte das Kinn etwas anziehen und an den Endpunkten etwas vorrecken

Abb. 80. Bengalkatze, Drohhaltung geringer Intensität

(Abb. 82). Die Nasenspitze beschreibt so in etwa eine horizontal liegende Acht. *P. aurata* schwingt den Kopf oft nicht seitwärts und wenn, nur sehr wenig; die Bewegung wird so mehr zum Wechsel zwischen Kinnheben und -vorstrecken und Kinnanziehen. Vermutlich sind auch die Gattungen *Caracal*, *Puma* und *Neofelis* (Abb. 83) hierher zu stellen; doch reichen meine Beobachtungen für eine sichere Zuordnung noch nicht aus.

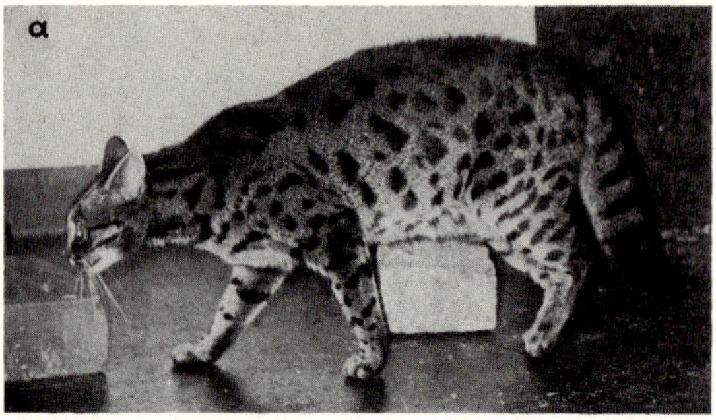

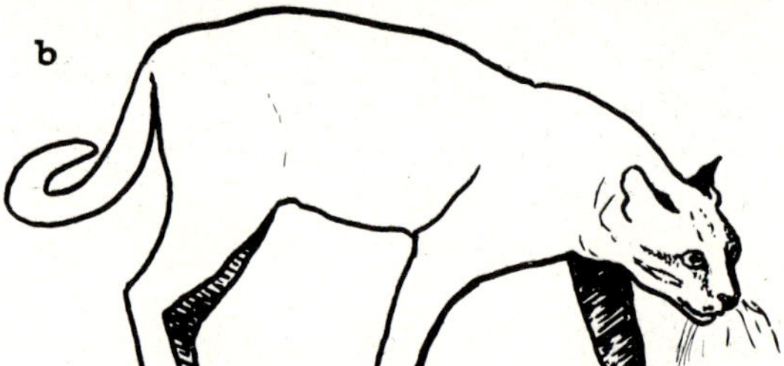

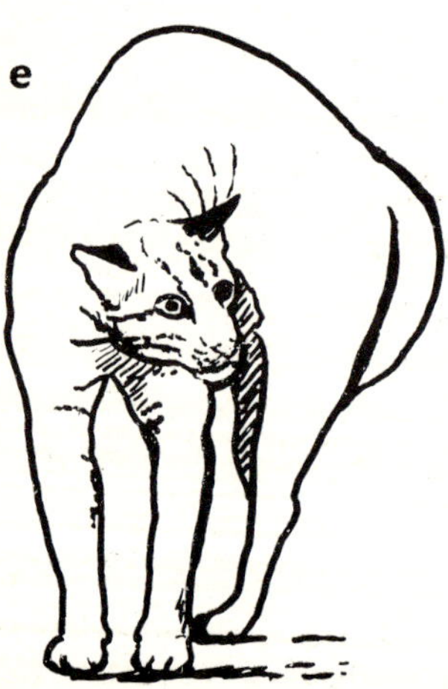

Abb. 81. a) Drohimponierlauf; Hybride Bengalkater x Hauskatze. b u. c) Drohimponierlauf; Asiatische Goldkatze, b) niedere, c) hohe Intensität (nach Farbaufnahmen); d) Asiatischer Goldkater; Querimponieren, mittlere Intensität; e) Asiatische Goldkatze; Querimponieren, gegen rechts vorn stehenden Wärter gerichtet (nach Farbaufnahme)

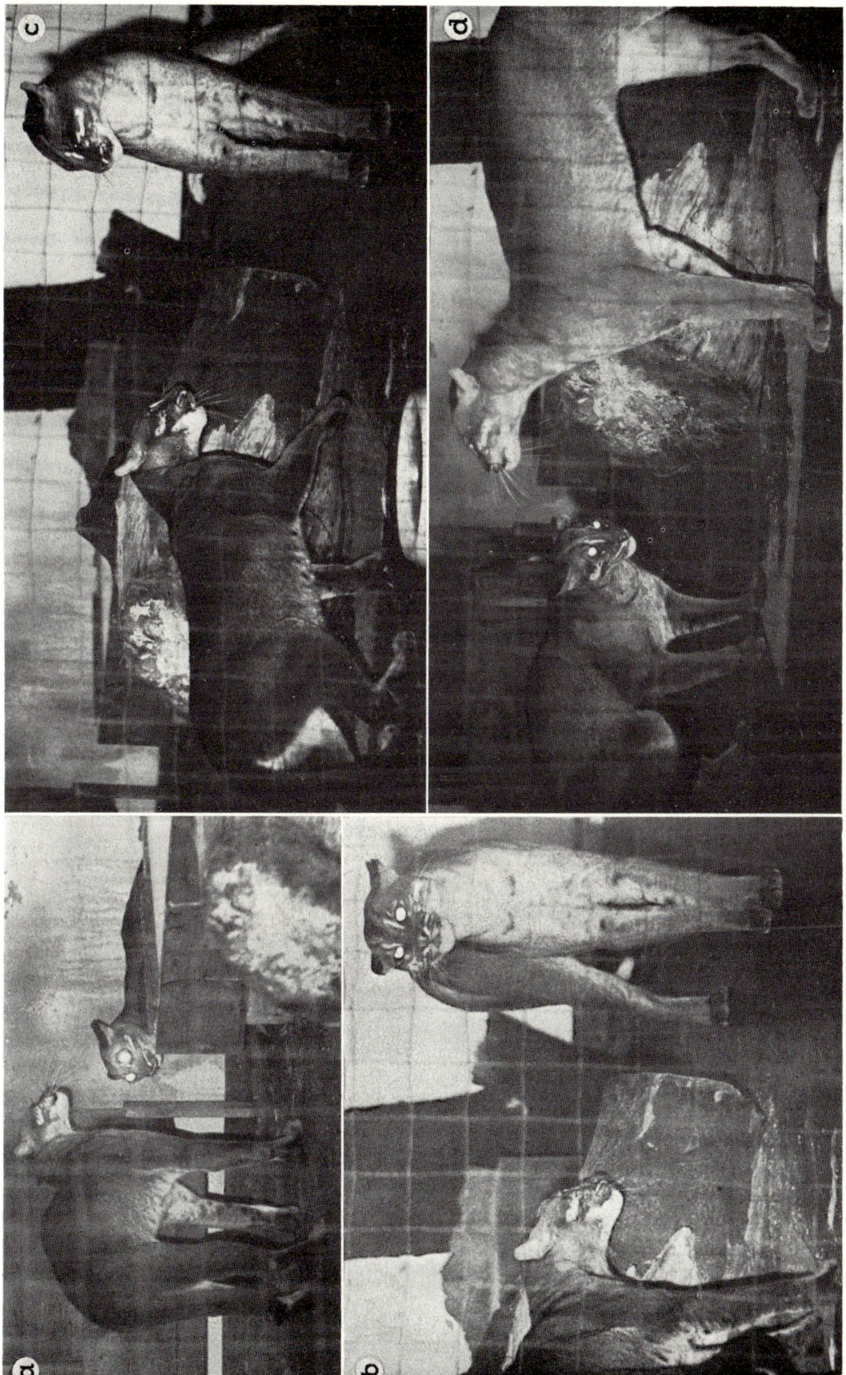

Abb. 82. a–d: Asiatische Goldkatzen; vier Phasen des Kopfschwenkens. Näheres s. Text;

Abb. 82. e–j: Afrikanische Goldkatzen, lks. ♀, r. ♂; e) ♀ weicht etwas vor fauchendem ♂ zurück; f) ♂ schlägt nach Pfote des ♀ (s. Text); g) ♂ bedroht ♀, Hinterhand schon absprungbereit geduckt (vgl. Abb. 10 b, c)

Abb. 82. h) Querimponieren nach Schlagabtausch; beachte Hakenschwanz, geduckten, leicht ausweichenden Vorderkörper und gesenkten Kopf; i) ♂ in Quer-Drohhaltung geringer Intensität, faucht; j) ♂ droht vollintensiv; beachte seitwärts gestellten Hakenschwanz

Abb. 83. Nebelparder-♂ droht anderes ♂ im Nebenkäfig an; geringe Intensität (Zoo Washington D.C.)

Abb. 84. Junger Baumozelot a) geringgradiges Drohen, etwa entsprechend Abb. 80; b) etwas höhere Intensität, Drohimponierlaufen; c und d) Querimponieren gegen großen Hauskater, beachte den an der Wurzel zum Gegner hin gestellten Schwanz (andeutungsweise auch in b zu erkennen); e) hochintensives Drohen mit geradem Rücken und Hakenschwanz, ähnlich wie *Felis*; f) Wischbewegungen der Hinterfüße als Angriffsdrohung (S. 192)

a

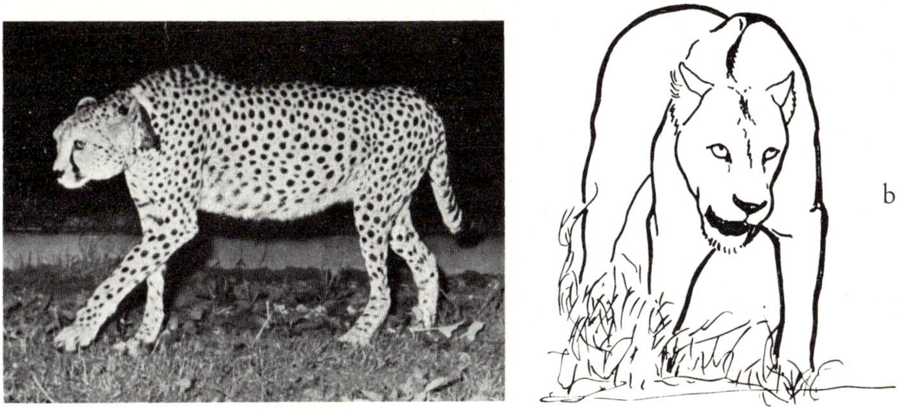

b

Abb. 85. a) Angriffsdrohung, Gepard; b) Angriffsdrohung, Löwin (nach Farbfoto von C.A.W. GUGGISBERG). Weiteres s. Text

Abb. 86. Die verschiedenen Drohhaltungen der Servale. a) Drohbuckel, niedere Intensität (vergl. Abb. 80, 83, 84 a); b) Beißdrohung (Ohrstellung!), gleichzeitig etwas ängstlich (Hinterhand etwas eingeknickt) (Foto: Zoo Washington D.C.); c und d) Angriffsdrohung, c niedere, d hohe Intensität (vgl. Abb. 85)

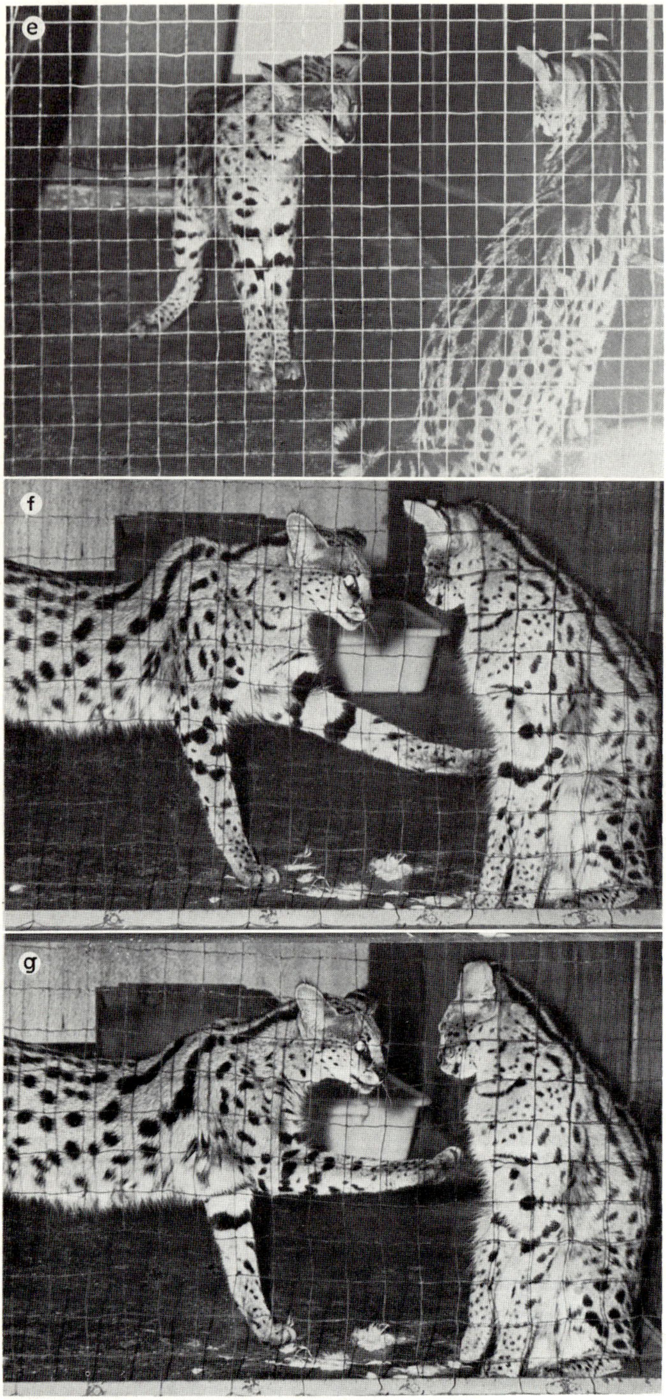
e
f
g

Abb. 86. e) Angriffsdrohung; f und g) Pfotenstoßen (s. Text); h und i) Angriffsdrohung nach Pfotenstoßen; in i) duckt sich das unterlegene Tier nieder und dreht den Vorderkörper seitlich flach an den Boden. Beachte den hinter der Schulter tief gesenkten Vorderkörper des angreifenden Tieres in f–i; k) Nach Ende der Auseinandersetzung spritzt das überlegene Tier (s. Text S. 191); j) zeigt eine ähnliche Situation wie in i bei zwei jungen Leopard-Löwe-Hybriden (Hanshin Park Zoo)

B) Gattung *Leopardus* (beobachtete Arten: *pardalis, wiedi, tigrinus, geoffroyi;* nicht bekannt: *guigna):* Wie *Prionailurus,* größte Ähnlichkeit zu P. *bengalensis;* jedoch kommt (selten) Drohen mit ganz gestrecktem Rücken wie bei *Felis* vor (Abb. 84). Über die südamerikanischen Gattungen *Herpailurus* (Jaguarundi), *Lynchailurus* (Pampaskatzen) und *Oreailurus* (Bergkatze) können z. Z. noch keine näheren Angaben gemacht werden.

C) Die Gattung *Lynx* dürfte sich nach meinen bisherigen, wenigen Beobachtungen wie *Felis* oder *Leopardus* verhalten. Auf jeden Fall nähern sich die Luchse dem Gegner wie die *Felis*-Arten im steifbeinigen Stelzschritt (Abb. 66 a).

D) Gattungen *Panthera* (Arten: *leo, pardus* und *onca), Uncia* und *Acinonyx:* Keines dieser Tiere sah ich je einen Drohbuckel machen, auch nicht in der Abwehr. Ihre Angriffsdrohung ist von derjenigen der bisher besprochenen Arten völlig verschieden. Die Tiere lassen bei sonst gestrecktem Rücken den Brustkorb zwischen den Schulterblättern absacken, so daß diese fast wie ein Zebubuckel nach oben ragen (Abb. 85 a). Der mehr oder weniger tief gesenkte Kopf weicht dabei meist etwas seitlich aus der Körperlängsachse (Abb. 85 b). Entsprechende Beobachtungen am Tiger fehlen.

E) Gattung *Leptailurus:* Soweit mir bekannt, ist der Serval die einzige Katzenart, die über sämtliche bisher beschriebene Drohformen verfügt und sie um ein weiteres Element, das „Pfotenstoßen", bereichert (Abb. 86). Noch betonter als *P. aurata* hält der Serval die Kopfbewegung in der Mittellinie; seitwärts schwenkt er den Kopf fast nie. Wemmer (1977) beschreibt eine ähnliche Drohbewegung („head darting") bei Ginsterkatzen. Serval und Goldkatze gleichen sich noch in einer weiteren Verhaltensweise: Wenn ein Serval dem anderen eine Pfote entgegenstößt (Abb. 86 f, g), so hebt der andere oft die seine und sucht sie von oben auf die der ersten zu legen und darauf zu drücken; möglicherweise ist das eine Schlagintention, aber so heftig habe ich es nie werden sehen. Auch schnappt das mit der Pfote berührte Tier oft nach der Pfote oder stößt mit der Nase danach, wonach der „Angreifer" die Pfote sofort zurückzieht, meist allerdings nur, um sie sogleich wieder vorzustoßen. Das Zuschnappen habe ich bei den Afrikanischen Goldkatzen nie gesehen, doch schlagen sie in richtigen Kämpfen oft nach den Vorderpfoten des in Abwehrstellung vor ihnen liegenden Gegners (Abb. 82 f.). In meinen bisherigen, recht ausführlichen Beobachtungen ist es mir nicht gelungen festzustellen, ob die verschiedenen Drohformen typisch verschiedenen Situationen zugeordnet sind.

Während die Drohformen nach A, B und C sich nur nach Ablaufgeschwindigkeit und Amplitude einzelner Bewegungselemente unterscheiden und alle auseinander abgeleitet werden können (S. 162 ff., Abb. 79), ist dies für das Drohverhalten nach D nicht möglich. Im Verhalten anderer Raubtiergruppen und anderer primitiver Säuger findet sich jedoch Vergleichbares, das uns den vermutlichen Entwicklungsweg dieses eigenartigen, von dem anderer Katzenarten so deutlich abweichenden Drohverhaltens mit einiger Sicherheit zu rekonstruieren ermöglicht. Während Beuteltiere, vor allem Dasyuriden, Beutelratten und Opossums, keinen Drohbuckel machen, sondern mit gestrecktem Rücken und offenem Rachen fauchend und spuckend drohen und angreifen, ist der Drohbuckel bei vielen Nagern, Musteliden und Viverriden (Abb. 87) weit verbreitet. Als typisch können das Droh- und Angriffsverhalten der Wanderratte (Eibl-Eibesfeldt 1957, 1958 b), des Iltis (Poole 1966, 1967) und des Mungo (Dücker 1957, 1965) angesehen werden: Die Tiere machen zwar einen Drohbuckel, senken aber Schultern und Kopf tief ab und wenden ihn oft vom Gegner weg; der Angriff erfolgt dann oft seitlich durch Tritt mit dem dem Gegner zugewandten Hinterbein. Geht der Angreifer zum Beißangriff über, so fährt er von unten seitwärts in Halsseite oder Flanke des Gegners. Diese Art des Drohens und Angriffs wenden die Tiere hauptsächlich dann an, wenn das angegriffene Tier nicht aggressiv gestimmt ist, sondern deutlich Abwehr- oder Unterlegenheitsstellungen einnimmt. In den Fällen, wo sich das abwehrbereite Tier nicht auf die Hinterbeine aufrichtet, trägt es den zurückgezogenen Kopf hoch. Außer der beschriebenen gibt es beim Iltis nach Poole (l.c.) auch eine (noch intensivere) Angriffsdrohung, bei der sich das Tier ohne Buckel ganz flach an den Boden preßt und aus dieser Lage heraus erst recht seinen Angriff von unten führen muß. Irbis und Afrikanische Goldkatzen drohen und attackieren oft auf ähnliche Weise (S. 185).

Abb. 87. Drohen mit tiefgehaltenem Kopf. a) Weißschwanzichneumon; b) Ichneumon; c) Fuchsmanguste; d) Fanaloka, Überlagerung schwacher Angriffs- und Abwehrdrohung; eine ähnliche Drohstellung nimmt nach Rasa (1977) auch die Zwergmanguste ein. e) Linsang, Abwehrdrohung; f) Madagaskarmungo, schwache Abwehrdrohung. (a, c–f: Zoo Washington D.C.; b: Zoo Frankfurt)

Aus diesem Droh- und Angriffsverhalten entwickeln sich bei vielen Viverriden, den Hyänen, Caniden (Abb. 88) und Ursiden mehr oder weniger ritualisierte Droh- und Kampfesweisen, bei denen der Angreifer mit gesenktem Kopf vorrückt und seitlich ausholend nach der Halsseite des Gegners zu schnappen sucht; dieser kann dasselbe tun, wie ich es bei fast unermüdlichen Kampfspielen junger indischer Zibethkatzen oft beobachtete, oder er weicht mit hocherhobenem, meist seitwärts gewandtem Kopf, aber geduckter Hinterhand aus: dabei

Abb. 88. a) Rotfuchs, Drohbuckel; b) Rotfuchs, Drohimponierlauf; (a und b nach TEMBROCK 1957). c) Löffelhund, Breitseitimponieren gegen liegendes Tier o. r.; d) Löffelhund, Drohimponierlauf. (c und d nach Farbaufnahmen; Zoo Los Angeles)

kann er am Ort verharren oder zurückweichen. Dies habe ich viele Male bei Erdwölfen, Streifenhyänen (Abb. 89), Hunden und Bären (Abb. 90) gesehen. Nach Drüwa (1976) drohen und kämpfen auch Waldhunde auf diese Weise („Drohbiß"). Entsprechende Beobachtungen an Marderartigen und Procyoniden fehlen mir; doch dürften bei manchen ähnliche Verhaltensweisen zu finden sein. Grzimek (1958, mdl.) wies mich als erster darauf hin, daß auch Löwen bei ihren Auseinandersetzungen das gleiche „Halsschnappen" anwenden; seither habe ich es verschiedentlich nicht nur bei Löwen, sondern auch bei Leoparden und Jaguaren, jedoch noch nicht bei Tigern gesehen. Ewer (1969, mdl.) vermutet, die längs der Halsseite vom Ohr zur Brust ziehende Längsstreifung vieler Raubtiere (Zibethkatzen, Genetten, Bänderpalmenroller, Dachse, Stinktiere und viele andere mehr) diene der optomotorischen Orientierung bei mehr oder weniger ritualisierten Halsschnappkämpfen. Eine soziale, sehr wahrscheinlich von der Halsstreifung gesteuerte, optomotorische Synchronisierung der Auf- und Niederbewegungen beim gemeinsamen Fressen und Trinken konnte ich bei zwei indischen Zibethkatzen regelmäßig beobachten.

Lorenz (1943) beschrieb eine „Demuthaltung", die im Zweikampf unterlegene Hunde und Wölfe einnehmen. In aufrechter Stellung wenden sie den Kopf

Abb. 89. Streitende Streifenhyänen; Erklärung s. Text

Abb. 90. Streitende Kragenbären; die beiden Bären rechts haben den dritten in eine Felsnische gedrängt; dieser richtet sich zur Abwehr auf, der Bär vorn rechts in Drohstellung, aus der heraus er aufwärts nach Kehle und Halsseite des bedrängten schnappt

Abb. 91. Kämpfende Collies (nach Fischel 1953); Erklärung s. Text

etwas zur Seite und bieten dem Gegner die Halsseite. Dessen Angriff wird eben dadurch gehemmt, er „bringt es nicht über sich", in die unverteidigte Halsseite zu beißen. Unglücklicherweise beschrieb LORENZ Kopfhaltung, Körperstellung und Schwanzhaltung der Tiere in dieser Situation nicht bzw. sehr ungenau. Als Folge davon hat FISCHEL (1953) eine von ihm beobachtete und gefilmte Szene derart mißdeutet, daß er den überlegenen Hund (vorn) für den unterlegenen ansah (Abb. 91). SCHENKEL (1960) berichtigt das, erkennt aber nicht, daß tatsächlich der unterlegene Hund genau die von LORENZ gemeinte Demuthaltung einnimmt, und bildet als vermeintliches Äquivalent der von FISCHEL abgebildeten Szene eine Wolfszene ab, die keinesfalls einem Ernstkampf entstammen kann, sondern dem Kampfspiel eines erwachsenen mit einem Jungwolf. SCHENKEL war offenbar das Halsschnappritual unbekannt; möglicherweise führen die Wölfe unter derart beengten räumlichen Verhältnissen, wie sie bei den von SCHENKEL beobachteten Zoo-Wolfsgruppen herrschten, solche Kämpfe nicht auf. FISCHELS Versehen erklärt sich vielleicht daraus, daß in dem von ihm analysierten Fall die Stellung der beiden Hunde zueinander das Ergebnis einer Überlagerung zweier Kampfelemente ist: Nach „reinem" Halsschnappen stehen sich die Tiere spitz gegenüber, wie die Hyänen in Abb. 89; hier jedoch versucht der überlegene Hund gleichzeitig, den anderen mit dem Hinterteil seitlich anzurempeln, eine Angriffsweise, wie sie auch von manchen Nagern, Musteliden und Viverriden (S. 163 f., 180) bekannt ist. Nach ZIMEN (mdl. Mittlg.) ist bei Wölfen die Überlagerung beider Angriffsweisen die Regel. DRÜWA (1976) bildet zwei Waldhunde *(Speothos venaticus)* in ganz ähnlicher Stellung ab (Abb. 41 ebd.) und deutet dies in ganz gleichem Sinne wie hier geschehen. Als für die Deutung der Situation ausschlaggebend ist festzuhalten, daß der unterlegene Hund in dieser Stellung zwar den Kopf hochhält und, da ja die Verhaltensweise ursprünglich entgegen der LORENZschen Annahme dem Gegner die Angriffsfläche nach oben-seitlich entziehen soll, sich dabei oft bis auf die äußersten Zehenspitzen der Vorderfüße hochreckt, den Schwanz dabei aber gesenkt, oft sogar eingeklemmt hält und meist auf der Hinterhand etwas einknickt, auf jeden Fall diese nicht hochreckt. Vom Ursprung her handelt es sich also auch nicht um eine Demutstellung in dem Sinne, daß der Unterlegene jede weitere Verteidigung aufgäbe; eher schon handelt es sich um „Kontaktabbruch" (s. S. 145), also ein Analogon zum „Umherschauen" der Katzen mit allerdings anderem Stellenwert: „Umherschauen" kann den Ausbruch eines Kampfes zwischen Katzen verhindern, den einmal begonnenen jedoch nicht unter- oder abbrechen; das tut die „Demutstellung" bei Hunden aber zweifellos, auch wenn es gelegentlich vorkommt, daß der überlegene Hund nicht genügend gehemmt wird und dennoch zuschnappt. Es liegt nun einmal in der Natur von Instinktbewegungen wie Auslösern, eben nicht wie der „klassische Reflex" im älteren Physiologielehrbuch zu funktionieren. Nach meinen Beobachtungen ist nun aber bei den Hunden der Halsschnappkampf einschließlich des Abbruchs durch den Unterlegenen viel weitgehender als bei Hyänen und Zibethkatzen ritualisiert. Hochrecken-Kopfwegwenden ist damit de facto zu einer Demutstellung geworden. Auf jeden Fall ist ihre phylogenetische Herkunft jetzt wohl geklärt und SCHENKELS Verdacht widerlegt, LORENZ habe irrtümlich die aufrechte Stellung eines überlegenen Wolfes (mit hochgerecktem Schwanz) als Demutstellung interpretiert.

Aus allem läßt sich wohl, ohne daß man zu weit daneben griffe, die Angriffsdrohung von *Felis* als Funktionswechsel einer Geste deuten, die ursprünglich den Übergang von Angriff zu Abwehr und Kontaktabbruch kennzeichnete. Im oben (S. 171) beschriebenen Verhalten der *Prionailurus*-Arten drückt sich das deutlich aus: Drohlaufen, das nicht in gerader Linie auf einen Gegner gerichtet ist, und Querimponieren erfolgen mit gesenktem Kopf, gerichteter Drohlauf mit erhobenem Kopf und Kopfschwenken; der Kopf wird dabei um so höher gehoben und das Kinn um so stärker angezogen, je näher der Angreifer dem Gegner rückt. Die „Rückzugskomponente", wie ich sie auch für die Entstehung des Drohbuckels (S. 162) verantwortlich machte, ist hier nicht zu übersehen. Bei den Goldkatzen ist die Ambivalenz der Geste auch oft noch deutlicher; es zeigt sich am extremsten beim körperlich und auch sonst weit überlegenen Kater, der das Weibchen animponiert, es aber dennoch nicht schlagen oder beißen kann („Weibchenbeißhemmung" EIBL-EIBESFELDT). Dennoch kann es keinen Zweifel geben, daß die Geste bei *Prionailurus* schon überwiegend und bei *Felis* ganz ausschließlich Angriffsdrohung und -bereitschaft bedeutet. Vermutlich ging dieser Funktions- oder, wenn man so will, Bedeutungswechsel parallel mit dem Wechsel der Orientierung des Angriffsbisses von Kehle und Halsseite zum Nacken.

Halsschnappen als Angriffsweise habe ich bisher nur bei Löwe, Leopard, Jaguar und Schneeleopard gesehen. Wieso bei diesen Arten das Drohen mit tiefgehaltenem Kopf statt mit Drohbuckel mit dem beschriebenen „Absacken" des Vorderkörpers einhergeht, ist nicht ganz klar. Sie drohen sehr häufig im Liegen oder fast liegend, besonders der Irbis, wobei sie die Vorderhand etwas hochstemmen, und häufig tragen sie auch den Angriff so geduckt, dem Schleichlaufen ähnlich, vor. Das erinnert in etwa an das Drohliegen des Iltis (POOLE, s. o. S. 180). Ein afrikanischer Goldkater zeigte uns eine Angriffsweise, die zwischen der von *Panthera* und der des Iltis vermitteln könnte: Aus dem Drohliegen heraus ging er zum tiefgeduckten Angriff über; nur das Absacken des Vorderkörpers fehlte. Die Afrikanischen Goldkatzen warten mit einer weiteren Besonderheit auf: Sie gehen aus der Abwehr in Seitenlage zum Angriff über. Andeutungsweise sahen wir das schon bei M 10 in seiner Begegnung mit M 3 (S. 159 ff.). Doch die Goldkatzen überschreiten dabei die Grenzen des Bluffs und auch der reinen Abwehr. Ein von einem überlegenen Tier angedrohtes zieht sich zunächst in eine Ecke, Höhle oder dergl. zurück und nimmt Abwehr-Seitenlage ein (Abb. 82 e, g). Sobald aber jetzt das drohende Tier abläßt, schießt das zunächst abwehrbereite Tier vor: Es bleibt in der Seitenlage, stößt sich mit den Hinterpfoten von irgendeinem festen Gegenstand (Wand, Baumstamm) ab und schlittert auf den vorherigen Gegner 1–2 m weit zu und schlägt ihn. Alle so angegriffenen Tiere scheinen diese Art sehr zu fürchten, weichen schleunigst zurück oder springen mit allen vieren zugleich in die Luft, und gehen niemals unmittelbar zum Gegenangriff über; das mag einfach nur den Grund haben, daß ein so angegriffenes Tier zunächst alle Mühe hat auszuweichen. Da der liegende Angreifer jedem Ausweichmanöver folgt und mühelos die Richtung seines Angriffs ändern kann, findet es das angegriffene Tier schwierig, einen Landeplatz nach seinem Luftsprung zu finden, wo ihm nicht vier aufgereckte Tatzen mit gespreizten Klauen entgegenstarren. Die gleiche Angriffsweise sahen wir übrigens auch bei einer Löwin (Fernsehfilm von J. GOODALL und H. VAN LAWICK), und andere Arten werden wohl ebenfalls über sie verfügen, wenn auch weniger oft ausführen. Vielleicht gibt es noch weitere unbekannte Zwischenformen bei anderen Raubtieren.

Revierverhalten und Rangordnung

Die folgenden Darstellungen fußen auf eigenen Beobachtungen und den mir überlassenen, sich über viele Jahre erstreckenden Beobachtungsprotokollen von Wolff (Leyhausen 1965 a) und einer gemeinsamen Untersuchung (Leyhausen und Wolff 1959).

Die einzelnen Katzen haben ein Revier, das grob gesehen mit Hedigers (1949) Beschreibung des durchschnittlichen Säugetierreviers übereinstimmt: Ein Heim erster Ordnung – meist ein Zimmer oder sogar nur eine Ecke in einem Raum des Hauses, in dem sie leben, – und ein Streifgebiet, das aus einer je verschiedenen Anzahl mehr oder weniger regelmäßig besuchter Örtlichkeiten besteht, die durch ein engmaschiges Wegenetz miteinander verbunden sind. Die äußersten Punkte dieses Wegenetzes nun durch eine Linie zu verbinden und diese dann als Reviergrenze zu bezeichnen, wäre ein rein abstraktes Beginnen. Die Vorstellung einer solchen Grenze findet im tatsächlichen Verhalten der Tiere keine Stütze, wie wir sogleich sehen werden. Die unmittelbare Umgebung des Heimes erster Ordnung, wie beispielsweise das Haus und der Garten, sind der ansässigen Katze genau bekannt, sie betritt zuzeiten praktisch jeden Quadratmeter davon, und sie hat dort gewöhnlich verschiedene Plätze zum Ausruhen, Sonnenbaden oder als Beobachtungsposten usw. Außerhalb dieses begrenzten Heimgebietes führen die oben erwähnten Pfade zu Jagd-, Ranz-, Streit- und Kampfplätzen oder zu solchen für noch andere Tätigkeiten. Zu jeder dieser Stellen führen meist mehrere Wege. Die Gebiete zwischen den Wegen werden selten, wenn überhaupt, benutzt. Man darf sich die Plätze, zu denen die Pfade führen, aber nicht zu „punktförmig" denken. Jagdgebiete zum Beispiel, wie Lichtungen im Wald oder frisch gemähte Kornfelder, wo es Mäuse in Fülle gibt, können ein größeres Gebiet umfassen als der Heimbezirk, und im Lauf der Zeit durchforscht die Katze sie gründlich. Wie Rosenblatt, Turkewitz und Schneirla (1969) nachwiesen, entwickeln die Jungkätzchen eine Ortsbindung schon in den ersten Lebenstagen, noch ehe die Augen geöffnet sind: Sie finden ihr Nest (Heim 1. Ordnung) aus geringer Entfernung mit Hilfe des Geruchssinnes wieder.

Nach unseren Beobachtungen hat eine Hauskatze auf dem Lande ein Revier von etwa 0,5–1 qkm; das Streifgebiet der Kater ist besonders zur Fortpflanzungszeit mehrfach größer. In dicht bebautem Gebiet dürfte es weniger sein, doch liegen dazu keine Angaben vor. In den Karpaten sollen nach Lindemann (1953) die Wildkatzenreviere 0,5, Luchsreviere dagegen 10 qkm groß sein. Die für *Felis silvestris* oben angegebene Reviergröße von 0,5 qkm erscheint im Vergleich zu anderen kleinen Wildkatzenarten sehr gering. Berrie (1978) ermittelte für ein subadultes ♀ der Kleinfleck-Katze *(Leopardus geoffroyi)* eine Reviergröße von (mindestens) 1,8 qkm; Imaizumi und Mitarbeiter (unpubl.) fanden bei Iriomote-Katzen 2 qkm und mehr, wobei sich die Reviere nur sehr wenig überschneiden. Für den kanadischen Luchs gibt Berrie (1973) eine Reviergröße von 11,5 bis 120 qkm an, während die Reviere des Rotluchses nach Provost (1973) im Durchschnitt

nur etwa 6 qkm groß sind, nach McCORD (1977) in Massachusetts 4–52 qkm, im Mittel etwa 26–31 qkm. SCHALLER (1970) gibt für Geparden in der Serengeti-Steppe ein Streifgebiet von 50–65 qkm an. Tiger haben nach SCHALLER (1967) und A. SINGH (1973) ein Revier von bis zu 80 qkm, Leoparden im Wilpattu-National-Park auf Ceylon mindestens 8–10 qkm (EISENBERG und LOCKHART 1972; MUCKENHIRN und EISENBERG 1973). Allerdings sind so kleine Reviere nur unter besonders günstigen Bedingungen möglich und dürfen nicht als Maß der Populationsdichte mißverstanden werden: Die genannten Autoren geben diese für die gesamten 600 qkm des Wilpattu-Nationalparks mit rund 1 Tier je 30 qkm an. HORNOCKER (1969, 1970 a, b) gibt die Reviergröße beim Puma während der Wintermonate mit 13–65 qkm für die ♀♀, mit 39–78 qkm für die ♂♂ an; die ♀-Reviere überlappen sich teilweise und variieren in der Ausdehnung je nach Anzahl und Alter der mitgeführten Jungen, die ♂-Reviere sind gegeneinander scharf abgegrenzt, überlappen aber manchmal ♀-Reviere. In fast allen Fällen überlappen sich die Reviere beträchtlich, am weitesten beim Geparden, den SCHALLER (1970) deshalb als revierlos betrachtet, während EATON (1970 a) – anknüpfend an meine Darlegungen, daß „Revier" nicht nur als räumliches, sondern raum-zeitliches Gebilde zu verstehen ist (LEYHAUSEN und WOLFF 1959, LEYHAUSEN 1965 a, 1971) – seine Beobachtungen dahingehend deutet, daß bei den Geparden die zeitliche Komponente des Reviers die räumliche weit überwiegt. Die geringste bisher festgestellte Revierüberlappung findet sich bei Leopardenweibchen (MUCKENHIRN und EISENBERG 1973), die sich darin den weiblichen Hauskatzen ähnlich verhalten. Das Revierverhalten und die Reviergrößen des Löwen sind nur zusammen mit seiner von allen anderen Katzenarten so sehr abweichenden sozialen Organisation verständlich. Sie werden deshalb in einem besonderen Abschnitt besprochen (S. 195 ff.).

Unser Versuch, freilebende Hauskatzen anstelle echter Wildkatzen zu beobachten, hat allerdings zwei Nachteile: 1. Hauskatzen können ihre eigene Bevölkerungsdichte nicht selbst bestimmen oder kontrollieren, und in der Regel dürfen sie auch ihr Heim erster Ordnung nicht selbst wählen; 2. ihre Verhaltensweisen haben sich im Laufe der Domestikation in verschiedener Hinsicht gewandelt. Wichtig im Hinblick auf ihr Verhalten im Revier ist, daß Hauskatzen einander nicht ganz so ablehnend gegenüberstehen wie ihre wilden Verwandten und in den meisten Fällen dazu gebracht werden können, einen Heimbezirk oder sogar das Heim erster Ordnung mit einer oder mehreren anderen Katzen zu teilen (LEYHAUSEN 1962 a, 1965 a). Das mag zunächst als mögliche große Fehlerquelle erscheinen. Wahrscheinlich jedoch hat dieser Umstand nur den Zusammenhang in der Population, der auch in echten Wildpopulationen zweifellos vorhanden ist, besser erkennen lassen und sich somit als ein methodischer Vorteil erwiesen. Wie bereits dargelegt, überschneiden sich in der Regel die Wegenetze benachbarter Katzen; „Überschneiden" heißt in diesem Fall gemeinsame Nutzung der Pfade und auch der Jagdgebiete sowie manchmal auch anderer bevorzugter Stellen: Plätze zum Sonnenbaden oder Beobachtungsposten. Doch bedeutet im allgemeinen die gemeinsame Nutzung nicht gleichzeitige Benutzung. In ihrem Tagesablauf vermeiden die Tiere persönliche Begegnungen, und selbst Katzen, die ihr Heim teilen, bleiben draußen oft für sich.

Nach HEDIGER erreichen viele Arten dies, indem sie einem ziemlich genauen

Zeitplan folgen, der wie ein Eisenbahnfahrplan eingeteilt ist, um ,,Zusammenstöße" zu vermeiden. Die Beobachtungen von WOLFF und mir konnten bisher nicht sicher nachweisen, daß der Tagesablauf der Hauskatzen einem solchen festen Zeitplan unterliegt. Wenn die Tiere täglich zur selben Zeit einen bestimmten Ort aufsuchen, beruht dies gewöhnlich auf menschlichem Einfluß, z. B. der Fütterungszeit. So versammelten sich die Katzen, jeweils bis zu einem Dutzend und mehr, die ich auf den walisischen Bauernhöfen sah, zur Melkzeit am Scheunentor oder im Kuhstall, um ihre tägliche Milchration zu empfangen. Katzen können sich also sehr gut an bestimmte Zeiten halten; wenn wir dies wegen der großen Beobachtungslücken an freilebenden Katzen, deren Zeiteinteilung von Menschen nicht direkt beeinflußt wurde, nicht durchweg feststellten, so fehlt es in den weiter unten mitgeteilten Beobachtungen doch nicht an Hinweisen. Bei Gefangenschaftsgruppen tritt die Neigung zu fester Zeiteinteilung jedenfalls sehr deutlich hervor.

Katzen scheinen ihre Verkehrsregelung visuell abzuwickeln. Man kann oft beobachten, daß eine Katze einer anderen, die in einiger Entfernung (etwa 25 bis 100 m) einen Pfad entlanggeht, mit den Blicken folgt, bis sie außer Sichtweite ist. Wartet man lange genug, so kann man meist sehen, wie die Beobachterin nach einer Weile den gleichen Pfad entlanggeht. Gelegentlich beobachtete ich zwei Katzen, die sich einer Art Katzen-Wegkreuzung von verschiedenen Richtungen her näherten. Wären sie weitergegangen, hätten sie sich fast genau an der Kreuzung getroffen. Beide hockten sich hin und starrten einander an. Von Zeit zu Zeit schauten sie ,,geflissentlich" weg. In solchen Fällen wird der Bann schließlich gebrochen, indem entweder eine Katze sich auf die Kreuzung zu weiterbewegt – und zwar zuerst zögernd, dann in etwas beschleunigtem Tempo und schließlich in hastigem Trab, sobald sie an dem der anderen Katze nächstgelegenen Punkt vorbei ist; oder beide ziehen sich nach einer Weile fast gleichzeitig dahin zurück, woher sie gekommen waren. Nach einer Beobachtung von BERRIE (1973) scheinen Kanadaluchse sich ebenso zu verhalten.

Wenn zwei Tiere sich rechtzeitig sehen und schon auf größere Entfernung ihre Bewegungen gegenseitig beobachten können, kommt es nur äußerst selten vor, daß eines schnurstracks auf das andere losgeht, um es zu vertreiben oder – wenn es nicht von der Stelle weicht – gar anzugreifen. Stoßen beide in unübersichtlichem Gelände überraschend aufeinander, ist eine Auseinandersetzung schon wahrscheinlicher. So stellt sich allmählich heraus, welchem Nachbarn Vorrang gebührt. Selten nur tragen zwei erwachsene Tiere an der gleichen Stelle mehr als einen Ernstkampf aus. Jede weitere nahe Begegnung dort geht sofort in eine Verfolgungsjagd über, da das vormals besiegte Tier meist ohne Zögern flieht und die Siegerin ihm nachsetzt und es mit Hieben traktiert, wenn sie nahe genug kommt. Weibchen sind im allgemeinen intoleranter untereinander als Kater.

Aus solchen Grenzkämpfen entsteht dennoch keine immer gültige, starre Sozialhierarchie in der Population. Zwar darf gelegentlich ein sehr ,,hochstehendes" Tier den Heimbezirk und sogar das Heim erster Ordnung der unterlegenen Katze besuchen und ohne deren Widerstand inspizieren, doch macht es daraus keine Gewohnheit und verdrängt die unterlegene auch niemals aus dem Revier. Das liegt daran, daß die in Revier-Grenzkämpfen gewonnene Überlegenheit an den Ort und oft auch, besonders nach Wiederholungen, an die Zeit gebunden bleibt, an dem und zu der die Begegnung(en) stattfand(en). An einem anderen Ort und zu anderer Zeit kann eine Auseinandersetzung der gleichen Tiere anders ausgehen, da ja Selbstvertrauen und Kampfesmut eines Tieres mit der Nähe zum eigenen Revierzentrum zu- und mit der Entfernung davon abnehmen. So ist also bei der Begegnung zweier Tiere ihr „Rang" jeweils nur in Beziehung zu Ort und Zeit der Begegnung zu bestimmen. Das nenne ich *Relative Soziale Hierarchie* oder *Relative Rangordnung.* In Grenzbereichen ist daher oft auch einfach das Tier überlegen, das zuerst eintraf. Hat z. B. eine sonst unterlegene Katze einen gemeinschaftlich genutzten Wechsel schon betreten, ehe die örtlich überlegene erscheint, so wird damit in der Regel die letztere „wartepflichtig". Wollte sie dennoch ohne Beachtung eines „Höflichkeitsabstands" den Weg begehen, könnte die erstgekommene ihr den Vorrang, u. U. mit Erfolg, streitig machen. Das zeigt am besten folgendes Beispiel: Zwei Katzen hatten ihre „Heime erster Ordnung" in zwei nebeneinanderliegenden Zimmern. Die im allgemeinen überlegene hatte Junge, was ihre Stellung noch stärkte. Sie wollte in das der anderen Katze „gehörende" Nebenzimmer hinüberwechseln, aber ihre Nachbarin saß auf der Türschwelle. Als sie versuchte vorbeizugehen, spuckte die schwächere nach ihr und versperrte ihr den Weg. Die ranghöhere nahm diese Herausforderung nicht an, sondern zog sich etwas zurück und wartete. Erst als die Türschwelle von der anderen geräumt war, ging sie hinüber, und die Nachbarin ließ sie nun auch ungehindert gewähren. Ebenso wird im allgemeinen eine überlegene Katze eine unterlegene nicht vertreiben, wenn diese bereits deren Lieblingsplatz oder Beobachtungsplatz eingenommen hat.

Manchmal entsteht aus den Zusammenstößen und Jagereien, die mit der Errichtung einer ortsabhängigen Hierarchie verbunden sind, ein dauernder, unversöhnlicher Haß zwischen zwei Nachbarn, so daß der überlegene den anderen jagt und angreift, wo er ihn sieht. Aber das ist keinesfalls die Regel. Nicht nur das überlegene Tier darf das Heimgebiet des unterlegenen besuchen, auch das letztere darf Gegenbesuche machen. Es kommt vor, daß sie gleichzeitig in demselben Gebiet jagen, wobei sie sich durchschnittlich nicht weiter als etwa 50 m voneinander entfernen, je nach Bodenbeschaffenheit und Vegetation. Sie tun dies offenbar absichtlich, auch wenn kein besonderer Grund besteht, so nahe beieinander zu bleiben. Dies fiel mir besonders bei den Katzen der Bauernhöfe in Wales auf. Nach dem täglichen Milchempfang entfernte sich ein Tier nach dem anderen zu seinen Jagdgründen; denn gefüttert wurden sie von den Bauern meist nicht. Ihre hauptsächlichen Beutetiere waren Wildkaninchen, die in den die Felder säumenden Hecken in ungezählter Menge lebten. Obgleich es also fast überall gleich gute Jagdchancen gab, sah man doch eher zwei bis drei Katzen in nur 30–60 m Abstand voneinander jagen, als eine einzelne allein.

Viele Autoren haben beschrieben, wie in Revieren lebende Säugetiere ihr Gebiet durch Düfte, Laute, Kratzpfosten usw. abgrenzen. Die allgemein übliche Erklärung dafür ist, das Tier setze damit ein Warnsignal, um Unbefugte und mögliche Eindringlinge zu warnen und verscheuchen. Es ist mir nicht bekannt, ob die Einschüchterung durch Duftmarken bei irgendeiner solitären Säugetierart zweifelsfrei nachgewiesen werden konnte. Bei Katzen habe ich jedenfalls noch nie etwas beobachtet, das eine derartige Erklärung zuließe. Katzen – besonders die Kater, aber auch viele Weibchen – haben die Gewohnheit, ihren Urin gegen Bäume,

Pfosten, Büsche, Wände und dergleichen zu spritzen; oft parfümieren sie anschließend ihren Kopf daran und reiben den Kopf wiederum an anderen Gegenständen ab. Noch niemals wurde beobachtet, daß eine Katze sich zurückzog, wenn sie die Markierung einer anderen beschnüffelt hatte. Zwar beriechen sie die Duftmarken sorgfältig und in aller Gemütsruhe, aber dann gehen sie entweder völlig unbeeindruckt weiter oder setzen ihre eigene Marke darüber. Rein gar nichts weist auf eine einschüchternde Wirkung der Duftmarke hin. Das beweist natürlich nicht, daß es sie nicht gibt; aber es muß zum mindesten noch eine weitere Funktion der Duftmarken geben, wenn nicht gar mehrere. Eine könnte darin bestehen, unerwartete Begegnungen und plötzliche Auseinandersetzungen zu vermeiden; eine andere zu verraten, wer sonst bereits auf diesem Wechsel unterwegs ist, wie weit entfernt und ob eine Begegnung gegebenenfalls noch möglich ist. All dies sind jedoch reine Vermutungen; mein bisher vorliegendes Material erlaubt mir nicht, irgendeine Möglichkeit stärker hervorzuheben oder auszuschließen. Wahrscheinlich spielen alle, je nach der gegebenen Lage, eine gewisse Rolle. Doch dürfen wir den Katzen ein Revierverhalten nicht etwa nur deshalb absprechen, weil ihre Duftmarken andere Katzen nicht oder kaum abschrecken.

Alle bisher beobachteten Katzenarten spritzen Urin in der beschriebenen Weise, und zwar in beiden Geschlechtern. Obwohl die Menge der aufgenommenen Flüssigkeit und der Füllungszustand der Blase kurzzeitig die Häufigkeit des Harnsprühens beeinflussen können, ließ sich doch in langfristigen Untersuchungen ein endogener, von den obengenannten wie auch anderen inneren und äußeren Faktoren unabhängiger Grundrhythmus feststellen (VERBERNE und LEYHAUSEN 1976). Dieser Grundrhythmus setzt sich immer wieder durch, wenn über längere Zeit hinweg die Flüssigkeitsaufnahme stark forciert oder eingeschränkt wird. Der Ausgleich erfolgt, indem das Tier bei stark gefüllter Blase verhältnismäßig viel, bei gering gefüllter Blase nur sehr wenig Urin je Spritzen versprüht, im Extremfall nur Spritzstellung und -bewegungen ausführt, ohne überhaupt etwas zu versprühen; die Häufigkeit, mit der es die Bewegungen ausführt, bleibt aber – von den erwähnten kurzfristigen Störungen abgesehen – konstant. Das Harnspritzen ist damit eine echte Instinktbewegung mit Eigenantrieb im Sinne von LORENZ (1937 b).

Im Gegensatz zur Hauskatze spritzen die Weibchen anderer Arten eher häufiger denn seltener als die Kater, wobei die jeweils verspritzte Menge oft sehr gering ist. Aus anatomischen Gründen versprühen die Weibchen den Urin, statt ihn wie die Kater in scharfem Strahl abzugeben. FIEDLERS (1957) Angaben, Pumas und Löwinnen spritzten nicht, sind ebenso unzutreffend wie EATONS (1970 a) gleichlautende über Geparden-♀♀. Bei den Flachkopfkatzen *(Prionailurus planiceps)* findet sich eine auffällige Abwandlung des Harnspritzens: Männchen wie Weibchen richten den Schwanz nicht ganz bis zur Senkrechten auf, ducken die Hinterhand etwas nieder und laufen in dieser Stellung weiter, eine Urinspur hinter sich herziehend; zuweilen beginnen sie, indem sie wie andere Katzen die Kehrseite gegen einen auffälligen Gegenstand richten, bleiben aber auch dann nicht stehen. Es handelt sich auch meistens nicht um hohe, sondern flache Gegenstände wie ihren Wassernapf oder das etwa 8 cm hohe Sägemehlkistchen, jedoch nicht das etwa 18 cm hohe Badebecken. Das Verhalten erinnert sehr stark an das aufgeregter, leicht ängstlicher Indischer Zibethkatzen *(Viverra zibetha)*: Erschrecken diese Tiere etwas, so laufen sie mit leicht, selten bis zur Waagerechten angehobenem Schwanz umher und lassen dabei ununterbrochen Urin ab, so daß sich eine breite Spur oft viele Meter hinzieht. Man kann das Verhalten prompt auslösen, wenn man den Käfigboden sehr gründlich säubert, doch dürfte es sich dennoch nicht um Markierungsverhalten im engeren Sinne handeln; aber bei den Katzen könnte es sich wohl aus solchen Anfängen ihrer viverridenähnlichen Vorfahren entwickelt haben. Die Gattung *Prionailurus* ist in mancher Hinsicht als die der „Urkatze" nächststehende unter den rezenten Feliden anzusehen. Auch bei der Bengalkatze (*Prionailurus bengalensis*) sieht man besonders die Weibchen häufig beim Spritzen nicht eigentlich stillstehen, sondern kurz mit dem Hinterteil an einen aufrechten Gegenstand heranschwenken, Schwanzheben und Spritzen sind fast eins, und schon gehen die Tiere weiter. Das gleicht für den flüchtigen Beobachter zwar schon vollkommen dem entsprechenden Verhalten anderer Katzen, doch ist die Ähnlichkeit mit dem eben beschriebenen Verfahren der Flachkopfkatzen unverkennbar.

Schaller (1967) und Eaton (1970 a) nehmen zwar an, das Urinsprühen habe bei Tiger und Gepard neben anderen Funktionen, wie Geschlechterzusammenführung und Gruppenzusammenhalt, auch die des Reviermarkierens, doch kann nur Eaton sich auf die direkte Beobachtung stützen, daß Geparden nach Inspektion der Geruchsmarke eines fremden Tieres ihre Richtung ändern und so einem Zusammentreffen aus dem Wege gehen, wenn die Geruchsmarke nicht älter als einen Tag ist. Hornocker (1969, 1970 b) stellte anhand der Spuren im Schnee mehrmals fest, daß ein Puma abrupt die bisherige Richtung seines Weges änderte, nachdem er auf den Markierungspunkt (s. u.) eines anderen gestoßen war. Mehr noch als die von mir beobachteten Hauskatzen achten die Pumas darauf, Begegnungen zu vermeiden. Hornocker konnte keinen Fall aktiver Revierverteidigung beobachten und glaubt, der Revierbesitzer behaupte sich nur, weil der Eindringling immer ausweiche und schließlich das Revier verlasse.

Ein von diesen und m. W. auch anderen Autoren nicht erwähnter Zusammenhang, in dem ich das Sprühen besonders bei Weibchen von Bengalkatze und Serval fast regelmäßig auftreten sehe, ist folgender: Zwei Tiere geraten aneinander, es braucht dabei nicht einmal zu einem Schlagwechsel zu kommen, doch ein Tier unterliegt und zieht sich zurück; unmittelbar wendet es sich zu einer bevorzugten Sprühstelle, meist nicht im Blickfeld der Gegnerin, und spritzt. Der Eindruck des Beobachters ist deutlich der, daß diese Handlung das soeben „geknickte" Selbstbewußtsein des Tieres wieder hebt, man könnte es wohl als eine „Trotzgeste" bezeichnen. Dazu stimmt auch, obwohl es zunächst paradox erscheinen mag, daß nach heftigem Kampf die Siegerin ihren „Imponierlauf" (S. 171) an jeder Ecke und jedem Baum zum Spritzen unterbricht (s. Abb. 86 k).

Als weitere Form des Reviermarkierens bei Katzen hat man das Absetzen von Kot an auffälliger Stelle (Lindemann 1950, Schaller 1967), das Auswischen mit den Hinterpfoten mit oder ohne Urinieren-Defäzieren (Eisenberg und Lockhart 1972, Leyhausen 1953, Schaller 1967) und das Imponierkrallenschärfen an besonderen Kratzbäumen (Eisenberg und Lockhart 1972, Leyhausen 1956 b, Schaller 1967) genannt. Nach Berrie (mündl. Mittlg.) und Hornocker (1969, 1970 b) setzen Kanadischer Luchs und Puma Kot und Urin zu Markierungszwecken nicht nur, wie der Europäische Luchs (Lindemann 1950), auf schon vorhandenen Erhöhungen (Baumstumpf, Stein) ab, sondern schaffen sich diese, indem sie Erde, Pflanzenteile und/oder Schnee zusammenscharren. Welche Arten von „Nachrichten" diese verschiedenen Marken in der Population verbreiten, ist aber im einzelnen noch durchaus unklar. Eine drastisch abschreckende, im Verhalten des „Markenlesers" direkt erkennbare Wirkung, etwa sofortige Richtungsänderung, konnte aber auch bei ihnen noch nicht beobachtet werden. Sicher ist dagegen, daß sowohl das Hinterpfoten-Auswischen wie das Imponierkrallenschärfen eine einschüchternde Wirkung auf den zuschauenden Artgenossen haben. Das Pfotenauswischen ist beim Baumozelot *(Leopardus wiedi)* und wohl auch den ihm nächstverwandten Arten als Imponierbewegung völlig vom Urinieren-Defäzieren getrennt; die Tiere führen es vor allem aus, ehe sie einen in einiger Entfernung befindlichen Gegner angreifen. Allerdings beobachtete ich es bisher meistens vor spielerischen Überfällen. Die einschüchternde Wirkung ist dennoch recht deutlich: Will man die frei im Haus gehaltenen Tiere zahm behalten, muß man es sich abgewöhnen, beim Betreten des Hauses die Füße auf der Matte allzu gründlich und demonstrativ abzustreifen! Wie die Abnutzung der von unserem männlichen Tier für dies Imponierwischen bevorzugten Polstermöbeln zeigt, liegt der Hauptdruck der Bewegung nicht in der nach hinten, sondern der nach vorn gerichteten Phase, also völlig entgegengesetzt der ähnlichen Hinterpfoten-Scharrbewegung eines Hundes.

Stimmliche Reviermarkierung ist manchen Feliden, besonders dem Löwen, nachgesagt worden. Auch hier sind aber Wirkungsweise und -grad noch nicht geklärt. Tiger- und Leopardengebrüll scheint allerdings nach einigen eigenen Beobachtungen andere Artgenossen zu veranlassen, sich zu entfernen. Für den Leoparden bestätigen dies Eisenberg und Lockhart (1972). Sie beschreiben „Duette" zwischen zwei ♂♂, die sich von Ruf zu Ruf weiter voneinander entfernten. Ob dies aber unter allen Umständen und zu allen Zeiten so ist, läßt sich daraus ebenfalls noch nicht schließen. Besonders die folgenden Hauskatzenbeobachtungen lassen vermuten, daß im sozialen Verkehr nicht immer gilt, was manchmal gilt.

Abends, sobald es dunkel wird, ereignet sich oft etwas, das ich eigentlich nur als „geselliges Beisammensein" beschreiben kann. Männchen und Weibchen kommen zu einem Treffpunkt, der in der Nähe oder am Rande ihrer Reviere gelegen ist, und sitzen einfach so herum. Dies hat nichts mit der Paarungszeit zu tun, die uns hier nicht weiter beschäftigen soll. Die Tiere sitzen dicht beieinander in 2–5 m Abstand, manche sogar auf „Fellfühlung"; manche lecken und reiben einander. Sie geben nur wenige Laute von sich, selten hört man ein unterdrücktes Fauchen oder Grollen, sieht ein zurückgelegtes Ohr, wenn ein Tier einem anderen allzu nahe auf den Pelz rückt, aber sonst sind die Gesichter still und friedlich, ja ausgesprochen freundlich. Gelegentlich paradiert ein Kater ein wenig vor den anderen, doch nie so sehr, daß es zu einer Rauferei führt. Besonders gut und oft konnte ich das bei den Pariser Katzen beobachten. Die Versammlung zog sich stundenlang hin, manchmal, vermutlich als Auftakt für die Paarungszeit, die ganze Nacht. Aber gewöhnlich zogen sich die Katzen um Mitternacht oder kurz darauf in ihre jeweiligen Schlafquartiere zurück.

Diese Zusammenkünfte liefen in einer freundlichen, geselligen Stimmung ab, obgleich Angehörige derselben Gruppe sonst gelegentlich in einer wilden Jagerei oder gar im Kampf miteinander anzutreffen waren. Ein solches Bedürfnis nach „geselligem Beisammensein" besteht sogar unter jenen wilden Arten, bei denen – nach allen bisherigen Beobachtungen – die gegenseitige „Abneigung" viel stärker ausgeprägt ist als unter den Hauskatzen.

Schaller (1967) hat sehr ähnliche Verhältnisse bei freilebenden Tigern gefunden.

Die bisherigen Schilderungen treffen hauptsächlich auf die Weibchen zu. Kater sind als Revierinhaber gewöhnlich noch duldsamer gegenüber Eindringlingen. Gleiches berichten Berrie (1973) vom Kanadaluchs *(Lynx canadensis)* und Provost, Nelson und Marshall (1973) und McCord (1977) vom Rotluchs *(Lynx rufus)*; Berrie meint allerdings, die Unverträglichkeit der ♀♀ könne auf die Zeit beschränkt sein, da sie Junge haben und führen. Im allgemeinen verteidigen auch Hauskatzen ihr Heim und den Heimbezirk nur dann mit grimmiger Entschlossenheit, wenn sie einen Wurf großziehen. Begegnen sich zwei erwachsene Kater zum erstenmal, so verwickeln sie sich fast immer ganz unabhängig von der Jahreszeit in einen heftigen Kampf. Ist aber erst einmal entschieden, wer stärker oder mutiger und hartnäckiger ist, so regeln sie ihre späteren Meinungsverschiedenheiten durch Imponiergehabe und meiden ernste Kämpfe. Nach anfänglichen Kämpfen stellt sich so zwischen denjenigen, die sie bestehen und nicht völlig besiegt und unterworfen werden, eine formale Rangordnung ein, und zusammen beherrschen sie ihrer aller Gebiet als eine Art Bruderschaft. Sie treffen sich in freundlicher Gesellschaft, wie sie oben beschrieben wurde, und selbst zur Paarungszeit kämpfen sie untereinander nur selten bis zum bitteren Ende. Meist bleibt es bei Scheingefechten, die mehr nach Schaustellung als böser Feindschaft aussehen. In der Paarungszeit werden sie natürlich angriffslustiger, doch steht das in keinem Zusammenhang mit dem Revierbesitz.

Ganz anders ist es, wenn im Bruderschaftsbereich ein junger Kater heranwächst und „mannbar" wird. Die „arrivierten" Kater ziehen, einzeln oder zu zweit und dritt, zum Heim des Jünglings und rufen ihm herausfordernd zu, sich zum Kampf zu stellen und, nach bestandenen „Initien", zur Bruderschaft zu stoßen: Der Herausforderungsruf ist nicht der durchdringende auf- und abschwellende Kampfgesang des Drohgehabens, sondern leiser, beinahe gurrend, so, als sei er nicht nur Herausforderung, sondern auch lockendes Drängen. Der Laut ist tatsächlich kaum von dem Ruf zu unterscheiden, mit dem ein Kater eine rollige Kätzin umwirbt. Läßt der junge Kater sich aus seiner Burg hervorlocken, hat er harte, langdauernde Kämpfe zu bestehen. Diese kommen überhaupt fast nur in dieser besonderen sozialen Situation vor; denn der Novize, der seine Kräfte geradezu von Tag zu Tag wachsen fühlt, nimmt eine Niederlage nicht wie jeder vernünftige, erwachsene Kater hin und richtet sein künftiges Verhalten gegenüber dem Sieger danach ein. Nein, wieder und wieder greift er die alten Kämpen an, und immer wieder wird er zuschanden geschlagen, oft mehr oder weniger schwer verletzt. Aber kaum sind seine Wunden halbwegs geschlossen, zieht es ihn wieder hinaus zu neuer Balgerei. Wenn er ein Jahr später alle Prüfungen überlebt hat und nicht völlig unterjocht oder zum Verlassen der Gegend gezwungen wurde, hat er seinen Platz in der örtlichen Bruderschaft gefunden, wird von den älteren respektiert, und zieht nun selbst aus, die jungen Helden das Fürchten zu lehren.

Nun muß man sich erinnern, daß zwar der aus Revierkämpfen hervorgehende „Status“ der Einzeltiere relativ ist, jedoch die Rivalenkämpfe der Kater weitgehend revierunabhängig stattfinden. Deren Rangordnung ist daher auch absolut wie die von Herdentieren.

Das Prinzip der absoluten Rangordnung sei des besseren Verständnisses wegen kurz erläutert: Als erster stellte der dänische Psychologe SCHJELDERUP-EBBE (1922) fest, daß Hühner auf einem Bauernhof keineswegs gleiche Rechte haben, sondern untereinander eine *Hackordnung* einführen, die jedem einzelnen Huhn einen bestimmten Platz auf der sozialen Leiter zuweist, den es normalerweise nicht wechseln kann. Im allgemeinen wagt ein rangniedriges Tier nicht einmal, sich gegen ein höherstehendes zu wehren, selbst wenn es schändlich provoziert wird. Kämpft es doch einmal, so verliert es fast immer. Ganz selten und nur nach längeren, erbitterten Kämpfen gelingt es einem untergeordneten Tier, ein ursprünglich höherstehendes zu degradieren und so die soziale Stellung zu verbessern. Die sich ergebende Rangordnung ist meistens linear: Huhn A darf B hacken, B hackt C, C steht automatisch unter A – und diese Rangordnung geht durch die ganze Hühnerschar hindurch. Streit kommt normalerweise nur zwischen Individuen mit sehr geringem Rangunterschied vor; ein Tier, das zwei oder gar mehrere Stufen höher steht, ist zu „erhaben“, um von der Existenz der so weit unter ihm stehenden Kenntnis zu nehmen. Es hat genug damit zu tun, seinen nächsten Rivalen im Zaum zu halten und den schonungslosen Angriffen seines unmittelbaren „Vorgesetzten“ zu entgehen, wenn es ihm versehentlich zu nahe kommt. Gelegentlich können die Verhältnisse etwas komplizierter sein, es bilden sich „Dreiecke“: A hackt B, B hackt C und C wiederum hackt A. Ganz selten kommen sogar „Vierecke“ vor. Das ändert jedoch nichts daran, daß die sich ergebende soziale Hierarchie sehr streng ist. Das Rangverhältnis zwischen zwei gegebenen Individuen der Schar wird jederzeit, an jedem Ort und unter allen Umständen eingehalten, wenn es einmal festgelegt ist. Das nenne ich daher eine *absolute soziale Hierarchie*. Wenn sie richtig funktionieren soll, müssen sich alle Mitglieder einer Gemeinschaft persönlich kennen. Diese Art sozialer Hierarchie finden wir weitgehend bei allen in Gruppen, Herden und ähnlich strukturierten Gemeinschaften lebenden Wirbeltieren. Das stärkste Tier behauptet daher eine unangefochtene Spitzenstellung in der Gruppe und weiß diese auch auszunutzen.

Der stärkste Kater einer Gegend entwickelt sich meistens dennoch nicht – wie oft geglaubt wird – zum unumschränkten Tyrannen, der alle anderen von Werbung und Paarung abhält. Er könnte das schon deshalb nicht, weil die Wahl des Partners fast ausschließlich Sache der Kätzin ist (S. 220 f.). Ich habe sowohl freilebende als auch im Zwinger gehaltene Kätzinnen gekannt, die von einer Rolligkeit zur anderen einem rangniederen Kater jahrelang treu blieben. Und zumindest bei den Zwingertieren weiß ich bestimmt, daß der ranghöchste Kater niemals ernsthaft versucht hat, sich einzumischen. Außerdem aber bildet die „Bruderschaft“ ja keinen ständigen Verband, die Mitglieder zerstreuen sich immer wieder und kehren zu ihren Einzelrevieren zurück, wo die schwächeren dann wieder die Vorteile der relativen Rangordnung genießen. Das ganze oben beschriebene System scheint mir eher darauf angelegt zu sein, einer möglichst großen Anzahl von starken und gesunden Männchen eine nahezu gleich gute Gelegenheit zur Fortpflanzung zu geben, als darauf, ein einziges dominierendes Tier zu begünstigen. Eine solche Situation könnte nur entstehen, wenn ein einzelner Kater allen anderen in der ganzen Nachbarschaft derart überlegen an Kraft und Kampfeslust wäre, daß keiner von ihnen ihn je herauszufordern wagte. Das kommt wohl einmal vor, ist aber besonders in solchen Gegenden, wo die Katzen noch viel freien, ungehinderten Auslauf und eine verhältnismäßig „natürliche" Umwelt haben, recht selten. Denn was ich ziemlich poetisch oben als „Bruderschaft" beschrieben habe, ist wirklich nichts Mystisches, sondern beruht auf einem sehr realen Gleichgewicht von Kraft, Risiko und Abschreckungspotential. Sie kann nur entstehen, wenn mehrere annähernd gleich starke Männchen vorhanden sind, Sieg oder Niederlage sich jeweils nur sehr knapp entscheiden, und ein ranghöherer Kater leicht seine Stellung riskiert, wenn er einen rangniederen zu einem richtigen Kampf reizt.

Die Sozialordnung der Löwen

Der Löwe ist die einzige in Sozialverbänden lebende Katzenart. Zwar trifft man auch bei manchen anderen Arten gelegentlich kleinere Gruppen beisammen; doch selbst beim Geparden, bei dem dies noch am häufigsten ist, handelt es sich eher um Ausnahmen als die Regel. Bis vor kurzem ahnte man jedoch nicht, wie kompliziert die Gemeinschaft des Löwenrudels aufgebaut ist, und wie wenig sie darin den Rudelverbänden anderer Säugetierarten gleicht. Erst die über viele Jahre fortgeführten Beobachtungen einzelner Löwenrudel durch SCHALLER (1972, 1973) und BERTRAM (1973 a, b, 1975, 1976) brachten hier Aufklärung, und die Untersuchungen von ELOFF (1964, 1973 a, b), GUGGISBERG (1960), JOSLIN (1973), KÜHME (1966) und RUDNAI (1973) ergänzten das Bild und zeigten die Wandlungen des Grundschemas unter verschiedenen ökologischen Bedingungen auf.

Die reviertreuesten Mitglieder des Rudels sind, wie ja auch bei anderen Arten schon mehrfach hervorgehoben, die Weibchen: Mehrere erwachsene Weibchen bilden den Kern der Gemeinschaft zusammen mit ihren noch nicht erwachsenen Jungen. Zu dieser Gruppe gesellen sich 2–5 erwachsene Männchen, die für weiteren Nachwuchs sorgen und das Revier gegen andere Männchen verteidigen; fremde Weibchen werden in der Regel von den Weibchen angegriffen und vertrieben. Für die Ernährung des Rudels sorgen überwiegend die erwachsenen Weibchen; die Männchen sind durch ihre anderen Aufgaben derart beansprucht, daß sie diesen im Durchschnitt nicht länger als zwei bis drei Jahre ohne Unterbrechung gewachsen sind und dann entweder freiwillig zurücktreten oder durch eine Kampfgemeinschaft anderer Männchen vertrieben werden. Die Tradition des Rudels gewährleisten also allein die erwachsenen Weibchen, die von den heranwachsenden Jungweibchen jeweils etwa so viele in ihre Reihen aufnehmen, wie der Tod Lücken in ihre Zahl reißt. Die übrigen Jungweibchen wie auch die heranwachsenden Männchen müssen im Alter von etwa 3 Jahren das Revier des Rudels verlassen. Sie werden zu sogenannten „Nomaden", die an der Peripherie des in Reviere aufgeteilten Wohngebietes der Population und zeitweilig auch darin umherwandern.

Nomadenweibchen sind sowohl hinsichtlich ihrer Lebenserwartung wie ihres Fortpflanzungserfolges benachteiligt. Bisher hat man nicht beobachtet, daß sich eines einem fremden Rudel anschließen konnte. Theoretisch besteht natürlich die Möglichkeit, daß eine Gruppe junger nomadischer Weibchen ein noch unbesetztes, geeignetes Gebiet findet, dort ein Revier einrichtet und ein neues Rudel gründet; praktisch dürfte aber fast immer alles geeignete Land schon unter angestammte Rudel aufgeteilt sein, so daß nur nach einem Seuchenzug oder einer vergleichbaren Katastrophe sich eine solche Gelegenheit bietet. Da immer nur junge Weibchen des eigenen Rudels in freigewordene „Stellen" nachrücken, sind alle Weibchen eines Rudels eng miteinander versippt. Es sind die Nomaden, welche weitgehend den wandernden Wildherden folgen und dabei auch die Reviere der Rudel durchqueren; Mitglieder von Rudeln verlassen ihr Revier nicht, auch wenn das Wild äußerst knapp wird.

Die jungen Männchen ziehen in Trupps von bis zu 6 etwa gleichaltrigen Tieren ab; oft sind sie Brüder oder Halbbrüder, mindestens aber Vettern. Man nimmt an, daß sie in der Regel auch weiterhin zusammenhalten. Wenn sie im Alter von 5 Jahren voll erwachsen sind, beginnen sie sich nach einem Weibchenrudel umzusehen, das sie zusammen mit dessen Revier übernehmen können. Es kommt zuweilen vor, daß die bisherigen Revierlöwen der Sache müde wurden und schon abgezogen sind; meist aber müssen die neuen Bewerber die alten Rudelherren vertreiben. Dies gelingt ihnen leichter, wenn sie zahlenmäßig überlegen sind, oder wenn die Kampfkraft der Revierinhaber in irgendeiner Form – Krankheit, Verwundung oder Tod eines Mitgliedes – geschwächt ist. Es ist zwar nicht auszuschließen, bisher aber nicht beobachtet worden, daß eine solche Kampfgemeinschaft das Rudel übernimmt, aus dem sie selbst hervorgingen. In der Regel sind die Rudelmännchen also mit ihren Löwinnen nicht so nahe verwandt, wie letztere untereinander. Die erwachsenen Weibchen eines Rudels erleben so im Laufe ihres fortpflanzungsfähigen Lebensabschnitts von ca. 10–13 Jahren die „Herrschaft" von mehreren Männergruppen. Es sind also die männlichen Tiere, welche den Genaustausch innerhalb der Gesamtpopulation gewährleisten. Wären sie so ausschließlich wie die Weibchen an die Rudelgemeinschaft gebunden, dann hätte das System völlige Inzucht zur Folge.

Es ist die eigenartige Kampfgemeinschaft erwachsener Männchen, welche die Löwengesellschaft so wesentlich von anderen Säugetiergesellschaften unterscheidet. Ausschließliche Verbände männlicher Tiere gibt es zwar auch bei anderen Säugetieren wie z. B. Hirschen und Elefanten, aber diese bilden sich entweder aus noch nicht geschlechtsreifen Jungtieren oder sie bestehen nur außerhalb der Fortpflanzungszeiten. Nur bei Primaten kennt man bisher den Zusammenschluß zweier bis mehrerer Männchen, die dann gemeinsam eine Horde beherrschen; in diesen Fällen findet man jedoch nicht die fast regelmäßige „Wachablösung" wie bei den Löwen, und der Zusammenschluß hat keinen Bestand außerhalb einer Weibchenhorde. Die Kampfgemeinschaft der Löwenmännchen dagegen besteht schon, ehe sie ein Rudel übernimmt, und dauert fort, wenn sie es gezwungen oder freiwillig wieder aufgibt. Wenn man sich jedoch das S. 193 f. über die „Bruderschaft" der Hauskater Gesagte in Erinnerung ruft, so scheint es, daß sich dort bereits die Wurzeln des Verhaltens der Löwenmännchen vorfinden. SCHALLER meinte (mündl.), „Bruder" sei auch bei den Hauskatern vielleicht wörtlich zu nehmen. In vielen Fällen ist das jedoch nicht so; vielmehr raufen sich ganz fremde Kater zusammen, um sich dann einander mehr oder weniger fest anzuschließen. Man muß aber bedenken, daß Hauskatzenpopulationen in ihrer Zusammensetzung sehr weitgehend vom Menschen bestimmt sind. Unter angenähert natürlichen Verhältnissen besteht eine recht hohe Wahrscheinlichkeit, daß die Kater eines Gebiets Brüder oder sonstwie miteinander verwandt sind. Andererseits hatte ich verschiedentlich den Eindruck, daß von mir beobachtete Rudellöwen kaum gleichaltrig sein konnten. SCHALLER (1973) erwähnt einen Fall aus dem Manyara-Park, wo dies sicher nicht der Fall war: Ein Rudellöwe hatte seinen Partner verloren und freundete sich mit einem dreieinhalbjährigen Junglöwen des Rudels an, den er unter anderen Umständen zum Verlassen des Rudels getrieben hätte, und bildete mit ihm eine neue Kampfgemeinschaft.

Als man das Löwengehege eines neu eingerichteten Safariparks besetzte, brachte man dort zwei Gruppen erwachsener Löwen und Löwinnen zusammen: Gruppe A mit 4 erwachsenen Männchen verschiedenen Alters, Gruppe B mit 2 ebenfalls verschieden alten Männchen. Die beiden stärksten Löwen beider Gruppen lieferten sich erbitterte Kämpfe, in die auf Seiten des A-Löwen auch die jüngeren Männchen seiner Gruppe eingriffen, während das zweite B-Männchen sich weniger an den Auseinandersetzungen beteiligte. Im Verlauf von dreieinhalb Monaten verlagerte das Männchen der Gruppe B seine Angriffe immer mehr auf die Nr. 2 von A. Nachdem sie noch am Vorabend besonders heftig miteinander gekämpft hatten, lagen diese beiden Tiere dann am nächsten Morgen plötzlich einträchtig beisammen und begannen von da an, langsam aber sicher, ihre Herrschaft über beide Gruppen auszudehnen und sie in ein Rudel zusammenzufassen. Da in einer solchen Lage die abgeschlagenen Männchen sich nicht entfernen können, könnte man erwarten, daß entweder die Kämpfe mit diesen nie enden oder daß die überlegenen ihnen das Leben dauernd sehr schwer, wenn nicht unmöglich machen. Tatsächlich aber ordnen sie sich in das Rudel ein und werden von den Rudelherren kaum behelligt. Auch im Freileben kommt es vor, daß die Rudelherren eine Gruppe von Nomaden-Männchen im Revier wenigstens zeitweise dulden, wenn letztere sich ruhig verhalten und sich nicht zu nahe an die Rudelmitglieder heranwagen. Nach all' dem kann man sicher nicht ausschließen, daß auch im Freileben nomadische Männchen von einer Gruppe zu einer anderen wechseln, oder daß einzelne Tiere, die ihre vorherigen Gefährten durch Unfall oder Krankheit verloren haben, sich zu neuen Kampfgemeinschaften zusammenschließen.

BERTRAM nimmt an, einmal „abgesetzte" oder „abgedankte" Rudellöwen hätten damit das Ende ihrer Laufbahn unwiderruflich erreicht. Sie seien zu alt, um nochmals ein Rudel zu erobern und kaum mehr geschickt genug, selbst erfolgreich genug zu jagen, um sich ausreichend zu ernähren und bei Kräften zu halten. SCHALLER (mündl.) teilt diese Auffassung nicht ganz. Er hält es durchaus für möglich, daß Löwen, die im Alter von 5 Jahren ein Rudel übernahmen und es nach einigen Jahren freiwillig oder gezwungen verließen, sich nach einer Erholungspause als Nomaden wieder ein neues Rudel erobern. Das erscheint plausibel; denn ein acht- bis zehnjähriger männlicher Löwe ist ja gerade erst auf der Höhe seines Lebens. Schon die wenigen Beispiele dieses Buches belegen ausreichend, daß erwachsene Löwenmännchen ganz gewiß ebensogut, auf sehr große und gefährliche Beute sogar erfolgreicher, Jagd machen können als die Weibchen. Es ist nicht Unvermögen, wenn sie es während ihrer Rudelherrschaft nur selten tun (s. S. 129 f.). Um diese Fragen im einzelnen zu klären, wird man den Lebensweg der

Nomaden näher verfolgen müssen, statt wie bisher das Hauptaugenmerk auf das Geschehen in den Rudeln zu legen.

Das beschriebene System gilt im wesentlichen für die Populationen der weiten Steppengebiete Ost- und Westafrikas. Wie ELOFF (l.c.) darlegt, sind unter anderen ökologischen Bedingungen, wo die Beutetiere seltener sind, die Rudelverbände kleiner. Das trifft auch auf die Indischen Löwen im Gir-Wald zu. In den wüstenähnlichen Gebieten Südwestafrikas schließlich leben die Tiere paarweise mit ihren Jungen, wie es, den wenigen, etwas unsicheren Berichten zufolge, wohl auch beim Nordafrikanischen Löwen der Fall war. Aber am Prinzip der sozialen Organisation dürfte sich damit kaum etwas ändern.

In einem Falle beobachtete SCHALLER, daß Löwenmännchen bei Übernahme eines Rudels die noch im Säuglingsalter befindlichen Jungen ihrer Vorgänger töteten. BERTRAM fand indirekte Hinweise dafür, daß dies häufiger vorkommt. Außerdem ist aber der Wechsel für die Weibchen sehr störend und belastend; sie vernachlässigen ihre Säuglinge und töten und verzehren sie zuweilen sogar. So gehen bei einer solchen „Ablösung“ wohl die meisten, wenn nicht alle, Säuglinge zugrunde. Die Weibchen, welche ihre Jungen verloren haben, sind nach Überwindung der Störung schneller wieder paarungsbereit, als sie es als säugende Mütter wären. Man hat diese Tatsachen im Sinne neuerer Hypothesen über die sogenannte Verwandtschafts-Selektion (kinship selection) zu deuten versucht. Hier ist nicht der Ort, diese Hypothesen im einzelnen zu besprechen. Einen Umstand scheinen mir jedoch die Verfechter derselben beim vorliegenden Beispiel zu vergessen: Die neuen Rudelherren vernichten beim Wechsel zwar – direkt oder indirekt – einen Teil der Nachkommenschaft ihrer Vorgänger und ermöglichen so ihrem eigenen Genbestand eine schnellere Verbreitung im Rudel, als es sonst möglich wäre. Aber – wenn ich mich so ausdrücken darf – rudelgeschichtlich hebt sich dieser scheinbare Selektionsvorteil wieder auf, wenn sie selbst abtreten müssen; dann erleiden Verbreitung und Bestand ihrer Gene ja den gleichen Verlust, wie zuvor die ihrer Vorgänger, und immer so weiter. Der Grad, in dem sich der Genbestand einer Männchengruppe im Rudel bzw. in der Population verbreitet und erhält, hängt daher nicht davon ab, wie weitgehend und schnell sie die „genetischen Überbleibsel“ ihrer Vorgänger vernichten, sondern davon, wie lange sie im ununterbrochenen Besitz des Rudels bleiben: Im Durchschnitt sind es zwar nur zwei bis drei Jahre, doch hat man eine Herrschaft von sechs Jahren schon festgestellt. Ein zweiter, hier wesentlicher Faktor ist die Zahl der Weibchen im Rudel und die Größe der Kampfgemeinschaft, die sie „erobert“ und behält: Je weniger Männchen es fertigbringen, ein möglichst großes Weibchenrudel über eine möglichst lange Zeit zu verteidigen, um so größer wird der Anteil ihrer Gene am Gesamt-Genbestand der Population schließlich sein; diese Wirkung wird verstärkt durch den Umstand, daß die Überlebensrate der Jungen zunimmt, je länger eine Bruderschaft beim Rudel bleibt, weil dies die Ruhe und Sicherheit im Rudel erhöht. Aber unweigerlich wird ihre Nachkommenschaft am Ende auch der längsten Herrschaft einen Verlust erleiden, der den Gewinn zu Beginn derselben wieder ausgleicht. Der Verlust an Jungtieren bei der Übernahme des Rudels durch eine neue Bruderschaft dürfte daher eine Begleiterscheinung der bei Männchen wie Weibchen herrschenden Erregung sein, der keinerlei selektionistische Bedeutung zukommt. In einer Population, in der ohnehin 60–80% der Jungtiere zugrundegehen, ehe sie das zweite Lebensjahr vollenden, spielen diese verhältnismäßig geringen Verluste sowieso keine wesentliche Rolle. Wie schon bemerkt, scheint mir daher das ganze System mit seinem häufigen Wechsel der Rudelmännchen darauf angelegt, bei größtmöglicher Beständigkeit der sozialen Einheit des Rudels aus Weibchen und Jungtieren eine weitestgehende Durchmischung des Genbestandes in der Population zu erzielen.

Beides zusammen wurde möglich, weil etwas im Rahmen dessen, was wir sonst über soziale Organisationsformen von Säugetieren wissen, völlig Ungewohntes auftrat: Wir sind gewohnt, alle komplexeren sozialen Lebensformen der Säuger aus den Bindungen abzuleiten, die innerhalb des Familienverbandes ent- und bestehen. Die Bruderschaft oder Kampfgemeinschaft der Löwenmännchen ist aber etwas, das außerhalb des Familienverbandes und sicher nicht immer zwischen Verwandten entsteht und so ein unabhängiges, zweites Grundelement der Gesamtgesellschaft bildet, das man – fände man es bei Menschen – zweifellos als „sozio-kulturellen“ Ursprungs ansehen würde.

Schon bei der früher beschriebenen Bruderschaft der Hauskater fand ich, eine Voraussetzung für die Eigenart dieser Verhältnisse sei, daß die Kater weniger stark reviergebunden sind als die Weibchen; infolgedessen hat nicht der stärkste Kater allein die besten Fortpflanzungsaussichten, sondern eine größere Zahl einigermaßen gleichstarker Kater erhält in etwa gleiche Möglichkeiten. So wird ebenfalls eine ausreichende Durchmischung des Genbestandes in der Population erreicht. Die Unabhängigkeit ihrer Bindung aneinander vom Revier ist bei den Löwenmännchen noch entschiedener. Daher kann man sicher die Nomaden in der Löwengesellschaft nicht einfach als an die Peripherie abgedrängte, überschüssige „Populationsreserven“ ansehen. Sie sind, zumindest was die Männchen angeht, ein notwendiger Bestandteil des sozialen Gesamtsystems. Hier draußen an der Peripherie bilden sich die für den inneren Zusammenhalt und die Fortdauer von Rudeln und die Erhaltung der Reviere unerläßlichen Kampfgemeinschaften, die Bruderschaften der Männchen; ohne das Nomadentum müßte das ganze System zusammenbrechen. Daher sei nochmals betont, daß die Nomaden gründlicher als bisher studiert werden müssen, wenn man die Löwengesellschaft noch besser verstehen lernen will. Und nur die Zukunft kann erweisen, ob wir hier nicht auf etwas gestoßen sind, das – bisher weitgehend übersehen oder unverstanden – eine allgemeinere Bedeutung für die Entwicklung der Sozialsysteme mancher höherer Säugetiere, vielleicht sogar des Menschen, hat.

Rangordnung und „Verdichtung“

Unter natürlichen Bedingungen führt nur die Jungenaufzucht zu einer länger dauernden Versammlung von mehreren Katzen an einem Ort. Innerhalb des Wurfes entwickelt sich fast unmerklich eine *Rangordnung.* Das beginnt schon, ehe die Augen richtig geöffnet sind, mit dem Drängen nach der ergiebigsten Zitze, bei dem das kräftigste Tierchen sich eindeutig durchsetzt und so seinen Gewichts- und Kräftevorsprung von Tag zu Tag steigert.

Ewer (1959, 1961) zufolge führt dies innerhalb der ersten Lebenstage dazu, daß jedes Junge sich eine ganz bestimmte Zitze „aneignet“ und dann ausschließlich an dieser saugt. SCHNEIRLA, ROSENBLATT und TOBACH (1963) bezweifeln aufgrund eines größeren Beobachtungsmaterials eine derart strenge „Zitzenkonstanz“. Auch EWER dürfte wohl eine gewisse Variationsbreite dieses Verhaltens nicht abstreiten; andererseits aber bietet häufig der sogenannte „Laborversuch unter streng kontrollierten Bedingungen“ den Tieren ein sehr gestörtes und störendes Milieu, was ja bekanntlich zur Formulierung des „Harvard-Gesetzes vom tierischen Verhalten“ führte: „Unter streng kontrollierten Bedingungen verhalten sich die Tiere so, wie es ihnen gerade einfällt!“ Die drei Autoren dürften in ihren engen, leeren Drahtkäfigen etwas mehr Variabilität bei den Kätzchen erzeugt haben, als normalerweise vorkommt. In einem Fall konnte ich bei einer wilden Katzenart strenge Zitzenkonstanz auf zwar indirekte, aber sehr eindrückliche Weise feststellen: Das Weibchen des von mir beobachteten Fischkatzenpaares (S. 246 f.) hatte die Angewohnheit, dicht an der den Käfig zum Besucherraum hin abschließenden Glasscheibe zu ruhen und dieser den Bauch zuzuwenden, wenn es die Wurfkiste verließ. So konnte ich den Funktionszustand der Zitzen jeweils ganz genau sehen. Daran, daß von den drei ursprünglich aktiven (1 links, 2 links, 2 rechts) zunächst eine (2 rechts) und am folgenden Tage die nächste (2 links) rückgebildet war, merkten wir überhaupt erst, daß etwas nicht stimmte; die Kontrolle ergab dann auch, daß nur noch ein Junges vorhanden war. Die überlebenden Jungen haben sich also der jeweils freigewordenen und noch aktiven Zitze nicht bedient. Andererseits ist Katzenzüchtern bekannt, daß Hauskatzenmütter, die ungefähr gleichzeitig Junge bekommen und wechselseitig Zugang zu ihren Nestern haben, sich häufig die Jungen stehlen und zwei und sogar drei Würfe in einem Nest vereinigen, die dann alle mit mehr oder weniger Erfolg an der gerade jeweils anwesenden Mutterkatze saugen. Eine strikte Zitzenkonstanz dürften die Jungen unter diesen Umständen kaum beibehalten können. Zumindest von einem Falle weiß ich, daß von zwei Müttern nur die eine Milch hatte und die 7 Jungen allein und tadellos aufzog. Die andere Katze besuchte das Nest nur selten, beteiligte sich aber redlich an der Beaufsichtigung der Jungen, als diese das Nest zu verlassen begannen, und trug ihnen dann später auch gleich eifrig wie die säugende Katze Beutetiere zu. Nach allem dürfte es feststehen, daß die Jungkätzchen nach Möglichkeit sich auf eine bestimmte Zitze einstellen, jedoch im Notfall davon abweichen können. Sicher ist auch, daß im allgemeinen die hinteren Zitzen etwas ergiebiger sind, als die mittleren und vorderen, und daß daher die Jungen, die einen „Eigentumsanspruch“ auf eine der hinteren Zitzen in den ersten Tagen durchsetzen können, damit normalerweise einen anhaltenden Entwicklungsvorsprung für sich gewinnen, der dann auch für die weiteren Rangordnungsverhältnisse in der Geschwisterschar bestimmend bleibt, wenn nicht später eintretende Umstände wie etwa eine Krankheit oder Verletzung Änderungen hervorrufen.

Bald nach dem Öffnen der Augen kann man dann auch die ersten, zwar noch unbeholfenen, aber doch schon deutlich gezielten Tatzenhiebe nach dem Kopf des konkurrierenden Geschwisters beobachten. Bei normaler und ungestörter Entwicklung des Wurfes behält das Spitzentier auch seine Vorrangstellung bis zur Auflösung der Familie nach etwa 6 bis 8 Monaten. Die ganze Rangordnung zwischen den Geschwistern äußert sich aber nur in wenigen Punkten (S. 199) und fällt bei flüchtiger Beobachtung gar nicht auf, weil sie sich so gut einspielt, daß die Tiere scheinbar reibungslos und gleichberechtigt nebeneinander leben. Je älter allerdings die Tiere werden, um so häufiger kommt es auch zu ernsthaften Reibereien zwischen ihnen; doch ist bei diesen Geschwisterkämpfen weder der Angreifer immer der Ranghöhere, noch bleibt dieser immer Sieger. Die Rangordnung ist also *keine* „Hackordnung“, sie äußert sich auch nicht in einer stillschweigend, aber jederzeit unbedingt eingehaltenen Anerkennung bestimmter Vorrechte des Ranghöheren, sondern ist nur statistisch erfaßbar. Hält man die Geschwister eines Wurfes über die Zeit der Familienauflösung hinaus zusammen, so bleiben sie meist verhältnismäßig friedlich miteinander, wenn nur der zur Verfügung stehende Raum nicht allzu beschränkt ist und jedem Tier ein Ruheplatz bleibt, an den es sich zurückziehen kann; der Ruheplatz wird auch im allgemeinen von den übrigen respektiert und nicht besucht. Auch sieht man die Tiere noch, wenn sie schon ganz erwachsen sind, beieinander ruhen, sich gegenseitig wärmen und belecken.

Abb. 92. M 3 (Spitzentier) allein am vorderen Futternapf, am hinteren W 1, W 4 und W 7

Die dynamischen Beziehungen zwischen den einzelnen Mitgliedern einer Gruppe treten in ihrer Entwicklung und in ihren Äußerungsformen etwas schärfer hervor, wenn man einander fremde, erwachsene Tiere in Käfigen zusammenhält und sie so zwingt, irgendwie miteinander auszukommen. Im Laufe der Zeit hielt ich mehrfach solche bunt zusammengewürfelten Katzengesellschaften, einmal gleichzeitig 12 Tiere, in einem gemeinsamen Innenraum von 10 qm und einem Auslauf von etwa 20 qm. Das Ergebnis ist kurz immer folgendes: Ein oder zwei Spitzentiere sind daran erkennbar, daß sie die vom „Katzenstandpunkt“ begehrenswertesten Ruhepunkte unangefochten einnehmen und oft als erste an den Freßnapf gehen. Stehen mehrere Freßnäpfe gleichzeitig da, so bleiben sie an dem von ihnen gewählten oft allein, während sich die anderen Tiere um die übrigen

Abb. 93. „Paria“ W 5 auf dem Heizungsrohr

Näpfe drängen (Abb. 92). Sind die Tiere sehr hungrig, so stürzen zunächst alle ohne Rücksicht auf ihren Rang zum Futter; wenn dann der erste Hunger gestillt ist, ziehen sich die Rangniederen zurück und lassen das Spitzentier allein am Napf, meist ohne daß dieses versucht hätte, die anderen zu vertreiben oder zu verdrängen. Die Ruheplätze sind allerdings für die anderen Tiere nicht so sakrosankt, wie etwa der Ruheplatz des Despoten im Taubenschlag (DIEBSCHLAG 1940) für die anderen Insassen. Wenn sie von den Spitzentieren gerade nicht besetzt sind, werden sie oft auch von anderen Tieren eingenommen, bei Annäherung des „Inhabers“ allerdings meist geräumt. Geschieht dies nicht, so versucht dieser aber nur selten, das andere Tier zu vertreiben. Das Rangordnungsverhältnis ist also auch in diesem Punkte nicht so ausgeprägt wie bei sozial lebenden Tieren, vor allem Rhesusaffen und Pavianen, wo der Despot rücksichtslos seinen Lieblingsplatz von anderen Hordenmitgliedern säubert (CHANCE und MEAD 1953). Unterhalb der Spitzentiere finden wir die große Zahl der anderen, deren Beziehungen sich ohne erkennbare Rangabstufung nach individueller Sym- bzw. Antipathie regeln, und schließlich sind oft noch ein oder zwei Tiere allen anderen weit unterlegen. Solche Tiere sind zu bedauern. Sie werden nur noch geduldet, wenn sie sich regungslos in einen möglichst entlegenen Winkel drücken; in der „Zwölfergesellschaft“ mußten sich die beiden „Parias“ auf einem dicht unter der Decke entlang gezogenen Heizrohr aufhalten (Abb. 93). Sobald sich einer von ihnen auf den Boden oder nur auf die in Tischhöhe rings an den Wänden angebrachten Sitzbretter wagte, wurde er ausnahmslos von jedem anderen Mitglied der Gesellschaft attackiert; sie flohen sofort ohne jede Gegenwehr wieder in ihren Schlupfwinkel. W 5 wagte sich nicht einmal mehr zum Koten und Harnen herab, sondern ließ beides von der Höhe einfach fallen. Zum Fressen kam sie nur, wenn ich daneben stehen blieb und die anderen fernhielt. Der Aufbau einer solchen „Sozialstruktur“ hat bei den Katzen nichts Zwangsläufiges, sondern hängt weitgehend von der Individualität der beteiligten Tiere ab: Es gibt durchaus Gesellschaften, in denen kein ausgesprochenes Spitzentier oder kein „Paria“ auftritt.

Die soziale Stellung ist auch weder durch Größe und Stärke allein, noch durch das Geschlecht bedingt. W 5 war das größte und stärkste weibliche Tier, welches ich überhaupt je unter meinen Katzen hatte, und konnte es darin mit den meisten Katern aufnehmen; der andere Paria war ein Kater, M 4. Auch er war bei weitem nicht das schwächste Stück der Gesellschaft. Dies war vielmehr W 1, die aber ihre Stellung unter den anderen gut zu behaupten verstand.

Kämpfe nach dem S. 146 ff. geschilderten Ritual fanden nur zwischen den Spitzentieren, ausnahmslos Katern, von Zeit zu Zeit statt; d. h., die Tiere drohten sich an, es kam aber fast niemals auch nur zu einem Tatzenhieb, sondern einer der Kontrahenten drückte sich nach einer Weile oder wich zurück, worauf der andere noch etwas weiterdrohte und dann mit Übersprungschnuppern den Auftritt beendete. Hierbei konnte sich ohne Kampf die Rangordnung zwischen den beiden umkehren, ein weiteres Zeichen dafür, daß nur geringe Neigung zur Verfestigung der Rangordnungsverhältnisse und damit der Sozialstruktur besteht. So wechselte mehrfach die Führung zwischen M 3 und M 8. M 8 wurde dann durch den etwa gleich starken, aber leichter gebauten Kater M 10 ersetzt. M 3 erwies sich anfangs als eindeutig überlegen, griff M 10 auch im Verlaufe des ersten Tages mehrmals heftig an (S. 159 ff.). Am zweiten Tag war immer noch M 3 derjenige, der bei den auf so engem Raum zwangsläufig häufigen Begegnungen allein die Angriffsstellung einnahm und grollte. Doch schon am nächsten drohimponierte M 10 gleichfalls, und am vierten trieb er so den geduckt zurückweichenden M 3 vor sich her, ohne daß die Tiere im erneuten Kampf ihre Kräfte gemessen hätten. An sich hätte das beiderseitige Verhalten am dritten Tage zu Tätlichkeiten führen müssen, wie regelmäßig bei entsprechenden Begegnungen im Freien, wenn ein fremder, erwachsener Kater in einen „Bruderschaftsbereich" zuwandert. Der Grund für ihr Ausbleiben wird klarer, wenn wir kurz das Verhalten der übrigen Mitglieder der Gesellschaft betrachten. Zunächst fällt auf, daß die Tiere bei ihren häufigen Begegnungen kaum aufeinander Bezug nehmen. Eine Katze legt nur kurz die Ohren zurück, wenn sie an der anderen dicht vorbeigeht, oder sie faucht einmal schnell ohne die sonst dazugehörigen Bewegungseinzelheiten, wie Ohrenanlegen, Haarsträuben und Halseinziehen. Vielleicht gibt es auch aus heiterem Himmel einen Tatzenhieb mit oder ohne Krallenspreizen. Kurz, alle bei Angriff und Abwehr vorkommenden Bewegungselemente treten einzeln oder in willkürlicher Kombination auf, ohne daß sich daraus die Intensität der Reaktion erkennen ließe; das kann man lediglich an der Heftigkeit, mit der die Einzelbewegung ausgeführt wird, und erst bei hoher Intensität gleichen sich Kombination und Abfolge der Bewegungen an den oben beschriebenen „Normalverlauf" an. Das ist jedoch bei einer lange zusammengewöhnten Katzengesellschaft äußerst selten, und die ursprünglichen Instinkthandlungsketten können daher an unter solchen Bedingungen lebenden Tieren überhaupt nicht studiert werden. Katzen, die mit Menschen sehr vertraut sind und diese völlig als „bekannte Artgenossen" betrachten, wenden diese Umgangsformen auch und *gerade* auf die *bekannten* Personen an; diesem Umstand verdankt wohl die Katze vor allem den Ruf der „Falschheit". LORENZ (1951 b) behauptet daher zu Unrecht, eine Katze schlage oder beiße niemals ohne deutliche Vorwarnung; vom vertrauten Kumpan „erwartet" die Katze vielmehr, daß er *weiß, wie weit er gehen darf,* und im anderen Falle „hält" sie eine Warnung für überflüssig.

Bei solchen kleinen Auseinandersetzungen schlägt übrigens oft der Rangtiefere zuerst, räumt aber dann das Feld, auch wenn der Angegriffene sich gar nicht wehrt, ja die „Frechheit" völlig zu ignorieren scheint. Andererseits kann auch durch sein bloßes Erscheinen ein ranghöheres Tier das rangtiefere veranlassen, seine Tätigkeit zu unterbrechen und – mehr oder weniger in Abwehrstellung – unter „Umherschauen" abzuwarten, bis es wieder davongeht (Abb. 94). Bei allem scheint die notwendige Ausdrucksstärke weitgehend von der Ranghöhe des einzelnen Tieres abhängig zu sein: Ein „Paria" etwa drückt durch Abwehrstellung, Fauchen und Lufthieb einen gleichen Grad der „Entschlossenheit" aus wie ein Spitzentier durch einfaches, flüchtiges Zurücklegen der Ohren, und beides findet auch bei den anderen Tieren ungefähr die gleiche Beachtung. Die Ausdrucksstärke ist also u. U. weniger ein Gradmesser für die Stimmungslage des betreffenden Tieres, als vielmehr für seine soziale Situation. Ähnliche Beziehungen scheinen sich bei dichter Katzenpopulation zwischen einander wohlbekannten Reviernachbarn zu entwickeln. Einen entsprechenden „Freilandversuch" kann man in der Katzenhaltung auf manchen Bauernhöfen erblicken. Beim „Milchempfang" der schon mehrfach erwähnten Katzen auf den Bauernhöfen in Wales herrschte zwischen den bis zu einem Dutzend Tieren eine Art Burgfriede; sie be-

a

b

c

Abb. 94. „Paria" W 5 am Futternapf wartet a) in extremer Abwehrstellung und mit „Umherschauen", bis Spitzentier M 8 gefressen hat, b) ebenso bei der schwächeren, aber ranghöheren W 1 und frißt erst, c) nachdem W 1 zurückgetreten ist

fehdeten sich nicht, und es gab meist auch kein ausgesprochenes Spitzentier, wohl aber in einigen Fällen „Parias", die zwar erschienen, aber nichts abbekamen, wenn ihnen nicht eine mitleidige Seele etwas abseits ein Extraschüsselchen hinstellte und darüber wachte, daß sie von den übrigen nicht vertrieben wurden. An Einzelreaktionen aber kam auch zwischen diesen Tieren alles das vor, was ich bei meinen „Zwangsgesellschaften" beobachtete. Auf den Feldern hielten sich diese Katzen stets einzeln; ob sie auch jede ein bestimmtes Revier hatten, konnte ich nicht feststellen. „Bekanntschaft" macht also das sonst bei Begegnungen und Auseinandersetzungen eingehaltene Zeremoniell überflüssig. „Man" kennt sich und weiß, was man voneinander zu halten hat und wie die einzelne „Geste" gemeint ist. Interessanterweise wird auch diese „stillschweigende" gegenseitige Duldung, Nichtbeachtung oder auch Gehässigkeit zwischen den einzelnen Mitgliedern einer solchen Gruppe vorübergehend gestört, wenn eine fremde Katze hinzukommt. Nicht nur die Fremde wird nun von allen untersucht und je nach Temperament und Laune angegriffen, sondern auch die „Alteingesessenen" unterziehen sich gegenseitig erneut bei jeder Begegnung der Schnupperkontrolle, meist nur Nase gegen Nase, worauf sie sich dann wieder „kennen" und wie bisher gegeneinander verhalten. Tiere, die sich sowieso unfreundlich gegenüberstehen, können hierdurch zu häufigeren Kämpfen veranlaßt werden. Hieraus ergibt sich aber keineswegs eine größere Bedeutung der Geruchskontrolle, als ich ihr oben beigemessen habe. Die Nasenzeremonie wird nur flüchtig im Vorbeigehen – sozusagen rein „formell" – ausgeführt. Die Tiere sind durch die Ankunft des Neulings erregt und dienen einander als „Ausweichobjekt" für Handlungen, die eigentlich jenem gelten.

Als ich, so wie hier auf den letzten Seiten, das Verhalten künstlich geschaffener, dichtgedrängter Katzenansammlungen – von „Gesellschaften" kann man da nicht recht sprechen – erstmals (1956 a) beschrieb, erklärte ich mir das Fehlen einer klaren Rangordnung der „Mittelgruppe" zwischen Spitzentieren und Parias damit, daß Katzen als typische Einzelgänger eben der Fähigkeit ermangelten, eine beständige und eindeutige Rangordnung untereinander auszubilden und einzuhalten. Als ich später herausfand, daß außer den Nestjungen auch die erwachsenen Kater sehr wohl eine absolute Rangordnung unter sich herstellen, und daß es außer der absoluten auch die relative Rangordnung gibt, kam mir der Verdacht, die Beziehungen zwischen den einzelnen Mitgliedern meiner Käfiggesellschaften seien nur scheinbar so regellos und stellten tatsächlich ein durch das Gedränge gestörtes Zusammenspiel beider Rangordnungsformen dar. Überprüfung der Protokolle und neue Beobachtungen ergaben dann auch:

1. Der Beweis für einen solchen Dualismus ist tatsächlich zu finden. So herrscht z. B. an der Futterschüssel absolute Rangordnung. Schmale Pfade und bevorzugte Ruheplätze können in gewissem Sinne den Spitzenkatzen „gehören", und rangniedere Katzen verlassen sie oft, wenn sich eine ranghöhere nähert; doch gibt es keinen Streit, wenn sie es nicht tun; vor allem aber hat eine Katze, die sich bereits in einem engen Durchgang befindet, das Wegerecht ganz unabhängig von ihrer sonstigen Stellung in der absoluten Rangordnung. Manche Vorrechte richten sich nach der Tageszeit. Einige Katzen „verfügen" beispielsweise vormittags über den gesamten Raum zum Spielen und Herumtollen. Die anderen müssen in den Schlafkisten bleiben oder sich wenigstens sehr zurückhalten; „ihre" Zeit, in der sie allen anderen überlegen sind, kommt dann nachmittags. Auch diese Zeiteinteilung ist ganz unabhängig von der absoluten Rangordnung.

2. Es besteht eine direkte Beziehung zwischen dem anteiligen Verhältnis von absoluter und relativer Rangordnung und der „Wohndichte". Je überfüllter der Käfig ist, desto weniger relative Hierarchie gibt es. Schließlich entwickelt sich ein Tier zum Despoten; einige Tiere lassen sich ständig von den anderen mitleidslos drangsalieren und zur Verzweiflung treiben; sie zeigen regelrecht neurotische Symptome verschiedenster Art. Der Rest der Käfiginsassen verwandelt sich in einen bösartigen Mob: Die Spannung unter ihnen läßt nie nach, sie sehen niemals zufrieden aus, ständig wird irgendwo gefaucht, geknurrt und sogar gekämpft. Alles Spiel erstirbt, jede Bewegung und Tätigkeit wird auf ein Minimum herabgesetzt.

Wenn man auch längere Zeit eine größere Zahl von Katzen auf engem Raum halten kann, so darf man daraus doch nicht schließen, das Einzelgängertum der Katze sei nicht sehr ausgeprägt. Sicher läßt eine domestikationsbedingte „Verjugendlichung" die Hauskatze unter diesen Bedingungen verträglicher erscheinen als ihre wilden Verwandten. Doch fühlen sich die Tiere dabei nicht wohl (SCHWANGART 1933), und die Verträglichkeit ist z. B. auch nur vorgetäuscht: Die

Tiere sind fast ununterbrochen in Abwehrstimmung, und größere Kämpfe unterbleiben nur deshalb, weil die spezifische Erregung dauernd ,,in kleiner Münze" – durch ein Fauchen hier, einen Tatzenhieb, ein Haaraufrichten oder Ohranlegen dort – verausgabt wird; so erreicht der Aktualspiegel fast nie die für einen längeren, heftigen Kampf erforderliche Höhe. Ganz ähnliche Verhältnisse hatte ich einmal bei einer Gruppe von *Astatotilapia*-♂♂. Zwei oder drei dieser Fische in einem größeren Becken zusammenzuhalten ist kaum möglich, da sie sich in ihren Kämpfen schwer beschädigen und töten. Dreißig aber in einem verhältnismäßig kleinen Aquarium ,,vertragen" sich ohne weiteres, weil hier ebenfalls die dauernde Auslösung keine für die höheren Intensitätsstufen der Kampfhandlungen ausreichende Kumulation aktionsspezifischer Erregung erlaubte; es kam nie weiter als bis zum Anlegen des Prachtkleides und, höchstens, zum gegenseitigen flüchtigen Animponieren. Durch Erhöhung der Wassertemperatur aber konnte ich vorübergehend heftige Kämpfe auslösen.

Aus dem gleichen Grund erhält man auch zwischen den erwachsenen Katern einer solchen Gesellschaft nie einen gleich heftigen Kampf, wie zwischen einander im Freien begegnenden Tieren (S. 156). Der Angriff von M 7 auf die Stopfkatze ist nur durch die enorme Aufstauung der Kampfstimmung in der Einzelhaft zu erklären. Als M 7 später in einen Außenkäfig übersiedelte, durchs Gitter Katzen in den Nachbarkäfigen sehen und, wenn sie dem Gitter zu nahe kamen, auch angreifen konnte, beachtete er bei einem erneuten Versuch die Stopfkatze überhaupt nicht mehr.

Betonen möchte ich den grundlegenden Unterschied zwischen der Äußerung spurenhafter Kampferregungen bei der Gesellschaft von *Astatotilapia*-♂♂ und bei den Katzen: Bei den Fischen bleibt die Hierarchie der Kampfhandlungen gewahrt; bei den Katzen jedoch löst sich diese bei niedrigem Aktualspiegel der betreffenden Stimmung weitgehend auf (vgl. S. 119 f.). Während bei den Fischen die höheren Intensitätsstufen gar nicht in Erscheinung treten, verselbständigen sich bei den Katzen die Einzelhandlungen, treten ohne erkennbare Regel ,,willkürlich" auf und haben ihre eigene Intensitätsabstufung. Ein Tatzenhieb braucht hier nicht, wie beim vollen Ablauf der gesamten Abwehrhandlungen, einen höheren Erregungsgrad als das Anlegen der Ohren auszudrücken; vielmehr kann man die – ohnehin nur geringe – Erregung nur an den Einzelbewegungen selbst abschätzen.

Eine so weitgehende, ,,willkürliche" Verfügbarkeit von aus dem Gesamt einer Instinkthandlung herausgelösten Einzelbewegungen ist bisher nur beim Spiel der Säuger beschrieben worden (Eibl-Eibesfeldt 1950 a, 1951). Nur bei Affen, vor allem Anthropoiden, ist sie bekannt, wird aber bei ihnen geradezu als selbstverständlich hingenommen. Hier zeigt sich wieder einmal, wie sehr gefühlsmäßige, mehr oder weniger unbewußte Einstellungen auch die Auswertung wissenschaftlicher Beobachtungen lange Zeit hindurch leiten können: Das vierfüßige Säugetier ist uns so sehr ,,Nur-Tier", daß wir es allzu leicht als reines ,,Instinktwesen" betrachten und Ansätze, ja sogar sehr entschiedene Ausdrucksformen höherer Freiheitsgrade des Verhaltens (,,Willkürlichkeit") einfach übersehen. Im Gegensatz dazu sind uns die Anthropoiden und in geringerem Grade auch die niederen Affen so sehr schon ,,Fast-Menschen", daß uns die Bewegungswillkür bei ihnen kaum auffällt und wir oft übersehen, wieviel starre Instinktanteile tatsächlich noch in ihrem Verhalten vorhanden sind; so besitzt z. B. nach YERKES (1929) der Schimpanse überhaupt keine echten Instinktbewegungen, sondern muß seine gesamte Motorik durch Erfahrung und Lernen selbst aufbauen. Die sozialen Verkehrsformen bei Katzen belegen die Bewegungswillkür auch unterhalb des Primatenniveaus; sie ist nicht auf das Spiel und eine mehr oder weniger begrenzte Periode der Jugendentwicklung beschränkt und geht auch nicht etwa aus dem Spiel hervor, sondern ist umgekehrt die wesentlichste Voraussetzung für echtes Spielen (vgl. S. 105 ff.; LEYHAUSEN 1965 b).

Das Verhalten gegenüber vertrauten Personen

Da Katzen ihnen fremde Wirbeltiere bei erster Begegnung aufgrund des S. 139 f. beschriebenen, einfachen Auslösemechanismus als Mitkatzen behandeln, tun sie das auch bei der Begegnung mit Menschen, solange sie keine widersprechenden, d. h. in diesem Falle abschreckenden Erfahrungen machen. Aufgrund dieser Verhältnisse ist es auch möglich, Jungkatzen bezüglich ihres Sexualverhaltens auf Menschen zu prägen (S. 232 f.). Vertraute Personen erkennen sie außer an Gebaren und Stimme mit Sicherheit auch am Gesicht. Die im Verkehr mit Menschen angewandten Verhaltensweisen entstammen größtenteils der Sexual- und Familiensphäre: Köpfchengeben, Flankenreiben, Belecken, Nasenkontrolle und bei weiblichen Tieren das ganze Kokettier- und Werbeverhalten, gegebenenfalls auch das gesamte Abwehrverhalten. Dennoch gilt der Mensch meist nicht einfach als Artgenosse; denn die Beziehungen zwischen Katze und Mensch werden viel enger und freundschaftlicher, als sie es zwischen zwei Katzen je werden können. Alle meine gekäfigten Katzen, gleich ob einzeln oder zu mehreren gehalten, begrüßten stets zuerst mich bzw. den Pfleger, ehe sie sich dem mitgebrachten Futter zuwandten. Besonders fiel dies auf, wenn man wegen anderer Arbeiten eine Zeitlang die Tiere nur fütterte, ohne sich weiter mit ihnen zu beschäftigen. Ließ man sie dann aus Versuchsgründen einmal ein oder zwei Tage hungern, so war doch das erste bei der nächsten Fütterung nicht die Nahrungsaufnahme, sondern ein wahrer Begrüßungssturm mit hochgehobenem Schwanz, Köpfchengeben, wobei sich die Tiere oft im Leeren einer „imaginären" Streichelhand entgegen auf die Hinterbeine hoben (Abb. 95), und intensives Flankenreiben an den Beinen des Pflegers. Erst danach wandten sie sich dem Futter zu, nahmen oft nur hastig ein paar Bissen, um dann wieder erst einige Zärtlichkeiten auszutauschen. Zu mehreren gehaltene Tiere können dieses soziale Bedürfnis nicht aneinander abreagieren, der Artgenosse ist hierzu nicht einmal als Ersatzobjekt tauglich. Auch in üblicher Weise „frei" gehaltene Katzen bedürfen zweifellos dieses Kontaktes

Abb. 95. W 5 hebt sich köpfchengebend „ins Leere" (kein Anstreifen an der Säule!)

mit dem Menschen. Nur sehr selten macht eine Katze selbst bei guter Fütterung einen wirklich sauberen, glatten, gepflegten und gesunden Eindruck, wenn sich ihr Besitzer weiter gar nicht um sie kümmert. Hierfür läßt sich die Domestikation allein sicher nicht verantwortlich machen. Ganz Entsprechendes nämlich beobachtete ich an meiner brasilianischen Tigerkatze (LEYHAUSEN 1953): Obwohl das Tier seine Scheu nie ganz verlor, suchte es doch meine Nähe und begrüßte mich auch nach längerer Abwesenheit durch Flankenreiben an Stuhlbeinen und hocherhobenen Schwanz. Woher diese Anschlußfähigkeit an den Menschen kommt bei Tieren, die im Freileben den Artgenossen außerhalb der Paarungszeit meiden oder gar bekämpfen und also scheinbar gar kein soziales Anschlußbedürfnis haben, ist schwer zu sagen. Vermuten läßt sich folgendes: Der Zusammenhalt der Geschwister und die Mutter-Kind-Bindung lockern sich in einer bestimmten Entwicklungsphase und lösen sich schließlich ganz auf. Sie können aber bei Katzen unter bestimmten Bedingungen weit über die übliche Zeit hinaus erhalten bleiben (S. 248). Auch bei vielen anderen Säugern verschwinden selbst im Normalfall die kindlichen Triebhandlungen nicht ganz und können gelegentlich beim erwachsenen Tier wieder auftreten (MEYER-HOLZAPFEL 1949). Sie werden nur durch andere Triebhandlungen des erwachsenen Tieres, die beim jungen Tier noch nicht entwickelt sind, unterdrückt. Zwischen erwachsenen Katzen wird der soziale Bezug so vollständig durch Revierverteidigung, Abwehr, Rivalität und Paarung ausgefüllt, irgendeine der entsprechenden Triebhandlungen wird vom erwachsenen Artgenossen immer mit solcher Stärke ausgelöst, daß die – stets noch vorhandenen – Stimmungsreste kindlicher Triebhandlungen nicht „zu Worte" kommen. Sie könnten aber sehr wohl die antriebsmäßige Voraussetzung sein für das, was Katzen bei bestimmten Gelegenheiten doch die Gesellschaft anderer suchen läßt (S. 192 f.). Der Mensch hingegen ist gerade noch „so viel Artgenosse", daß ein sozialer Bezug zu ihm möglich wird, andererseits ist er es aber „zu wenig", um mit aller Bestimmtheit spezifische Reaktionen auszulösen; daher vermag er bei einigem Geschick und mit der nötigen Einfühlung die Stimmungsreste kindlicher Triebhandlungen anzusprechen und sogar wieder neu zu beleben. Er löst eben nicht so bedingungslos Abwehr und/oder Angriff aus wie – abgesehen von der Paarungszeit, die hier nicht behandelt werden soll – eine erwachsene Katze. So ist zwischen Menschen und solitären Katzenarten eine echte und dauernde Freundschaft möglich, wie sie bei Katzen unter sich vielleicht nie vorkommt. Die einzelne, erwachsene Katze „möchte" also – wenn die oben dargelegte Hypothese zutrifft – eigentlich gern mit anderen Katzen freundlich sein; sie befindet sich ihnen gegenüber aber in einer ähnlichen Stimmungslage wie ein eigenbrötlerischer Mensch, der alle anderen vor den Kopf stößt und auf die Frage, warum er eigentlich keinen Freund habe, erstaunt antwortet: „Ich möchte ja furchtbar gern, aber die anderen sind doch alle so ekelhaft!" Die Hypothese wird gestützt durch die Tatsache, daß im Sexualverhalten, das ja eine zeitweise Annäherung der Partner erfordert, teilweise auch kindliche Triebhandlungen eine Rolle spielen. Auf dieser Basis gelingt es dann auch regelmäßig, Paare solitärer Katzenarten, die im Freileben nur kurze Zeit zusammenblieben, jahrelang auf engstem Raum zusammenzuhalten; auch außerhalb der Paarungszeit sieht man diese Tiere dann einander häufig belecken und dicht aneinander geschmiegt ruhen. Das kindliche Anschlußbedürfnis kann also wieder durchbrechen und dauerhafte Bindungen ermöglichen, wenn einmal die Paarung die sonst aufgerichteten Schranken der Abwehr- und Kampfstimmung durchbrochen hat.

Das Sexualverhalten

Zwei- bis dreimal im Jahr wird die Hauskatze „heiß". Ein isoliertes Tier wird zunächst nur unruhig, frißt weniger und ruft viel und anhaltend, besonders wenn es allein gelassen wird. Im Laufe der ersten Tage reibt es sich immer häufiger Kopf und Flanken an allen dazu geeigneten Gegenständen (Köpfchengeben; ANTONIUS 1939). Dieses Verhalten geht dann in Wälzen über: Der Kopf wird seitlich herabgedreht und mit der Backe am Fußboden gerieben (manchmal schiebt das Tier auch in dieser Stellung den Kopf einige Schritte am Boden entlang), dann zieht der Kopf unter weiterer Drehung den Körper über die Schulter nach, das Tier fällt schließlich mit einem Plumps auf die Seite. Abb. 96 zeigt den Vorgang bei einem sich spielerisch wälzenden Jungkater. Nun wälzt sich die Katze ein- bis zweimal unter schlangenartigen Windungen hin und her, bleibt dann auf der Seite oder auch halb auf dem Rücken liegen, beleckt kurz die Innenseite der Vorderpfoten, zieht mit diesen wohl auch eine Hinterpfote spielerisch heran, beleckt diese ebenfalls, reibt dann den Kopf an ihr oder einer Vorderpfote wie beim Köpfchengeben an einem körperfremden Gegenstand. Die Vorderpfote bewegt sich dabei oft ähnlich wie bei der Gesichtswäsche, die dadurch auch häufig induziert wird, aber immer nur ganz kurz dauert. Dann wälzt sich die Katze wieder ein paarmal oder steht auf und geht ein Stück weiter, um hier das Ganze von vorn zu beginnen. Stoßen die Vorderpfoten beim Wälzen auf rauhes Holz oder sonst etwas mit rauher Oberfläche (Stoff), so löst das häufig ein kurzes, spielerisches Krallenschärfen aus.

Wildkatzen-♀♀ beginnen in diesem Stadium Urin zu sprühen (S. 189 ff.) bzw. tun es häufiger als sonst. Hauskatzen tun dies nur selten; es scheint sich hier um eine der wenigen Verhaltensatrophien zu handeln, die im Zuge der Domestikation bei der Hauskatze eingetreten sind. Zuweilen kann man den gesamten äußeren Bewegungsablauf des Sprühens noch bei ihnen beobachten, ohne daß sie dabei Urin abgeben. Alte Tiere sprühen häufiger, mit zunehmendem Alter dann auch außerhalb der Hitzeperioden.

Abb. 96. M 9 beginnt sich zu wälzen; der Kopf dreht sich zuerst und zieht den Körper nach

Ist die Katze mit dem Beobachter vertraut, so behandelt sie ihn bald beim Köpfchengeben und Wälzen als „Partner". Sie gibt bevorzugt in seiner Nähe Köpfchen mit Breitseitorientierung zu ihm hin, und wälzt sich nur in einigem Abstand von ihm (etwa 2 m), wobei sie den Kopf im allgemeinen abwendet. Geht man näher heran, so steht sie meist auf, geht ein Stück davon und beginnt sich dort von neuem zu wälzen. Greift man schnell zu und versucht sie zu berühren, so wehrt sie mit Pfotenhieben ab und springt fort.

Im Verlauf einiger Tage steigern sich diese Verhaltensweisen; beim Flankenreiben geht ein Zucken und Zittern von der Analgegend bis in die Schwanzspitze hinein. Es wird oft an einem „imaginären" Gegenstand frei ausgeführt, auch wenn zum Beispiel ein Stuhl dicht daneben steht. Dabei orientiert sich die Katze aber immer zum Partner, indem sie diesen entweder anblickt oder ihm die Vulva zukehrt. Letzteres hat sicher Signalbedeutung, da sie dabei den Schwanz steil anhebt und die Haare um die etwas geschwollene Vulva spreizt, so daß diese deutlich hervortritt. Auch jetzt noch duldet die Katze keine direkte Annäherung. Erst in der Hochbrunst fordert sie den menschlichen Beobachter mit Begattungsstellung zur Kopula auf: Sie legt die Vorderpfoten bis zum Ellenbogen auf den Boden und streckt den Kopf flach darüber hin, die Augen sind bis auf einen schmalen Spalt geschlossen, die Ohren ganz leicht zurückgelegt; das Kreuz wird gestreckt und die Kruppe angehoben, der Oberschenkel ist steil nach unten gerichtet, der Unterschenkel nach hinten-oben, das Kniegelenk befindet sich dicht über dem Boden, der Mittelfuß steht senkrecht, der Schwanz ist an der Wurzel leicht angehoben und seitwärts gestellt, so daß er die meist dem Partner zugekehrte Vulva freigibt. So verharrt die Katze; bei höherem Erregungsgrad „treteln" ihre Hinterpfoten zuckend auf und ab (Abb. 97). Dann läßt sie einen auch herankommen und sich berühren. Man kann das „Treteln" auslösen, wenn man etwa in Körpermitte hart seitlich der Wirbelsäule leicht drückt oder von vorn nach hinten streicht. Die Begattungsstellung nimmt die Katze in diesem Stadium auch ein, wenn man sie im Nacken niederdrückt oder ihr längs über den Rücken streicht. Das Hinterteil hebt sie dabei mit deutlichem Druck der Hand entgegen; in geringerem Maße tut das ja jede Katze, wenn man ihr so über den Rücken streicht. Durch leichtes Reiben der Vulva kann man dann die Katze lange in Begattungsstellung festhalten und das „Treteln" immer weiter steigern.

Nach Lindemann (1950) nimmt die Luchsin eine abweichende Begattungsstellung ein: Sie duckt sich wohl vorn nieder, die Hinterbeine bleiben aber ziemlich gestreckt. Das gleiche tun oft junge Hauskatzen, wenn sie erstmals heiß werden, eine Zwischenform zwischen der bei primitiven Raubtieren üblichen, flachgeduckten Begattungsstellung und der aufrechtstehenden bei allen anderen Landraubtieren (Großbären, Hundeartigen und Hyänen). „Zwischenform" ist hier allerdings nur hinsichtlich des äußeren Bildes zu verstehen; stammesgeschichtlich ist die Begattungsstellung der Feliden vielleicht erst sekundär erworben, das unausgereifte Verhalten der jungfräulichen Katze könnte einer stammesgeschichtlich früheren Stufe entsprechen. Andere Luchs-Beobachter haben bisher Lindemanns Angabe allerdings nicht bestätigt.

Nur an der isolierten Kätzin kann man die rein endogen gesteuerte zeitliche Entwicklung der Brunst beobachten. Ein adäquat reagierender Kater beschleunigt

Abb. 97. a) Paarungsbereite Hauskatze präsentiert vor Schwarzfußkater, schaut zu ihm hin, da er zögert; b) Treteln und Schwanz-Seitwärtsstellen; c) Auslösung intensivsten Präsentierens bei einer paarungsbereiten Hauskatze durch Streicheln und leichten Druck auf Hinterhand; d) Baumozelot-♀ präsentiert vor Mitarbeiterin, auf die sie sexuell geprägt ist (s. Abb. 111)

a
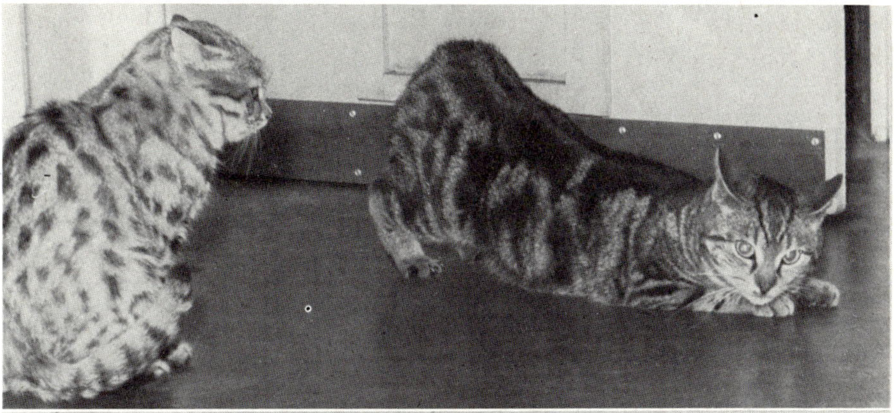

b

c
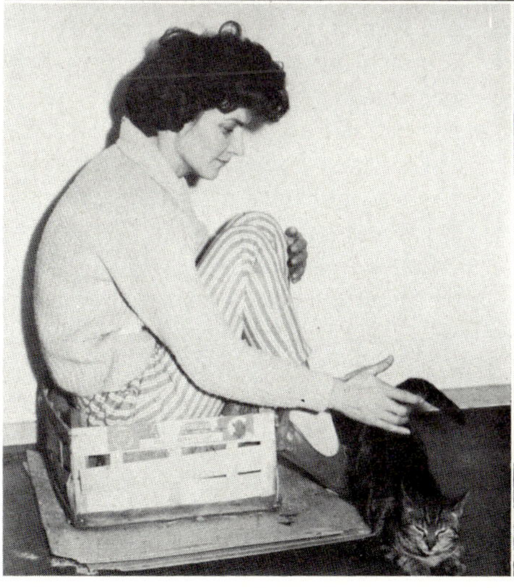

d

den Vorgang etwas und läßt andererseits die Katze zunächst kaum um ihn werben, da er allzu stürmisch ist und so ihre Sprödigkeit reizt.

Kater sind durchaus nicht immer gleich begattungsbereit, sondern haben eine eigene – wenn auch weniger deutliche – Periodik. Deren äußeres Anzeichen ist häufigeres Spritzharnen (S. 189) auch an solchen Stellen, wo die Tiere es sonst nicht tun. Diese periodische Steigerung der Spritztätigkeit ist in der Regel auch bei Katern zu beobachten, die keinerlei Kontakt, weder optisch noch akustisch noch olfaktorisch, mit Weibchen haben.

R. Wolff (mündliche Mitteilung) sah in zwei Fällen, wie Kater an den Spritzstellen „Köpfchen gaben" und sich so Backen und Kehle mit ihrem eigenen Urin einrieben. Es ist fraglich, ob sich die Tiere regelmäßig so „parfümieren", es wäre aber möglich; allerdings dürften sie sich dann in den meisten Fällen nicht sofort einreiben; denn fast immer geht der Kater nach dem Spritzen geradeswegs davon, nur sehr selten wendet er sich um und beschnuppert die Stelle. Da die Tiere in dieser Zeit aber dauernd an allen möglichen Gegenständen „Köpfchen geben", so entgeht es leicht dem Beobachter, wenn an der betreffenden Stelle kurze Zeit vorher „gespritzt" wurde. Das „Köpfchengeben" spielt in der Werbung des Katers eine bedeutende Rolle, solange die Katze noch kaum äußere Hitzezeichen erkennen läßt, vor allem noch nicht zur „Kokettierflucht" (S. 215) bereit ist, sondern sich ziemlich indifferent verhält: Der Kater gibt dann an allen möglichen Gegenständen in nächster Nähe der Katze „Köpfchen" (Abb. 98).

In bisher zwei Fällen beobachteten wir Kater, wie sie ein Spielzeug in die Nähe der stillsitzenden Katze trugen und damit vor deren Augen auffällig „Haschen" (S. 108) spielten. Die Orientierung war besonders im einen Fall deutlich: Die Katze saß in einer Schlafkiste mit engem Schlupfloch; der Kater trug das Spielzeug, ein Bindfadenknäuel, immer wieder genau in ihr Blickfeld, sobald es beim Spiel zu weit zur Seite rutschte. Entsprechendes Verhalten im Freileben ist nicht auszuschließen (S. 246 f.).

Ein weiteres Hitzezeichen ist das häufige Belecken des ganz oder teilweise erigierten Penis (Abb. 99); schließlich kann es auch zu ausgesprochenen Vergewaltigungsversuchen an nicht paarungsbereiten Katzen und schwächeren Katern kommen (Abb. 100). Michael (1961 a, b) beobachtete solche Vergewaltigungsversuche an nicht paarungswilligen Katzen und unterlegenen Katern bei Katern, die besonders auf Begattungsbereitschaft „trainiert" waren (s. u.), und meint, das komme nur unter solchen Bedingungen vor. Gleichzeitig weist er aber selbst die Behauptungen anderer Autoren zurück, die bestimmte Formen „übersteigerten" Sexualverhaltens, wie Begattungsversuche an artfremden Tieren und Attrappen, nur als Folge operativer Abtragung von Hirnteilen, besonders des Schläfenlappens, ansehen, und weist nach, daß sie auch bei intakten Tieren auftreten. Bei alldem handelt es sich um „Stauungsphänomene", die auf verschiedene äußere und innere Ursachen zurückgehen (s. S. 105 ff.). Hier sei vorerst nur nochmals betont, daß auch für den Kater eine endogene Steuerung periodisch die Paarungsbereitschaft schwanken läßt; allerdings ist die Periodik weit mehr als bei der Katze von Außenfaktoren zu beeinflussen, doch läßt sie die Bereitschaft auch nie auf Null sinken. Ein gesunder, erwachsener Kater ist daher jederzeit begattungsfähig, wenn sich ihm eine paarungswillige Katze bietet, doch ist er nicht jederzeit gleich begattungseifrig, wie Rosenblatt und Schneirla (1962) behaupten.

Abb. 98. Köpfchengeben als werbende Begrüßung des Katers (M 3, W 6)

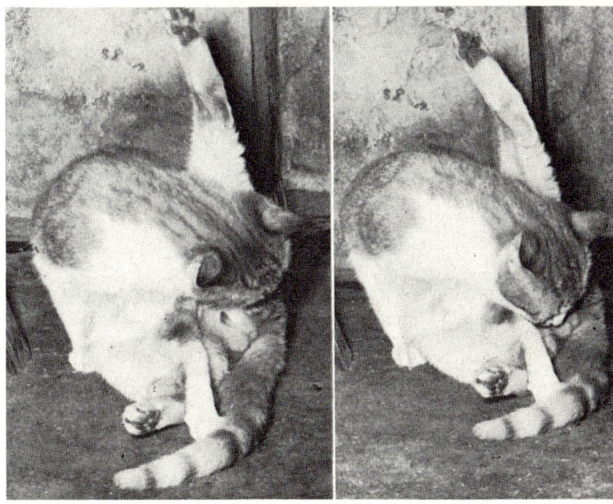

Abb. 99. M 10 beim Belecken des teilweise erigierten Penis

Michael (1961 a) hat Begattungseifer und -häufigkeit von Hauskatzen folgendermaßen erheblich steigern können: Ein Kater wird an einen Versuchskäfig gewöhnt, dessen kleineres Abteil ihm nach beendeter Eingewöhnung zum Aufenthalt dient, während das mehrfach größere Abteil dann nur geöffnet wird, wenn man ein paarungsbereites Weibchen einsetzt. Unter diesen Bedingungen wird ein gesunder, sexuell aktiver Kater bald ohne Zögern jede Katze begatten, sobald die Schiebetür zum großen Abteil geöffnet wird. Etwa jeder dritte Kater kann so über seine normale Begattungsbereitschaft hinaus trainiert werden; außerdem steigert sich seine „Erwartung", das Objekt im Paarungsabteil könne nur eine paarungswillige Kätzin sein, so weit, daß er ohne Unterschied auch Kater, nicht paarungswillige Katzen und Attrappen wie Teddybären und andere Plüschtiere zu begatten versucht, ja Katzen dem Versuchsleiter mit Paarungsbiß schon aus den Händen reißt, ehe dieser sie noch auf den Käfigboden setzen konnte. Was die Steigerung der Begattungsbereitschaft als solche angeht, so dürfte es sich wohl kaum um „Bedingen" handeln; dies geht schon daraus hervor, daß unter eigens ihrer sexuellen Tüchtigkeit wegen ausgewählten Katern eben nur jeder dritte auf die Behandlung „anspricht". Vielmehr wird es ein ähnlicher „Übungseffekt"

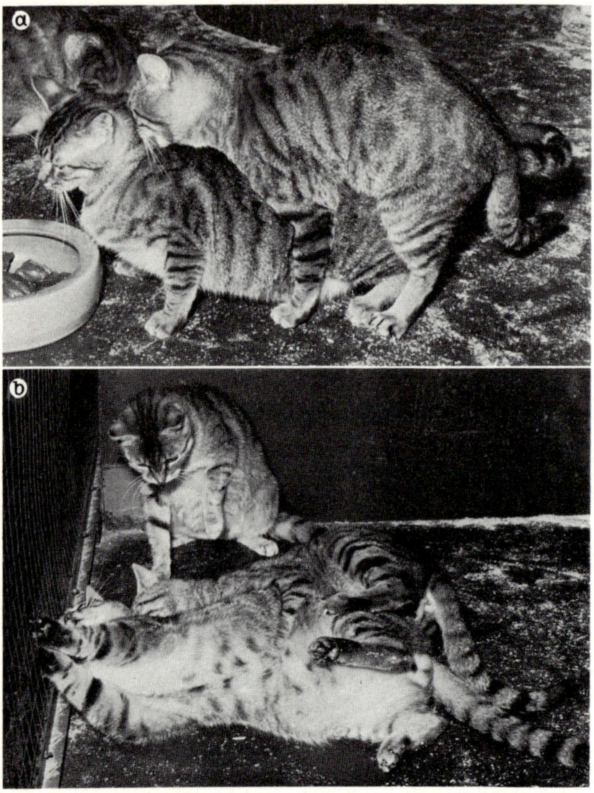

Abb. 100. a) alter Hauskater sucht jüngeren zu „vergewaltigen"; b) dieser wälzt sich, sucht Halt am Gitter und befreit sich schließlich

sein, wie er S. 89 für das Töten beschrieben ist und wie er sehr wahrscheinlich auch bei Kampfantrieben eintreten kann; bei einem Fisch hat HEILIGENBERG (1963, 1964) diese Abhängigkeit der Kampfbereitschaft von Gebrauch bzw. Nichtgebrauch quantitativ bewiesen. Die *an den Ort* geknüpfte Erwartung jedoch ist ein echter Lernerfolg, der auch im normalen Ablauf der Dinge seine Entsprechung hat (S. 218). MICHAEL betont mit Recht, wie wesentlich es für den Erfolg ist, den Kater vor dem Versuch mit der Umgebung vertraut zu machen; allerdings konnte bei sehr zahmen, dem Versuchsleiter zugeneigten Tieren dessen Gegenwart die Raumfremdheit überwinden. Andere Kater jedoch beachten im fremden Raum auch die willigste Katze nicht; die Raumuntersuchung hat, wie S. 137, 142 beschrieben, selbst davor absoluten Vorrang. Eine gewisse Gleichgültigkeit gegen eine fremde und neuartige Umgebung kann man auch noch bei solchen Tieren erzielen, die an häufigen Ortswechsel gewöhnt sind, ähnlich wie ein reisegewohnter Mensch auch am fremden Ort sicherer auftritt als ein reiseungewohnter. Mein altes Servalweibchen z. B. war im Laufe ihres Lebens mit mir so oft umgezogen und hatte so oft den Käfig gewechselt, daß es in neuer Umgebung ohne erkennbare Unterbrechung seine tägliche Routine unter sofortiger, „selbstverständlicher" Einbeziehung der neuen räumlichen Gegebenheiten fortsetzte.

Im Regelfalle ist es natürlich die Anwesenheit paarungsbereiter Katzen, welche die Paarungsbereitschaft eines Katers erhöht; die Periodik der Katze dagegen wird durch die An- oder Abwesenheit von begattungsbereiten Katern weit weniger verändert. So erreicht z. B. der Kater viel schneller als die Katze die volle Begattungsbereitschaft; er dringt daher anfangs stürmisch auf die Katze ein. Sie aber flieht zunächst vor ihm, oft über weite Strecken, und wehrt ihn mit heftigen Tat-

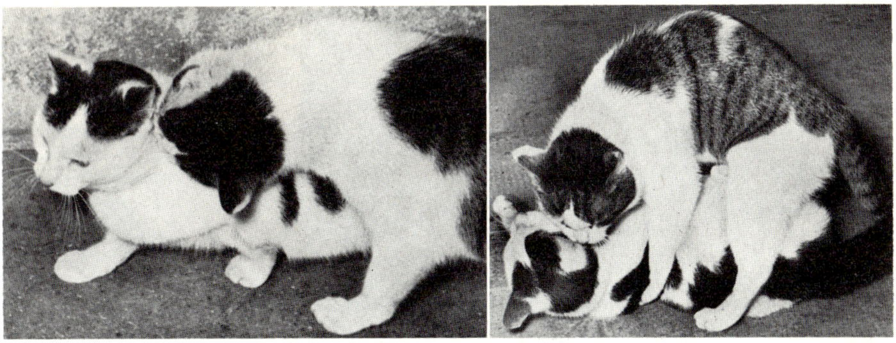

Abb. 101. Vergewaltigungsversuch von M 3 an W 4; a) (links) M 3 packt W 4 seitlich am Halse, diese entläuft jedoch, b) (rechts) W 4 dreht sich abwehrend auf den Rücken

zenhieben und lautem Kreischen ab, wenn er ihr zu nahe kommt. Stellt er jedoch die Verfolgung ein, so hält auch sie bald an, gibt Köpfchen und wälzt sich. Der Kater nähert sich darauf wieder, aber sobald er die oben genannte Distanz unterschreitet, beginnt die Jagd von neuem. In engen Räumen, wie unter meinen Haltungsbedingungen, gelingt es dem Kater allerdings häufiger, die Katze zu erreichen und mit schnellem Griff im Nacken zu packen, sie sucht dann noch zu entkommen, läuft unter ihm weg oder dreht sich auf den Rücken (Abb. 101). Hat er sie aber fest gepackt und drückt sie nieder, so nimmt sie zwar ungefähr die Begattungsstellung ein, doch ohne das Kreuz hohl zu machen und den Schwanz von der Vulva abzuheben. Der Kater vermag so nicht den Penis einzuführen, und muß nach einigen vergeblichen Bemühungen die sich windende Katze freigeben, wiederholt aber bald darauf seinen Versuch (Abb. 102). Im Freien kann das Spiel mit der ,,Kokettierflucht" tagelang gehen, ehe die Katze den Kater näher heranläßt. Dieser nähert sich nun behutsamer; während sie sich wälzt, macht er immer nur wenige Schritte und setzt sich sofort wieder, sobald sie ihn anschaut. Bewegt er sich dann doch noch vorwärts, so flieht sie ein Stück, hält jedoch bald wieder an, wälzt sich erneut oder hockt sich mit dem Rücken zu ihm hin und ,,schaut umher". Der Kater folgt jetzt nur langsam und mit vielen Pausen, wenn die Katze bereits haltgemacht hat. Während der Pausen stößt er, meist im Sitzen, purrende und mauzende Töne aus (Plaudern) (Abb. 103 a). Nach all diesen langwierigen Vorbereitungen kommt es dann ganz plötzlich zur Begattung: Der Kater schießt schräg von hinten auf die sich wälzende oder mit ,,Umherschauen" dahockende Katze zu, packt sie lose im Nacken und übertritt sie, erst mit der Vorder- (Abb. 103 b), dann auch mit der Hinterpfote; die Katze nimmt die Begattungsstellung ein. Hebt sie die Vulva nicht genügend an, so tritt der Kater nun abwechselnd mit den Hinterpfoten auf ihren Rücken, ähnlich wie ein Truthahn auf seine Henne (Abb. 103 c), und löst damit bei der Katze Durchstrecken des Kreuzes, ,,Treteln" und Seitwärtsstellung des Schwanzes aus; letzterer wird oft abwechselnd von der einen auf die andere Seite geschwenkt. Erst wenn die Katze voll bereit ist, stellt der Kater beide Hinterpfoten auf den Boden und führt den bereits beim Übertreten erigierten Penis ein (Abb. 103 d). Der Penis trifft die Vulva

ters Begattungsstellung ein, kehrt ihm dabei meist die Vulva zu und blickt ihn über die Schulter auffordernd an (Abb. 97 a, 102 b). Der Kater geht dann ohne Hast auf sie zu, übertritt oft ohne Nackenbiß (Abb. 104), und ebenso ruhig lösen sich die Tiere nach dem Akt wieder voneinander. Durch eine Überdosis von Östrogen läßt sich dieses Stadium bei der Katze fast schlagartig herbeiführen. Zahlreiche Laborversuche zum Sexualverhalten sind so durchgeführt worden; diese Methode erklärt, weshalb in den betreffenden Arbeiten die Werbephase im Sexualzyklus der Katze nie beschrieben ist (z. B. MICHAEL 1961 a, b; ROSENBLATT und ARONSON 1958 a, b; WHALEN 1963 a, b; ZITRIN und BEACH 1945). Häufig gewöhnt sich die Katze an, einen ganz bestimmten, oft etwas erhöhten Platz, einen Baumstumpf, eine Mauerkrone, einen Tisch oder Stuhl aufzusuchen, wenn sie begattungsbereit ist; der Kater versteht das dann bald als Aufforderung und merkt schon auf oder setzt sich in Bewegung, wenn er die Katze auf diesen Platz zugehen sieht. Dies erklärt wohl, warum die „trainierten" Kater MICHAELS (S. 213 f.) nur im Versuchskäfig „hypersexuell" reagierten.

Nach einiger Zeit, oft schon nach wenigen Stunden, tauschen die Tiere ihre Rollen: Während bisher der Kater aktiver war, sinkt nun sein „Aktualspiegel" allmählich, während er bei der Katze auf seiner Höhe bleibt, ja noch weiter ansteigt. Als erstes Anzeichen dieser Wende nähert sich der Kater wie bisher auf einige Meter, kehrt dann aber um und läuft in mäßigem Trab davon, wobei er sich mehrfach umsieht, und die Katze folgt nun ihm. So traben beide ein Stück hintereinander her. Hält der Kater nicht bald genug an, so trachtet die Katze, ihn zu überholen und versucht dann, ihn durch „Umherschauen" oder Wälzen zur Wiederaufnahme des einleitenden Spiels zu bewegen; meist gelingt das in diesem Stadium auch noch. Nach einigen Tagen aber reicht die Appetenz des Katers nicht mehr aus; er bleibt sitzen, hocken oder sogar liegen und „schaut umher". So geht die Initiative an die Katze über. Sie rückt dem Kater näher und wälzt sich immer dichter vor ihm, schließlich unmittelbar mit der Hinterpartie unter seiner Nase. Steht der Kater nun auf, so geht sie gleich in Begattungsstellung. Oft aber muß sie noch weiter werben; sie gibt Köpfchen, stößt ihm die Stirn gegen Flanke oder Kopf und streicht dann an ihm entlang, wobei sie möglichst den sich leicht wölbenden Rücken unter seinem Kinn entlang führt und ihm schließlich mit hochgerecktem Schwanz die Vulva vor die Nase hält („Präsentieren"); so verharrt sie, „knetet" mit den Vorderpfoten den Boden und schnurrt. Regt sich der Kater auch jetzt noch nicht, so schiebt sie sich in Begattungsstellung unter heftigem „Treteln" langsam rückwärts gegen ihn. Je weiter die Hitzeperiode fortschreitet, um so häufiger und ausdauernder muß sie den Kater auffordern, ehe er sie, oft geradezu widerwillig, begattet. Auch dann übertritt der Kater oft die Katze ohne Nackenbiß (Abb. 104) und führt ihn wie die Großkatzen erst während des Orgasmus aus (ANTONIUS 1939, 1943).

Auch bei Großkatzenpaaren konnte ich wiederholt diesen Übergang der Begattungsinitiative vom ♂ auf das ♀ beobachten. Vielleicht ist der ungleiche Verlauf der „Appetenzkurven" bei ♂ und ♀ vieler Säuger die Regel. Beim Hamster (EIBL-EIBESFELDT 1953) ist ebenfalls zunächst das ♂ eifriger, und bei den ersten Begattungen strebt das ♀ immer noch unter ihm weg. Später fordert auch hier das ♀ das ♂ in Begattungsstellung auf, und wenn das nicht mehr hilft, reitet es beim ♂ auf. „Die ♀♀ vieler Säugetierarten reiten auf, um zögernde ♂♂ zur Begattung aufzufordern, so auch die ♀♀ aller Katzenarten, deren Paarungsverhalten ich ausreichend beobachten konnte."

Abb. 104. M 3 übertritt W 4 ohne Nackenbiß

Das Präsentieren ist ganz allgemein zum Ausdruck freundlicher Begrüßung geworden. Besonders die Jungkatze nähert sich so der erwachsenen, auch der fremden, wenn sie noch keine schlechten Erfahrungen gemacht hat (Abb. 105). Bei geringerer Intensität wird der Schwanz nur mehr oder weniger steil angehoben, aber nicht steif, sondern locker gehalten und beim Entlangstreifen an irgendwelchen Gegenständen oder der begrüßten Katze diesen angeschmiegt. Bei Jungtieren drückt die Geste wohl auch die soziale Unterlegenheit aus, wie es ja in so viel ausgeprägterem Maße bei Affen der Fall ist. Bei erwachsenen Katzen mit ihrer geringen Neigung, feste Rangverhältnisse einzuhalten, tritt dies Moment fast ganz zurück; man kann nicht etwa ohne weiteres bei einer freundlichen Begegnung zweier Katzen aus der Intensität des Präsentierens oder daraus, welches Tier überhaupt oder zuerst präsentiert, auf die Rangordnung beider Tiere schließen. Ja, zuweilen ist es sogar ausdrücklich das ranghöhere Tier, welches sich einem anderen, meist jungen, präsentierend und schnurrend nähert und so dessen Flucht oder Abwehr ausschaltet; anschließend spielen beide Tiere meistens miteinander.

Abb. 105. Junglöwe „präsentiert" vor erwachsenem ♂ (Tierpark München-Hellabrunn)

Im „Freileben" unserer Hauskatze wird der Ablauf der Periode meist noch dadurch kompliziert, daß sich mehrere Kater um eine Katze bewerben; zwischen den Rivalen toben dann heftige Kämpfe mit dem sattsam bekannten „Katerkonzert". Oft allerdings bestehen die „Kämpfe" nur aus Imponierdemonstrationen (s. S. 193, 202). Auch kann der Kampf der Kater nicht nur als Bestandteil des Sexualverhaltens angesehen werden, da er auch bei Kämpfen außerhalb der Hitzeperiode in gleicher Form vorkommt. Während der Hitze nimmt die Häufigkeit und Heftigkeit der Kämpfe schon deshalb zu, weil die Kater die Katzen aufsuchen und sich dort oder auf dem Wege zu ihr häufiger als sonst begegnen; die Nähe der Katze hält sie sozusagen fest, sie sind „entschlossen", den Platz zu behaupten.

Schließlich befinden sich beide außerhalb ihres Reviers und somit ist für beide die Ausgangssituation gleich; also ist nicht schon von vornherein der eine unterlegen. Die Katze sitzt bei solchen Kämpfen häufig in der Nähe. Sie schaut aber nicht, wie oft in poetischen Berichten steht, „mit Behagen" und „geschmeichelt" zu, sondern sie führt ihre Werbung durch, sitzt genau so, als ob nur ein Kater vorhanden und kein Kampf im Gange sei, da und „schaut umher" oder wälzt sich. Der Kampf ist ihr ganz gleichgültig und macht auf sie auch gar keinen Eindruck, höchstens, daß sie etwas zurückweicht, wenn die Kämpfer ihr zu nahe kommen. Sie fällt auch nicht unbedingt dem Stärkeren zu. Wie Seite 149 beschrieben, verläßt dieser oft den Kampfplatz zuerst; der Unterlegene bleibt noch abwehrbereit hocken. Der Sieger fordert dann manchmal die Katze zum Mitlaufen auf, aber sie folgt nicht immer. Jener kehrt meist nach einer Weile zurück und der Kampf mit dem inzwischen erholten Gegner beginnt aufs neue, bis dieser flieht. Oft aber hat sich inzwischen die Katze mit dem Besiegten davongestohlen, und der Sieger hat das Nachsehen.

Natürlich ist der hier geschilderte Ablauf der Dinge zahllosen Variationen unterworfen, vor allem dadurch, daß die Tiere sich in ganz verschiedenen „Stimmungsphasen" begegnen können. So fallen oft viele Einzelheiten aus, und jede Einzelbegegnung zeigt immer nur Ausschnitte vom Ganzen.

Die vorstehenden Angaben sind aus der Kombination zahlreicher, zufälliger Freilandbeobachtungen gewonnen, die aber meistens nur einen kleineren Ausschnitt des ganzen Ablaufs erfaßten, und aus den Ergebnissen von Beobachtungen und Versuchen an gekäfigten Katzen. Durchgehende Freilandbeobachtungen sind so, wie sich das „Freileben" unserer Hauskatze abspielt, sehr schwierig:

1. Die Dinge spielen sich fast immer nachts ab; dies liegt nicht etwa an der vorwiegend nächtlichen Lebensweise der Katze, sondern daran, daß die Tiere sich gerade bei diesem Tun wie auch sonst nicht gern beobachten lassen und gegen Lärm und Unruhe empfindlich sind. Letzteres stört sie in unseren Städten am Tage erheblich, und ersteres ist am Tage bei der dichten Besiedlung fast unvermeidlich.

2. Aus den gleichen Gründen vollziehen sich Werbung und Paarung fast niemals in offenem, übersichtlichem Gelände, sondern in deckungsreichem, durch Zäune, Hecken, Mauern und dergleichen stark gegliedertem. Für die Katzen sind das keine Hindernisse, leider aber wohl für den Beobachter, der sich außerdem noch wegen der Beobachtungsscheu nur sehr vorsichtig und langsam bewegen darf. Daher müssen manche Fragen offenbleiben. So weiß man nicht sicher, ob ein Kater gleichzeitig mehrere Katzen oder jeweils nur eine umwirbt; sicher geht er zuweilen zur nächsten, wenn die Hitze der ersten erloschen ist.

In jahrzehntelangen Beobachtungen an unseren frei gehaltenen „Heimkatzen" konnte ich bei einigen feststellen, daß sie während der Hitze über Jahre hinweg immer mit dem gleichen Kater zusammenkamen, und andere Beobachter haben mir dies bestätigt. Ob sie aber gar keine anderen Kater annahmen, kann ich nicht mit Bestimmtheit sagen. Aus der großen Ähnlichkeit, welche die aufeinanderfolgenden Würfe dieser Katzen in Farbe und Zeichnung aufwiesen, kann man aber mit einiger Sicherheit auf immer den gleichen Vater schließen. In meinen „Zwangsgesellschaften" bevorzugten die Katzen sichtlich immer einen Kater, sie ließen aber schließlich auch die Begattung durch einen anderen zu, wenn dieser nur hartnäckig und energisch genug war. Auch im Käfig war übrigens der „Rang" des Katers für die Bevorzugung nicht entscheidend. Umgekehrt kommt es auch vor, daß ein Kater die aufdringlichsten Angebote einer Katze nicht beachtet oder daß er sich der Katze selbst nicht nähert, obwohl er einen Rivalen von ihr vertreibt. Diese Beobachtungen machen deutlich, daß es zwischen fester, dauerhafter Paarbindung und regelloser Promiskuität mancherlei Zwischenformen gibt. Nach BEACH (1967) bevorzugen auch begattungsbereite Hündinnen bestimmte Rüden vor anderen und treffen ganz wie die Katzen ihre eigene Wahl unter den Bewerbern, ohne sich dabei allerdings ausschließlich auf einen einzigen festzulegen. Von manchen Zugvögeln wie dem Halsbandregenpfeifer (LAVEN 1940) wissen wir längst, daß die Paare sich während des Zuges und im Winterquartier trennen und sich doch zur Brut über Jahre hinweg immer wieder zusammenfinden. Die Bindung an den Nistort spielt dabei in diesem Falle nicht wie bei manchen Singvögeln die entscheidende Rolle, da sich die Partner nach dem Eintreffen aus dem Süden zunächst unter vielen anderen am Strand wieder treffen und dann erst gemeinsam auf die Suche nach einer Niststätte gehen. Ähnliche, die Trennungszeiten zwischen den Brunftperioden überbrückende Dauerpaarbindungen bei solitären Säugetieren hat anscheinend niemand bisher ernsthaft in Betracht gezogen. Freilandbeobachtungen von ausreichender Dauer mögen in dieser Beziehung noch manche Überraschung bringen.

Das Sexualverhalten anderer Katzenarten weicht, soweit bekannt, kaum vom vorstehend für die Hauskatze beschriebenen ab. Bei Großkatzen scheint sich an die Phase der Kokettierflucht und Verfolgung, die sich nach eigenen Beobachtungen an indischen Löwen auch im Freiland in recht gemütlichem Schritt abspielen kann, oft ein „Kreisen" ähnlich dem S. 138 (Abb. 59) beschriebenen anzuschließen. In Gefangenschaft sah ich das besonders häufig bei Löwen und Leoparden. Die Tiere lassen dabei eine Art rollenden, gurgelnden Knurrens hören, das für den uneingeweihten Beobachter außerordentlich bedrohlich klingt, in Wahrheit aber das bei dieser Gelegenheit zu höchster Lautstärke gesteigerte, pantherine Äquivalent für Schnurren ist. Währenddem kreisen die Tiere immer schneller, und aus der Kreisbewegung heraus duckt sich das Weibchen plötzlich und das Männchen übertritt, beides in einem einzigen, fließenden Bewegungsablauf.

In einer früheren Arbeit (1950) glaubte ich, bei Großkatzen einen zwar nur quantitativen, doch artspezifisch signifikanten Unterschied des Begattungsausgangs feststellen zu können: Eine Löwin schlage nach dem Orgasmus kaum einmal nach dem Löwen; dieser trete daher auch nur ruhig zur Seite. Eine Tigerin dagegen fahre stets wie eine Furie herum, schlage nach dem Tiger und verfolge ihn; dieser sei daher gezwungen, schnell und weit zurückzuspringen oder, falls dazu der Platz nicht ausreiche, sich zu verteidigen. Mir scheint heute die Verallgemeinerung meiner damaligen Beobachtungen nicht mehr haltbar, obwohl sie sich auf über 30 verschiedene Löwen- und 14 Tigerpaare (nicht Begattungen!) bezogen. Individuelle Temperamentsunterschiede, zusammen mit den oben erwähnten Faktoren der verschiedenen Phasen des Sexualzyklus und der Vertrautheit mit Partner und Umgebung, führen nicht nur bei diesen beiden, sondern überhaupt allen Katzenarten zu solcher Variabilität des Paarungsverlaufs, daß man mit einfacher Beobachtung ohne genaueste quantitative Registrierung des Ablaufs bei mehreren hundert Paaren je Art sicher keine signifikanten Intensitäts-

Abb. 106. Flehmender Löwe; a) (oben) Anfangsphase, kurz nachdem das Tier die Analgegend der urinierenden Löwin beschnupperte, b) (unten) Höhepunkt kurz vor Abschluß und erneutem Beschnuppern

unterschiede der genannten Art feststellen kann, falls sie tatsächlich existieren sollten.

Zwei im Zusammenhang mit dem Sexualverhalten häufig auftretende Verhaltensweisen, deren Bedeutung noch weitgehend unklar ist, sind das *Flehmen* (SCHNEIDER 1932) (Abb. 106) und das *Wälzen* auf (für die menschliche Nase) mehr oder weniger *übelriechenden Gegenständen* (SCHNEIDER 1951). KNAPPE (1964) hat sehr wahrscheinlich gemacht, daß die Fähigkeit zu flehmen nur solchen Säugern zukommt, die ein noch funktionsfähiges JACOBSONsches Organ besitzen. VERBERNE (1970) zeigte, daß der Urin paarungsbereiter Katzen Kater zu häufigerem und anhaltenderem Flehmen veranlaßt als der Urin nicht paarungswilliger Katzen. SCHNEIDER (1932) bezeichnete das Flehmen auch als Rümpf- oder Ekelgebärde, weil die dabei von den Tieren gezogene Grimasse den menschlichen Beobachter so „anmutet" und er ja auch nur unter größter Selbstüberwindung seine Nase in Urin tauchen würde; auch ANDREW (1963) möchte die Gebärde von einer „Selbstschutzbewegung" phylogenetisch ableiten. Dem widerspricht jedoch, daß die Tiere die Sache offensichtlich sehr genießen und dementsprechend starke Appetenz nach flehmauslösenden Geruchsquellen haben (Verberne 1970). Kater flehmen nicht nur, wenn sie auf eine von der Katze mit Urin gesprühte Stelle treffen, sie suchen auch sehr hartnäckig, ihre Nase in die Analgegend der Katze zu bohren, und flehmen anschließend; wenn sie ein Weibchen urinieren sehen, so unterbrechen sie oft ihre Ruhe, gehen aus beträchtlicher Entfernung hin und schieben ihre Nase unter die Vulva des Weibchens und oft unmittelbar in den Urinstrahl.

Das Wälzen, Backen-, Kinn- und Brustreiben läßt sich besonders leicht vom Geruch des ätherischen Öles einer *Nepeta*-Art auslösen („catnip response"), doch auch durch zahlreiche andere, für den Menschen jedenfalls stark abweichende Geruchsträger, bei unserem alten Servalweibchen z. B. ein Stück Plastikschlauch. In der Art der Ausführung gleicht das Verhalten völlig dem Wälzen und Reiben der paarungswilligen Katze (S. 209). Palen und Goddard (1966) beob-

a

b

c

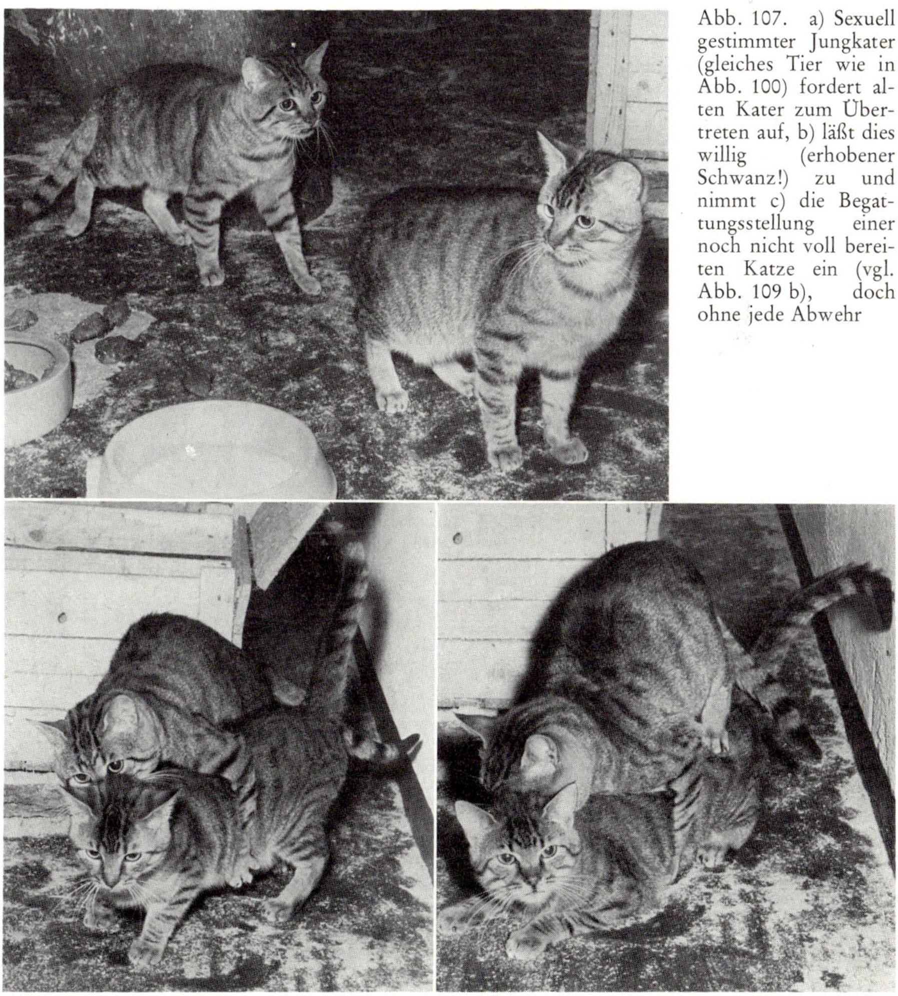

Abb. 107. a) Sexuell gestimmter Jungkater (gleiches Tier wie in Abb. 100) fordert alten Kater zum Übertreten auf, b) läßt dies willig (erhobener Schwanz!) zu und nimmt c) die Begattungsstellung einer noch nicht voll bereiten Katze ein (vgl. Abb. 109 b), doch ohne jede Abwehr

achteten, daß eine dieserart zum Wälzen animierte Katze in der Nähe befindlichen, etwa katzengroßen Objekten, z. B. Plüschtieren, die gleiche Art von Aufmerksamkeit zuwendet, wie sie typisch eine heiße Katze einem nahebei hockenden Kater widmet. Sie schließen sich daher TODDS (1963) Meinung an, alle Geruchsquellen, die dieses Verhalten auszulösen vermögen, so verschieden sie auch der menschlichen Nase riechen, müßten einen Faktor gemeinsam haben, der auf den Geruchssinn der Katzen die gleiche Wirkung wie ein Sexualduftstoff des Katers habe; der Wirkung nach müßte es sich dabei oft um einen im ethologischen Sinne ,,übernormalen" Duft handeln. Analog könnte man dann wohl vermuten, die Flehmen auslösenden Duftquellen seien einem Lockduft der weiblichen Katze reizgleich oder -ähnlich. Es widerspricht einer solchen Auffassung keineswegs, daß auch die Weibchen flehmen und die Kater eine ,,catnip response" zeigen, sondern ist nur ein Ausdruck der auch bei Katzen vorhandenen, bisexuellen Potenz beider Geschlechter.

Entsprechend der bisexuellen Anlage sind auch beide Geschlechter in der Lage, gelegentlich die gegengeschlechtliche Rolle bei homosexuellen Paarungen zu übernehmen. MICHAEL (1961 a) berichtet über homosexuelles Verhalten von Katzen und Katern in seiner Versuchskolonie. Er meint allerdings, Katzen müßten zu ihrem, oft bis auf die Immissio vollständigen, homosexuellen Begattungsverhalten durch die Gegenwart eines nicht zugänglichen, etwa durch Drahtgitter abgesperrten, Katers angeregt werden; das trifft durchaus nicht zu, wie wir nicht nur an Weibchen der Hauskatze, sondern auch der verschiedensten Wildkatzenarten regelmäßig beobachten. Auch MICHAELS Angabe, Kater übernähmen niemals die Weibchenrolle, ist unzutreffend; der Kater muß nur in sexueller Stimmung sein (Abb. 107), es darf sich nicht um eine Vergewaltigungssituation handeln (vgl. Abb. 100). Dagegen trifft seine Beobachtung zu, fremde Kater, die man in einen Käfig mit dort eingewöhntem ,,Hausherrn" stecke, würden von diesem meist vergewaltigt. Ein flach und regungslos hingestrecktes Tier bietet nämlich einen der stärksten Schlüsselreize der paarungswilligen Katze. Und ein Kater im fremden Käfig, besonders wenn dieser so eng wie die üblichen Drahtkäfige der Versuchstierhaltungen ist, drückt sich eng und flach an eine Wand und regt sich möglichst nicht. Selbst unser kleiner Schwarzfußkater ,,vergewaltigte" einen mehrfach größeren Hauskater, als dieser neugierig durch des Kleinen offenstehende Käfigtür eingedrungen war; allerdings war der Schwarzfußkater zur Zeit des Vorfalls sexuell sehr gestaut (Abb. 108). Daß in ihrer normalen Antriebsbetätigung behinderte und daher ,,gestaute" Katzen auf derartig vereinfachte, nur einzelne Schlüsselreize bietende Auslösesituationen verstärkt reagieren können, bewies ja auch M 7 (S. 151 ff.).

Die neurale Organisation des Sexualverhaltens von Katzen und der Einfluß der Sexualhormone darauf sind vielfach untersucht worden. Es ist hier nicht der Ort, diese Arbeiten ausführlich zu referieren, es sollen nur einige Schlußfolgerungen, welche die Autoren – offenbar in wenigstens teilweiser Unkenntnis der ,,normalen" Verhaltensabläufe freilebender Katzen – aus ihren Ergebnissen glaubten ziehen zu müssen, kurz diskutiert werden.

BEACH, ZITRIN und JAYNES (1956) fanden, daß dekortizierte Kater nicht kopulieren können, während Katzen durch die gleiche Operation darin nicht gestört sind. Sie schließen, das Sexualverhalten der Kater sei vom intakten Kortex abhän-

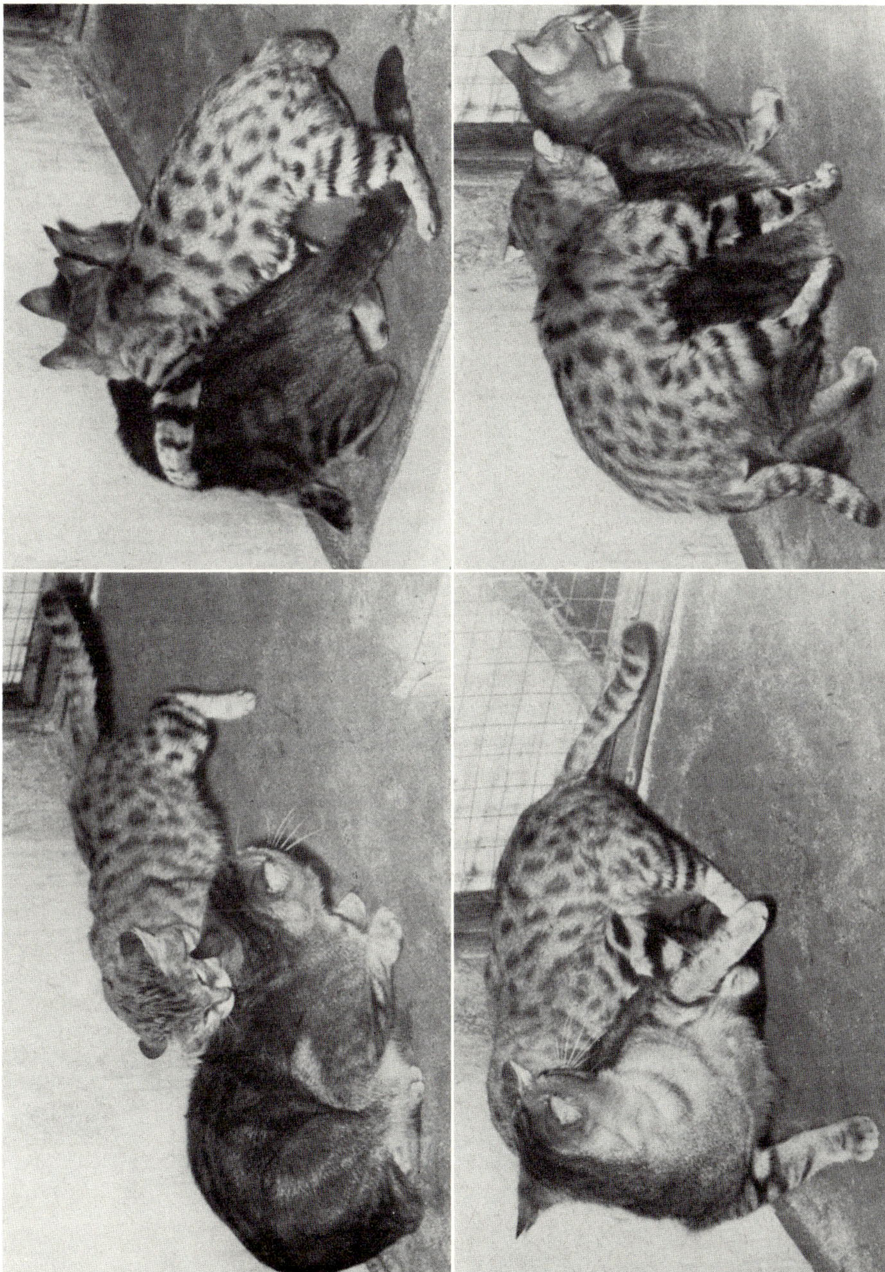

a b c d

Abb. 108. Schwarzfußkater „vergewaltigt" einen mehrfach größeren, in seinen Käfig eingedrungenen Hauskater, der sich nach anfänglicher Abwehr fügt (d) und sogar die Hinterfüße zur weiblichen Begattungsstellung aufrichtet

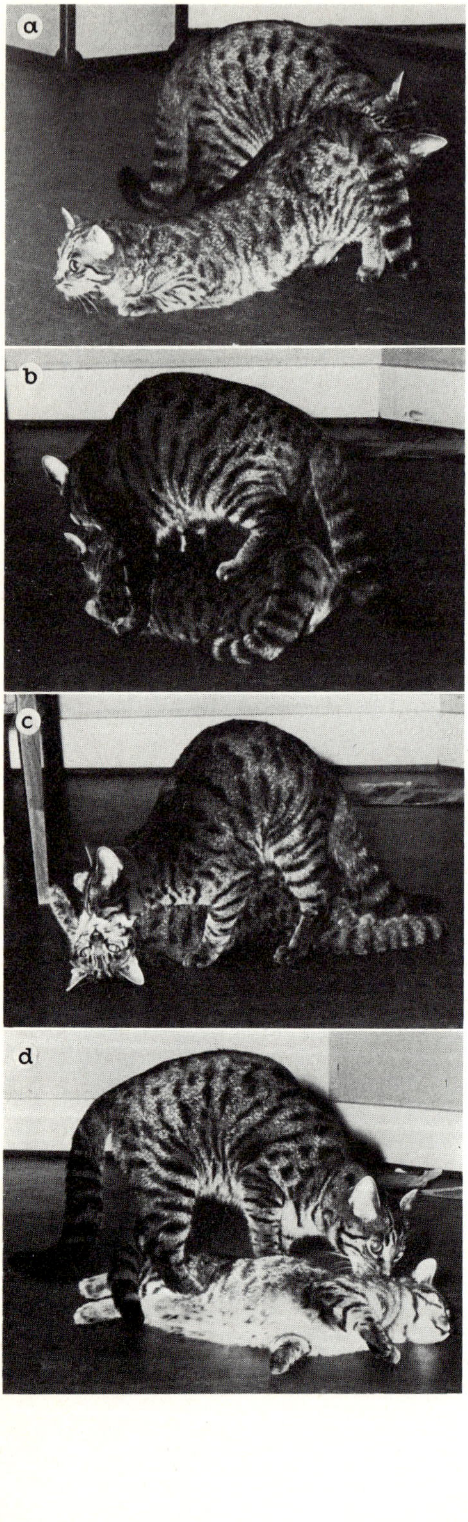

gig, das der Katzen rein stammhirnbedingt. Aus BEACHS eigenen Filmen dazu geht aber einwandfrei hervor, daß Antrieb und Kopulationsvollzug des Katers ungestört sind, er vermag sich nur am Körper der Katze nicht richtig zu orientieren, steigt quer oder verkehrt herum auf usw. Setzt man ihn richtig orientiert auf, kopuliert er sofort. Da die Untersucher mit dem obengeschilderten (S. 218) Kunstgriff diejenigen Phasen des weiblichen Verhaltens, die eine Orientierung zum Kater erfordern, ausschalten bzw. überspringen, und da bei der Kopula selbst die Katze völlig orientierungspassiv und die richtige Körperorientierung allein Sache des Katers ist, ergibt sich scheinbar ein Unterschied in der neuralen Organisation. In späteren Arbeiten (BEACH, ZITRIN und JAYNES 1955; ZITRIN, JAYNES und BEACH 1956) stellen die Autoren fest, nach Abtragung des Occipitallappens sei der Kater unfähig, die Katze zu finden, beidseitige Abtragung des Frontalhirns habe im wesentlichen die eben beschriebenen Störungen zur Folge, und Abtragung des übrigen Kortex habe keine deutlichen Effekte. Die Störungen nach Ausschaltung des Frontalhirns seien zum Teil vielleicht auf Ausfall der Orientierung zurückzuführen, doch bestehen die Verfasser darauf, sie seien hauptsächlich „motorisch". Das ist jedenfalls eine Definitionsfrage. Aus

Abb. 109. Katze (a) reizt Kater durch intensives Präsentieren zum Aufreiten (b), beginnt sich dann aber zu sträuben und befreit sich unter heftigem Wälzen und schrillem Kreischen (c, d). Erklärung s. Text

Abb. 110. „Frühkindlicher“ Begattungsversuch junger Baumozelots. Erklärung s. Text

den Beschreibungen geht hervor, daß es sich doch wohl um Störungen und Ausfälle im Bereich taktiler Afferenzen und Reafferenzen handelt, welche orientierungsnotwendige Taxien steuern. Ein stirnhirnloser Kater kann ja wohl kaum weitergehende Ausfälle haben, als ein total dekortizierter.

WHALEN (1963 b) behandelte 5–8 Monate alte Katzen nach Ovariektomie mit massiven Östradioldosen. Die Tiere zeigten danach erwartungsgemäß alle Symptome der hochbrünstigen Katze, wiesen aber auch den erfahrendsten Kater ab, sobald er einzudringen versuchte. WHALEN hielt die Tiere daraufhin fest, bis dem Kater die Immissio und Ejakulation gelangen, und nach ein- oder mehrmaligem derartigem Vollzug ließen die Katzen den Kater auch ohne Zwang zu. WHALEN schließt, die Tiere müßten es lernen, den Kater zuzulassen. Hätte er gesagt, sie könnten es lernen, so ließe sich darüber reden; aber was sollten denn alle die jungfräulichen Katzen in den ungezählten Generationen einer über 30 Millionen Jahre alten kätzischen Stammesgeschichte gemacht haben, ehe ein kluger Experimentator auf den Gedanken kam, sie zur ersten Erfahrung zu zwingen, wenn sie es lernen müßten, diese zuzulassen?! WHALEN übersieht zweierlei: 1. Nur ganz außerordentlich frühreife Katzen – Laborkümmerer und manche überzüchtete Rassekatzen – sind mit 8 Monaten voll begattungswillig; normalerweise liegt dieser Termin mehrere Monate später. Neurale Strukturen können durch vorzeitige Hormongaben nur bis zu ihrer jeweiligen Reifungsstufe funktionsbereit gemacht werden. 2. Die Erstfunktion kann unter bestimmten Umständen einen solchen Reifungsvorgang beschleunigen (S. 81) – eine Wirkung, die man nur dann als eine Art „Lernen“ bezeichnen könnte, wenn man den Begriff bis zur Nutzlosigkeit ausweitete. Schließlich könnte ein Teil der WHALENschen Versuchsergebnisse auch dadurch mitbedingt sein, daß bei der Aufzucht der Tiere unbemerkt Prägungen im Sexualbereich (s. u. S. 232 f.) eintraten; WHALEN hat offenbar mit der Möglichkeit nicht gerechnet und keine Sicherungen dagegen vorgenommen.

Meine Auffassung wird durch Befunde MICHAELS (1960, 1962, 1964, 1965 a, b) gestützt. Er konnte nachweisen, daß bei ovariektomierten Katzen das gesamte Sexualverhalten ausgelöst werden kann, indem man geringe Mengen Östradiol auf bestimmte Bezirke des vorderen Hypothalamus nahe den unteren Ventrikelwänden einwirken läßt. Hält man die Hormondosis nahe der unteren „Wirkungsschwelle“, so zeigen die Tiere oft nicht das vollständige Sexualverhalten, sondern

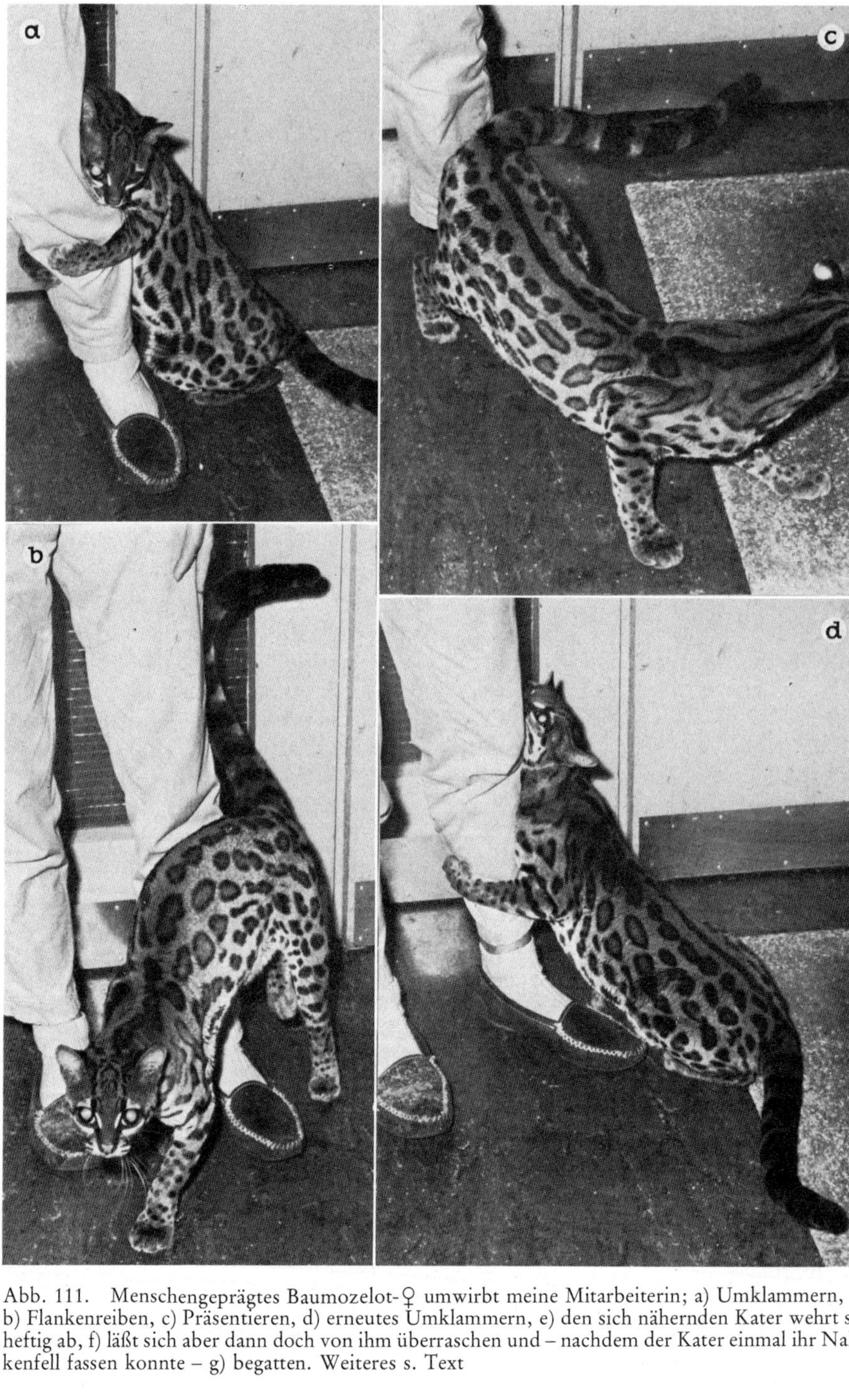

Abb. 111. Menschengeprägtes Baumozelot-♀ umwirbt meine Mitarbeiterin; a) Umklammern, b) Flankenreiben, c) Präsentieren, d) erneutes Umklammern, e) den sich nähernden Kater wehrt sie heftig ab, f) läßt sich aber dann doch von ihm überraschen und – nachdem der Kater einmal ihr Nakkenfell fassen konnte – g) begatten. Weiteres s. Text

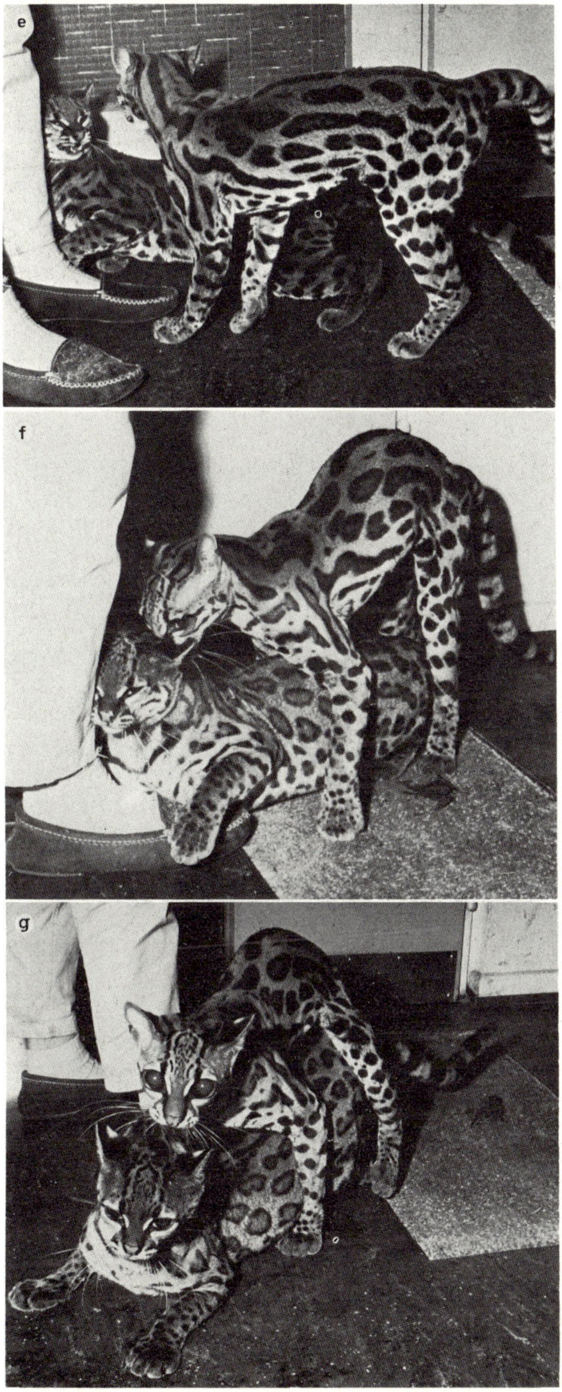

nur Ausschnitte daraus. Eine solche Katze kann beispielsweise dem Kater den vollständigen Deckakt erlauben, ohne irgendwelche äußere Anzeichen der Hitze zu zeigen; andere dagegen verhalten sich genau so wie Whalens Versuchstiere: Sie rufen, wälzen und reiben sich vor dem Kater, nehmen die Begattungsstellung ein und „treteln" heftig, doch sobald der Kater einzudringen versucht, wehren sie sich heftig und schlagen ihn ab – und hier handelt es sich nicht um unreife, vorzeitig in den Versuch gebrachte, sondern um sexuell erfahrene Katzen (Abb. 109). Michael schließt denn auch, die hormonale Auslöseschwelle der verschiedenen Anteile des Sexualverhaltens sei verschieden hoch, was intakte Tiere bei allmählichem Einsetzen vermehrter Hormonproduktion zum ordnungsgemäßen Abhandeln aller Teilhandlungen in „richtiger" Reihenfolge führe. Mit Hilfe der Autoradiographie konnte er aber auch zeigen, daß bei einmaliger Hormongabe dieses nur kurze Zeit – etwa 6 bis höchstens 12 Std. – in genügender Konzentration in den sensitiven Bezirken des unteren vorderen Hypothalamus bleibt, während äußerlich erkennbares Sexualverhalten erst 3–6 Tage später einsetzt; das Hormon ist also nicht unmittelbar für die Auslösung des Sexualverhaltens verantwortlich, sondern löst nur einen Antriebe aktivierenden Vorgang aus, der seinerseits Zeit braucht, um „in Schwung“ zu kommen. Wie etwa auch beim Nestbauverhalten vieler Vögel scheint sich hier periodisch ein Vorgang zu wiederholen, der dem bei der Reifung des Verhaltens im Jungtier entspricht, nur wesentlich schneller abläuft. Die unterschiedliche „Hormonschwelle“ der einzelnen Anteile des Sexualverhaltens ist gleichzeitig ein indirekter Beweis für die auch neural-organisatorische Unabhängigkeit der beteiligten Einzelantriebe.

So ist man geradezu gezwungen anzunehmen, daß eine starke Hormondosis alle Schwellenunterschiede für die Auslösung der verschiedenen Sexualhandlungen aufhebt. Ein erwachsenes, erfahrenes ♀ wird unter ihrem Einfluß also, entsprechend der Relativen Stimmungshierarchie, spontan diejenige sexuelle Verhaltensweise zeigen, deren Aktualspiegel gerade am „höchsten“ ist, ohne Rücksicht auf die „normale“ Handlungsabfolge. Ähnliches läßt sich an ♀♀ beobachten, die

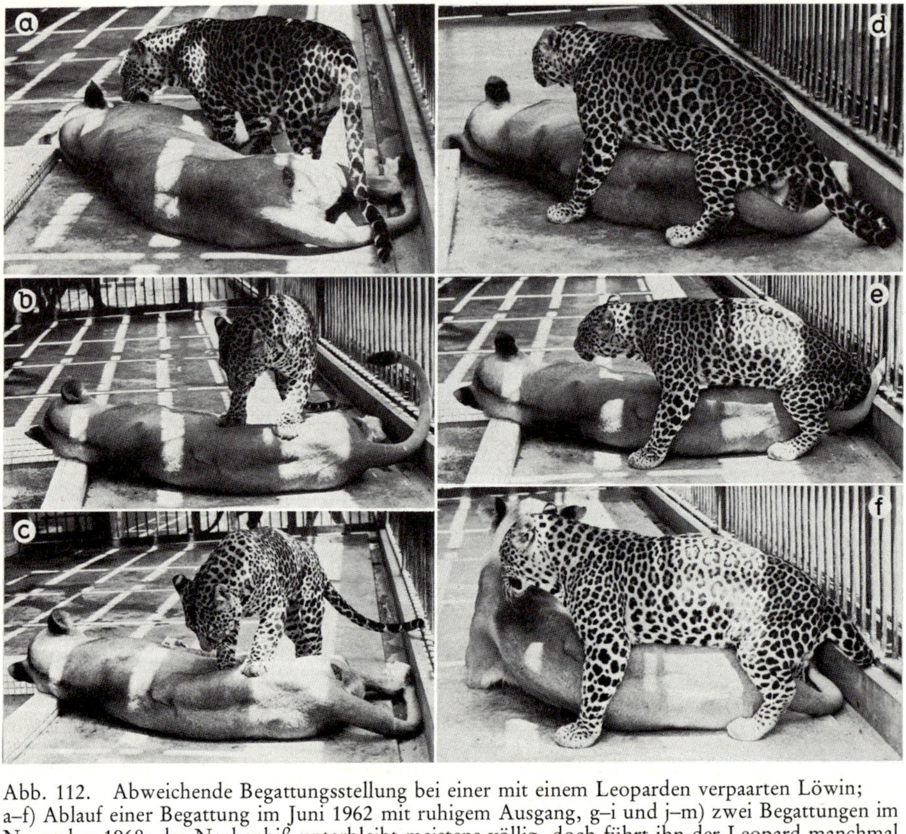

Abb. 112. Abweichende Begattungsstellung bei einer mit einem Leoparden verpaarten Löwin; a–f) Ablauf einer Begattung im Juni 1962 mit ruhigem Ausgang, g–i und j–m) zwei Begattungen im November 1968; der Nackenbiß unterbleibt meistens völlig, doch führt ihn der Leopard manchmal vor dem Aufsteigen (j) aus, oder er springt nach der Begattung zum Kopf der Löwin und beißt sie schnell irgendwo in Kopf und Hals (m). Immer beknetet er die Löwin vor dem Aufreiten mit den Vorderpfoten (b, c, g, h). Die Aufnahmen zeigen, wie ein derart eingespieltes, abweichendes Begattungsritual eines Paares über viele Jahre hin konstant bleiben kann. (Hanshin Park Zoo)

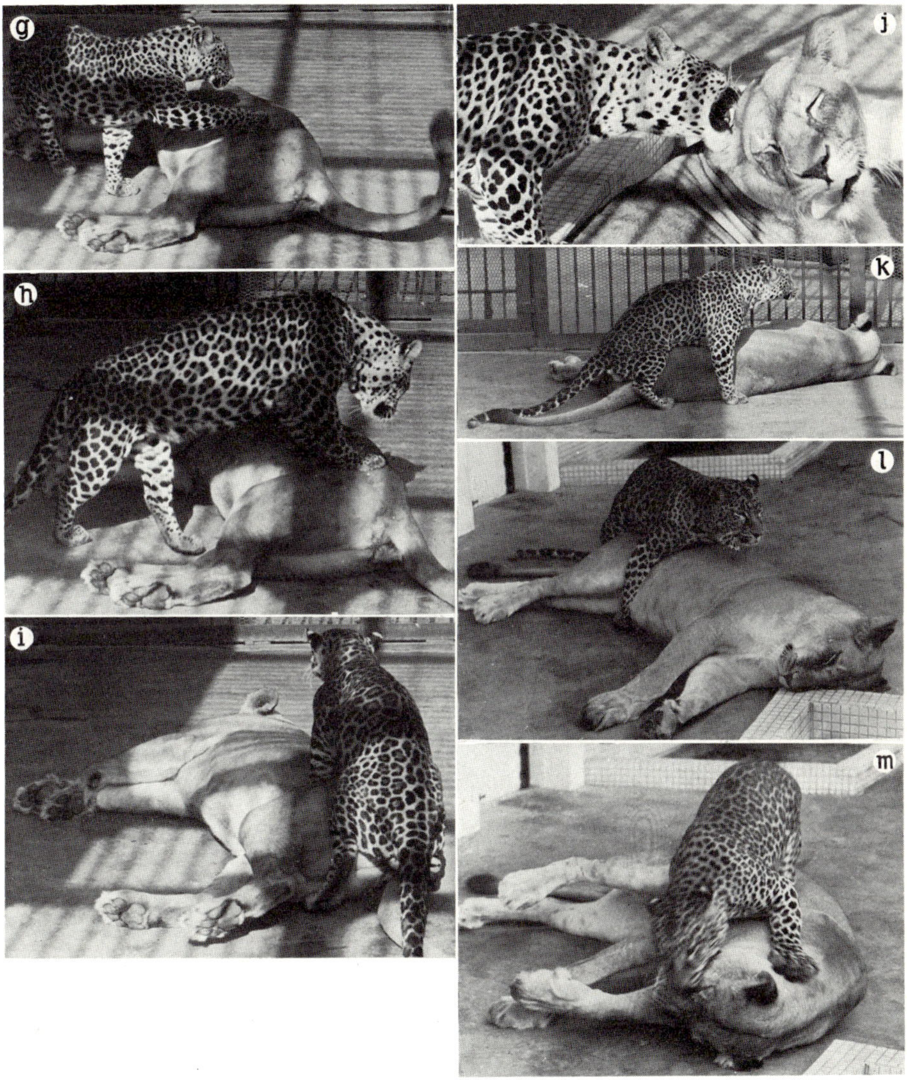

man längere Zeit zusammen, aber ohne Kater hält. Sie zeigen Verhaltensweisen von Werbung, Paarung, Säugen und Jungenfürsorge in noch unregelmäßigerer Reihenfolge.

Die Verhältnisse scheinen eine Parallele im Sexualverhalten der Kater zu haben: ROSENBLATT und ARONSON (1958 a, b) und COOPER (1960) kastrierten Kater mit und ohne vorherige Sexualerfahrung. Die erfahrenen Tiere behielten auch nach der Kastration noch über viele Monate Appetenz und Fähigkeit zu Werbung und Begattung, wenn auch die Häufigkeit der Betätigung abnahm; die vor der Kastration erfahrungslosen Tiere dagegen bewiesen nur sehr geringes oder kein In-

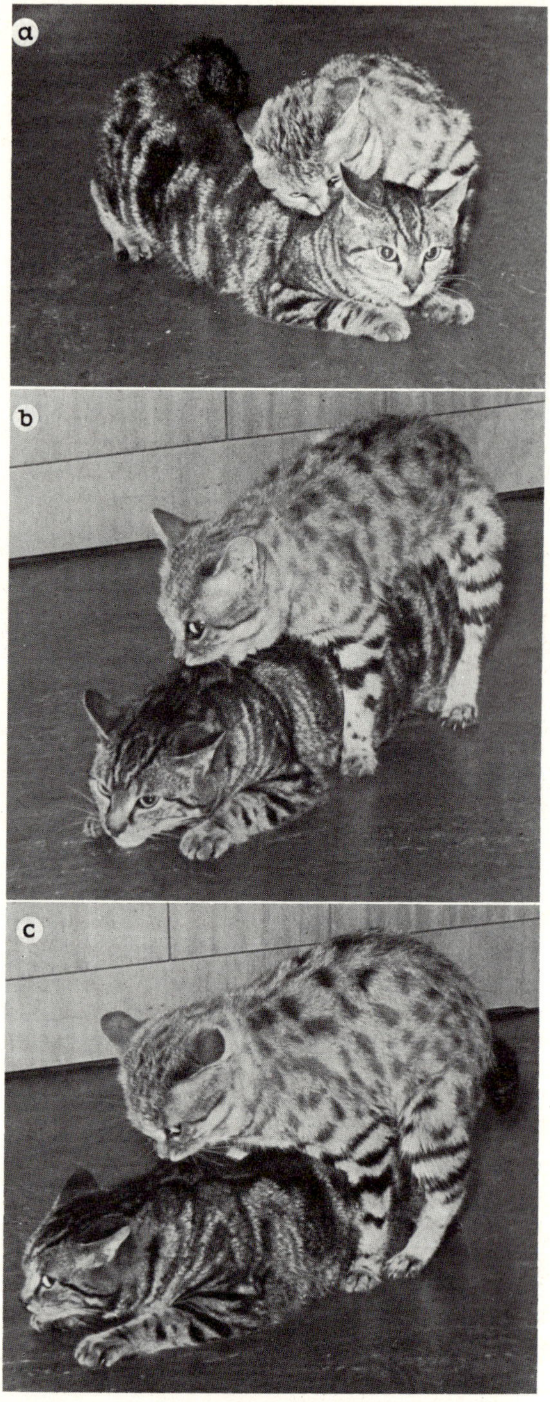

teresse an paarungswilligen Weibchen. Auch sprachen Tiere, die vor der Kastration sexuelle Erfahrungen gesammelt hatten, nachher besser und nachhaltiger auf eine Hormonbehandlung an, als vor der Kastration erfahrungslos gebliebene Tiere. Die Autoren verwenden ,,Erfahrung" im Sinne SCHNEIRLAS (z. B. SCHNEIRLA und ROSENBLATT 1961), d. h. also als Sammelbegriff für alle auf die Entwicklung eines Lebewesens einwirkenden Umwelteinflüsse, und insoweit könnte man die Aussage gelten lassen. Doch drängt sich bei der Lektüre der Eindruck auf, es sei doch ein Lerneinfluß gemeint. Das jedoch ist zumindest zweifelhaft; eine Deutung entsprechend der MICHAELS für die hormonalen Effekte auf weibliches Sexualverhalten erscheint wahrscheinlicher.

Frühere Versuche ROSENBLATTS (1953) mit isoliert aufgezogenen, vor Erreichung der Pubertät kastrierten Katern sind in ihrer Deutung unsicher, weil er wie WHALEN die Möglichkeit sexueller Prägung, etwa auf den Pfleger, nicht in Betracht zog. THOMAS (mdl. Mittlg.) zog einen Kater und eine Katze völlig von Artgenossen und anderen Wirbeltieren getrennt auf, und beide erwiesen sich als erwachsene Tiere als unwiderruflich menschengeprägt. Unser Baumozelot-♀, das etwa 4 Monate alt mit unbekannter Vorgeschichte zu uns kam,

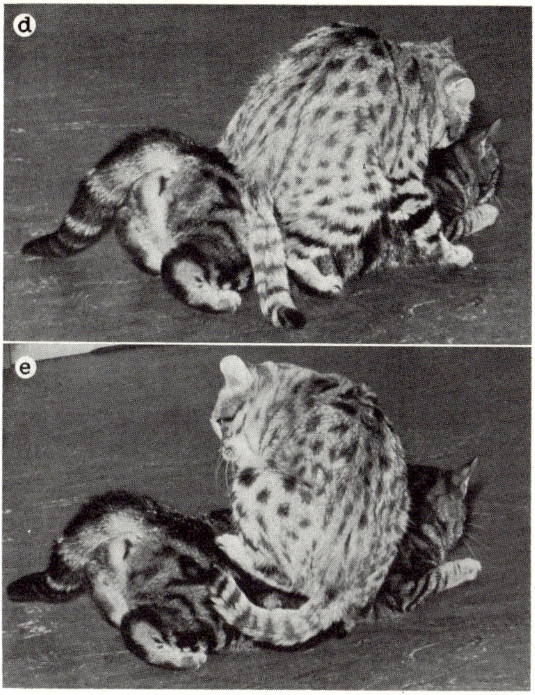

Abb. 113. Schwarzfußkater begattet Hauskatze; a) normal orientierter Nackenbiß, b) schon etwas weiter zur Schulter, doch immer noch kann der Kater die Vulva nicht erreichen, c) Griff über der Schulter der Katze, Immissio möglich; d–e) zwei der verzweifelten Orientierungsversuche, wie sie sich zwischen Phase (b) und (c) abspielen konnten. Näheres s. Text

erwies sich als sexuell völlig auf Menschen, und zwar Frauen, geprägt (LEYHAUSEN 1967 a). Junge Katzen durchlaufen vor der Pubertät eine ähnlich realistisch verlaufende Periode von ,,Sexualspielen" wie junge Menschenkinder. Das erwähnte Baumozelot-♀ durchlief dieses Entwicklungsstadium im Alter von schätzungsweise 5 Monaten völlig normal zusammen mit dem etwas jüngeren, gleichzeitig mit ihm erworbenen Kater (Abb. 110). Als das Weibchen aber geschlechtsreif war und die erste Hitzeperiode einsetzte, richtete es seine ganze Aufmerksamkeit ausschließlich auf meine Mitarbeiterin, rieb sich an ihrer Fußbekleidung, umklammerte ihr Bein und griff den Kater wütend an, wenn er sich zu nähern versuchte (Abb. 111 a–e). Das ging über mehrere Hitzeperioden so. Schließlich gelang dem Kater aber doch die Begattung: Auf dem Höhepunkt seiner Werbung um das Bein meiner Mitarbeiterin arbeitet sich das Weibchen in eine solche Ekstase hinein, daß es nicht mehr wahrnimmt, was um es herum vorgeht. Dies lernte der Kater auszunutzen (Abb. 111 f, g). So lernte die Katze, daß ihr der Kater und nicht das Menschenbein Befriedigung bringt und – hat ihn jetzt akzeptiert, aber nur als Ersatzobjekt: Sobald meine Mitarbeiterin oder auch eine andere, vorzugsweise weibliche, Person mit im Raum ist, wehrt die Katze den Kater unvermindert heftig ab und umwirbt den Menschen. Über viele Hitzeperioden und 6 Schwangerschaften und Geburten hinweg hat sich daran nichts geändert. Der Kater hat den Zusammenhang in gewisser Weise ,,begriffen" und obwohl er sonst sehr zahm und gutmütig ist, wird er gegenüber Damen aggressiv und sucht sie kräftig in die Beine zu beißen, wenn das Weibchen heiß wird. Ähnliche Erfahrungen mit als Hausgenossen aufgezogenen Wildkatzen gibt es in großer Zahl. Was unseren Fall so merkwürdig macht, ist die Tatsache, daß die jugendliche Sexualspielphase trotz ihres ganz normalen Verlaufs die spätere Partnerwahl nicht beeinflußte, die sexuelle Prägung also schon vorher stattgefunden haben muß und nicht von der spielerischen Betätigung in der Vorpubertät abhängt.

Die kritischen Anmerkungen zum Thema „Lernen“ sollen natürlich nicht heißen, Katzen lernten in ihrem Sexualverhalten nicht vieles hinzu. Aber das scheint im wesentlichen „Orientierungsvorgänge“ im weitesten Sinne zu betreffen. Einiges davon wurde schon erwähnt (S. 216, 224 ff., 232 f.). Der Kater lernt sicher manches über die Oriertierung am Partner: Bei einem Jaguarpaar im Königsberger Tiergarten beobachtete ich regelmäßig, wie sich das Weibchen zur Begattung auf den Rücken legte, wobei es sich mit Kopf und Schultern in die Astgabel eines liegenden Baumstückes bettete. RABB (1959) beobachtete ähnliches bei einem Pumapaar. Die Eltern der Leopard-Löwe-Bastarde im Hanshin-Park in Japan sind ein sehr kleiner Leopard und eine sehr große Löwin. Die beiden lösten das Problem, indem die Löwin sich auf die Seite legt und der Leopard die Vorderpfoten auf ihre Flanke aufstemmt, während er den Penis einführt (Abb. 112). Da der Leopard in dieser Orientierung während des Orgasmus den Nackenbiß nicht auszuführen vermag, springt er nach dem Akt nicht wie andere Kater weg, sondern geradezu auf den Kopf der Löwin, zwickt sie kurz und schnellt sich dann erst einen Sicherheitsabstand weit weg, übrigens recht überflüssigerweise, da die Löwin niemals auch nur die Andeutung einer Abwehrbewegung macht. Daß es auch hier Lerngrenzen gibt, machte mein Schwarzfußkater deutlich. Bei seinen Begattungen großer Hauskatzen packte er stets zuerst mit Nackengriff zu, war aber dann viel zu kurz, um mit dem Penis die Vulva zu erreichen; so rutschte er stückweise nach hinten, bis er schließlich statt des Nackens das Rückenfell der Katze in den Zähnen hielt und dann rückwärtig richtig orientiert war (Abb. 113). So oft er dies auch wiederholte, er lernte nie, gleich zu Anfang die Rückenmitte zu fassen. Übrigens war es später, als er ein artgleiches Weibchen hatte, nicht mehr möglich, ihn mit Hauskatzen zu paaren, auch nicht, wenn er längere Zeit vom Weibchen getrennt war. Gleiches berichtete mir HERRE (mdl. Mittlg.) von Koyoten- und Schakalrüden. Inwieweit diese Bevorzugung des arteigenen Weibchens ausschließlich auf den oben geschilderten Prägungsvorgängen beruht, oder ob hier auch noch angeborene Elemente – etwa ein AAM für artspezifische Pheromone – beteiligt sind, läßt sich derzeit noch nicht abschätzen.

Die Aufzucht der Jungen

Die vor und während der Geburt und bei der Pflege der Jungen auftretenden Triebhandlungen der Katze sollen hier nicht näher besprochen werden. Eine ausführliche Beschreibung des Geburtsaktes gaben COOPER (1944), SCHNEIRLA, ROSENBLATT und TOBACH (1963) und NAACKTGEBOREN (1965). Die eingehende Darstellung und Analyse des Verhaltens muß einer späteren Arbeit überlassen bleiben. Hier interessieren nur jene Verhaltensweisen der Mutterkatze, die eine im weiteren Sinne soziale Bedeutung haben: das Zusammenhalten des Wurfs, seine Verteidigung, seine „Belehrung“ und schließlich auch die Auflösung des Familienzusammenhalts.

Während der ersten Lebenswochen muß der Wurf im Nest zusammengehalten werden. Man findet die noch blinden Jungen meist eng zusammengeknäuelt. Verlieren sie diesen Körperkontakt, etwa weil die Mutter beim Verlassen des Nestes ein noch an der Zitze hängendes Junges noch ein paar Zentimeter mitzieht, so kriecht das Junge langsam und zitternd umher, wobei es immer nur eine Extremität lurchähnlich seitwärts nach vorn führt; der Kopf pendelt im Takt mit den Vorderbeinchen von einer Seite zur anderen (Suchpendeln). Die Fortbewegung erfolgt dabei nur selten und für kurze Strecken gradlinig, meist behält das Junge für längere Zeit einen Drall nach einer Seite bei; dadurch gelangt es in einer Spirale recht zuverlässig zur Nestmitte und trifft dort auf die Nestgeschwister. Oft erkennt man an ihrer Lage – Kopf des einen immer auf Nacken und Schulter des nächsten (Abb. 114) – noch deutlich diesen Hergang.

Unter den Lebensumständen der gut gehaltenen ,,Familienkatze" hindert der hohe Rand der Nestkiste die Jungen während der ersten 2–3 Lebenswochen, das Nest zu verlassen. Unter natürlicheren Bedingungen, etwa in der Heuscheune eines Bauernhofes, hat das Nest aber oft keinen hohen, festen Rand. Ein Junges gerät dann gar nicht so selten aus dem Nest, entweder weil es beim Umherkriechen den ,,falschen" Drall entwikkelt, oder weil es von der das Nest verlassenden Mutter an der Zitze etwas zu weit mitgeschleift wird. Unter experimentellen Bedingungen in kleinen Laborkäfigen mit ca. 1 qm oder weniger Grundfläche finden die Jungen schon in den ersten Lebenstagen selbständig ins Nest zurück (ROSENBLATT, TURKEWITZ und SCHNEIRLA 1969). Unter mehr naturentsprechenden Bedingungen gelingt es ihnen jedoch häufig nicht, weil sie entweder auf für sie unüberwindbare Hindernisse stoßen oder der Nestgeruch durch andere stärkere Gerüche überdeckt werden kann bzw. die Nestumgebung nicht so gut Duft annimmt. Nach eigenen Beobachtungen ist selbst ein 2 Wochen altes Kätzchen, dessen Augen geöffnet und voll sehtüchtig sind, nicht fähig, aus Entfernungen von mehr als 1 m das Nest wiederzufinden.

Abb. 114. ,,Nestfiguren" noch blinder, junger Schwarzfußkatzen; das Kreisen führt entweder die Jungen sternförmig zusammen, wobei eines dann den Kopf auf die Schultergegend des anderen legt, oder sie enden in einer Lage etwa wie in (b). Die Jungen anderer Arten verhalten sich gleich

Hier greift eine allgemein bekannte Instinkthandlung der Mutterkatze ein, der Jungentransport: Die Mutter er-

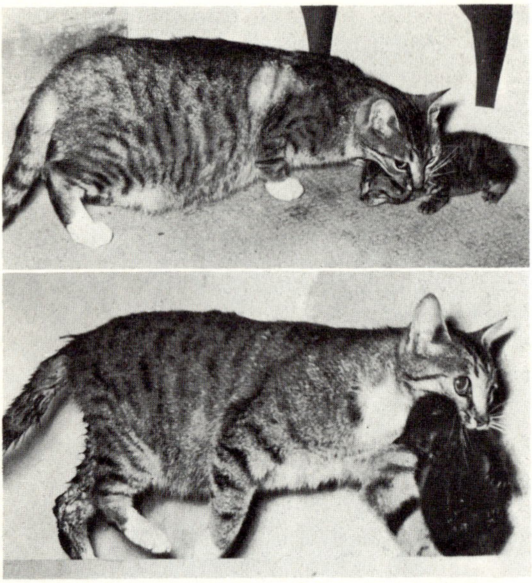

Abb. 115. W 6 beim Jungentransport; a) (oben) Aufnehmen, b) (unten) Tragen

greift das Junge unmittelbar hinter dem Kopf am Halse und trägt es wieder zum Nest zurück (Abb. 115). Wird die Mutter erheblich beim Neste gestört, so kann sie auf diese Weise auch den ganzen Wurf an einen neuen, ruhigeren Ort verschleppen.

Wenn man immer wieder ein Junges aus dem Nest nimmt und etwas abseits auf den Boden setzt, so holt die Mutter es viele Male nacheinander ins Nest zurück. Auslösend auf das Verhalten der Mutter wirkt nur der Schrei des Jungen (Leyhausen 1952 c). Bleibt es stumm, so rührt sein Anblick allein die Mutter nicht; sie sieht höchstens einmal flüchtig zu ihm hin, wird aber nie aus dem Neste aufstehen, um es zu holen. Schreit das Junge in größeren Abständen, so sieht man auch deutlich, wie die Mutter jedesmal förmlich einen Ruck bekommt. Sonst reagiert die Mutter in der Regel erst nach mehreren Schreien, aber dann sichtlich abhängig vom letztvorhergehenden. Jedesmal reißt es sie dann ein Stück weiter hoch, und in 2–4 solchen „Intentionsrucks" steht sie schließlich ganz auf und geht bis zum Jungen. Ist sie bereits „ermüdet" (S. 238), so beschnuppert sie bisweilen das Junge nur, faßt wohl auch wie probierend zu, läßt es dann aber liegen und geht zum Nest zurück. Sie kann auch nach jedem Intentionsruck bis zur Ausgangslage zurücksinken. Oft beleckt sie dann flüchtig die im Nest verbliebenen Jungen im Übersprung. Regelmäßig tut sie das, wenn sie bis zum Jungen ging, es aber nicht eintrug. Seltener treten in dieser Situation auch Nasen-, Pfoten- und Flankenlecken als Übersprungbewegung auf. Nach dem Eintragen beleckt die Mutter das Junge und unterschiedslos auch die anderen, im Nest verbliebenen, heftig. Es ist dann aber nicht ganz so eindeutig reines Übersprunglecken. Es könnten auch vom eingetragenen Jungen ausgehende Reize den Anstoß geben, da man ja das Tierchen mit der Hand aus dem Nest nahm. Wiederholt man den Versuch mehrfach schnell nacheinander, so ermüdet die Reaktion zunächst schnell.

Protokoll: „14.6.1952: W 6 hat alle Jungen in die untere Kiste geschleppt (sie hatte während der tags zuvor erfolgten Geburt ihrer eigenen Jungen den 3 Wochen älteren Wurf von W 7 im gleichen Raum adoptiert und in ihre eigene Nestkiste getragen). Sie hat noch 2 weitere Junge geboren. W 7 kommt ab und zu und beleckt die Jungen, beteiligt sich aber sonst nicht an Brutpflege und Säugegeschäft.

Zum Versuch benutze ich abwechselnd die Jungen von W 7. Das erste setze ich etwa 1,5 m von der Nestkiste auf den Boden. W 6 kommt schnell und trägt es zurück. Dies geht viermal zügig nacheinander. Beim 5. Versuch macht W 6 mehrmals vom Nest her deutliche Intentionsbewegungen in Richtung auf das (sichtbare) Junge hin, holt es aber erst nach 30 Sek. Sofort setze ich wieder ein Junges an die alte Stelle. W 6 ist offensichtlich gestört, macht ein ,,unglückliches" Gesicht, dreht sich im Nest, macht die erste Bewegung zum Jungen hin nach 30 Sek., legt sich dann aber und säugt. Während der ganzen Zeit schreit das Junge wie alle aus dem Nest geratenen Jungen, wenn sie frieren (kalter Betonfußboden) ununterbrochen. Nach 2 Min. setzt W 6 wieder an, bleibt aber in der Kiste und säugt weiter. Nach 3 Min. gedeiht der dritte Anlauf schon weiter als die beiden vorigen, nämlich bis zum Kistenrand, dann sinkt das Tier wieder zurück. Nach 4 Min. reckt sie sich erneut hoch, scheint erst wieder steckenzubleiben, holt dann aber das Junge doch. Sogleich setze ich wieder eins an die alte Stelle. Nach 35 Sek. steht sie zögernd auf, verhält, trägt dann aber das Junge schnell ein."

Die Reaktionszeit verlängert sich bis zum 6. Versuch deutlich. Ihre Verkürzung beim 7. Versuch erscheint zufällig, stellte sich jedoch als gesetzmäßig heraus. Die Reaktionszeit ist immer beim 4. bis 6. Versuch einer Reihe am längsten, sinkt dann plötzlich wieder ab und wird schließlich verhältnismäßig sehr kurz. Als Beispiel gebe ich zwei solcher Reihen (Tab. 4, Zeitspalten):

Tabelle 4. Ablauf der beiden Versuchsreihen a und b. Es bedeuten: Ziffern die Anzahl der Schreie des Jungen vor der Reaktion der Mutter, A = ein Sich-Aufrichten der Mutter, H− = Hingehen zum Jungen und Zurückgehen, ohne es mitzunehmen, H+ = Eintragen des Jungen. Zeit in Sek.

Vers. Nr.	Reihe a	Zeit	Reihe b	Zeit
1	4 A 5 A H− 4 A 6 H+	315	8 A 7 A 4 H− 7 A 10 A 5 H+	465
2	6 A 2 H+	30	5 A 4 A 2 H+	63
3	15 A 3 H+	60	7 A 2 A 2 H+	105
4	7 A 10 H− 10 H+	66	15 A 6 A 4 H− 12 A 3 H+	306
5	8 A 1 A 2 A 22 H− 10 H+	322	6 A 3 H+	120
6	16 H+	53	5 A 3 H+	120
7	16 H+	30	11 A 2 A 1 H−	130
8	14 H+	90	2 A 4 H+	100
9	8 H+	30	5 A 3 A 2 A 3 H+	125
10	8 A 2 H+	30	2 A 2 H+	102
11	5 H+	10	3 A 2 A 4 H+	110
12	5 H+	8	6 A 3 A 2 A 3 H+	122
13	10 H+	15	5 A 2 A 1 A 1 A 1 H+	114
14	4 H+	5	4 A 3 H+	100
15	7 H+	8	2 A 1 A 2 H+	102
16	–	–	4 A 2 H+	100
17	–	–	2 A 5 A 2 A 1 H+	126
18	–	–	3 A 3 H+	108
19	–	–	3 A 3 H+	122

Die beiden ersten Versuche jeder Reihe sind so zu erklären, daß beide Male das betreffende Junge erst lange schwieg und dann nur ganz leise schrie. Es ist schwierig, jedesmal ein gleichmäßiges Schreien der Jungen zu erzielen; ein lauter und öfter schreiendes Junges ist natürlich ein besserer Auslöser. Dennoch haben aber beide Zahlenreihen unverkennbar die gleiche Tendenz, wie das eben zitierte Versuchsprotokoll; die Länge der Versuchsreihen zeigt auch, daß die Reaktion in den späteren Versuchen schnell bleibt und keiner neuen „Ermüdung" weicht; die Katze ließ in den letzten Versuchen jeder Reihe deutliche Zeichen einer rein physischen Ermüdung erkennen: Sie machte immer mehr „Probierbewegungen" beim Zufassen und trug das Junge nicht mehr, sondern schleifte es über den Boden und setzte es unterwegs mehrfach ab – bei einem Transportweg von insgesamt etwa 50–70 cm! Die Versuchsreihen mußten dann abgebrochen werden. Das Ergebnis überrascht zunächst und scheint den sonstigen Erfahrungen über die Ermüdung von Instinktbewegungen zu widersprechen.

Die Fortsetzung der Versuche ergab jedoch folgendes: die Katze bildete sehr schnell eine bedingte Reaktion aus und reagierte dann gar nicht mehr auf den eigentlichen Auslöser, sondern bereits auf das Herausnehmen des Jungen aus dem Nest! Besonders deutlich trat das bei Versuchen über einen längeren Transportweg hervor. Brachte ich das Junge 6–7 m weit in den anschließenden Raum, so wartete die Katze nach den ersten 2–3 Versuchen nicht mehr sein Schreien ab, sondern lief gleich mit mir mit, während sich das Junge in meiner Hand vollkommen still verhielt; ja schließlich war sie vor mir an der Stelle, wo ich das Junge abzusetzen pflegte und sah mir dort wie ein apportierbegeisterter Hund bereits erwartungsvoll entgegen, um dann das Junge fast aus meiner Hand zu nehmen und ins Nest zurückzutragen. Der Schluß hieraus ist klar: Die zu Beginn einer Reihe nach den ersten Versuchen jedesmal auftretende Ermüdungserscheinung betrifft nicht die Instinkthandlung, sondern den AAM. Die Instinkthandlung selbst scheint sich auf den ersten Blick nicht zu erschöpfen. Tatsächlich verbirgt sich das aber wohl nur hinter der vorher eintretenden Muskelermüdung. Erhebliche Unterschiede in der Reaktionsbereitschaft zeigt jedenfalls die Verschiedenheit der Zeitwerte nach Ausbildung der bedingten Reaktion in einer Versuchsreihe (Reihe a und b in Tab. 4). In der Reihe b sind die Reaktionszeiten auch vor Erreichung des Höchstwertes, der außerdem bereits im 4. Versuch, also verhältnismäßig früh, erreicht wird, erheblich länger.

Noch besser aber wird die Überlagerung zweier zentraler „Ermüdungsprozesse" sichtbar, wenn man den Ablauf der beiden Versuchsreihen im einzelnen verfolgt. Mit der „Ermüdung" nämlich steigt die Zahl der Intentionsbewegungen und nicht zu Ende geführten Ansätze zum Eintragen der Jungen deutlich an, und das Junge muß öfter schreien, ehe eine Reaktion der Mutter erfolgt.

Tabelle 4 zeigt, wie in der Versuchsreihe a nach Ausbildung der bedingten Reaktion bis auf Versuch 10 die Intentionsbewegungen und nicht zu Ende geführten Handlungen ganz unterbleiben, während sie in der Reihe b zwar mit erheblichen Schwankungen, aber doch bis zum Versuchsende anhaltend auftreten. Das beweist die „Ermüdung" der aktionsspezifischen Energie zuverlässiger, als die Dauer des Einzelversuchs. Zum Beispiel dauern der 12. und der 19. Versuch der Reihe b je 122 Sek.; im 12. Versuch schreit das Junge aber vierzehnmal, im 19. nur sechsmal. Die Reaktionsbereitschaft der Katze schwankt also offenbar erheblich während des Versuchs. Man kann außerdem mit einer Katze während der Aufzucht eines Wurfes nur eine beschränkte Anzahl von Versuchen in größeren Zeitabständen machen, weil sonst die vorangegangenen Versuche die Ausbildung der bedingten Reaktion zu sehr beeinflussen könnten und weil bei Ausdehnung der Versuche über einen zu langen Zeitraum die Gewichtszunahme der Jungen als weiterer, in seinen Auswirkungen schwer erfaßbarer Faktor auftritt. Die Reihen a und b (19. und 20. Versuch mit W 6 und 1 Tag Abstand) geben das Typische aller 23 Versuche (4 Katzen, 7 Würfe) gut wieder. Die Reihe a scheint mir eindeutig zu beweisen, daß die schnelle Ermüdbarkeit der Reaktion zu Anfang im wesentlichen auf die „Adaptation" (PRECHTL 1953) des AAM zurückzuführen ist. In Reihe b können aber die bereits zu Beginn längeren Versuchszeiten, die größere Anzahl der „Zwischenreaktionen" und die Persistenz der letzteren nach Ausbildung der bedingten Reaktion nur auf endogene Faktoren, also einen niedrigeren „Aktualspiegel" der Instinkthandlung zurückgehen. Eine Zunahme dieses Effektes kann aber im Verlauf des Versuchs nicht festgestellt werden. Vielleicht liegt hier eine Nachwirkung der tags zuvor durchgeführten Versuchsreihe a vor (die Versuche wurden sonst nur in Abständen von 2–3 Tagen durchgeführt).

Nach längeren Versuchsreihen, bei denen das Junge über eine größere Strecke zu tragen war und die Stelle, an der es jedesmal von mir abgesetzt wurde, vom Nest aus nicht gesehen werden konnte, kehrte die Katze nach Versuchsende noch mehrfach (in 2 Fällen dreimal, in einem Fall zweimal) kurz nach Eintragen des letzten Jungen an den Ort zurück und suchte minutenlang schnuppernd nach „mehr Jungen", ging wieder zum Nest, beleckte die Jungen oder sah sie auch nur kurz an, um dann erneut die „Fundstelle" abzusuchen. Man könnte darin „After-discharge" sehen; dies würde, abgesehen von der unbestreitbaren Ausbildung einer bedingten Reaktion bei den Versuchsreihen, eine weitere Erklärung dafür liefern, weshalb in einer Versuchsreihe die Instinkthandlung nicht ermüdet, sondern sich eher steigert: Vielfach wird ja eine Instinkthandlung nicht allein von der vor ihrer Auslösung kumulierten aktionsspezifischen Energie gespeist, sondern bewirkt anscheinend durch ihre eigene Tätigkeit eine stoßweise, beträchtliche Produktion spezifischer Erregung. Nur so ist es erklärlich, daß die Intensität mancher Instinkthandlungen während ihres Ablaufs noch erheblich zunimmt, zum Beispiel bei fast allen Wirbeltierkämpfen. Nach ernsten Kämpfen brauchen Katzen mehr noch als Hunde längere Zeit, ehe die Erregung abklingt, und selbst die zahmsten Tiere können in dieser Verfassung „Herrchen" oder „Frauchen" übel zerkratzen oder zerbeißen, wenn diese sie zu beruhigen versuchen. Wenn man nun in einer Versuchsreihe unmittelbar nach Eintragen eines Jungen schon das nächste aus dem Nest nimmt, so schafft das für die Katze sozusagen eine Dauersituation „Junges verloren". So könnte sich die Instinkthandlung des „Junge-Einsammelns" ständig selbst aufladen, in ihrer Intensität steigern und ihre Grenze nicht durch zentrale, sondern durch muskuläre Ermüdung finden. Wäre letzteres nicht der Fall, so dürfte wohl auch diese Instinkthandlung schließlich „auszupumpen" sein.

Unter „natürlichen" Bedingungen sind alle hier mitgeteilten Eigenheiten des Jungentransportes und seiner Auslösung durchaus „sinnvoll". Die schnelle „Ermüdbarkeit" des auf den Schrei eines aus dem Nest geratenen Jungen gemünzten AAM wird sich kaum jemals schädlich auswirken, da die Jungen niemals von selbst in so schneller Folge aus dem Nest geraten wie bei meinen Versuchen. Die praktische Unerschöpflichkeit der Instinkthandlung selbst aber ist wichtig für den aus anderen Anlässen erfolgenden Nestwechsel der Mutterkatze, das „Verschleppen". Hierbei darf ja kein Junges am alten Platz zurückbleiben, und da solche „Umzüge" oft über beträchtliche Entfernungen gehen, erfordern sie einen erheblichen Aufwand aktionsspezifischer Energie. Da die Katze nicht zählen kann, ist es auch zweckmäßig, wenn sie infolge „After-discharge" an der verlassenen Neststelle noch mehrfach nach „vergessenen" Jungen sucht. Das ist um so wichtiger, als die Mutter bei sehr großer Entfernung des neuen Nestes vom alten die Jungen meist vorübergehend an Zwischenstationen ablegt und sammelt, ehe sie die nächste Etappe beginnt. Einmal konnte ich beobachten, wie sie nicht nur die alte Neststelle, sondern auch beide Zwischenstationen wiederholt absuchte, nachdem bereits alle Jungen im neuen Neste waren.

Es ist nicht bekannt, ob unter natürlichen Bedingungen Mutterkatzen der kleineren Arten das Nest regelmäßig wechseln und die Jungen umquartieren, wenn sie am ersten Nest nicht gestört werden. In Gefangenschaft geben sich gut eingewöhnte Mütter normalerweise mit einem Nestort für die Dauer einer Aufzucht zufrieden. Eine afrikanische Goldkatze trug ihre Jungen aus der dunklen Ecke, wo die Nestkiste stand, zu einer viel helleren Stelle, die durch eine Glastür Sonnenlicht erhielt, und zwar 6 Tage, ehe die Jungen in dem ungewöhnlich frühen Alter von nur 16 Tagen begannen, selbständig Ausflüge aus dem Nest zu unternehmen (Tonkin und Kohler 1978). Nur die Schwarzfußkatzen „verlangen" etwa alle 6–10 Tage ein anderes Nest. Wir bemerkten dies zuerst dadurch, daß die Mutterkatze begann, die Jungen herumzutragen und auch nach Ausschaltung aller Störquellen nicht wieder mit ihnen im alten Nest zur Ruhe kam. Ein zweites, frisch mit Holzwolle ausgelegtes Körbchen jedoch nahm sie sofort an. Das erste Nistkörbchen wurde dann gereinigt und wieder in den Käfig gesetzt, und nach 6 Tagen zog die Familie wieder um, und so fort, bis die Jungen völlig koordiniert laufen und springen konnten. Auch bei zwei weiteren Würfen verhielten sich die Weibchen genauso.

Es liegt nahe, dieses Verhalten mit „Nesthygiene" zu erklären; doch wäre dann nicht einzusehen, warum andere Kleinkatzenarten nicht ebenso verfahren. Für wahrscheinlicher halte ich deshalb, daß die Eigenart mit der schon erwähnten, besonders hohen Gefährdung (s. u. l. c.) der Schwarzfußkatze in ihrem natürlichen Biotop zusammenhängt: Wenn die Jungen zu lange am gleichen Ort bleiben, sind sie für andere, vor allem stöbernd jagende Räuber, zu leicht auffindbar. Diese Deutung wird bestärkt durch eine weitere, meines Wissens nur der Schwarzfußkatze zukommende Verhaltenseigenart: Wie weiter unten näher beschrieben, weisen andere Katzenarten die schon lauffähigen Jungen bei Gefahr ins Nest zurück und halten dann selbst davor Wache. Junge Schwarzfußkatzen dagegen suchen keine Zuflucht im Nest, und die Mutter treibt sie bei Gefahr auch nicht dahin zurück, sondern läßt einen Warnlaut hören. Daraufhin huschen die Jungen nach verschiedenen Richtungen auseinander und suchen einzeln Dekkung. Für „Entwarnung" verfügt die Mutterkatze ebenfalls über einen speziellen, schwer zu beschreibenden Laut, auf den hin die Jungen ihre Verstecke verlassen und sich bei der Mutter sammeln (Leyhausen und Tonkin 1966).

Adamson (1969) berichtet, daß ihre freilebende, zahme Gepardin Pippa ihre Jungen des zweiten Wurfes in 3 Wochen neunmal umquartierte. Sie wiederholte das jedoch nicht mit dem dritten Wurf. Es muß also offenbleiben, ob ihr Verhalten bei Gepardenmüttern häufig vorkommt und ähnlich zu deuten wäre, wie das

a

b

c

d

Abb. 116. a) Die Jungkatzen folgen der Mutter, die beiden ihr nächsten sind noch nicht richtig in Bewegung, das entferntere läuft schon eilig mit steil gehobenem Schwanz; b) als die Mutter sich plötzlich setzt, laufen die Jungen einfach an ihr vorbei weiter;
c) ebenso eifrig folgen die Jungen den Hausschuhen einer Mitarbeiterin und zerstreuen sich (d), wenn diese plötzlich anhalten. Weiteres s. Text

der Schwarzfußkatzen. Möglich wäre es, da auch erwachsene Geparden gegenüber den anderen Großraubtieren ihrer Heimat ziemlich wehrlos sind und häufiger Nestwechsel auch ihren Jungen einen gewissen Schutz vor Entdeckung bieten könnte.

Junge, die mit drei Wochen noch allzusehr zögern, das Nest zu verlassen, nimmt die Mutter zuweilen beim Nacken und zieht sie hervor. In den ersten Wochen aber wacht sie auch über die Ausflüge der Kleinen und achtet darauf, daß sie einen gewissen Aktionsradius nicht überschreiten. Versuchen sie es, so nimmt die Mutter sie auf und trägt sie ins Nest oder in dessen Nähe zurück. Manche Mütter tun dies auch noch, wenn die Jungen längst zu schwer sind; unermüdlich zerren und schleifen sie die immer selbständiger werdenden, immer hartnäckiger in „verbotenes Land" strebenden Jungen zurück.

Sobald die Jungen gut laufen können, folgen sie der Mutter auf kurzen Ausflügen in der Nestumgebung, aber auch beispielsweise den Schuhen des menschlichen Pflegers (Abb. 116 a, c). Sobald die Mutter anhält, laufen die Jungen zwar zu ihr hin, doch meist ohne anzuhalten an ihr vorbei und gehen allein auf Entdekkungen aus (Abb. 116 b, d) oder spielen, ohne sich allerdings allzu weit von der Mutter zu entfernen. Bei der Hauskatze und – soweit einzelne, unvollständige Gefangenschaftsbeobachtungen einen Schluß erlauben – auch anderen kleineren Katzenarten duldet die Mutter aber nur in den letzten Wochen vor Auflösung des Familienzusammenhalts, daß die Jungen ihr über weitere Entfernung vom Nest weg folgen, und führt sie auch dann stets wieder dorthin zurück (S. 93). Bei manchen großen Arten jedoch scheint die Bindung an einen bestimmten Nestort viel schneller zu schwinden, und die Jungen folgen den Müttern auf ihren Streifzügen, werden allerdings auch in Verstecken „abgelegt", wenn die Mutter schnell und weit gehen will, solange sie dem noch nicht gewachsen sind. Junge Tiger bleiben für 2–3 Monate im Wurfnest, ehe sie der Mutter auf ihren Streifzügen folgen (Schaller 1967), für Löwen, Leoparden und Geparden gilt entsprechendes. Nach Hornocker (1970 b) nehmen Pumamütter immer nur eines ihrer älteren Jungen mit auf die Jagd.

Die augenähnliche Markierung der Ohrrückseite mancher Katzenarten deutete ich als Teil einer „Drohmaske" (S. 147). Schaller (1967) glaubt, daß sie zumindest beim Tiger eine andere Funktion hat, nämlich den der Mutter im Halbdunkel folgenden Jungen das Anschlußhalten zu erleichtern. Sehr wahrscheinlich stimmt das auch, eine Doppelfunktion der Ohrflecke bei den Katzen ist durchaus denkbar. Allerdings halte ich die Drohwirkung für stammesgeschichtlich älter, weil die Ohrflecke bei denjenigen Viverriden, bei denen sie vorkommen (z. B. *Viverra, Genetta, Hemigalus*) sicher noch gar keine Rolle beim Jungeführen spielen. Wie wesentlich sie aber bei den Feliden gerade für diesen Zweck sind, scheint mir indirekt daraus hervorzugehen, daß fast alle Katzenarten, deren Ohrrückseite nicht so auffällig gezeichnet ist, andere „Schlußlichter" haben: Entweder die Schwanzspitze ist scharf abgesetzt schwarz (z. B. *Puma, Felis*, s. Abb. 116) oder schwarz-weiß gezeichnet (z. B. Gepard, Abb. 117 a), oder die Unterseite des Schwanzendes ist leuchtend weiß (z. B. Asiatische Goldkatze, Abb. 117 b, c; Leopard); im ersten Fall handelt es sich meist um Steppenkatzen, die beim Führen den Schwanz hoch erhoben tragen (Abb. 116), im zweiten um Busch- und Urwaldtiere, die das letzte Schwanzdrittel nach oben biegen, wo-

Abb. 117. a) Die leuchtend weiße Schwanzspitze als Nachfolgesignal bei einer Gepardin und ihren beiden Jungen (nach Farbfoto); b) und c) der „Schlußlichteffekt" der weißen Unterseite des letzten, aufgerollt getragenen Schwanzdrittels bei der Asiatischen Goldkatze; zwei aufeinanderfolgende Schrittphasen zeigen, wie das beim Schreiten zwangsläufig auftretende Hin- und Herschaukeln des Schwanzendes die Signalwirkung verstärkt

durch die helle Unterseite dem nachfolgenden Tier voranleuchtet (Abb. 117 b, c). Ausnahmen bestätigen die Regel: Bei der im Wald lebenden Afrikanischen Goldkatze wie beim in Steppe und Halbwüste lebenden Karakal sind die Ohrrückseiten einheitlich schwarz; nur bei manchen Stücken sind sie in der Mitte etwas aufgehellt, aber nie soweit, daß eine Signalwirkung davon ausgehen könnte. Und bei beiden Arten ist die Spitze des verhältnismäßig kurzen Schwanzes nicht hervorgehoben. Gleiches gilt für die Flachkopfkatze.

Über die Verteidigung des Wurfes durch die Mutter wurde schon einiges gesagt (S. 162). LORENZ (1951 b) beschrieb sie eingehend. Solange die Jungen noch nicht fluchtfähig sind, darf die Mutter entgegen aller sonstigen Katzengepflogenheit auch vor einem weit überlegenen Gegner nicht fliehen, ohne ihre Jungen preiszugeben; das tut sie aber tatsächlich wohl nur in Ausnahmefällen. Diese vollständige Blockierung der Fluchttendenz verwirklicht nun die ,,Abwehr-Angriffs-Situation" im Extrem; die Katze greift dann auch über eine sonst ungewöhnliche Distanz und mit unglaublicher Geschwindigkeit an. Ein sich unvorsichtig dem Katzennest nähernder Hund ist so in ein jaulendes, Fellflocken verstreuendes Bündel verwandelt, ehe er überhaupt seine körperliche Übermacht entwickeln kann. Zweimal konnte ich einen solchen Kampf beobachten, beidemal blieb die Katze in Sekundenschnelle als Siegerin zurück. Es handelte sich einmal allerdings um einen sehr gutmütigen Schäferhund, das andere Mal aber um einen gar nicht gutmütigen Schnauzer. Der Schnauzer blieb seither katzenfromm. Zu Versuchszwecken gestellte Begegnungen dieser Art verlaufen meist etwas anders, weil die beiderseitigen Besitzer aus Sorge um ihre Tiere den Dingen keinen freien Lauf lassen und beide Tiere durch die Gegenwart so vieler Beobachter und deren ungewohntes Verhalten gehemmt sind. Es handelt sich aber immer – wie nochmals betont sei – um einen ,,Verteidigungsangriff" der Katze, bei dem nur geschlagen und nicht gebissen wird, solange die Katze nicht in Notwehr (S. 157 f.) gerät. Auch wenn die Jungen schon größer sind und das Nest bereits zu Spiel und kurzen Ausflügen verlassen, verteidigt die Mutter bei Gefahr das Nest und scheucht die Jungen durch Fauchen und Tatzenhiebe dorthin zurück. So jagte eine Katze die vor einem Stalleingang spielenden, bereits etwa 8 Wochen alten Jungen in den Stall zurück, als ich mich näherte, und blieb drohend unter der Tür stehen. Sobald ich mich rührte, begann sie zu grollen und trat von einer Vorderpfote auf die andere. Die Jungen spielten währenddessen im Innern unbekümmert weiter. Kam eines dabei der Tür zu nahe, so wandte sich die Alte kurz um und fauchte, worauf es meist gleich wieder zurückfuhr; zögerte es auch nur einen Augenblick oder kam gar noch näher, erhielt es eine kräftige Ohrfeige, so daß es sich regelrecht überschlug und in den Stall zurückkugelte. Ebenso schleuderte eine sonst sehr zahme Leopardin ihr 4 Monate altes Junges mit einem Hieb mehrere Meter weit zurück, als es mit mir spielen wollte, und blieb dann fauchend am Gitter stehen; dabei bedrohte sie weniger mich, verhinderte dagegen jeden Versuch des neugierigen und spiellustigen Jungen, wieder zu mir zu kommen. Sie selbst ließ sich dabei wie zuvor gern streicheln.

Die Jungen der eben erwähnten Katze erwiesen sich, als ich mich ihnen später in Abwesenheit der Mutter zu nähern suchte, als ungemein scheu und entzogen sich buckelnd, fauchend, spuckend und schlagend zunächst jeder Berührung. Erst als ich mich im Stall neben ihr Heunest legte und vollkommen regungslos verhielt, siegte mit der Zeit die Neugier, und sie begannen mich zu untersuchen. Im Verlaufe einer Stunde verloren sie dann ihre Scheu fast restlos, spielten auf mir herum, ließen sich anfassen und streicheln, schnurrten dabei; nur wenn ich aufstand und umherging, wurden einige wieder scheu. Die Mutter, eine wohl ziemlich schlecht gehaltene Bauernkatze, köderte ich später mit kleinen Butterbrotstückchen an, die ich ihr zunächst auf etwa 2 m zuwerfen mußte; sie war aber sehr gierig und nahm sie bald aus der Hand. Schließlich hatte ich die ganze Familie um mich versammelt, und jede Scheu war geschwunden. Eine Reihe ähnlicher Beobachtungen lassen mich annehmen, daß die Jungen erst durch das Warnverhalten der Mutter bestimmte Feinde zu fürchten lernen. Junge, von sehr zutraulichen und verwöhnten Hauskatzen aufgezogene Katzen fürchten sich ebenso wie die von Weiss aufgezogenen „Kaspar-Hauser" vor keinem Lebewesen. Auch scheint es sich dabei – wie schon S. 139 ff. kurz erwähnt – um echtes Lernen und nicht um Prägungsvorgänge zu handeln; denn einmal können die Tiere schon nach kurzer Zeit ihre Furcht vor einem Wesen wieder ablegen, andererseits aber lernen auch die „furchtlos" aufgezogenen Katzen zu jeder späteren Zeit noch bestimmte Wesen zu fürchten; es tritt also hierfür in der Entwicklung keine „sensible Periode" auf, nach deren Versäumnis sich ein echter Prägungsvorgang ja nicht mehr nachholen läßt.

Außer beim Erlernen der Feindmerkmale ist die „Belehrung" der Jungen durch die Mutter nur bei der Entwicklung des Beutefangs von einiger Bedeutung (S. 72 ff.). Unerwähnt blieb bisher die Rolle, welche die unterschiedlichen Locklaute der Mutter (s. Protokoll S. 73) dabei spielen: Wenn Katzen ihren heranwachsenden Jungen zuerst lebende Beutetiere zutragen, so stoßen sie dabei bestimmte Locklaute aus, die sich auch für menschliche Ohren qualitativ deutlich unterscheiden, je nachdem, ob es sich um ein kleines, harmloses Beutetier (Maus) oder um ein größeres und potentiell gefährliches (Ratte) handelt. Die Jungen kommen auch im einen Fall ohne Scheu heran, im anderen nur sehr zögernd und geduckt. Es handelt sich aber bei beiden Lauten tatsächlich nur um verschiedene Intensitätsstufen desselben Lautes, wie wir rein zufällig entdeckten, als wir Tonaufnahmen davon machen wollten: Wir lockten eine besonders gut zutragende Mutterkatze mit einer Maus in einen Nebenraum, schlossen die Tür und gaben ihr dann die Maus. Sie nahm sie auf, begann sofort „Maus" zu rufen und strebte zu den Jungen. Die geschlossene Tür hielt sie auf, sie begann an dieser aufgeregt hin und her zu laufen, und dabei steigerte sich der „Mausruf" in allmählichem Übergang zum „Rattenruf". Das gleiche beobachteten wir später noch gelegentlich, wenn die etwas älteren Jungen auf den Maus-Lockruf nicht aus ihrem der Mutter unzugänglichen Versteck hinter der Verkleidung des Heizkörpers hervorkommen wollten. Normalerweise jedoch kommt es – jedenfalls nach den bisherigen Beobachtungen – nicht vor, daß eine Katze mit einer Maus im Maul „Ratte" ruft, oder umgekehrt. Doch handelt es sich zweifellos nicht etwa nur um den „Nachhall" der beim Fang von Ratte bzw. Maus verschieden intensiven Erregung; denn auch, wenn die Katze zuerst selbst von einer Ratte frißt, ruft sie „Ratte", wenn sie den Jungen ein übriggebliebenes Drittel oder Viertel davon zuträgt, obwohl ein solches Rattenstück nicht größer als eine fette Maus ist und die Fangerregung sicher längst abgeklungen ist. Es läßt sich dies wohl kaum anders deuten, als daß die Katze selbst bereits irgendwie qualitativ zwischen Ratte und Maus und den entsprechenden Lockrufen unterscheidet und nicht nur quantitativ (Leyhausen 1967 b). Auch sonst achten manche Mutterkatzen streng auf den Unterschied zwischen harmlosen und gefährlichen Beutetieren. Sie lassen die Jungen nur Mäuse fangen und töten unbedingt selbst jede Ratte, wenn die Jungen sich dieser zu nähern versuchen. In zwei Fällen erwiesen sich im Einzelversuch die Jungen längst als vollständig fähig, auch große Ratten zu töten; waren die Mütter jedoch zugegen, so duldeten sie nicht, daß die Jungen eine Ratte jagten, und fuhren stets dazwischen. Hätten wir den Jungen keine Gelegenheit gegeben, sich im Einzelversuch auf Ratten zu trainieren, so hätten sie es später vielleicht nicht mehr gekonnt. Ein derartiges Verhalten der Mutter mag der Grund dafür sein, daß zuweilen besonders gute Rattenkatzen keine rattenscharfen Jungen hochziehen. Im Normalfall treiben die Katzenmütter die Vorsicht aber nicht so weit und lassen die älteren Jungen auch schwierigere Beute angreifen.

Nach Ansicht der meisten Autoren und vieler Zoofachleute finden sich Katze und Kater nur für die Paarung zusammen und die Jungenaufzucht ist allein Sache der Mutterkatze. In Tierhaltungen werden deshalb auch die hochträchtigen Katzen aller Art meistens von den Männchen getrennt. Versehentlich kam es jedoch vor, daß dies unterblieb, und in manchen Fällen erwiesen sich die Väter keineswegs als die Kannibalen, als die sie verschrieen sind. Von einer aktiven Teilnahme derselben an der Aufzucht berichtete erstmals LINDEMANN (1955): Ein Kater der Europäischen Wildkatze im Krakauer Zoo brachte seine Fleischportion zum Eingang der Grotte, in der sich das säugende Weibchen befand, und deponierte sie dort unter Locklauten. BÜRGER (1964) schildert das Verhalten eines solchen Wildkaters im Magdeburger Tiergarten genauer: ,,Am 16.6.1962 wurden 2,1 Junge geboren. Der kräftige Kater, der sonst ein Privileg auf die Höhle zu haben schien, lag ab sofort Tag und Nacht draußen. Obwohl er sonst den betreuenden Tierpfleger nie angriff oder anfauchte, zeigte er jetzt sofort Angriffsverhalten, selbst den am Gitter stehenden Besuchern gegenüber, die sonst ebenfalls nie beachtet wurden. Es handelte sich hierbei offensichtlich um eine intensive ,,Nestverteidigung". Der Kater nahm an den ersten Tagen von der gereichten Nahrung – wir fütterten tote Küken, Spatzen, Kaninchen – zuerst jeweils 2 bis 3 Futtertiere in den Fang und brachte sie, vorsichtig schleichend, nacheinander in den Höhleneingang. Dort wartete er meist so lange, bis sich durch Erscheinen oder Fauchen die Kätzin bemerkbar machte, dann erst zog er sich zurück. Er versorgte also das in den ersten Tagen nach der Geburt festliegende Weibchen mit Futter. Die Zeit des Zusammenlebens der ganzen Familie im Käfig verlief sehr harmonisch. Der Kater kümmerte sich nur wenig um die Jungen und verteidigte sie nur, wenn sie vorn am Gitter durch einen Beobachter überrascht wurden." BÜRGER erwähnt auch eine Mitteilung von DATHE, nach der im Tierpark Berlin ein Luchskater ,,sich ebenfalls an der Betreuung der Jungen beteiligte."

Durch das Entgegenkommen des Zoologischen Gartens Frankfurt konnte ich selbst Beobachtungen über die Jungenaufzucht eines Paares Fischkatzen machen, dessen Kater bei der Betreuung von ,,Mutter und Kind" noch weiter ging als der Wildkuder BÜRGERS. Der Kater trug nicht nur Futter für die Katze zur Wurfkiste, die nach Art einer kleinen Hundehütte gebaut war, sondern er drängte sich selbst mit hinein. Die Katze wehrte ihn dabei nicht ab. Während 13 Std. 35 Min. Beobachtungszeit vom 3.–5. Tag nach der Geburt ergab sich folgende Zeiteinteilung fürs ,,Einhüten" (Tab. 5):

Junge allein im Nest	♀ bei Jungen	♂ bei Jungen	♀ + ♂ bei Jungen
126 Min.	159 Min.	71 Min.	459 Min.

Die Zeit, die der Kater allein bei den Jungen verbrachte, erscheint unbedeutend, und man könnte sein Verhalten hauptsächlich auf die Anziehungskraft zurückführen, die Weibchen und/oder Kiste auf ihn ausübten. Doch wurde die Kiste erst nach der – unerwarteten – Geburt der Jungen in den Käfig gebracht. Sie war dem Kater also nicht vertraut, und das Weibchen besetzte sie zuerst und trug die drei Jungen ein. War aber der Kater nicht mit in der Kiste, und das Weibchen verließ sie auch einmal, so wurde er sofort unruhig und ging fast immer hinein. Hielten sich beide Eltern draußen auf, so blieb der Kater dicht bei der Kiste und beobachtete den Eingang fast ständig, während die Katze sich weiter entfernte und oft in der S. 200 beschriebenen Lage ruhte und dabei der im Hintergrund des Käfigs stehenden Kiste den Rücken zukehrte. Leider erwies sich das väterliche Pflichtgefühl des Katers als für die Jungen fatal: Die Kiste war als gemeinsames Lager für Eltern und Junge zu klein, und die Jungen wurden eins nach dem anderen erstickt. Auf meinen Rat ersetzte man beim nächsten Wurf die geschlossene Kiste durch eine erheblich größere Holzpritsche mit niedrigem Rand, die nach oben und zur Besucherseite hin nur mit Fichtenzweigen dicht abgedeckt wurde. Seither hat dieses Paar viele Aufzuchten zusammen durchgeführt. Die älteren Jungen schlossen sich dabei teilweise stärker an den Kater an als an die Katze.

Wie auch BÜRGER (l. c.) betont, wäre es voreilig, aus solchen Gefangenschaftsbeobachtungen auf ein entsprechendes Verhalten der Kater im Freileben zu schließen. Wie sich schon aus den Schilderungen des homosexuellen Verhaltens beider Geschlechter ergibt, ist die Anlage des Geschlechtsverhaltens bisexuell, und es ist einleuchtend, daß dies auch für das Verhalten zu den Jungen gilt, der Kater also anlagenmäßig auch über mütterliche Verhaltensweisen verfügt. Die entsprechenden Antriebe sind aber in der Regel sicher nicht so kräftig entwickelt, daß der Kater aktiv nach ihrer Betätigung strebte. Im Freiland verläßt er wahrscheinlich die Katze nach der Paarungszeit wirklich und sucht sich eine neue Partnerin. In der Gefangenschaft aber ist er zu bleiben gezwungen und dadurch Reizeinwirkungen ausgesetzt, welche die sonst schlummernden Verhaltensweisen wecken (s. auch S. 208).

Etwas ähnliches liegt vielleicht auch in folgendem Fall vor: Unmittelbar vor der Geburt scheint der Geruch der Katze auf den Kater ähnlich wie der einer paarungsbereiten Katze zu wirken. Einige Wochen nach der Geburt zeigt sich bei vielen Katzen sogar eine Art Scheinbrunst. Das kommt bei vielen Hauskatzen vor, ich beobachtete es auch bei dem eben erwähnten Fischkatzenpaar, und CONDÉ und SCHAUENBERG (1969) schildern es als regelmäßige Erscheinung in ihrer Wildkatzenzucht. Wiederum: Im Freileben begegnet der Kater der Katze in diesem Stadium vielleicht nicht oder nur selten, in der Gefangenschaft kann er nicht umhin, es zu bemerken. Er versucht die Katze zu begatten; diese duldet das manchmal passiv, besonders in der nachgeburtlichen Scheinbrunst, aber meistens wehrt sie ihn energisch ab. Der Kater, sexuell erregt, sucht nach einem Ausweichobjekt und . . . findet es in den zu dieser Zeit gerade das Nest verlassenden, noch sehr unbehilflichen Jungen, die in dieser Phase noch mehr kriechen als laufen und sich noch nicht richtig auf den Beinchen hochrichten können. In der Wildkatzenzucht von CONDÉ und SCHAUENBERG trat das in der 5. Lebenswoche der Jungtiere ein. Ein flaches und ziemlich unbewegliches Objekt ist sowieso ein starker Begattungsreiz für den Kater (S. 224), kurz, der von der Katze abgewie-

Abb. 118. a) (links) Katze beim Säugen ihres einjährigen Sohnes. b) (rechts) Mutterkatze versucht, völlig erwachsene Tochter „ins Nest" zu schleppen. Weiteres s. Text

sene Kater versucht, die Jungen zu begatten. Seine Bemühungen sind natürlich aus den Größenverhältnissen heraus und auch anatomisch zum Mißerfolg verurteilt; dies steigert seine Erregung, er verstärkt den Nackengriff immer mehr und verletzt und tötet so schließlich das Junge. Tote Jungtiere aber werden oft an- und aufgefressen. Diese Verhältnisse sind wahrscheinlich der wahre Kern der weit verbreiteten Meinung, Kater hätten ganz allgemein kannibalistische Neigungen gegenüber ihrem eigenen Nachwuchs. Gewiß kommt auch solch ein echter Kannibalismus vor, aber nach meiner bisherigen Erfahrung sehr selten.

Die Auflösung der Familie fällt ungefähr mit dem Versiegen der Muttermilch zusammen. Die Anzahl der bei der Mutter verbliebenen Jungen ist ebenfalls von Einfluß: Bei großen Würfen von 5 bis 6 Jungen löst sich die Familie bereits nach etwa 6 Monaten auf, bei 2 bis 3 Jungen kann sie noch 2 Monate länger zusammenhalten. Das kommt wohl daher, daß die auch in diesem Alter noch heftig, wenn auch seltener, zum Gesäuge drängenden Jungen mit ihren scharfen Zähnen der Mutter weh tun; diese versucht daher, sich die Jungen durch Fauchen und Schläge vom Leibe zu halten, sie „schlägt die Jungen ab". Je mehr Junge es sind, um so öfter muß sie das tun, um so reizbarer und heftiger wird sie, um so früher zerfällt die Familie. Die Saugappetenz der Jungen nimmt zwar mit zunehmendem Alter ab, erlischt jedoch ohne die mütterliche „Nachhilfe" nicht völlig. Katzen, denen man frühzeitig alle Jungen bis auf eines fortnimmt, schlagen dieses einzige häufig nicht ab, weil es allein nicht „lästig" genug wird. Das Junge behält dann fast regelmäßig das Saugen bei, auch wenn die Mutter längst keine Milch mehr hat (Abb. 118 a). Zuweilen versuchen die Mütter auch dann noch solche völlig erwachsenen Jungtiere „ins Nest" zu tragen (Abb. 118 b). Das „Junge" verhält sich dabei oft anfangs passiv, sträubt sich aber schließlich heftig, da die Mutter mit der schweren Last nicht fertig wird, die Prozedur daher zu lange dauert und wohl auch für das „Objekt" der mütterlichen Bemühungen schmerzhaft wird.

Die Jungen werden in diesem Alter auch untereinander immer unverträglicher, doch selten so sehr, daß man sie nicht mehr zusammen halten könnte. In meinen „Zwangsgesellschaften" vertrugen sich Geschwister und jung zusammengewöhnte Tiere immer besser als andere. Diese verlängerte Jugendverträglichkeit dürfte domestikationsbedingt sein, zumal wenn man damit die zunehmende Unverträglichkeit junger Wildkatzen im entsprechenden Alter vergleicht (LINDEMANN und RIECK 1953). Allerdings steht die Falbkatze als Hauptstammform unserer Hauskatze im Rufe, leichter als unsere europäische Wildkatze zahm zu werden. Außerdem lassen sich fast alle Katzenarten in Gefangenschaft paarweise zusammenhalten, wenn es auch immer einmal absolut unverträgliche Exemplare gibt. Die Tiere fühlen sich dabei oft nicht sehr behaglich, aber regelrechte Kämpfe zwischen ihnen sind doch verhältnismäßig selten.

Die „freie“ Verwendbarkeit von Instinktbewegungen

Das Gebiß packt Hals und Nacken des „Objektes“ immer gleich, ob nun die Katze tötet, ein Junges ergreift und zum Neste zurückträgt, ob der Kater seinen Rivalen beißt oder die Katze vor oder während der Kopulation im Nacken faßt (Abb. 119, 115, 103 b). Kopulationsbiß und Transportgriff unterscheiden sich vom Töten nur darin, daß sie trotz präziser Orientierung (vgl. S. 81 f.) normalerweise gehemmt sind und daher das ergriffene Tier nicht verletzen. Sie sind daher nicht einfach Tötungsbisse geringer Intensität. Genaue Beobachtung und besonders die Filmanalyse (LEYHAUSEN 1952 c) lassen eine Hemmung durch Antagonisteninnervierung erkennen. Beim Tragegriff setzt die Katze immer mehrfach an und findet so den richtigen Sitz der Zähne am Halse des Jungen und die gerade noch zulässige Kraft im Zubiß; die Kiefer schließen sich geradezu „mühsam“. Beim Töten schlagen die Kiefer sehr kräftig zusammen. Der Kopulationsbiß läßt

Abb. 119. Tigerkatze tötet eine junge Hauskatze;
a) (oben) beachte das Aufsetzen der Pfote im Gegensatz zu Abb. 115 a. b) (rechts) Tragen des toten Kätzchens, vgl. mit Abb. 115 b

die antagonistische Hemmung am besten erkennen, wenn die noch spröde Katze sich dem Griff zu entwinden versucht: Die auf einen festen Abstand eingestellten Zähne des Katers kämmen dann oft ein Stück durch ihr Fell, weil ihre Nackenhaut sich zwar nicht nach unten aus dem klauenartigen Zugriff der Eckzähne befreien, wohl aber ohne sich zu verletzen wie in einer Hohlschiene darin entlanggleiten kann.

Die Beißhemmung bei Transport und Kopulation kann zuweilen ausfallen, und der Biß wird dann buchstäblich wieder zum ,,Tötungsbiß". Hin und wieder verletzen so Hauskater bei der Begattung die Katze im Nacken, in seltenen Fällen wird sie sogar wirklich getötet. Auch von Großkatzen sind solche Fälle bekannt. Ein Löwe verletzte so beim Begattungsversuch die Löwin schwer und schleppte sie im Käfig umher; sie wehrte sich nicht, weil bei ihr ,,Tragstarre" eintrat (SCHNEIDER 1928). Ebenso töten Katzen manchmal ihre Jungen.

Außer der übereinstimmenden Orientierung beweist noch folgendes die phylogenetische Verwandtschaft von Tötungsbiß und Tragegriff: Wie bereits erwähnt (S. 80 f.), reifen die den Griff richtenden Taxien in der Jugendentwicklung später als die Instinktbewegung. Junge Katzen bis zu 10 Wochen und älter sind daher oft ,,unsicher" und fassen die Beute an allen möglichen Stellen im Fell. Ebenso versagt die Orientierung bei sehr geringer Intensität, und das Beutetier wird spielerisch an allen möglichen Stellen lose im Fell gefaßt und nicht verletzt. Gleiches sieht man nun häufig auch bei jungen Müttern, wenn sie erstmals die noch sehr kleinen Jungen beliebig am Fell fassen und so tragen. Auf die gleiche Weise bringt die Mutterkatze lebende Beute zum Nest, sobald die Jungen groß genug sind. Jedoch vermag sie auch bei lebender Beute den gleichen Tragegriff wie beim Jungentransport anzuwenden, nicht nur, um sie lebend den Jungen vorzusetzen, sondern auch, wenn sie ein Beutetier schnell wegfangen und -tragen will, um es an einem ungestörten Platz zu töten (s. u. l. c.), und schließlich, wenn sie in Spiellaune die Beute nicht tötet, sondern immer wieder hascht, fängt, ein Stück umherträgt, wieder ausläßt, um sie erneut zu jagen usw. (S. 121 f.). Gerade am letzten Beispiel wird deutlich, wie eine Instinktbewegung zur zweckvollen Werkzeughandlung wird, ohne dadurch ihre ,,Potenz", zu anderer Zeit als Endhandlung aufzutreten, im geringsten einzubüßen (vgl. S. 120 ff.; LEYHAUSEN 1965 b).

Klarer als bei der Katze ist die grundsätzliche Identität von Tragegriff und Kopulationsbiß beim Iltis: Der Rüde ergreift die Fähe mit demselben Griff in die Nackenhaut, wie die Fähe das ältere Junge, und schleppt sie auch in derselben Weise umher, ehe die Kopulation erfolgt (HERTER, K. und M. HERTER 1953). Beim Iltis ändert sich nämlich, anders als bei der Katze, der Zugriff beim Jungentransport mit Alter und Größe des Jungen. Bei kleinen Jungen umfaßt das Maul der Mutter den Hals oder die Schultern, also etwas weiter kaudal als bei der Katze, bei größeren Jungen halten die Zähne nur noch das Nackenfell. Genau das tut auch der Iltisrüde beim Kopulationsbiß. Und wie das Junge verfällt auch die Fähe oft in Tragstarre und wird vom Rüden umhergezerrt und -geschleppt. Beim Iltis ging also wahrscheinlich die Entwicklung von Tötungsbiß über den Jungentransport zum Kopulationsbiß. Bei der Katze wäre auch eine direkte Ableitung des Kopulationsbisses vom Tötungsbiß denkbar. Jedenfalls verfällt die Katze (S. 215) nur ganz ausnahmsweise in Tragstarre, wenn sie vom Kater im Nacken ergriffen wird. Auch versucht der Kater im allgemeinen nicht, die Katze anzuheben oder gar umherzuschleppen (vgl. aber das S. 250 zitierte Löwenbeispiel). Die Tragstarre würde die Katze ja auch in der aktiven Rolle hindern, die sie im Gegensatz zur Iltisfähe bei der Kopulation selbst spielt. Wie sich in dieser Hinsicht die Viverriden verhalten, ist mir leider nicht bekannt. Nach SCHWANGART dient bei *Cryptoprocta* (zitiert nach ANTONIUS 1943) der Nackengriff des Männchens noch mehr dazu, das Weibchen festzuhalten, als bei den echten Katzen. Ob aber Tragstarre eintritt, ist der Beschreibung nicht zu entnehmen. Auch VOSSELER (1929/30) gibt darüber keine Auskunft. Anscheinend befindet sich der Kopulationsbiß bei den Feliden in Rückbildung. Er dient ihnen nur noch selten zum Festhalten eines spröden Weibchens. Wohl versucht das der Hauskater (S. 214 f.), aber es gelingt nicht, wenn die Katze nicht voll begattungsbereit ist. Auch der Hauskater beißt zuweilen erst im Augenblick des Orgasmus zu (s. o. S. 218), wie die Großkatzen regelmäßig (ANTONIUS 1939, 1943). Ursprünglich war die Verhaltensweise ein Mittel, die Kopulation herbeizuführen; bei den Großkatzen ist sie zu einem im übrigen funktionslosen Ausdruck des Orgasmus, also zu einer echten *Symbolhandlung* geworden.

Das Schnurren liefert ein weiteres Beispiel für das gleiche Prinzip. So weit man zur Zeit weiß, besteht seine ursprüngliche Funktion darin, der säugenden Mutterkatze zu melden, daß die Jungen sich alle wohlbefinden. Der Laut ist hierzu besonders geeignet, weil die Jungen ihn hervorbringen können, ohne den Mund zu öffnen: Das Kätzchen kann also dabei an der Zitze festhalten und sogar schlucken, ohne die Lautgebung unterbrechen zu müssen. Die Tiere behalten aber die Fähigkeit zum Schnurren über das Säuglingsalter hinaus. Der Laut erhält dabei in Abhängigkeit von Situation und sozialem Zusammenhang eine Reihe weiterer Bedeutungen, die alle mehr oder weniger von der ursprünglichen abweichen. a) Die Mutter schnurrt, wenn sie ins Nest kommt und beruhigt damit die aufgestörten Jungen; während des Säugens sorgt gemeinsames Schnurren von Mutter und Jungen dafür, das Gefühl des Wohlseins und der Sicherheit wechselseitig zu verstärken. b) Wenn eine Jungkatze eine ältere zum Spiel auffordert, nähert sie sich ihr schnurrend. c) Umgekehrt schnurrt oft auch eine rangüberlegene Katze, wenn sie sich einer unterlegenen in freundlicher oder spielerischer Absicht nähert. d) Eine unterlegene oder kranke, schon sehr schwache Katze schnurrt, wenn sich ihr eine überlegene oder ein Feind nähern; auf den ersten Blick mag dies paradox erscheinen, da ja ursprünglich Schnurren Wohlbefinden anzeigt. Aber wie in allen anderen, abgeleiteten Fällen ist es wohl auch hier ein Beschwichtigungslaut und sagt – menschlich ausgedrückt – etwa soviel wie: „Ich bin nur klein, hilflos, harmlos und unschädlich."

Von den abgeleiteten Bedeutungen des Schnurrens erwähnen HUSSEL (1949, 1956) und DENIS (1969) nur die letzterwähnte. HUSSEL meint, dies widerlege die Auffassung, der Laut signalisiere Wohlbefinden; DENIS kommt zur gleichen Deutung wie ich. Er ist außerdem aber der irrigen Meinung, erwachsene Wildkatzen (*Felis silvestris*) schnurrten nicht; seine eigene Schilderung jedoch läßt erkennen, daß die Tiere während seiner Beobachtungen nie völlig vertraut waren und daß er offenbar auch nicht in den übrigen, oben erwähnten sozialen Situationen auf Schnurrlaute achtete; das Schnurren aus reinem Wohlgefühl nimmt, wie er richtig beobachtete, mit zunehmendem Alter in individuell verschiedenem Grade an Häufigkeit ab.

Tabelle 6 bietet ein weiteres Beispiel dafür, in wie verschiedenen Zusammenhängen oder Funktionskreisen manche Instinktbewegungen ablaufen, wobei Zuordnung und Schwellenwerte für die Auslösung entsprechend wechseln.

Die Anordnung auf einem „Gradienten" Angriff-Abwehr-Rückzug in A bedeutet nicht etwa, die betreffende Verhaltensweise könne nur an der ihr hier zugewiesenen Stelle auftreten. Der Schleichlauf z. B. tritt nicht nur auf, wenn die

Tabelle 6. Senkrechte Abstände in Teil A stellen die ungefähre Lage einer Verhaltenseinheit auf einem hypothetischen Gradienten Angriff-Abwehr-Rückzug dar. In Teil B ist etwas Entsprechendes nicht möglich, da Freundlichkeit eher durch Intensität und/oder Frequenz einer Verhaltensweise ausgedrückt erscheint, die Wahl der Verhaltensweise dagegen von der jeweiligen Situation bestimmt wird. Nur die wichtigsten Bewegungsweisen sind aufgeführt. Die Bewegungsweisen sind aufgeführt ohne Ansehen der Objekte, auf die sie gerichtet sein können (Beute, Artgenosse, artfremder Feind).

A) Kampf- und Drohverhalten

	Bewegungsweisen						
	Lokomotion	Beißen	Vorderpfote	Hinterpfote	Kopfbewegungen	Stellungen	Lautgebung
Angriff ↑	dir. Anlauf "Stelzen"	Nacken Hals, Kehle	Greifen u. Heranziehen am Hals		Schwenken "Schielen"	Aufgerichtet, hinten höher als vorn.	"Katergesang" Knurren
			H'fuß				Grollen
	Schleichlauf	Rücken	Körper	Heranziehen (Baumozelot)	Senken	Vorn geduckt	
			Schlag n. Flanken			Drohbuckel	Fauchen
	Schleichen	Ellbog.	Rücken Kopf Pfoten	"Kicken"	Vorwärts		
↓	Schritt					"Hyänen-Stellung"	
Abwehr ↕		Maul auf Maul		Wegstoßen	Zurück-ziehen	Zusammengeduckt	Spucken
						Überrollen	Abwehrkreischen
Rückzug	Wegschleichen					Sich-Drücken	
	Flucht (Galopp)						

B) Freundliches Verhalten

Verhaltensweisen aus den Funktionskreisen "Mutter-Kind" und "Werbung-Paarung"	Spiel	Ruhestellungen	Lautgebung
Saugen an verschiedenen Körperteilen des Partners	Kampfspiele	Nahe beieinander	Schnurren
Belecken und Beknabbern des Partners	"Burgverteidigung"	Partner berühren sich	Gurren
Sich-reiben a) an Gegenständen in Sicht des Partners b) am Körper des Partners Kopf Flanken Schultern unter Kinn des Partners Schwanz über den Rücken des Partners	Verfolgungsspiel	Kopf ruht auf Körper des Partners	Mauzen
Köpfchengeben	Beutespiel mit Partner		
Nachfolgen			

Katze stimmungsmäßig ziemlich genau zwischen unbekümmerter Annäherung und völliger Zurückhaltung steht; aber bei dieser Stimmungslage ist er am leichtesten auszulösen und das Tier behält ihn am längsten bei. Wo eine Verhaltensweise auf dem Gradienten eingetragen ist, kennzeichnet also ungefähr die Lage der niedrigsten Auslöseschwelle und der größten Dauer der Ausführung bzw. der größten Frequenz. Aus diesem Grunde sind auch andere Zuordnungen gleichzeitigen oder aufeinanderfolgenden Ablaufs möglich als die, welche hier durch Eintragung auf ungefähr gleicher Höhe des Gradienten angedeutet scheinen. Es wäre also ganz irreführend, wollte man etwa waagerechte Linien durch die Tabelle ziehen.

Wie man sieht, können fast alle Bewegungsweisen und Lautgebungen des Kampf- und Drohverhaltens sowohl im Angriff wie in der Abwehr auftreten, manche davon außerdem auch beim Beutefang, und alle im Spiel. Entsprechendes gilt auch für die Verhaltensweisen von Werbung, Paarung, Jungenaufzucht, der Jungen gegenüber der Mutter und des sozialen Verkehrs gleichaltriger Tiere. Die Tabelle zeigt daher wohl überzeugender als viele Worte, wie absurd der Gedanke ist, man könne aus all' dem „die Aggression" herausoperieren oder eliminieren und das ganze übrige System intakt lassen. „Aggression" sind ja allenfalls nur einige der vielen möglichen und auch tatsächlich vorkommenden Zusammenschaltungen einer Anzahl der hier eingetragenen Verhaltensweisen!

Es sind dies nur wenige, allerdings besonders instruktive Beispiele unter vielen (LEYHAUSEN 1965 b, 1967 b) dafür, daß wir es uns abgewöhnen sollten, Instinktbewegungen, wie bisher fast immer üblich, nach einer Funktion zu benennen. Ganz besonders bei der Untersuchung des Verhaltens von Säugetieren ist das vielfach irreführend, weil innerhalb der gemäß Relativer Stimmungshierarchie wechselnden Funktionsgefüge die einzelne Instinktbewegung verschiedene Funktionen übernehmen kann, ohne selbst durch das jeweilige Gefüge (den Funktionskreis) bestimmt zu sein. Damit soll nicht gesagt sein, die Instinktbewegung unterliege in ihrer Evolution nicht funktionsbestimmter Selektion. Die sehr freie Beweglichkeit von Hinterfuß und -pfote verdanken die Baumozelots (*Leopardus wiedi*; LEYHAUSEN 1963) ganz gewiß jenen Selektionsdrücken, die sie im Laufe ihrer Evolution zu stärkerer Anpassung ans Baumleben zwangen als andere Katzen; doch zugleich wird die Hinterpfote damit zum Greiforgan, das nicht nur beim Klettern im Geäst, sondern auch in Spiel und Kampf als solches von den Tieren benutzt wird. Oft begegnet uns dann die Bewegungsweise bei unseren Untersuchungen nicht zuerst, oder nicht am häufigsten und auffallendsten, oder fast gar nicht mehr in dem Funktionszusammenhang, dessen Selektion ursprünglich zu ihrer Entwicklung führte. Der Kuß scheint uns bei *Homo sapiens* hauptsächlich ein Bestandteil des Sexualverhaltens zu sein, kann aber auch Kindesliebe, Freundschaft oder gar Unterwerfung ausdrücken. Entstanden ist er jedoch als Mund-zu-Mund-Füttern während der Entwöhnungsphase. In dieser ursprünglichen Funktion kommt er bei der Kinderaufzucht des Zivilisationsmenschen praktisch nicht mehr vor. Ein Verhaltensforscher vom Mars, der den Kuß als von seiner Haupt- (d. h. häufigsten) Funktion bestimmt ansähe und entsprechend benennen wollte, würde ihn also wohl als „Sexualpartner-Mundaufdruck" oder so ähnlich bezeichnen. Die Umgangssprache hat mit der „neutralen" Bezeichnung Kuß der vielseitigen funktionellen Verwendbarkeit dieser Instinktbewegung längst Rechnung getragen. In der Verhaltensforschung hat man vielfach schon – oft wohl ganz unreflektiert – einzelne Instinktbewegungen nach ihrem *Ablauf* statt nach ihrer – tatsächlichen oder vermeintlichen – *Funktion* benannt (z. B. „Maulklatschen" bei Cichliden, SEITZ 1949). Aus arbeitspraktischen wie theoretischen Gründen empfiehlt es sich, dies Verfahren zur allgemeinen Regel zu machen.

Literaturverzeichnis

ADAMEC, R. (1975 a): The Behavioral Bases of Prolonged Suppression of Predatory Attack in Cats. Aggressive Behavior **1**, 297–314. – Ders. (1975 b): The Neural Bases of Prolonged Suppression of Predatory Attack. I Naturally Occurring Physiological Differences in the Limbic Systems of Killer and Non-Killer Cats. Aggressive Behavior **1**, 315–330. – ADAMS, D., und J. FLYNN (1966): Transfer of an escape response from tail shock to brain stimulated attack behavior. J. Exp. Analysis of Behavior **9**, 401–408. – ADAMSON, J. (1960): Born Free; London. – Dies. (1969): The Spotted Sphinx. London, Collins & Harvill. – ADRIAANSE, A. (1947): *Ammophila campestris* Latr. und *Ammophila adriaansei* Wilcke, ein Beitrag zur vergleichenden Verhaltensforschung. Behaviour **1**. – ANDREW, R. J. (1963): The origin and evolution of the calls and facial expressions of the primates. Behaviour (Leiden) **20**, 1–109. – ANTONIUS, O. (1937): Über Herdenbildung und Paarungseigentümlichkeiten bei Einhufern. Z. Tierpsychol. **1**, 259–289. – Ders. (1939): Über Symbolhandlungen und Verwandtes bei Säugetieren. Z. Tierpsychol. **3**, 264–278. – Ders. (1943): Nachtrag zu „Symbolhandlungen und Verwandtes bei Säugetieren". Z. Tierpsychol. **5**, 38–42. – ARMSTRONG, E. A. (1950): The Nature and Function of Displacement Activities. Symp. Soc. Exp. Biol., Cambridge Univ. Press. 361–384. – ASAHI, M. (1966): A scatological study of Tsushima leopard cat. Bull. Mukogawa Women's University, Tokyo, **14**, 17–22 (japanisch).

BAEGE, B. (1933): Zur Entwicklung der Verhaltensweisen junger Hunde in den ersten drei Lebensmonaten. Z. Hundeforschg. **3**, 65–101. – BAERENDS, G. P. (1941): Fortpflanzungsverhalten und Orientierung der Grabwespe *Ammophila campestris* Jur. Tijdschrift voor Entomologie **84**, 68–275. – BAGSHAWE, L. V. (1909/10): Tigers and their Prey. J. Bombay Nat. Hist. Soc. **XIX**. – BALLY, G. (1945): Vom Ursprung und von den Grenzen der Freiheit, eine Deutung des Spieles bei Tier und Mensch. Basel. – BANDLER, R. (1975): Predatory Aggression: Midbrain-Pontine Junction rather than Hypothalamus as the Critical Structure? Aggressive Behavior **1**, 261–266. – Ders. und FLYNN, J. P. (1972): Control of somatosensory fields for striking during hypothalamically elicited attack. Brain Research **38**, 197–201. – BASTOCK, M., D. MORRIS und M. MOYNIHAN (1953): Some Comments on Conflict and Thwarting in Animals. Behaviour **6**, 66–84. – BEACH, F. A. (1967): Mating behavior in dogs. Vortrag. Xth Intern. Ethol. Conf. Stockholm, 16.–24. Sept. – Ders., A. ZITRIN und J. JAYNES (1955): Neural mediation of mating in male cats II. Contributions of the frontal cortex. J. Exp. Zool. **130**, 381–402. – Dies. (1956): Neural mediation of mating in male cats I. Effects of unilateral and bilateral removal of the neocortex. J. comp. physiol. Psychol. **49**, 321–327. – BECHT, G. (1953): Comparative Biologic-Anatomical Researches on Mastication in some Mammals I. Proc. Koninkl. Nederl. Akad. van Wetenschapen Amsterdam, Series C (Zoology) **56**, 508–527. – BERG, B. (1934): Tiger und Mensch. Berlin. – BERNTSON, G. G. (1972): Blockade and Release of Hypothalamically and Naturally Elicited Aggressive Behaviors in Cats following Midbrain Lesions. J. comp. physiol. Psychol. **81**, 541–554. – Ders. (1973): Attack, Grooming, and Threat Elicited by Stimulation of the Pontine Tegmentum in Cats. Physiol. and Behav. **11**, 81–87. – Ders. und S. F. LEIBOWITZ (1973): Biting attack in cats: evidence for central muscarinic mediation. Brain Research **51**, 366–370. – Ders., H. C. HUGHES und M. S. BEATTIE (1976): A comparison of hypothalamically induced biting attack with natural predatory behavior in the cat. J. comp. physiol. Psychol. **90**, 167–178. –BERRIE, P. M. (1973): Ecology and Status of the Lynx in Interior Alaska. The World's Cats, vol. I, 5–41 (ed. R. L. EATON). World Wildlife Safari publ., Portland, Oregon. – Ders. (1978): Home Range of a Young Female Geoffroy's Cat in Paraguay. Carnivore **1**, 132–133. – BERTRAM, B. C. R. (1973 a): Social factors influencing reproduction in wild lions. J. Zool., Lond. **177**, 463–482. – Ders. (1973 b): Lion population regulation. E. Afr. Wildl. J. **11**, 215–225. – Ders. (1975): The Social System of Lions. Scient. Am. **232**, 54–65. – Ders. (1976): Kin selection in lions and in evolution. In: Growing Points in Ethology (P. P. G. BATESON and R. A. HINDE eds.), Cambridge Univ. Press (Great Britain), 281–301. – BIERENS DE HAAN, I. A. (1940): Die tierischen Instinkte und ihr Umbau durch Erfahrung; Leiden. – BRANDT, G. W. (1949): Farm cat as predator. Michigan Conservation **18**, 23–25. – BROWN, J. L., und R. W. HUNSPERGER (1963): Neuroethology and the motivation of agonistic behaviour. Anim. Behaviour **11**, 439–448. – BRÜGGER, M. (1943): Freßtrieb als hypothalamisches Symptom. Helv. Phys. Acta **I**, 183–198. – BÜRGER, M. (1964): Beobachtungen an Wildkatzen des Magdeburger Zoos. Milu, Wissenschaftliche und kulturelle Mitteilungen aus dem Tierpark Berlin **1/5**, 286–288. – BURTON, R. W. (1929/30): The Tiger's Method Making a Kill. J. Bombay Nat. Hist. Soc. **33**.

CHANCE, M. R. A. (1962): An interpretation of some agonistic postures: the role of "cut-off" acts and postures. Symp. Zool. Soc. London **8**, 71–89. – Ders., und A. P. MEAD (1953): Social Behaviour and Primate Evolution. Symp. Soc. Exp. Biol. **VII**, Evolution, 395–439. – CONDÉ, B., und P. SCHAUENBERG (1969): Reproduction du chat forestier d'Europe (*Felis silvestris* Schreber) en captivité. Rev. Suisse Zool. **76**, 183–210. – COOPER, J. B. (1942): An Exploratory Study on African Lions. Comp. Psych. Monogr. **17**, 1–48. – Ders. (1944): A Description of Parturition in the Domestic Cat. J. Comp. Psychol. **37**, 71–79. – COOPER, K. K. (1960): The significance of past sexual experience in the reappearance of sexual behavior in castrated male cats treated with testosterone propionate. M. Sc. Thesis, New York Univ. N. Y. – CRAIG, W. (1918): Appetites and aversions as constituents of instincts; Biol. Bull. **34**, 91–108.

DAVIS, D. E. (1957): The use of food as a buffer in a predator-prey system; J. Mammal. **38**, 466–472. – DELGADO, J. M. R., und B. K. ANAND (1953): Increase of food intake induced by electrical stimulation of the lateral hypothalamus. Amer. J. Physiol. **172**, 162–168. – DENIS, B. (1969): Contribution à l'étude du ronronnement chez le Chat domestique (*Felis catus* L.) et chez le Chat sauvage (*Felis silvestris* S.). Aspects morpho-fonctionnels, acoustiques et éthologiques. Selbstverlag, 1 bis, Ave. Gambetta, Alfort, Frankreich. – DIEBSCHLAG, E. (1940): Psychologische Beobachtungen über die Rangordnung bei der Haustaube. Z. Tierpsychol. **4**, 173–187. – DRÜWA, P. (1976): Beobachtungen zum Verhalten des Waldhundes (*Speothos venaticus*, Lund 1842) in Gefangenschaft. Diss. Math.-Naturw. Fakultät, Univ. Bonn. – DÜCKER, G. (1957): Farb- und Helligkeitssehen und Instinkte bei Viverriden und Feliden; Zool. Beiträge, N. F. **3**, 25–99. – Dies. (1962): Brutpflegeverhalten und Ontogenese des Verhaltens bei Surikaten (*Suricata suricatta* Schreb., Viverridae); Behaviour **19**, 305–340. – Dies. (1965): Das Verhalten der Viverriden. In: KÜKENTHAL's Handb. d. Zool. **8**, 10 (20 a), 1–48.

EATON, R. L. (1970 a) Group interaction, spacing and territoriality in cheetahs. Z. Tierpsychol. **27**, 481–491. – Ders. (1970 b): The predatory sequence, with emphasis on killing behavior and its ontogeny, in the cheetah (*Acinonyx jubatus* Schreber). Z. Tierpsychol. **27**, 492–504. – Ders. (1972 a): An Experimental Study of Predatory and Feeding Behavior in the Cheetah (*Acinonyx jubatus*). Z. Tierpsychol. **31**, 270–280. – Ders. (1972 b): Predatory and Feeding Behavior in Adult Lions: The Deprivation Experiment. Z. Tierpsychol. **31**, 461–473. – Ders. (1974): The Cheetah. New York, van Nostrand Reinhold Comp. – EIBL-EIBESFELDT, I. (1950 a): Über die Jugendentwicklung des Verhaltens eines männlichen Dachses (*Meles meles* L.) unter besonderer Berücksichtigung des Spieles. Z. Tierpsychol. **7**, 327–355. – Ders. (1950 b): Beiträge zur Biologie der Haus- und Ährenmaus, nebst einigen Beobachtungen an anderen Nagern. Z. Tierpsychol. **7**, 558–587. – Ders. (1951): Beobachtungen zur Fortpflanzungsbiologie und Jugendentwicklung des Eichhörnchens (*Sciurus vulgaris* L.). Z. Tierpsychol. **8**, 370–400. – Ders. (1952): Ethologische Unterschiede zwischen Hausratte und Wanderratte. Verh. Dtsch. Zool. Ges. Freiburg, 169–180. – Ders. (1953): Zur Ethologie des Hamsters (*Cricetus cricetus* L.). Z. Tierpsychol. **10**, 204–254. – Ders. (1955): Zur Biologie des Iltis (*Putorius putorius* L.); Filmvorführung C 697; Verh. Dtsch. Zool. Ges., 304–314. – Ders. (1956): Angeborenes und Erworbenes in der Technik des Beutetötens (Versuche am Iltis, *Putorius putorius* L.); Z. Säugetierkde. **21**, 135–137. – Ders. (1957): Die Ausdrucksformen der Säugetiere. In: KÜKENTHAL's Handb. d. Zool. **8**, 10 (6), 1–26. – Ders. (1958 a): *Putorius putorius* (L.): Beutefang I (Töten von Wanderratten); Film E 106 der Encyclopaedia Cinematographica, Göttingen. – Ders. (1958 b): Das Verhalten der Nagetiere. In: KÜKENTHAL's Handb. d. Zool. **8**, 10 (13), 1–88. – Ders. (1963): Angeborenes und Erworbenes im Verhalten einiger Säuger; Z. Tierpsychol. **20**, 705–754. – Ders. (1967): Grundriß der vergleichenden Verhaltensforschung, München. – EISENBERG, J., u. P. LEYHAUSEN (1972): The phylogenesis of predatory behavior in mammals. Z. Tierpsychol. **30**, 59–93. – EISENBERG, J. F. und LOCKHART, M. (1972): An Ecological Reconnaissance of Wilpattu National Park, Ceylon. Smithsonian Contributions to Zoology Nr. 101. Smithsonian Institution Press, City of Washington D. C. – ELOFF, F. C. (1964): On the predatory habits of lions and hyaenas. Koedoe **7**, 105–113. – Ders. (1973 a): Lion predation in the Kalahari Gemsbok National Park. J. sth. Afr. Wildl. Mgmt Ass. **3** (2), 58–63. – Ders. (1973 b): Ecology and behavior of the Kalahari lion. The World's Cats, vol. I, 90–126, World Wildlife Safari publ., Portland, Oregon. – EWER, R. F. (1959): Suckling behaviour in kittens. Behaviour **15**, 146–162. – Dies. (1961): Further observations on suckling behaviour in kittens, together with some general considerations of the interrelations of innate and acquired responses. Behaviour (Leiden) **17**, 247–260. – Dies. (1963): The behaviour of the meerkat, *Suricata suricatta*; Z. Tierpsychol. **20**, 570–607. – Dies. (1968): Ethology of Mammals, London. – Dies. (1969): Some observations on the killing and eating of prey by two dasyurid marsupials: the mulgara, *Dasycercus cristicauda*, and the Tasmanian devil, *Sarcophilus harrisi*. Z. Tierpsychol. **26**, 23–38. – Dies. (1973): The Carnivores. London, Weidenfeld & Nicolson. – Dies. und WEMMER, C. (1974): The Behaviour in Captivity of the African Civet, *Civettictis civetta* (Schreber). Z. Tierpsychol. **34**, 359–394.

FABER, A. (1929): Die Lautäußerungen der Orthopteren, I und II. Z. Morph. u. Ökol. d. Tiere, Teil I: **23**, 745–803, Teil II: **26**, 1932, 1–93. – Ders. (1936): Die Laut- und Bewegungsäußerungen der Oedipodinen. Z. wiss. Zool. (A) **149**, 1–85. – FERNANDEZ DE MOLINA, A., und R. W. HUNSPERGER

(1959): Central representation of affective reactions in forebrain and brain stem: electrical stimulation of *amygdala, stria terminalis,* and adjacent structures. J. Physiol. **145,** 251–265. – FIEDLER, W. (1957): Beobachtungen zum Markierungsverhalten einiger Säugetiere. Z. Säugetierkde. **22,** 57–76. – FISCHEL, W. (1953): Die gewaltsame Auseinandersetzung bei Hunden. Naturw. Rdsch. **6,** 61–64. – FLYNN, J. P. (1969): Neural Aspects of Attack Behavior in Cats. Ann. N. York Acad. Sci. **159,** 1008–1012. – Ders. (1972): Patterning Mechanisms, Patterned Reflexes, and Attack Behavior in Cats. Nebraska Symp. on Motivation, 125–153. – Ders., EDWARDS, S. B. und BANDLER, R. J. (1971): Changes in Sensory and Motor Systems during Centrally Elicited Attack. Behav. Science **16,** 1–19.

GAUSE, G. F. (1942): The relation of adaptability to adaptation. Quart. Rev. Biol. **17,** 99–114. – GOETHE, F. (1940): Beiträge zur Biologie des Iltis. Z. Säugetierkde. **15.** – Ders. (1950): Vom Leben des Mauswiesels (*Mustela n. nivalis* L.). Zool. Garten NF **17,** 193–204. – GOSSOW, H. (1970): Vergleichende Verhaltensstudien an Marderartigen I. Über Lautäußerungen und zum Beuteverhalten. Z. Tierpsychol. **27,** 405–480. – GOTTSCHALDT, K. M. und YOUNG, D. W. (1977 a): Properties of different functional types of neurones in the cat's rostral trigeminal nuclei responding to sinus hair stimulation. J. Physiol. **272,** 57–84. – Dies. (1977 b): Quantitative aspects of responses in trigeminal relay neurones and interneurones following mechanical stimulation of sinus hairs and skin in the cat. J. Physiol. **272,** 85–103. – GREENE, H. W. (1976): Scale Overlap, a Directional Sign Stimulus for Prey Ingestion by Ophiophagous Snakes. Z. Tierpsychol. **41,** 113–120. – GUGGISBERG, C. A. W. (1960): Simba. Bern.

HAAS, A. (1962): Phylogenetisch bedeutungsvolle Verhaltensänderungen bei Hummeln; Z. Tierpsychol. **19,** 356–370. – Ders. (1965): Weitere Beobachtungen zum „Generischen Verhalten" bei Hummeln. Z. Tierpsychol. **22,** 305–320. – HALTENORTH, Th. (1937): Die verwandtschaftliche Stellung der Großkatzen zueinander II. Z. Säugetierkde. **12,** 97–240. – Ders. (1953): Die Wildkatzen der Alten Welt; Leipzig. – HASSENSTEIN, B. (1960): Die bisherige Rolle der Kybernetik in der biologischen Forschung; Naturwiss. Rundschau **13,** 349–355, 373–382, 419–424. – HEDIGER, H. (1949): Säugetierterritorien und ihre Markierung. Bijdragen tot de Dierkunde **28,** 172–184. – Ders. (1961): Beobachtungen zur Tierpsychologie im Zoo und Zirkus; Basel. – HEIDEMANN, G., und G. VAUK (1970): Zur Nahrungsökologie „wildernder" Hauskatzen (*Felis sylvestris* f. *catus* Linné 1758). Z. Säugetierkde. **35,** 185–190. – HEILIGENBERG, W. (1963): Ursachen für das Auftreten von Instinktbewegungen bei einem Fisch (*Pelmatochromis subocellatus kribensis* Boul., Cichlidae); Z. vergl. Physiol. **47,** 339–380. – Ders. (1964): Ein Versuch zur ganzheitsbezogenen Analyse des Instinktverhaltens eines Fisches (*Pelmatochromis subocellatus kribensis* Boul., Cichlidae); Z. Tierpsychol. **21,** 1–52. – HEMMER, H. (1968): Untersuchungen zur Stammesgeschichte der Pantherkatzen (*Pantherinae*) Teil II: Studien zur Ethologie des Nebelparders *Neofelis nebulosa* (Griffith 1821) und des Irbis *Uncia uncia* (Schreber 1775). Veröff. Zool. Staatssamml. München **12,** 155–247. – HERTER, K. und M. HERTER (1953): Kaspar-Hauser-Versuche mit Iltissen. Zool. Anz. **151,** 175–185. – HESS, W. R. (1943): Das Zwischenhirn als Koordinationsorgan. Helv. Phys. Acta **I,** 549–565. – Ders. (1954): Das Zwischenhirn, 2. Aufl.; Basel. – Ders. und M. BRÜGGER (1943): Das subkortikale Zentrum der affektiven Abwehrreaktion. Helv. Phys. Acta **I,** 33–52. – HINDE, R. A. (1959): Unitary drives; Anim. Behaviour **7,** 130–141. – HOCHSTRASSER, G. (1970): Hauskatze frißt Heuschrecken zur Sättigung. Säugetierk. Mitt. **18,** 278. – HOFFMEISTER, F. und W. WUTTKE (1969): On the actions of psychotropic drugs on the attack- and aggressive-defensive behaviour of mice and cats. Proc. Symp. Biol. of Aggressive Behaviour, Milan, May 1968, 273–280. – HOLST, E. v. (1936): Vom Dualismus der motorischen und der automatisch-rhythmischen Funktionen im Rückenmark und vom Wesen des automatischen Rhythmus. Pflügers Archiv ges. Physiol. **237.** – Ders. und H. MITTELSTAEDT (1950): Das Reafferenzprinzip (Wechselwirkungen zwischen Zentralnervensystem und Peripherie); Naturw. **37,** 464–476. – Ders., und U. VON SAINT-PAUL (1960): Vom Wirkungsgefüge der Triebe. Die Naturwiss. **47,** 409–422. – HORNOCKER, M. G. (1969): Winter territoriality in mountain lions. J. Wildl. Mgmt. **33,** 457–464. – Ders. (1970 a): An analysis of mountain lion predation upon mule deer and elk in the Idaho Primitive Area. Wildl. Monographs No. 21. – Ders. (1970 b): The American lion. Natural Hist. **79,** 40–49, 68–71. – HORNUNG, V. (1940): Hauskatze und Mäusebussard als gelegentliche Feinde des Eichhörnchens. Zool. Garten NF **12.** – Ders. (1943): Hauskatze erbeutet Mauswiesel. Zool. Garten NF **15,** 133. – HUBBS, E. L. (1951): Food habits of feral house cats in the Sacramento valley. Californ. Fish and Game **37,** 177–189. – HUNSPERGER, R. W. (1962): Neurophysiologische Mechanismen des Abwehr/Angriffs- und Fluchtverhaltens bei der Katze. Bull. Schweiz. Akad. Med. Wiss. **18,** 216–224. – HUSSEL, L. (1949): Beitrag zur Physiologie des Schnurrens der Hauskatze. Diss. d. Vet.-med. Fak. Univ. Leipzig, unpubl. – Ders. (1956): Das Schnurren der Hauskatze. Urania (Berlin) **19,** 36–39.

Iersel, J. J. A. van (1953): An Analysis of the Parental Behaviour of the Male Three-Spined Stickleback. Leiden (Behaviour Suppl. III). – Imaizumi, Y. (1967): A new genus and species of cat from Iriomote, Ryukyu Islands. The J. Mammal. Soc. Japan **3**, 74–105. – Immelmann, K. (1967): Zur ontogenetischen Gesangsentwicklung bei Prachtfinken. Zool. Anz. Suppl. **30**, 320–332. – Inhelder, E. (1955 a): Zur Psychologie einiger Verhaltensweisen – besonders des Spiels – von Zootieren; Z. Tierpsychol. **12**, 88–144. – Ders. (1955 b): Über das Spielen mit Gegenständen bei Huftieren; Revue Suisse de Zool. **62**, 240–250. – Inselman, B. R. und Flynn, J. P. (1972): Modulatory Effects of Preoptic Stimulation on Hypothalamically-Elicited Attack in Cats. Brain Research **42**, 73–87. – Diesn. (1973): Sex-Dependent Effects of Gonadal and Gonadotropic Hormones on Centrally-Elicited Attack in Cats. Brain Research **60**, 1–19.

Jacobs, W. (1950): Vergleichende Verhaltensstudien an Feldheuschrecken. Z. Tierpsychol. **7**, 160–216. – Ders. (1953): Verhaltensbiologische Studien an Feldheuschrecken. Paul Parey, Berlin und Hamburg (Z. Tierpsychol. Suppl. I). – Joslin, P. (1973): Factors Associated with Decline of the Asiatic Lion. In: The World's Cats, vol. I (R. Eaton ed.), publ. by World Wildlife Safari, Winston, Oregon, 127–141.

Kaufmann, J. H. (1962): Ecology and social behavior of the coati, *Nasua narica,* on Barro Colorado Island, Panama. Univ. of California Publ. in Zool. **60**, 95–222. – Kirk, G. (1967): Werden Spitzmäuse (Soricidae) von der Hauskatze *(Felis catus)* erbeutet und gefressen? Säugetierk. Mitt. **15**, 169–170. – Ders. (1969): Nochmals zur Frage: Werden Spitzmäuse von der Hauskatze erbeutet und gefressen? Säugetierk. Mitt. **17**, 181. – Klein, Br. M.: Gesicht, Körper und Spiel der Katze. Der Naturforscher **VII**, 1930/31 und **VIII**, 1931/32. – Knappe, H. (1959/60): Beobachtungen über die Aktivität der Hauskatze; Wiss. Z. Humboldt-Univ. Berlin, Math.-Nat. R. **IX**, 461–478. – Ders. (1964): Zur Funktion des Jacobsonschen Organs *(Organon vomeronasale Jacobsoni).* Der Zool. Garten **24**, 188–194. – Köhler, W. (1921): Intelligenzprüfungen an Menschenaffen. Berlin. – Kortlandt, A. (1955): Aspects and prospects of the concept of instinct (Vicissitudes of the hierarchy theory); Arch. néerl. de Zool. **XI**, 155–284. – Kretschmer, E. (1953): Der Begriff der motorischen Schablonen und ihre Rolle in normalen und pathologischen Lebensvorgängen; Arch. Psychiatr. Nervenkr. **190**, 1–3. – Krieg, H. (1964): Säugetiere stellen sich tot. Das Tier H. 6 (Juni), 25. – Kruijt, J. P. (1964): Ontogeny of social behaviour in Burmese Red Junglefowl *(Gallus gallus spadiceus)*; Behaviour, Suppl. **12**. – Kruuk, H. (1966): A new view of the hyaena. New Scientist 1966, 849–851. – Ders. (1972): The Spotted Hyena. The University of Chicago Press, Chicago and London. – Ders. und M. Turner (1967): Comparative notes on predation by lion, leopard, cheetah and wild dog in the Serengeti area, East Africa; Mammalia **31**, 1–27. – Kühme, W. (1966): Beobachtungen zur Soziologie des Löwen in der Serengeti-Steppe Ostafrikas. Z. Säugetierkde. **31**, 205–213. – Kuo, Z. Y. (1931): The Genesis of the Cat's Response to the Rat. J. Comp. Psychol. **XI**. – Ders. (1967): The Dynamics of Behavior Development; An Epigenetic View. New York, Random House Inc.

Laven, H. (1940): Beiträge zur Brutbiologie des Sandregenpfeifers. J. Ornith. **88**, 183–287. – Lehrman, D. S. (1953): A Critique of Konrad Lorenz's Theory of Instinctive Behavior. Quart. Rev. Biol. **28**, 337–363. – Leyhausen, P. (1948): Beobachtungen an einem jungen Schwarzbären *(Ursus americanus* Pall.). Z. Tierpsychol. **6**, 433–444. – Ders. (1950): Beobachtungen an Löwen-Tiger-Bastarden, mit einigen Bemerkungen zur Systematik der Großkatzen. Z. Tierpsychol. **7**, 46–83. – Ders. (1952 a): Das Verhältnis von Trieb und Wille in seiner Bedeutung für die Pädagogik. Lebendige Schule (Schola) **7**, 521–542. – Ders. (1952 b): Über die Beziehung der Katze zum Beutetier. Verh. Dtsch. Zool. Ges. Freiburg, 200–202. – Ders. (1952 c): *Felis catus* – Transport der Jungen durch die Mutterkatze. Film E 29, Encyclopaedia Cinematographica, Inst. Wiss. Film, Göttingen. – Ders. (1953): Beobachtungen an einer brasilianischen Tigerkatze. Z. Tierpsychol. **10**, 77–91. – Ders. (1954 a): *Nasua rufa,* Stöbern. Film E 56, Encyclopaedia Cinematographica, Inst. Wiss. Film, Göttingen. – Ders. (1954 b): Die Entdeckung der relativen Koordination: Ein Beitrag zur Annäherung von Physiologie und Psychologie; Studium Generale **7**, 45–60. – Ders. (1955): Über relative Stimmungshierarchie bei Säugern; Vortrag auf der III. Internat. Ethologenkonferenz, Groningen, unveröff. – Ders. (1956 a, 1960): Verhaltensstudien an Katzen; Berlin. – Ders. (1956 b): Das Verhalten der Katzen; Hdbch. Zool. **8**, 10 (21), 1–34; Berlin. – Ders. (1961): Über den Begriff des Normalverhaltens in der Ethologie; Vortrag auf der VII. Internat. Ethologenkonferenz, Starnberg, unveröff. – Ders. (1962 a): Domestikationsbedingte Verhaltenseigentümlichkeiten der Hauskatze. Z. Tierzüchtg. u. Züchtungsbiol. **77**, 191–197. – Ders. (1962 b): Smaller cats in the zoo; Inter. Zoo Yearbook **3** (1961): 11–16. – Ders. (1963): Über südamerikanische Pardelkatzen; Z. Tierpsychol. **20**, 627–640. – Ders. (1965 a): The communal organization of solitary mammals. Symp. Zool. Soc. London Nr. **14** (26.–27.11.1963), 249–263. – Ders. (1965 b): Über die Funktion der Relativen Stimmungshierarchie. (Dargestellt am Beispiel der phylogenetischen und ontogenetischen Entwicklung des Beutefangs von Raubtieren). Z. Tierpsychol. **22**, 412–494. – Ders. (1967 a): Sexual behaviour in mammals. In: Penguin Science Survey 1967, Biology: The biology of sex. Harmondsworth, England. – Ders. (1967 b): Biologie von Ausdruck und Eindruck. Psychol. Forsch. **31**, 113–227. – Ders. (1971): Dominance and territoriality as complements in mammalian social structure. Symp. "The use of space in animals and man", AAAS-Meeting, Dallas, 26.–30.12.1968. – Ders. und B. Tonkin (1966): Breeding the Blackfooted cat in captivity. Int. Zoo Yb. **6** (1964), 178–182. – Ders. und R. Wolff (1959): Das Revier einer Hauskatze. Z. Tierpsychol. **16**, 666–670. – Lindemann, W. (1950): Beobachtungen an wilden und gezähmten Luchsen. Z. Tierpsychol. **7**, 217–240. – Ders. (1953): Einiges über die Wildkatze der Ostkarpaten *(Felis s. silvestris* Schreber, 1777). Säugetierk. Mitt. **1**, 73–74. – Ders. (1955): Über die Jugendentwicklung beim Luchs *(Lynx l. lynx* Kerr) und bei der Wildkatze *(Felis s. silvestris* Schreb.). Behaviour (Leiden) **8**, 1–45. – Ders. und W. Rieck (1953): Beobachtungen bei der Aufzucht von Wildkatzen. Z. Tierpsychol. **10**, 92–119. – Lissman, H. H. (1950): Proprioceptors. In: Physiological Mechanisms in Animal Behaviour, Symp. Soc. Exp. Biol. Cambridge. 34–59. – Loir, A. (1930): Le Chat. Paris. – Lorenz, K. (1935): Der Kumpan in der Umwelt des Vogels. J. Ornith. **83**, 137–215, 289–413. – Ders. (1937 a): Über die Bildung des Instinktbegriffes. Die Naturwiss. **25**, 289–300, 307–318, 324–331. – Ders. (1937 b): Über den Begriff der Instinkthandlung. Folia biotheoretica, Ser. B, II Instinctus, 17–50. – Ders. (1939): Vergleichende Verhaltensforschung. Verh. Dtsch. Zool. Ges. 69–102. – Ders. (1941): Vergleichende Bewegungsstudien an Anatinen. J. Ornith. **89**, Suppl. 3 (Festschrift O. Heinroth), 194–293. – Ders. (1943): Die angeborenen Formen möglicher Erfahrung. Z. Tierpsychol. **5**, 235–409. – Ders. (1951 a): Ausdrucksbewegungen höherer Tiere. Die Naturwiss. **38**, 113–116. – Ders. (1951 b): So kam der Mensch auf den Hund. 2. Aufl. Wien. – Ders. (1952): Die Entwicklung der vergleichenden Verhaltensforschung in den letzten 12 Jahren. Verh. Dtsch. Zool. Ges. Freiburg, 36–58. – Ders. (1959): Gestaltwahrnehmung als Quelle wissenschaftlicher Erkenntnis; Z. experim. u. angew. Psychol. **6**, 118–165. – Ders. (1961): Phylogenetische Anpassung und adaptive Modifikation des Verhaltens; Z. Tierpsychol. **18**, 139–187. – Ders. (1963): Das sogenannte Böse (Zur Naturgeschichte der Aggression). Wien.

Martin, S. J. (1929/30): On the Himalayan Palm Civet *(Paradoxurus grayi)*. J. Bombay Nat. Hist. Soc. **33**. – Marvin, J. H., und Ch. M. Harsh (1944): Observational learning by cats. J. Comp. Psychol. **37**, 71–79. – McCord, C. (1977): The Bobcat in Massachusetts. Massachusetts Wildlife **XXVIII/5**, 2–8. – Meyer-Holzapfel, M. (1949): Die Beziehungen zwischen den Trieben junger und erwachsener Tiere. Schweiz. Z. Psychol. u. ihre Anwendungen **VIII**, 32–60. – Dies. (1956 a): Über die Bereitschaft zu Spiel- und Instinkthandlungen; Z. Tierpsychol. **13**, 442–464. – Dies. (1956 b): Das Spiel bei Säugetieren; Kükenthal's Hdb. Zool. **8**, 10 (5), 1–36. – Michael, R. P. (1960): An investigation of the sensitivity of circumscribed neurological areas to hormonal stimulation by means of the application of oestrogens directly to the brain of the cat. 4th Int. Neurochem. Symp. 1960, 465–480. – Ders. (1961 a): Observations upon the sexual behaviour of the domestic cat *(Felis catus* L.) under laboratory conditions. Behaviour (Leiden) **18**, 1–24. – Ders. (1961 b): "Hypersexuality" in male cats without brain damage. Science **134**, 553–554. – Ders. (1962): The entry of oestrogens into the brain of the female cat. Excerpta Medica, Int. Congress Series No. 51 (abstracts of papers read at the Int. Congress on Hormonal Steroids, Milan 14–19 May 1962). – Ders. (1964): Biological factors in the organisation and expression of sexual behaviour. In: The Pathology and Treatment of Sexual Deviation, Ed. Ismond Rosen, Oxford. – Ders. (1965 a): The selective accumulation of oestrogens in the neural and genital tissues of the cat. Hormonal Steroids, Biochemistry, Pharmacology and Therapeutics: Proc. 1st Int. Congress on Hormonal Steroids, Vol. 2, 469–481. – Ders. (1965 b): Neurological mechanisms and the control of sexual behaviour. The Scientific Basis of Medicine Annual Review **19**, 316–333. – Morris, R. C. (1929/30): The Sense of Smell in Indian Felidae. J. Bombay Nat. Hist. Soc. **33**. – Muckenhirn, N. A., und Eisenberg, J. F. (1973): Home Ranges and Predation of the Ceylon Leopard *(Panthera pardus fusca)*. The World's Cats, vol. I, 142–175 (ed. R. L. Eaton). World Wildlife Safari publ., Portland, Oregon. – Müller, H. (1970): Beiträge zur Biologie des Hermelins, *Mustela erminea* Linné, 1758. Säugetierk. Mitt. **18**, 293–380. – Murie, A. (1944): The Wolves of Mount McKinley. Washington.

Naacktgeboren, C. (1965): Die normale Katzengeburt. Die Edelkatze **15**, 3–5. – Naundorf, E. (1936): Über *Crossarchus obscurus* Fr. Cuvier als Hausgenossen. Carnivorenstudien **II**, P. Schöps-Verl. Leipzig.

Palen, G. F. und G. V. Goddard (1966): Catnip and oestrous behaviour in the cat. Anim. Behav. **14**, 372–377. – Paul, L. (1972): Predatory attack by rats: its relationship to feeding and type of prey. J. comp. physiol. Psychol. **78**, 69–76. – Dies., Miley, W. M. und Baenninger, R. (1971): Mouse killing by rats: Roles of hunger and thirst in its initiation and maintenance. J. comp. physiol. Psychol. **76**, 242–249. – Diesn. (1973): Social facilitation and inhibition of hunger-induced killing by rats. J. comp. physiol. Psychol. **84**, 162–168. – Dies. und POSNER, I. (1973): Predation and feeding: Comparisons of feeding behavior of killer and nonkiller rats. J. comp. physiol. Psychol. **84**, 258–264. – PEARSON, O. P. (1964): Carnivore-mouse predation: an examination of its intensity and bioenergetics; J. Mammal. **45**, 177–188. – PELKWIJK, J. J. ter, und N. TINBERGEN (1937): Eine reizbiologische Analyse einiger Verhaltensweisen von *Gasterosteus aculeatus* L. Z. Tierpsychol. **1**, 103–200. – PETERS, G. (1978): Vergleichende Untersuchung zur Lautgebung einiger Feliden (Mammalia, Felidae). Spixiana, Suppl. 1 – (in Vorber.): A preliminary report on purring in the Felidae. – Ders. und B. A. TONKIN (im Druck): A comparative approach to the structure of some vocalizations in the Felidae. – PIELOWSKI, Z. (1976): Cats and Dogs in the European Hare Hunting Ground. In: Ecology and management of European hare populations. Symp. Warszawa 1976, 153–156. – PILTERS, H. GAUTHIER- (1962): Beobachtungen an Feneks *(Fennecus zerda* Zimm.). Z. Tierpsychol. **19**, 440–464. – POCOCK, R. I. (1917): The classification of existing Felidae; Ann. Mag. Nat. Hist. 8th Series, **20**, 328–351. – Ders. (1951): Catalogue of the genus *Felis*. Trustees of the Brit. Mus. (Nat. Hist.) London. – POGLAYEN-NEUWALL, I. (1962): Beiträge zu einem Ethogramm des Wickelbären *(Potos flavus* Schreber). Z. Säugetierkde. **27**, 1–44. – Ders. (1965): Gefangenschaftsbeobachtungen am Makibären *(Bassaricyon* Allen 1876). Z. Säugetierkde. **30**, 321–366. – POOLE, T. B. (1966): Aggressive play in polecats. Symp. Zool. Soc. Lond. **18**, 23–44. – Ders. (1967): Aspects of aggressive behaviour in polecats. Z. Tierpsychol. **24**, 351–369. – PRECHT, H. (1958): Triebbedingtes Verhalten bei Tieren; Z. experim. u. angew. Psychol. 7, 198–210. – PRECHTL, H. F. R. (1953): Zur Physiologie des angeborenen auslösenden Mechanismus I. Quantitative Untersuchungen über die Sperrbewegungen junger Singvögel. Behaviour **5**, 32–50. – PROVOST, E. E., NELSON, C. A. und MARSHALL, A. D. (1973): Population Dynamics and Behavior in the Bobcat. The World's Cats, vol. I, 42–67 (ed. R. L. EATON). World Wildlife Safari publ., Portland, Oregon.

RABB, G. (1959): Reproductive and vocal behavior in captive pumas. J. Mammal. **40**, 616–617. – RÄBER, H. (1944): Versuche zur Ermittlung des Beuteschemas an einem Hausmarder *(Martes foina)* und einem Iltis *(Putorius putorius)*. Rev. Suisse Zool. **51**, 293–332. – Ders. (1949): Das Verhalten gefangener Waldohreulen und Waldkäuze zur Beute. Behaviour **2**, 1–95. – RANDALL, W. L. (1964): The behaviour of cats *(Felis catus* L.) with lesions in the caudal midbrain region; Behaviour **23**, 107–139. – RASA, O. A. E. (1977): The Ethology and Sociology of the Dwarf Mongoose *(Helogale undulata rufula)*. Z. Tierpsychol. **43**, 337–406. – ROBERTS, W. W., und H. O. KIESS (1964): Motivational properties of hypothalamic aggression in cats; J. comp. physiol. Psychol. **58**, 187–193. – Ders. und E. H. BERGQUIST (1968): Attack elicited by hypothalamic stimulation in cats raised in social isolation. J. comp. physiol. Psychol. **66**, 590–595. – Ders., M. L. STEINBERG und L. W. MEANS (1967): Hypothalamic mechanisms for sexual, aggressive, and other motivational behaviors in the opossum, *Didelphis virginiana*. J. comp. physiol. Psychol. **64**, 1–15. – ROSENBLATT, J. S. (1953): Mating behavior of male cats. The role of sexual experience and social adjustments. Ph. D. Thesis New York Univ. N. Y. – Ders., und L. R. ARONSON (1958 a): The decline of sexual behavior in male cats after castration with special reference to the role of prior sexual experience. Behaviour (Leiden) **12**, 285–338. – Dies. (1958 b): The influence of experience on the behavioral effects of androgen in prepuberally castrated male cats. Anim. Behaviour **6**, 171–182. – ROSENBLATT, J. S. und T. C. SCHNEIRLA (1962): Behavior of the cat. In HAFEZ (Ed.): The behaviour of domestic animals. London. 453–488. – ROSENBLATT, J. S., TURKEWITZ, G. und SCHNEIRLA, T. C. (1969): Development of Home Orientation in Newly Born Kittens. Transact. N. York Acad. Sci. Ser. II, **31**, 231–250. – RUDNAI, J. (1973): The Social Life of the Lion. Med. & Tech. Publ. Comp., Lancaster, Engl.

SANDEN, W. von (1939): Ingo. Tübingen. – SCHALLER, G. (1967): The deer and the tiger. Chicago und London. – Ders. (1968): Hunting behaviour of the cheetah in the Serengeti National Park, Tanzania. E. Afr. Wildl. J. **6**, 95–100. – Ders. (1970): This gentle and elegant cat. Nat. Hist. **79** (6), 31–39. – Ders. (1972): The Serengeti Lion. Chicago, The University of Chicago Press. – Ders. (1973): Golden Shadows, Flying Hooves. Alfred A. Knopf publ., New York. – Ders. und G. LOWTHER (1969): The relevance of carnivore behavior to the study of early hominids. Southwestern J. Anthropol. **25**, 307–341. – Ders. und VASCONCELOS, J. M. C. (1978): Jaguar predation on capybara. Z. Säugetierkunde **43**, 296–301. – SCHENKEL, R. (1947): Verhaltensstudien an Wölfen (Gefangenschaftsbeobachtungen). Behaviour **I**, 81–129. – Ders. (1960): Demut und Großmut im Reiche der Wirbeltiere. ,,Zolli", Bull. Zool. Garten Basel, 3–7. – Ders. (1966): Zum Problem der Territorialität und des Markierens bei Säugern – am Beispiel des Schwarzen Nashorns und des Löwen. Z. Tierpsychol. **23**, 593–626. – SCHJELDERUP-EBBE, T. (1922): Beiträge zur Sozialpsychologie des Haushuhns. Z. Psychol. **88**, 225–252. – SCHLEIDT, W. M. (1962): Die historische Entwicklung der Begriffe ,,Angeborenes auslösendes Schema" und „Angeborener Auslösemechanismus" in der Ethologie. Z. Tierpsychol. **19**, 697–722. – SCHMITT, H. G. (1949): Abnormes Umweltbild eines Grünfinken. Z. Tierpsychol. **6**, 271–274. – SCHNEIDER, K. M. (1928): Einiges zur Leipziger Löwenzucht. In: Festschrift „50 Jahre Leipziger Zoo", Leipzig, 114–141. – Ders. (1932): Das Flehmen III. Der Zool. Garten NF **5**, 200–226. – Ders. (1940/41): Tierparadies im Zoo. Der Zool. Garten NF **12**. – Ders. (1951): Vom Verhalten einiger Raubtiere zu gewissen Geruchsreizen. Verh. Dtsch. Zool. Ges. Wilhelmshaven, 359–374. – SCHNEIRLA, T. C., und J. S. ROSENBLATT (1961): Behavioral organisation and genesis of the social bond in insects and mammals. Amer. J. Orthopsychiat. **31**, 223–253. – Ders., J. S. ROSENBLATT, und E. TOBACH (1963): Maternal behavior in the cat. In RHEINGOLD (Ed.): Maternal behavior in mammals. New York – London. 122–168. – SCHULTZ, W., G. C. GALBRAITH, K. M. GOTTSCHALDT und O. D. CREUTZFELDT (1976): A Comparison of Primary Afferent and Cortical Neurone Activity Coding Sinus Hair Movements in the Cat. Exp. Brain Res. **24**, 365–381. – SCHWANGART, F. (1932): Planmäßige Züchtung von Rattenkatzen. Der Katzenfreund. – Ders. (1933): Hund und Katze. Anregung und Beitrag zur vergleichenden Heimtierforschung. Z. Hundeforschg. **3**, 65–101. – Ders. (1937): Vom Recht der Katze. Leipzig. – SCOTT, J. P., und FULLER, J. L. (1965): Genetics and Social Behavior of the Dog. Chicago (Univ. Press.). – SEITZ, A. (1940): Die Paarbildung bei einigen Cichliden I. Die Paarbildung bei *Astatotilapia strigigena* Pfeffer. Z. Tierpsychol. **4**, 40–84. – Ders. (1943): Die Paarbildung bei einigen Cichliden II. Die Paarbildung bei *Hemichromis bimaculatus* Gill. Z. Tierpsychol. **5**, 74–101. – Ders. (1949): Vergleichende Verhaltensstudien an Buntbarschen (Cichlidae). Z. Tierpsychol. **6**, 202–235. – Ders. (1950): Untersuchungen über angeborene Verhaltensweisen bei Caniden I und II. Z. Tierpsychol. **7**, 1–46. – SIEWERT, H. (1936): Mäuselnder Fuchs. Film C 352, Inst. Wiss. Film, Göttingen. – SINGH, A. (1973): Status and Social Behavior of the North Indian Tiger. The World's Cats, vol. I, 176–188 (ed. R. L. EATON). World Wildlife Safari publ., Portland, Oregon. – SINGH, K. (1961): Ein Mann und tausend Tiger. Hamburg und Berlin. – SLÁDEK, J. (1970): Werden Spitzmäuse von der Wildkatze gefressen? Säugetierk. Mitt. **18**, 224–226. – SPURWAY, H. (1953): The Escape Drive in Domestic Cats and the Dog and Cat Relationship. Behaviour **5**, 81–84. – STEINBACHER, G. (1938/39): Nüsse öffnendes Sumpfichneumon. Zool. Garten NF **10**.

TEYROVSKY, V. (1924): Studies on the intelligence of the cat I: Imitation. Publ. Faculté Sci. Univ. Masaryk **41**, 1–21 (Tschechisch). – THOMAS, E., und F. SCHALLER (1954): Das Spiel der optisch isolierten, jungen Kaspar-Hauser-Katze; Naturw. **41**, 557–558. – TINBERGEN, N. (1942): An objectivistic study of innate behaviour of animals. Bibliotheca biotheoretica **I**, Pars 2. Leiden. – Ders. (1951): The Study of Instinct. Oxford. – Ders. und J. J. A. van IERSEL (1947): Displacement Reactions in the Three-Spined Stickleback. Behaviour **I**, 56–63. – Ders. und D. J. KUENEN (1939): Über die auslösenden und die richtunggebenden Reizsituationen der Sperrbewegung von jungen Drosseln *(Turdus m. merula* L. und *Turdus e. ericetorum* Turton); Z. Tierpsychol. **3**, 37–60. – TODD, N. (1963): The catnip response. Thesis, Harvard Univ. Cambridge Mass., USA, May 1963. – TOGARE (1940): Erfahrungen mit wilden Tieren. Berliner und Münchener Tierärztl. Wochenschr. – TONER, G. C. (1956): House cat predation on small mammals. J. Mammal. **37**, 119. – TONKIN, B. A. und E. KOHLER (1978): Breeding the African golden cat, *Felis (Profelis) aurata,* in captivity; Int. Zoo Yb. **18**, 147–150. – TURNER, J. (1959): Man-eaters and memories. London.

VANEGAS, H., W. E. FOOTE und J. P. FLYNN (1969/70): Hypothalamic Influences upon Activity of Units of the Visual Cortex. Yale J. Biol. & Med. **1969–1970**, 191–201. – VERBERNE, G. (1970): Beobachtungen und Versuche über das Flehmen katzenartiger Raubtiere. Z. Tierpsychol. **27**, 807–827. – Dies. und P. LEYHAUSEN (1976): Marking Behaviour of some Viverridae and Felidae: Time-Interval Analysis of the Marking Pattern. Behaviour (Leiden) **LVIII**, 192–253. – VOSSELER, J. (1929/30): Beiträge zur Kenntnis der Fossa *(Cryptoprocta ferox* Benn.) und ihrer Fortpflanzung. Zool. Garten NF **2**.

WASMAN, M., und J. P. FLYNN (1962): Directed attack elicited from hypothalamus; Arch. Neurol. **6**, 220–227. – WEISS, G. (1952): Beobachtungen an zwei isoliert aufgezogenen Hauskatzen. Z. Tierpsychol. **9**, 451–462. – WEMMER, Ch. M. (1977): Comparative Ethology of the Large-spotted Genet *(Genetta tigrina)* and Some Related Viverrids. Smithsonian Contributions to Zoology **239**, Smithsonian Institution Press, Washington D. C. – WHALEN, R. E. (1963 a): Sexual behavior of cats. Behaviour (Leiden) **20**, 321–342. – Ders. (1963 b): The initiation of mating in naive female cats. Anim. Behaviour **11**, 461–463. – WÜSTEHUBE, C. (1960): Beiträge zur Kenntnis besonders des Spiel- und Beutefangverhaltens einheimischer Musteliden; Z. Tierpsychol. **17**, 579–613.

YERKES, R. M., und A. W. YERKES (1929): The Great Apes. New Haven.

ZANNIER, F. (1965): Verhaltensuntersuchungen an der Zwergmanguste, *Helogale undulata rufula*, im Zoologischen Garten Frankfurt am Main. Z. Tierpsychol. **22**, 672–695. – ZIMEN, E. (19717: Wölfe und Königspudel; Vergleichende Verhaltensbeobachtungen. München. – ZITRIN, A., und F. A. BEACH (1945): Induction of mating activity in male cats. Ann. N.Y. Acad. Sci. **46**, 42–44. – ZITRIN, A., J. JAYNES und F. A. BEACH (1956): Neural mediation of mating in male cats III. Contributions of occipital, parietal and temporal cortex. J. Comp. Neurol. **105**, 111–125.

Sachverzeichnis

Hinweise zum Gebrauch

1. Die Umlaute sind als einfache Vokale eingeordnet: ä also unter a, nicht unter ae.
2. Verben und Adjektive im Text sind im Verzeichnis substantiviert.
3. Stichworte mit näherer Bestimmung sind, wo möglich, in ein Substantiv zusammengezogen: ,,Eintragen der Jungen" z. B. in ,,Junge-Eintragen".

Artenverzeichnis

Bemerkungen zur Nomenklatur der Katzenarten

Frühzeitig zeigte sich im Verlauf meiner Untersuchung, daß die derzeit allgemein angenommene Systematik der Katzenfamilie schlecht zu manchen Ergebnissen meiner Verhaltensuntersuchungen passen wollte. Einiges davon ist im vorliegenden Text erwähnt. Es war aber auch klar, daß man eine neue, den Verwandtschaftsbeziehungen in der Familie besser entsprechende Gliederung nicht allein auf Verhaltensmerkmale gründen kann. So begann ich vor über zehn Jahren mit eigenen morphologischen Untersuchungen, vor allem mit der Nachprüfung bisheriger, auf Vergleich von Merkmalen der Schädelmorphologie gründender, systematischer Arbeiten. In Zusammenarbeit mit anderen Instituten sammelte ich gleichzeitig alle erreichbaren Daten, die sich zur Klärung der verwandtschaftlichen Beziehungen verwenden ließen, vor allem die neueren Ergebnisse der Cytogenetik. Weder die Materialsammlung noch die Bearbeitung sind abgeschlossen; das wird noch längere Zeit brauchen. Doch hat sich inzwischen ein recht klares Bild ergeben, wie die spätere Revision der Systematik und Nomenklatur aussehen wird, wobei nur noch geringfügige Änderungen eintreten könnten.

Im Text benutzte ich im wesentlichen die etwas „begradigte" Nomenklatur von Pocock (1917). Untenstehend gebe ich die Neueinteilung. Da hier nicht der Ort ist, das Beweismaterial auszubreiten, möge der Leser sie nach Gefallen als Arbeitshypothese oder auch reine Spekulation ansehen und selbst prüfen, ob und wie weit ihre Annahme manche der mitgeteilten Beobachtungen plausibler erscheinen läßt. Um ihm die Orientierung zu erleichtern, sind – wo nötig – jeweils die bisher gebräuchlichen Gattungs- bzw. Untergattungsnamen in Klammern beigefügt. Die Folge der von mir als echte Gattungen aufgefaßten Gruppierungen kann hier natürlich keine strenge Verwandtschaftsfolge ausdrücken. Dies könnte allenfalls in einer dreidimensionalen Darstellungsform erreicht werden.

Abgesehen von der Sonderstellung von *Acinonyx*, die auf eine sehr frühe Abzweigung vom übrigen Katzenstamm hinweist, halte ich eine Sonderung in Unterfamilien innerhalb der Feliden für nicht berechtigt; ebenso erscheinen mir Untergattungen völlig entbehrlich, vielleicht mit der einzigen Ausnahme von *Prionailurus (Mayailurus) iriomotensis*. Die Besonderheiten dieser Art lassen sie als ein höchst interessantes Bindeglied zwischen den Gattungen *Prionailurus, Pardofelis* und *Profelis* erscheinen, wobei freilich die überwiegende Mehrzahl der Merkmale sie eindeutig in die erstgenannte verweist.

Familie:	Felidae	Katzenartige Raubtiere	Cats
1. Unterfamilie: Acinonychinae			
Gattung:	*Acinonyx* Brookes, 1828		
Art:	*A. jubatus* (Schreber, 1776)	Gepard	Cheetah
2. Unterfamilie: Felinae			
Gattung:	*Prionailurus* Severtzow, 1858		
Arten:	*P. bengalensis* (Kerr, 1792)	Bengalkatze	Leopard Cat

	P. rubiginosus (Geoffroy, 1834)	Rostkatze	Rusty-spotted Cat
	P. viverrinus (Bennett, 1833)	Fischkatze	Fishing Cat
	P. planiceps (Vigors & Horsfield, 1827)	Flachkopfkatze	Flat-headed Cat
	P. (Mayailurus) iriomotensis (Imaizumi, 1967)	Iriomote-Katze	Iriomote Cat
Gattung:	*Leopardus* Gray, 1842		
Arten:	*L. pardalis* (Linné, 1758)	Ozelot	Ocelot
	L. wiedi (Schinz, 1821)	Baumozelot, Langschwanzkatze	Tree Ocelot, Margay
	L. tigrinus (Schreber, 1777)	Ozelotkatze, Tigerkatze	Tiger Cat, Little Spotted Cat, Ocelot Cat
	L. (Oncifelis) guigna (Molina, 1810)	Nachtkatze	Kodkod
	L. (Oncifelis) geoffroyi (d'Orbigny & Gervais, 1843)	Kleinfleckkatze	Geoffroy's Cat
Gattung:	*Lynchailurus* Severtzow, 1858		
Art:	*L. pajeros* (Desmarest, 1816)	Pampaskatze	Pampas Cat
Gattung:	*Oreailurus* Cabrera, 1941		
Art:	*O. jacobita* (Cornalia, 1856)	Bergkatze	Andean Cat
Gattung:	*Herpailurus* Servertzow, 1858		
Art:	*H. yagouaroundi* (Geoffroy, 1803)	Wieselkatze	Jaguarundi
Gattung:	*Felis* Linné, 1758		
Großart:	*Felis silvestris* (Schreber, 1777)		
	Mit *F. silvestris* (Schreber, 1777)	Europäische Wildkatze	European Wild Cat
	F. libyca (Forster, 1780)	Falbkatze	African Wild Cat
	F. ornata (Gray, 1832)	Steppenkatze	Indian Desert Cat
	Mit je zahlreichen Unterarten		
Arten:	*F. thinobia* (Ognev, 1927)	Barchankatze	Turkestan Desert Cat
	F. margarita (Loche, 1858)	Sandkatze	African Desert Cat
	F. bieti (Milne-Edwards, 1892)	Graukatze	Mongolian Desert Cat
	F. nigripes (Burchell, 1822)	Schwarzfußkatze	Black-footed Cat
	F. (Otocolobus) manul (Pallas, 1776)	Manul	Pallas' Cat
	F. (Chaus) chaus (Güldenstädt, 1776)	Rohrkatze	Jungle Cat
Gattung:	*Leptailurus* Severtzow, 1858		
Art:	*L. serval* (Schreber, 1776)	Serval	Serval Cat
Gattung:	*Lynx* Kerr, 1782		
Arten:	*L. lynx* (Linné, 1758)	Eurasischer Luchs	Eurasian Lynx
	L. canadensis (Kerr, 1792)	Kanadaluchs	Northern Lynx
	L. pardinus (Temminck, 1824)	Pardelluchs	Spanish Lynx
	L. rufus (Schreber, 1777)	Rotluchs	Bobcat
Gattung:	*Pardofelis* Severtzow, 1858		
Arten:	*P. marmorata* (Martin, 1836)	Marmorkatze	Marbled Cat
	P. badia (Gray, 1874)	Borneo-Katze	Bornean Red Cat
Gattung:	*Profelis* Severtzow, 1858		
Arten:	*P. temmincki* (Vigors & Horsfield, 1827)	Asiatische Goldkatze	Asian Golden Cat
	P. tristis (Milne-Edwards, 1872)	Tibet-Goldkatze	Tibetan Cat
	P. aurata (Temminck, 1827)	Afrikanische Goldkatze	African Golden Cat
	P. (Caracal) caracal (Schreber, 1776)	Karakal	Caracal
	P. (Puma) concolor (Linné, 1771)	Puma	Puma, Mountain Lion
Gattung:	*Uncia* Gray, 1854		
Art:	*U. uncia* (Schreber, 1775)	Schneeleopard, Irbis	Snow Leopard, Ounce

Gattung:	*Neofelis* Gray, 1867		
Arten:	*N. nebulosa* (Griffith, 1821)	Nebelparder	Clouded Leopard
	N. tigris (Linné, 1758)	Tiger	Tiger
Gattung:	*Panthera* Oken, 1816		
Arten:	*P. pardus* (Linné, 1758)	Leopard	Leopard
	P. onca (Linné, 1758)	Jaguar	Jaguar
	P. leo (Linné, 1758)	Löwe	Lion

Tierverzeichnis

(eingeklammerte Zahlen beziehen sich auf Abbildungsunterschriften)

Autorenverzeichnis

(eingeklammerte Zahlen beziehen sich auf Abbildungsunterschriften)